www.ingramcontent.com/pod-product-compliance
Lightning Source LLC
Chambersburg PA
CBHW062123280526
45788CB00001B/34
9781544655987

بر فراز موج نوین کمونیسم

امیر حسن‌پور

سرشناسه: حسن‌پور، امیر
عنوان و پدیدآور: بر فراز موج نوین کمونیسم/ امیر حسن‌پور
مشخصات نشر:
رم، انتشارات حزب کمونیست ایران (مارکسیست لنینیست مائوئیست)، ۱۳۹۶/ ۲۰۱۷
مشخصات ظاهری: ۳۶۰ ص.
نوبت چاپ: اول، ۱۳۹۶
ویرایش: ایده علیزاده
طرح جلد و صفحه آرایی: مهدی پوریان
ISBN-139781544655987
موضوع: مارکسیسم، جنبش دانشجویی، جنبش زنان، کمونیسم
انتشارات حزب کمونیست ایران (مارکسیست لنینیست مائوئیست)
رم، ایتالیا، ۲۰۱۷
9 781544 655987

فهرست مطالب

مقدمه

مجموعهٔ پیش روی شما گزیده‌ای از نوشته‌های رفیقمان امیر حسن پور است. هدف از انتشار این گزیده، در دسترس قرار دادن آثار فردی است که برای ما و کسانی که او را می‌شناسند، تجسم الهام بخشِ روشنفکرانی است که در سال‌های شکست انقلاب‌های بزرگ قرن بیستم، به ویژه احیای سرمایه‌داری در چین سوسیالیستی بعد از مرگ مائوتسه دون در سال ۱۹۷۶، در سال‌های سلطهٔ ارتجاع و هیاهوی کرکنندهٔ بورژوازی بین‌المللی که «پایان تاریخ» و «مرگ انقلاب و کمونیسم» را در هر گوشهٔ دنیا بر بوق و کرنا می‌دمید، هرگز رویای رهایی بشریت از تاریک‌خانهٔ نظام طبقاتی را از کف ندادند، دروغ‌های بورژوازی علیه تاریخ کمونیسم را افشا کردند و مهم‌تر از همه، از ورای قدرتِ به ظاهر بلامنازع سرمایه‌داری، امکان واژگون کردن آن و ایجاد جامعه کمونیستی را عمیق‌تر از پیش و با تیزبینی دیدند و به دیگران نشان دادند. بسیاری از آن قشر روشنفکران که جانبدار انقلاب بودند و حق توده‌های تحت ستم و استثمار می‌دانستند که با انقلاب بساط ستم و استثمار را ریشه کن کنند، تن به قدرت دادند و تحت عناوین ظاهرالصلاح مانند «دنیا تغییر کرده است» یا «این تئوری‌ها کهنه شده‌اند»، افکار و تئوری‌هایشان را براساس انتظارات زورِ حاکم بازپردازی کردند. بسیاری از مبارزین سابق باور به ضرورت و امکَان تغییر انقلابی شرایط نکبت‌بار جامعهٔ بشری را بایگانی کردند و به ارتزاق از ایدئولوژی‌های فرمانروایان جهان روزگار گذراندند. در این شرایط امیر شورش‌گرِ ساده و بی تکلف اما آگاه راه رهایی بشریت پابرجا ماند.

با حاکمیت ضد انقلاب در جهان، دانشگاه‌ها نیز به قهقرای غریبی رفتند. جنگ علیه علم و روش علمی حریق‌وار گسترش یافت و در ادامه تبدیل به جنگ آشکار و پنهان علیه هرگونه تفکر خردگرا شد.[1] در شرایطی که دانشگاه در انحصار نظریه‌پردازان «نسبیت گرا» و «پسائیت» بود و تولید تاریخ جعلی علیه کمونیسم و اشاعه آن در میان جوانان دانشجو در دستور کار بود، امیر بر شیوهٔ تفکر و رویکرد علمی به واقعیت و حقیقتِ علمی

۱. برای توضیح بیشتر نگاه کنید به فصل ۱۵.

کمونیسم هرچه بیشتر تاکید می‌کرد.

آگاهی و فعالیت سیاسی امیر از اواسط دهۀ ۱۳۳۰ شروع شد، هنگامی که در مهاباد دانش آموز دبیرستان بود و مبارزه علیه رژیم پهلوی عمدتا در قالب ناسیونالیسم و جنبش ملی کرد بود. او در اوائل دهۀ ۱۳۴۰ با مارکسیسم آشنا شد. این دوره مصادف شد با انشعاب بزرگ در جنبش کمونیستیِ جهانی از یک طرف و رشد حرکت‌های انقلابی و جنبش‌های رهائی‌بخشِ ملی در آسیا و آفریقا و آمریکای لاتین از طرف دیگر. اتحاد شوروی که به دنبال پیروزی انقلاب سوسیالیستی در سال ۱۹۱۷، اولین کشور سوسیالیستی جهان بود، برای کمونیست‌ها و آزادی‌خواهانِ دنیا پایگاه انقلاب به شمار می‌رفت. اما در نتیجۀ یک کودتای بورژوایی که توسط حزب و ارتش سرخ تحت رهبری نیکیتا خروشچف صورت گرفت (۱۹۵۶) سرمایه‌داری رجعت کرد و در نتیجه پایگاه انقلاب تبدیل به پایگاه ضد انقلاب شد. هرچند، سرمایه‌داری در این کشور احیاء شده بود اما حاکمان جدید، زبان «سوسیالیسم» و «کمونیسم» را کنار نگذاشتند و این وضع به گیجی بسیار در میان کمونیست‌ها و آزادی‌خواهان دامن زد و بسیاری نتوانستند اهمیت این رویداد را درک کنند.

رجعت سرمایه‌داری در اولین کشور سوسیالیستی شکست بزرگی به شمار می‌رفت. درک این شکست و تئوریزه کردن پروسۀ مبارزۀ طبقاتی در جامعۀ سوسیالیستی ضرورتی بود که مائوتسه دون به آن جواب داد. او با نقد رویزیونیسم خروشچفی و همچنین نقصان‌های سوسیالیسم شوروی، خط مشی جنبش کمونیستی بین‌المللی را تدوین کرد و با رهبری کردن انشعاب از شوروی باعث شد این شکست به پیروزی تبدیل شود. در نتیجه، کمونیست‌ها در سراسر جهان این امکان را یافتند که مارکسیسم واقعی را از مارکسیسم دروغینِ حزب کمونیست شوروی تمیز دهند و با آگاهی بیشتر در مورد محتوا و هدفِ انقلاب کمونیستی، مبارزۀ طبقاتی را به پیش ببرند. جنبش کمونیستی نوینی شکل گرفت که به درک بسیار پیشرفته‌تری از کمونیسم و مبارزۀ طبقاتی در دوران گذار سوسیالیستی مجهز بود. با این همه، درکِ این تحولات چه برای نسل قبلی کمونیست‌ها و چه برای کسانی که مانند رفیق امیر تازه وارد این مبارزه می‌شدند چالشی جدی بود. در

تئوری مارکسیستی، به ویژه در آثار مارکس و لنین، روشن بود که هدف جنبش کمونیستی استقرار سوسیالیسم نیست، بلکه سوسیالیسم جامعهٔ بینابینی یعنی گذار به کمونیسم است و سرتاسر دوران طولانی سوسیالیسم را مبارزهٔ بسیار پیچیده‌ای بین پرولتاریا و بورژوازی رقم می‌زند که پیروزی در آن از قبل تضمین نشده است. مائوتسه دون، بر اساس این مبانی تئوریک و با جمع‌بندی از تجربهٔ ساختمان سوسیالیسم در شوروی و چین، کمونیسم را در همهٔ زمینه‌ها – فلسفه، اقتصاد، سیاست، سازماندهی – تکامل داد. اما گسست و جهش به جلو، نقشه‌ای نبود که حاضر و آماده در اختیار انقلابیون کمونیست گذاشته شده باشد تا قدم به قدم به اجرا بگذارند. هرچند، جنبش‌های انقلابی در سراسر دنیا از گسست مائو و تداوم آن در «انقلاب کبیر فرهنگی پرولتاریائی» الهام می‌گرفتند، سردرگمی و گیجی همه‌جا رایج بود. تبدیل سردرگمی به روشنی، بخشی از دیالکتیک مبارزه در این دوران بود.

امیر در این زمان در جنبش ملی کردستان درگیر بود. به گفتهٔ خودش، از همان آغاز آشنائی با مارکسیسم به این نتیجه رسید که باید ناسیونالیسم را کنار بگذارد. اما این پروسهٔ گسست هم یک‌باره صورت نگرفت. رفیق امیر در نقل خاطراتش می‌گوید در دورانی که هنوز تفکر ناسیونالیستی داشت، وقتی به روستاها می‌رفت، از دیدن اینکه مردم روستا برخلاف اهالی شهر به کردی سره یا خالص صحبت می‌کنند و لباسشان کردی است، زن و مرد بدون قید و بند نشست و برخاست می‌کنند و از چادر و چاقچور خبری نیست، خوشحال می‌شد. بعد از آشنائی با مارکسیسم متوجه شد جهان‌بینی ناسیونالیستی تا چه حد چشم او را بر واقعیات عمیق زندگی روستائیان بسته بود. زندگی پرمشقت دهقانان، استثمار شدید آن‌ها توسط «آغا»ها (فئودال‌ها)، زورگوئی کدخداها، سلطهٔ روابط پاتریارکی، زن‌ستیزی، محرومیت از مسکن مناسب، یا نداشتن مدرسه و امکانات بهداشتی. امیر می‌گوید به تدریج همهٔ روابط اجتماعی حال و گذشته و تاریخ نگاری ناسیونالیستی را زیر سوال کشید: از جنگ خودمختاری که در کردستان عراق در جریان بود تا جنگ‌های پیشین که توسط فئودال‌ها و شیخ‌ها رهبری شده بودند و از افتخارات جنبش ملی به شمار می‌رفتند.

هرچند جنبش‌های ملی بیان آمال و پروژهٔ بورژوازی برای کسب قدرت دولتی هستند، اما در شرایط کردستان آرایش طبقاتی آن چنان بود که بورژوازی کرد برای «رهائی ملت و میهن» زیر پرچم فئودال‌ها و شیخ‌ها، که به‌خاطر حفظ روابط فئودالی «کوردایه‌تی» می‌کردند، مبارزه می‌کرد. رفیق امیر از ناسیونالیسم گسست کرد، اما هیچ‌وقت از مبارزه علیه ستم ملی دست برنداشت البته نه در چهارچوب ناسیونالیسم بلکه با سیاست انترناسیونالیسم پرولتری. مبارزه برای از بین بردن ستم ملی و علیه تقسیم بشریت براساس ملیت، نه برای ابدی کردن تمایزات ملی، مرزهای ملی، دولت ملی و سرزمین ملی.[۲]

آشنائی امیر با مارکسیسم در عرصهٔ دانشگاهی و در کلاس درس صورت گرفت، آن هم در شرایط اختناق فکری حاکم بر دانشگاه‌های ایران.[۳] پس، به ناچار از محدودیت‌ها و گشایش‌های آن متاثر بود. گسست از جهان‌بینی و ایده‌آلیسم بورژوایی برای او دست یافتن به جهان‌بینی‌ای بود که امکان خلق دنیائی فارغ از ستم و استثمار را فراهم می‌کرد، اما مانند بسیاری از مبارزینی که این راه را رفته‌اند گسست ساده و یک‌باره و قطعی نبود. ماتریالیسمی که در پیش گرفت دیالکتیکی نبود.

برای مثال، در تفکر حزب کمونیست شوروی گرایش فلسفی ماتریالیسم مکانیکی حاکم بود. این گرایش را به روشنی می‌توان در درک مکانیکی و یک طرفه از رابطهٔ میان «ماده» و «آگاهی» و مشخصا در تشخیص رابطهٔ دیالکتیکی میان زیربنای اقتصادی و روبنای سیاسی دید. مائوتسه دون می‌گوید، این درست است که در تحلیل نهایی زیربنای اقتصادی تعیین کنندهٔ شکل و ماهیت روبنای سیاسی است، اما این روبنای سیاسی است که نقش عمده را در تغییر بنیادین نظام اقتصادی-اجتماعی بازی می‌کند. این به معنای آن است که از طریق تغییر انقلابیِ روبنای سیاسی (که در مرکز آن سرنگونی دولت حاکم به دست توده‌های آگاه

۲ . نگاه کنید به فصل های ۱، ۳، ۹ تا ۱۳.

۳ . نگاه کنید به امیر حسن پور، «امیر حسین آریان پور و تدریس جامعه‌شناسی مارکسیستی در دههٔ ۱۳۴۰»، ایران نامگ، سال ۱، شماره ۱، بهار ۱۳۹۵، صص ۶۸-۱۲۱.

و سازمان یافته قرار دارد) می‌توان و باید زیربنای اقتصادی را از بنیاد تغییر داد. تفکر فلسفی شوروی «رشد نیروهای مولده» بود که گویا با رشد نیروهای مولده، روابط تولیدی و اجتماعی و افکار مردم هم انقلابی می‌شود. در حالی که نه فقط قبل از استقرار سوسیالیسم بلکه در تمام دوران گذار سوسیالیستی به کمونیسم، عنصر آگاهی و انقلاب سیاسی نقش هدایت کننده و تعیین کننده در تحولات زیربنایی بازی می‌کند. در گسست از این تفکر مائوتسه دون همواره تاکید می‌کرد: «خط سیاسی و ایدئولوژیک صحیح تعیین کننده است»! تفکر فلسفی شوروی، ماتریالیسم مکانیکی بود و نه دیالکتیکی. روندهای تکاملی را مستقیم‌الخط می‌دید و به یک تفکر تدریج‌گرایانه منجر می‌شد که گسست‌های ناگهانی در روتین و جهش‌های تکاملی را نمی‌دید. نقد این دیدگاه‌های فلسفی لایه‌های مختلف دارد که باید در جای خود به طور مفصل تشریح کرد و آموخت. تلاش برای درک این تمایزات، نقش مهمی در شکل گیری فکری امیر داشت.

رفیق امیر برای درک بهتر مارکسیسم، و در همان حال شناخت عمقی‌تر مبارزهٔ طبقاتی در کردستان طی سال‌ها تحقیق وسیعی دربارهٔ ساخت اجتماعی-اقتصادی کردستان مکری را شروع کرد. این پژوهش که بخشی از آن به زودی به پایان می‌رسد نظام فئودالی این منطقه از کردستان و یکی از خیزش‌های دهقانی آن را بررسی می‌کند. فئودالیسم و جنبش دهقانی از زمان مارکس و انگلس تا امروز یکی از عرصه‌های مهم مبارزه‌ی سیاسی و تئوریک درون جنبش کمونیستی و بیرون از آن بین مارکسیسم و سایر تئوری‌ها بوده است. او تحقیق میدانی در جامعهٔ نیمه-فئودالی کردستان و کندوکاو در گنجینهٔ تئوری مارکسیستی فورماسیون‌های اقتصادی-اجتماعی و آشنائی با مبارزاتی که در جنبش کمونیستی بر سر آن انجام شده را یادگیری بسیار مهمی می‌داند.

با این اوصاف، رفیق امیر تاکید می‌کند که مهم‌ترین تحول فکریش آشنائی با مبارزات «حزب کمونیست انقلابی آمریکا» و فعالیت در جناح چپ «کنفدراسیون جهانی محصلین و دانشجویان ایرانی» بوده است.[۴] او در سال‌های ۱۳۵۱ تا ۱۳۵۷ هنگام تحصیل در آمریکا با جنبش نوین

---

٤. نگاه کنید به فصل ۸.

کمونیستی (مارکسیسم-لنینیسم-مائویسم)، جنبش کارگری، مبارزات سیاهان و مردم بومی، جنبش زنان، جنبش ضد جنگ ویتنام و دیگر جنبش‌های اجتماعی که در آن کشور در جریان بود آشنا شد. در همان جا امکان آشنائی با «انقلاب کبیر فرهنگی پرولتاریائی» در چین، جنبش‌های رهائی‌بخش ملی سه قاره به ویژه ویتنام، فلسطین، عمان، و تاریخ جنبش کمونیستی برایش فراهم شد.

هدف انقلاب فرهنگی در چین، به پیش بردن سوسیالیسم و جلوگیری از رجعت سرمایه‌داری بود. اما کودتای بورژوازی در سال ۱۹۷۶ آخرین کشور سوسیالیستی را به کشوری سرمایه‌داری تبدیل کرد. این کودتا، شکست بزرگ و دردناکی بود که شناخت آن و نتایج و عواقبش درک عمقی‌تری از تئوری می‌طلبید. امیر می‌گوید با مارکسیسم احزاب کمونیست سنتی و مارکسیسم دنیای آکادمیک نه درک «انشعاب بزرگ» جنبش کمونیستی بین المللی (که پس از رجعت سرمایه داری در شوروی رخ داد) میسر بود، نه فهم علل رجعت سرمایه‌داری در شوروی و چین. او گسست از ناسیونالیسم و پیوستن به کمونیسم را مهم‌ترین واقعهٔ زندگی خود می‌شمارد، اما معتقد است که بدون گسست دوم از رویزیونیسم و گذار به مائوئیسم همچنان در باتلاق ناسیونالیسم درجا می‌زد. مبارزه در عرصهٔ علم و آگاهی هرگز پایان ندارد. تبدیل دنیای بعد از شکست انقلاب‌های قرن بیستم به دور نوینی از انقلابات پرولتری بدون جهش در این عرصه میسر نیست و این جهش می‌بایست از درون جنبش کمونیستی برخیزد. به اعتقاد رفیق امیر، «حزب کمونیست انقلابی آمریکا» توانست چنین کاری را بکند و توان و توشهٔ تئوریک لازم برای درک شرایط تاریخی جدید را داشت. این حزب با رهبری باب آواکیان در سال‌های شکل‌گیری‌اش در اواخر دههٔ ۶۰ و اوایل ۷۰ میلادی، مبارزات تئوریک و سیاسی مهمی علیه رویزیونیسم، آوانتوریسم انقلابی، اکونومیسم و ناسیونالیسم انجام داده بود و در سال‌های بعد از کودتای رهروان سرمایه داری در چین، جمع‌بندی علمی از این شکست را ارائه داد. آواکیان، بعد از پنج دهه رهبری مبارزهٔ تئوریک و سیاسی، «سنتز نوین»ی از یک قرن و نیم جنبش کمونیستی بین‌المللی ارائه داده است. رفیق امیر معتقد است که این سنتز نوین باید

راهنمای همهٔ کسانی باشد که دل در گرو خلق دنیائی فارغ از هر نوع ستم و استثمار بسته‌اند. ما در پایان موج اول جنبش کمونیستی هستیم و با دانش و آگاهی موج اول امکان تبدیل شکست به پیروزی را نداریم و باید با تکیه بر علمی که مارکس و انگلس و لنین و مائو بنا نهاده‌اند و با دید انتقادی به کم و کاستی‌های آن‌ها، موج نوینی ازانقلابات کمونیستی را به راه بیندازیم.[۵] به نظر امیر باید با جرات و جسارت با وضع موجود روبرو شویم، باید واقع بین باشیم و غیرممکن را طلب کنیم. حیات جامعهٔ بشری به نقطه‌ای رسیده است که مهم‌ترین تضاد نظم حاکم سرمایه‌داری، تضاد بین اجتماعی شدن تولید و تصاحب خصوصی، حل شدن می‌طلبد و به اضطرار.

حزب کمونیست ایران (مارکسیست لنینیست مائوئیست)
فروردین ۱۳۹۶ - مارس ۲۰۱۷

---

۵. برای توضیح بیشتر در مورد «سنتز نوین جنبش کمونیستی» نگاه کنید به فصل ۱، ۶ و ۱۵.

انقلاب و کمونیسم

بر فراز موج نوین کمونیسم[1]

امپریالیسم و بنیادگرایی اسلامی، این دو نیروی منسوخ تاریخ معاصر، دنیا را به عرصه تاخت و تاز، جنگ و کشتار، اشغالگری و اسارت، استثمار و ستم، خشونت علیه زنان، خرافه‌پراکنی، تفرقه‌اندازی مذهبی، ستم ملّی، و نابودی محیط زیست تبدیل کرده‌اند. هر چند امروزه این دو نیروی ارتجاعی با یکدیگر می‌جنگند، تکیه‌گاه هر دوی آن‌ها سیستم سرمایه‌داری امپریالیستی است. شیوهٔ تولید و نظام اجتماعی و سیاسی هر دو سرمایه‌داری است که سرچشمهٔ تولید و بازتولید این نیروهای سیاسی منسوخ و کلیهٔ دهشت‌های جهان معاصر است.

کردستان از جمله مناطق خاورمیانه است که در آتش این جنگ می‌سوزد. نیروهای مسلح کرد، هم در عراق و هم در سوریه، بخش مهمی از ارتش نیابتی آمریکا را تامین می‌کنند. سه دهه مبارزه مسلحانهٔ ناسیونالیست‌های کرد علیه بغداد، کردستان عراق را با اتکا به جنگ آمریکا علیه صدام حسین به حکومتی نیمه مستقل تبدیل کرد، و اکنون پایگاه اقتصادی و نظامی آمریکا، اسرائیل و قدرت‌های ناتو است. ناسیونالیسم کرد و جنبش ملّی کردستان نشان داده‌اند که، مانند سایر جنبش‌های ملّی، بخشی از سیاست و ایدئولوژی سرمایه‌داری هستند و در نهایت ناگزیر تبدیل به پیچ و مهره‌های نظم جهانی امپریالیستی می‌شوند. بسیاری از روشنفکران و فعالین سیاسی کرد از جنبش ملّی گسست نکرده‌اند و افق دیدشان در حد سران این جنبش است که از آغاز فئودال‌ها و شیخ‌ها بودند. در سال‌های اخیر، با رشد بورژوازی کرد به ویژه در ترکیه، عراق و ایران، ناسیونالیست‌ها در هر کشور شرکت در قدرت سیاسی و قانون‌گذاری را طلب می‌کنند. حتی هنگامی که جنبش ملّی اسلحه بر می‌دارد، هدفش نه تغییر بنیادین وضع موجود بلکه سهیم شدن در قدرت دولتی و نظام اقتصادی-اجتماعی حاکم است. رسیدن به پارلمان، رفرم قانونی، حقوق شهروندی، حقوق زبانی و فرهنگی، و برابری ملّی غایت مطالبات آن است.

---

۱. این نوشته به عنوان مقدمه برای ترجمهٔ کُردی کتاب ریموند لوتا، *تاریخ واقعی کمونیسم*، نوشته شد.

جنبش ملّی کرد که در اوایل قرن بیست با خواست استقلال یا خودمختاری کردستان شروع شد توسط فئودال‌ها، روسای عشایر، و شیوخ (رهبران طریقت اسلامی) رهبری می‌شد. سران این جنبش، فئودال‌ها و شیخ‌هایی چون شیخ محمود (۱۹۱۸-۱۹۱۹، ۱۹۲۲-۱۹۲۴)، شیخ سعید (۱۹۲۵)، سید رضا (۱۹۳۷-۱۹۳۸)، سمایل آغا سمکو (۱۹۲۱-۱۹۲۴)، و ملا مصطفی بارزانی (۱۹۶۱-۱۹۷۵) بودند. درخشان‌ترین دستاورد جنبش ملّی، «جمهوری کردستان» سال ۱۹۴۶، تحت رهبری مشترک بورژوازی و فئودال‌ها بود. بر همین روال، جنبش مسلحانهٔ خودمختاری در کردستان عراق که در ۱۹۶۱ شروع شد و سی سال بعد به «حکومت اقلیمی کردستان» انجامید توسط رئیس عشیرهٔ بارزان، ملا مصطفی بارزانی، شروع شد و روشنفکران و فعالین سیاسی که بسیاری از آنان عضو حزب «پارت دمکرات کردستان» بودند به آن پیوستند.

در همهٔ این موارد، دهقانان، که اکثر جمعیت زحمتکش کردستان را تشکیل می‌دادند، تحت سلطهٔ فئودال‌ها بودند و نیروی جنگی جنبش ملّی را تشکیل می‌دادند. به این ترتیب، ناسیونالیسم کرد تضاد بین ملّت کرد و دولت‌های مرکزی (ترکیه، ایران، عراق، سوریه) را بر تضاد بین فئودال‌ها و دولت‌های تمرکزگرا منطبق کرد. در واقع، رهبران جنبش ملّی، از شریف پاشا در جنگ جهانی اول گرفته تا ملا مصطفی بارزانی بعد از جنگ جهانی دوم، «استقلال» کردستان را در وابسته شدن به قدرت‌های امپریالیستی جستجو می‌کردند. اولی به انگلستان پیشنهاد کرد که کردستان به تحت الحمایه این قدرت استعماری تبدیل شود و دومی از آمریکا خواست که کردستان را به ایالت پنجاه و یکم خودش تبدیل کند. حتی در جمهوری کردستان، که در شرایط حضور نیروهای شوروی در شمال ایران و با تایید اتحاد شوروی تاسیس شد، فئودال‌ها و روسای عشایر در کابینه و در راس ارتش ملّی قرار داشتند و استثمار دهقانان مانند گذشته ادامه یافت.

کردستان در قرن بیستم، به ویژه در جریان جنگ جهانی اول و بعد از آن، به یکی از عرصه‌های مهم کشمکش سیاسی بین دولت‌های منطقه و قدرت‌های امپریالیستی (به ویژه روسیهٔ تزاری، انگلستان، فرانسه و بعد آمریکا) تبدیل شد. ژنوسید، پاکسازی قومی، جنایت جنگی، تبعید

دسته جمعی، قتل عام، ویرانی، قحطی و بیماری کردستان را به سوی نابودی کشاند. مقاومت در مقابله با این شرایط پراکنده، خود به خودی، محلی و جسورانه بود. اما جنبش ملّی توانایی دگرگون کردن این وضع را نداشت. در این شرایط بسیار سخت و پیچیده، در صورت وجود رهبری انقلابی، امکانات وسیعی برای تبدیل وضع ضدانقلابی به وضع انقلابی و خلق دنیای بهتری وجود داشت.

وضع جنبش ملّی کردستان استثنا نبود. سایر جنبش‌های ملّی و ضداستعماری از قبیل ویتنام، الجزایر، کوبا، و فلسطین پیشرفته‌تر از جنبش ملّی کردستان بودند، جنبشی که نه ضد فئودالی بود و نه ضد امپریالیستی. اما همان‌ها هم که بعد از چند دهه مبارزات ضد استعماری در آسیا و آفریقا به دولت‌های «مستقل» طبقهٔ بورژوا-ملاکان بومی دست یافتند، هم چنان در درون نظام سرمایه‌داری امپریالیستی و تابع آن ماندند و وضعیت اکثریت توده‌های کارگر و دهقان و زنان تغییر زیادی نکرد.

جنبش ملّی کرد در عراق بعد از سه دهه جنگ با دولت عراق و با پیوستن به جنگ آمریکا علیه رژیم صدام حسین (۲۰۰۳ و ۱۹۹۱) موفق به تشکیل «حکومت اقلیمی کردستان» شد. رهبران جنبش ملّی که سه دهه در کوهستان علیه بغداد مسلحانه می‌جنگیدند به محض انتقال از کوه به شهر ماشین اداری رژیم بعث را به حکومت کرد تبدیل کردند، و تداوم این نظام طبقاتی را در شکل ملّی کرد تضمین کردند. کارنامهٔ یک ربع قرنِ این حکومت نیمه مستقل نشان می‌دهد که به جای حکومت ارتجاعی بعث، دیکتاتوری طبقات حاکمهٔ کرد (فئودال‌ها، روسای عشایر و بورژواهای وابسته به دو حزب حاکم) برقرار است. کردستان از چنگال بعثی‌ها خارج شد و به پایگاه نظامی و سیاسی و اقتصادی آمریکا، اتحادیهٔ اروپا، ترکیه، ایران و اسرائیل تبدیل شد. پیشمرگه، که در جنبش ملّی سمبل مبارزه برای رهایی توده‌های مردم به شمار می‌رفت، به «ارتش نیابتی» آمریکا تبدیل شده است. تحت پرچم ناسیونالیسم که ملّت را «تجزیه ناپذیر» و «بی‌طبقه» می‌انگارد، «پارت دمکرات کردستان» بخش غربی حکومت اقلیمی را به پایگاه ترکیه و «اتحادیه میهنی کردستان» بخش شرقی را به جولانگاه رژیم اسلامی ایران تبدیل کرده است. «پارت دمکرات کردستان»

برای کمک به ترکیه در سرکوب جنبش روژاوا مرز بین دو بخش کردستان را برای مدتی خندق‌کشی کرد و امروز روژاوا را در محاصرهٔ اقتصادی و سیاسی قرار داده است. اقتصاد «حکومت اقلیمی کردستان» زائدهٔ اقتصاد نفتی است که با نزول قیمت نفت در بازارهای دنیا در آستانهٔ سقوط قرار گرفته است. سران حکومت کرد در فساد مالی و اداری گوی سبقت را از رژیم بعثی ربوده‌اند.

ناسیونالیسم تنها سیاست و ایدئولوژی نبود. در حالی که در کردستان عراق حکومت خودمختار فئودالی-عشیره‌ای شیخ محمود بر سر کار بود و شیخ خود را «مَلِک کردستان» اعلام کرد، در شوروی بعد از ۱۹۲۱، بخش کوچکی از جمعیت کردستان که در قفقاز (ارمنستان، آذربایجان و گرجستان) زندگی می‌کرد پروسهٔ گذار به سوسیالیسم را شروع کرد، و برای مدتی منطقه «کردستان سرخ» برقرار بود. در مقایسه با کردهای سایر کشورها، پیشرفت کردهای شوروی، در مدت کوتاه یک دهه، به مراتب عمیق‌تر و وسیع‌تر بود. از منحل کردن روابط عشیره‌ای و فئودالی گرفته تا رهایی زنان، ریشه‌کن کردن بی‌سوادی، آموزش عمومی، تحصیل به زبان کردی، ترجمه و تالیف و انتشارات به زبان کردی، رشد قشر روشنفکر و غیره. اما شوروی، حتی از اوایل دهه ۱۹۳۰ به بعد، نقش پایگاه انقلاب جهانی را به درستی ایفا نمی‌کرد و خط و مشی آن ناتوان از رها کردن و سازمان دادن انرژی رهایی‌بخش انقلابی در اقصی نقاط جهان برای به پیش راندن انقلاب جهانی بود. اندکی قبل از شروع جنگ جهانی دوم و در تدارک برای مقابله با حمله آلمان، حکومت شوروی دست به تبعید کردها و بعضی دیگر از ملّیت‌ها به آسیای مرکزی زد. هم زمان، دولت‌های ایران، ترکیه، عراق (تحت قیمومیت انگلستان) و سوریه (تحت قیمومیت فرانسه) از هیچ کوششی برای سرکوب جنبش کمونیستی نوپا در این کشورها کوتاهی نمی‌کردند.

تلاش مبارزان برای گسست از ناسیونالیسم و پیوستن به جنبش کمونیستی در دههٔ ۱۹۴۰ در سطح محدودی شروع شد، اما از همان وقت با محدودیت‌های تاریخی جنبش کمونیستی مواجه شد. تشکیلات و احزاب کمونیست در ترکیه، ایران، عراق و سوریه در شرایطی شکل گرفتند که

جنبش کمونیستی بین‌المللی تحت رهبری حزب کمونیست شوروی بود و این حزب دارای یک خط صحیح انترناسیونالیستی پرولتری نبود. در نتیجه به جای اینکه به احزاب کمونیست کشورهای مختلف کمک کند که هر یک از آنان در کشور خود دست به انقلاب زده و دولت‌های حاکم را سرنگون کرده و دولت‌های طراز نوین دیکتاتوری پرولتاریا برقرار کنند و سپس شروع به ساختمان سوسیالیسم کنند، آنان را فرا خواند که به دفاع از شوروی سوسیالیستی بپردازند و برای «دفاع» از شوروی با دولت‌های ارتجاعی خود که در ائتلاف با بلوک امپریالیست‌های متفقین بودند به سازش برسند. احزاب کمونیست این کشورها در چهارچوب این خط مشی توانایی تبدیل کردستان به پایگاهی انقلابی را نداشتند. تنها حزب کمونیست چین تحت رهبری مائوتسه دون بود که نادرستی این استراتژی و خط مشیِ سرچشمه گرفته از آن را تشخیص داد و از عملی کردن چنین سیاستی سر باز زد. در جریان جنگ جهانی دوم، سیاست ناسیونالیستی بیش از پیش بر حزب کمونیست شوروی غلبه کرد و به دنبال احیای سرمایه‌داری (به رهبری خروشچف در کنگره بیستم این حزب در ۱۹۵۶) انقلاب از دستور کار این احزاب حذف شد.

احیای سرمایه‌داری در شوروی ضربهٔ بزرگی به روند انقلاب در جهان وارد کرد و جنبش کمونیستی بین‌المللی را در وضعیت مرگ و زندگی قرار داد. حزب کمونیست چین به رهبری مائو تسه دون مبارزه علیه رویزیونیسم خروشچفی را شروع کرد و نشان داد که سرمایه‌داری در اولین کشور سوسیالیستی احیا شده است. مائوتسه دون با حل این معضل که چگونه سرمایه‌داری می‌تواند در یک کشور سوسیالیستی احیا شود و خصلت مبارزه طبقاتی در دوران گذار از سوسیالیسم به کمونیسم چیست، درک علمی انقلاب را تکامل داد. او با رهبری تئوریک و سیاسی به انشعاب بزرگ در جنبش کمونیستی بین‌المللی (۱۹۶۴) دامن زد و راه را برای شکل‌گیری جنبش نوین کمونیستی در سطح جهان باز کرد. سپس با راه انداختن «انقلاب کبیر فرهنگی پرولتری» در خود چین (۱۹۶۶-۱۹۷۶) به مقابله با روند احیای سرمایه‌داری رفت و راه ادامه انقلاب در سوسیالیسم را الگوسازی کرد، و به این ترتیب مائوئیسم تبدیل به خط

تمایز میان مارکسیسم و رویزیونیسم شد. بار دیگر کمونیسم مشعل‌دار رهایی بشریت از اسارت نظام سرمایه‌داری و مصیبت‌های تولید شده توسط آن شد. حتی بسیاری از جریان‌های ملّی‌گرا خود را طرفدار «اندیشه مائو» و چین سوسیالیستی قلمداد می‌کردند بدون اینکه به واقع جذب کمونیسم شده باشند.

بعد از مرگ مائو در سپتامبر ۱۹۷۶، کودتایی شبیه کودتای خروشچف در حزب کمونیست چین روی داد و سرمایه‌داری در این آخرین کشور سوسیالیستی هم احیا شد. این شکست نیز در سراسر دنیا ضربه بزرگی به جنبش کمونیستی وارد کرد. در این شرایط، تشتّت تئوریک و سیاسی همه جانبه بود. در کردستان، در دههٔ ۷۰، سه جریان متمایل به جنبش کمونیستی به تاسیس تشکیلات انقلابی دست زدند و به درجات مختلف اما بسیار محدود، متاثر از مائوئیسم بودند. «کومه‌له‌ی مارکسی-لنینی» در کردستان عراق (۱۹۷۰)، «کومه‌له‌ی شورشگیری زه‌حمه‌تکیشانی کوردستان» در ایران (۱۹۶۹) و «پارتیا کارکه‌رین کوردستان» (پ.ک.ک، ۱۹۷۸) در ترکیه. تشکل اول به تدریج در حزب ناسیونالیستی «یه‌کیتی نیشتمانی کوردستان» که خود از موسسین آن بود تحلیل رفت.

جریان دوم، «سازمان انقلابی زحمتکشان کردستان»، در ۱۹۸۳، در وحدت با یک گروه چپ دیگر «حزب کمونیست ایران» را با حفظ استقلال تشکیلاتی خود به وجود آورد. این حزب با پرچم «مارکسیسم انقلابی» شروع کرد و ده سال بعد در جریان انشعاب به شاخه‌های مختلف طرفدار مارکسیسم اومانیستی تقسیم شد. «مارکسیسم انقلابی» این حزب بر اساس منحل کردن خط تمایز مارکسیسم و رویزیونیسم و منحل کردن دستاوردهای تئوریک و پراتیک موج اول انقلاب‌های کمونیستی به ویژه انقلاب سوسیالیستی شوروی و چین شکل گرفت، و به جای کمونیسم مارکس و لنین و مائو ملغمه‌ای از تروتسکیسم و سوسیال دمکراسی و اکونومیسم کارگری را قطب راهنمای خود کرد.

جریان سوم (پ.ک.ک) با ادعای ایجاد کردستان بزرگ و سوسیالیستی به میدان آمد. رهبر حزب، اوجلان، بعد از ربوده و زندانی شدن (۱۹۹۹)، افق دمکراسی بورژوایی خود را آشکار کرد و آن را با

مفاهیمی چون «دمکراسی رادیکال»، «دمکراسی مستقیم»، «دمکراسی افقی»، و «دمکراسی از پایین به بالا» آرایش داد. امروز پ.ک.ک و احزاب هم‌خط آن اعلام می‌کنند که از ناسیونالیسم گسست کرده‌اند، معتقد به حق تعیین سرنوشت و ایجاد دولت مستقل یا ملّت-دولت کرد نیستند، و در چهارچوب مرزهای موجود به برپایی «اتونومی دمکراتیک» و «کنفدرالیسم دمکراتیک» می‌پردازند. در این خط مشی، دمکراسی از طبقه جدا شده است، دمکراسی و دیکتاتوری دو فرم اعمالِ قدرت یک طبقه نیستند بلکه مستقل از هم و در تضاد با هم قرار می‌گیرند و با این زمینه‌چینی‌ها، دمکراسی بورژوایی در بسته‌بندی جدیدی به عنوان آلترناتیو «مدرنیته سرمایه‌داری» عرضه می‌شود. بر همین روال، پ.ک.ک بنیاد دولت را رد می‌کند اما در درون مرزهای ملّت-دولت ترکیه و سوریه با پروژهٔ اتونومی‌سازی و کنفدرالیسم‌سازی به ساختن ملّت و دولت کرد می‌پردازد. پوشیده نیست که با سیاست اصلاح دمکراسی بورژوایی نمی‌توان به مقابله با دنیای کهنه رفت و دنیای نوینی خلق کرد. خروج از مغاک نظام سرمایه‌داری و گذار به جامعهٔ کمونیستی بیش از هر چیز به تئوری انقلابی یعنی مارکسیسم نیاز دارد.

احیای سرمایه‌داری در چین سوسیالیستی نیروهای کمونیست را در همه جا تضعیف و سردرگم و بحرانی کرد و در عوض نفوذ نیروهای ناسیونالیست و اسلام‌گرا در میان توده‌های مردم رشد و گسترش یافت. اما مشکل کلیدی خودِ نیروهای جنبش کمونیستی بودند که نتوانستند درس‌های مثبت و منفی موج اول انقلاب‌های کمونیستی، به ویژه انقلاب چین، را درست جمع‌بندی کنند و به چالش‌های انقلاب در خاورمیانه و دیگر نقاط جهان پاسخ دهند. بسیاری از نیروهای مائوئیست (مانند «اتحادیه کمونیست‌ها» در ایران) پس از احیای سرمایه‌داری در چین مواضعی پر از التقاط در مورد مائوئیسم گرفتند و معلوم شد تکامل علم کمونیسم توسط مائوتسه دون را درک نکرده بودند. در نتیجه نیروهای مائوئیست از پیشبرد انقلاب کمونیستی در نقاط مختلف جهان، حتی در جایی مانند ایران که فرصت چنین انقلابی در ۱۹۷۸-۱۹۷۹ به وجود آمد، عاجز ماندند. در میان این نیروهای مائوئیست هم گرایش بورژوا-دموکراتیک رایج بود و

قادر نبودند وظایفی مانند مبارزه با عقب‌ماندگی فئودالی و وابستگی به امپریالیسم و حل مساله ملّی و ستم بر زنان را در چارچوب و قالب یک استراتژی انقلاب کمونیستی بگذارند و انقلاب را رهبری کنند.

ناتوانی انقلابیون در کردستان و منطقه در دامن زدن به جنبش نوین کمونیستی و انجام انقلاب کمونیستی ناشی از کمبود مبارز و مبارزه نبود. در واقع در هر گوشۀ این سرزمین نشانی از جسارت، فداکاری، ازخودگذشتگی، و بی‌باکی آزادی‌خواهان کمونیست و غیرکمونیست در جنگ با ارتجاع و امپریالیسم به چشم می‌خورد. مانع اصلی ناتوانی در گسست از جهان‌بینی، سیاست، و ایدئولوژی بورژوازی و در پیش گرفتن جهان‌بینی، سیاست، و ایدئولوژی کمونیستی بود. اما کمونیسم، به ویژه بعد از شکست دو تجربۀ مهم شوروی و چین، چیزی نبود که حاضر و آماده در دسترس باشد. تلاش برای برپاکردن جنبش کمونیستی در کردستان مصادف شد با آن چه باب آواکیان، صدر «حزب کمونیست انقلابی آمریکا»، «پایان موج اول کمونیسم» (از کمون پاریس ۱۸۷۱ تا احیای سرمایه‌داری در چین ۱۹۷۶) نامیده است. مشخصۀ این سال‌ها، تشتّت و سردرگمی در تئوری و پراتیک و ناتوانی جنبش‌های کمونیستی در درک شکست و تبدیل آن به پیروزی بود.

در شرایط شکست جنبش کمونیستی، سرمایه‌داری امپریالیستی دنیا را به سرعت به سوی نابودی می‌کشاند؛ فقر، گرسنگی، محرومیت، بی‌کاری، بی‌خانمانی و فوق استثمار و ستم زندگی میلیاردها انسان را تباه کرده است. تحت سیادت سرمایه، نظام بردگی دوباره قد علم کرده است؛ فروش و ترافیک زنان و کودکان به بخشی از نظام اقتصادی تبدیل شده است. بحران محیط زیست، که نتیجۀ مستقیم سلطۀ سرمایه است، زندگی انسان و بقیه موجودات زنده را به خطر انداخته است. جنگل، دریا و اقیانوس و رودخانه و خاک و آب و هوای کرۀ زمین به شدت آسیب دیده‌اند. هر سال هزاران انسان که در جستجوی کار به اروپا و آمریکا پناه می‌برند با مرگ فوری یا تدریجی مواجه می‌شوند. ستم بر زنان و خشونت مردسالاری بیداد می‌کند؛ همه جا «جنگ علیه زنان» در جریان است. خرافات دینی، علم ستیزی، نژادپرستی، و فاشیسم دست در دست هم آیندۀ تاریکی ترسیم

می‌کنند. تضاد بین دو نیروی ارتجاعی و از نظر تاریخی منسوخ – یعنی امپریالیسم و بنیادگرایی – خاورمیانه را به ویرانه و کشتارگاه تبدیل کرده است؛ جنگ و ویرانی و آوارگی میلیون‌ها نفر به امری عادی تبدیل شده است.

وضع دنیا به جایی رسیده است که یا باید نظام سرمایه‌داری را از میان برداشت یا سرمایه‌داری زندگی را از میان برخواهد داشت. انتخاب دیگری باقی نمانده است. اما روشن است نیرویی جز جنبش کمونیستی توانایی و خواست این تاریخ‌سازی را ندارد. جنبش کمونیستی هم، آن طور که در گذشته بود، از عهده چنین مسئولیتی بر نمی‌آید. با کمونیسم پیشین نمی‌توان به آیندهٔ کمونیستی دست یافت و بدون «کمونیسم نوین» نه به درک درست گذشته می‌رسیم، نه به ساختن این آینده. سنتز کمونیستی از کمونیسمِ گذشته و تدوین «کمونیسم نوین» کار سترگی است که باب آواکیان، درِ پروسهٔ مبارزات وسیع در عرصهٔ تئوری، سیاست و ایدئولوژی در سه دههٔ اخیر، موفق به انجام آن شده است. اگر کمونیست‌ها می‌خواهند پیش‌آهنگ آینده باشند، و نه زائدهٔ گذشته، باید خود را متکی بر سنتز نوینی از کمونیسم بکنند و به طور جدی ببینند که «کمونیسم نوین» چیست و چه جایگاهی در تاریخ و در جهان امروز دارد؟ طبق گفتهٔ آواکیان سنتز نوین چنین است:

> سنتز نوین، ترکیب‌بندی و قالب‌بندی دوبارهٔ جوانبِ مثبتِ تجاربِ جنبش کمونیستی و جوامع سوسیالیستی و یادگیری از جنبه‌های منفی این تجربه، در ابعاد فلسفی و ایدئولوژیک و سیاسی است. هدف، دست‌یابی به جهت‌گیری، متد و رویکردی بسیار علمی‌تر در مورد انقلاب کردن و کسب قدرت و نیز در مورد جوانب مختلف جامعهٔ سوسیالیستی آینده است: تامین نیازهای مادی بسط یابندهٔ جامعه و مردم؛ غلبه بر زخم‌های گذشته و تداوم بخشیدن به دگرگونی انقلابی جامعه و حمایت از مبارزات انقلابی جهان و عمل کردن بر این پایه که

> عرصهٔ جهانی و مبارزهٔ جهانی اساسی‌ترین و مهم‌ترین عرصه است. همراه با این، ایجاد فضایی با کیفیت بیشتر برای نیازهای فکری و فرهنگی مردم، و به راه انداختن پروسه‌های متنوع و غنی اکتشاف و تجربه کردن در عرصه‌های علم، هنر و فرهنگ و به طور کلی حیات فکری جامعه، و ایجاد فضای گسترش یابنده برای رقابت ایده‌ها و مکاتب فکری گوناگون و برای ابتکار عمل و خلاقیت فردی و حمایت از حقوق فردی از جمله تامین فضا برای اینکه افراد بتوانند در «جامعهٔ مدنی»، مستقل از دولت، با هم کُنش داشته باشند – و انجام همهٔ اینها در چارچوب تعاون و کلکتیو. در همان حال، از قدرت دولتی محافظت خواهد شد و به مثابه یک قدرت دولتی انقلابی در خدمت منافع انقلاب پرولتری در این کشور و در سراسر جهان تکامل خواهد یافت و دولت، عنصر رهبری کننده و مرکزی در اقتصاد و در جهت‌گیری کلی جامعه خواهد بود. اما خودِ دولت نیز به طور مداوم تحول یافته و به طور فزاینده تبدیل به دولتی کاملا متفاوت از همهٔ دولت‌هایی که بشر تا کنون به خود دیده خواهد شد. این فرآیند، بخش مهمی از حرکت به سوی محو دولت خواهد بود که با استقرار کمونیسم در مقیاس جهانی ممکن خواهد شد.[۲]

«کمونیسم نوین» بر پایه‌های مارکسیسم مارکس، انگلس، لنین و مائو – ماتریالیسم تاریخی و دیالکتیک – استوار است، از دستاوردهای انقلابات پیشین دفاع می‌کند و اشتباهات و محدودیت‌های تئوری و متدولوژی مارکسیسم را که به این اشتباهات راه داده‌اند به نقد می‌کشد. «کمونیسم نوین» اشتباهات، نابلدی‌ها، و لغزش‌ها را که در تجربه‌های آغازین ساختمان سوسیالیسم اجتناب‌ناپذیر بودند خاطر نشان کرده و نقد

---

۲. باب آواکیان: «انقلاب کردن و رهایی بشریت»، بخش اول، **حقیقت**، شماره ۵۴، اردیبهشت ۱۳۹۰، صفحه ۱۷.

می‌کند. اما این کار به تنهایی نمی‌توانست به سنتز نوینی از این مهم‌ترین تجربه‌های تاریخ بشر برسد به این معنی که راه‌گشای موج جدیدی از انقلابات پرولتری باشد. دستاورد آواکیان تنها مشخص کردن و نقد پراکندهٔ اشتباهات تجربه ساختمان سوسیالیسم در موج اول کمونیسم نیست. آن چه مهم‌تر است این است که او خطاها و کمبودهایی را که در عرصه تئوری و متدولوژی به این اشتباهات راه داده‌اند نشان داده و به نقد کشیده است. برای بسیاری از کمونیست‌ها نقد کردن مارکس، انگلس، لنین و مائو قابل تصور نیست. اما چنین رویکردی به کمونیسم به وضوح ضد دیالکتیکی است. از دید آواکیان، بخش عمده اشتباهاتِ رایج در جنبش کمونیستی بین‌المللی، در گذشته و حال، ریشه در بنیانگذاران و تئوریسین‌های کمونیسم چون مارکس، انگلس، لنین و مائو ندارد. اما این رهبران کمونیست به دنیا نیامدند، بلکه در پروسهٔ مبارزهٔ طبقاتی از بورژوازی گسست کردند و کمونیست شدند. مارکس و انگلس در مقابله با ایده‌آلیسم، یعنی فلسفه و جهان‌بینی نظام طبقاتی، ماتریالیسم را تدوین کردند اما این گسست نمی‌توانست ناب، منزه و نهایی باشد. تا وقتی که جامعه طبقاتی است، ایده‌آلیسم و ماتریالیسم به شکل همگونی و مبارزهٔ ضدین وجود خواهند داشت و در همدیگر تاثیر خواهند گذاشت و تعجب‌آور نیست که در تفکر مارکس و انگلس نیز عناصری از ایده‌آلیسمٍ یعنی گرایشات غلط، هر چند فرعی، دیده می‌شود، گرایشاتی که معمولاً در جنبش کمونیستی به یک خط مشی کامل تبدیل می‌شد.

علاوه بر این، مارکسیسم، مانند سایر علوم، دانشی ازلی، یک‌باره و پایان‌یافته نیست بلکه علمی است که جهان را تغییر می‌دهد و در پروسهٔ این تغییر خودش نیز تحول می‌یابد. به این ترتیب، مارکسیسم تراوش مغز مارکس و انگلس نبود، بلکه انقلاب فکری بود که آن‌ها در دانش انسان دربارهٔ جامعه بشری و تغییر آن انجام دادند. آواکیان مارکسیسم را به عنوان علمی همیشه در حال تحول و تکامل تلقی کرده است، و با این رویکرد، به نقد گرایش‌های متافیزیکی و ایده‌آلیستی در کمونیسم از جمله در مارکس، انگلس، لنین و مائو پرداخته است. در واقع، او موفق به حل یک تضاد جدی که از ابتدای تکامل تئوری کمونیستی در آن موجود بود شده است. یعنی،

تضادِ رویکرد و متد از نظر بنیاد علمی آن با جنبه‌هایی که با چنین رویکرد و متدی مغایرت داشته است. بدون نقد اشتباهات نظری و اعتلای دانش تئوری، سنتز نوین چیزی جز یک مجموعه ارزیابی‌های سیاست و پراتیک جنبش کمونیستی نمی‌شد؛ در اینجا، می‌توان دیالکتیک ماده و آگاهی را دید: واقعیت مادی، یعنی پایان موج اول انقلابات کمونیستی، سوالات بزرگی مطرح کرد که اکنون به آن‌ها پاسخ داده شده، و این پاسخ به نوبت خود آگاهی را ارتقا داده است، به طوری که اگر به کار گرفته شود واقعیت مادی را تغییر می‌دهد. بر این منوال، سنتز نوین مانند هر تلاش علمی کاری پایان یافته نیست، بلکه در حال پیشروی است.

«کمونیسم نوین» نوسازی جنبش کمونیستی را با تکامل دادن بسیاری از عرصه‌های فلسفه، اقتصاد سیاسی، سیاست، متدولوژی، معرفت‌شناسی، دیکتاتوری پرولتاریا، سوسیالیسم، کمونیسم و مسائل مربوط به استراتژی انقلاب میسر می‌سازد. یکی از نقدها در عرصهٔ تئوری و فلسفه متوجه ادعای «اجتناب‌ناپذیری» کمونیسم است. «کمونیسم نوین» تاکید می‌کند که، بر خلاف تصور رایج در میان کمونیست‌ها، گذار از سرمایه‌داری به کمونیسم جبر تاریخ نیست. اگر انقلاب کمونیستی صورت نگیرد، آن هم در نهایت در سطح جهانی، آیندهٔ کمونیستی وجود نخواهد داشت. همچنین، برخلاف نظر کسانی چون نگری و هارت، کمونیسم بطور خودجوش و خودبه‌خودی از بطن سرمایه‌داری قد علم نخواهد کرد. کمونیسم، جامعهٔ بی‌طبقه و بدون ستم و استثمار، تنها می‌تواند آگاهانه ساخته شود، یعنی از طریق انقلاب، آن هم با تئوری و رهبری حزب و سازماندهی کمونیستی. جامعهٔ کمونیستی و زیربنای اقتصادی آن از طریق روبنا ساخته خواهد شد، نه از طریق تحول خودجوش در زیربنا.

آگاهی کمونیستی و جنبش کمونیستی با تولد مارکسیسم در اواسط قرن نوزدهم پا به عرصهٔ تاریخ گذاشتند. در ۱۸۷۱، اولین تلاش مهم برای رهایی انسان از سلطهٔ سرمایه‌داری در انقلاب پرولتری موسوم به «کمون پاریس» تحقق یافت و عمر کوتاه این تجربه نشان داد که خلق دنیایی هزاران بار بهتر از دنیای سرمایه‌داری میسر و ضروری است. نیم قرن بعد، اولین انقلاب سوسیالیستی در روسیه در ۱۹۱۷ و سی سال بعد انقلاب

سوسیالیستی در چین چهرهٔ دنیا و تاریخ انسان را تغییر دادند. این دو انقلاب گام‌های بلند اما آغازین در جهت گسست از جامعه طبقاتی بودند. اما با وجود دست‌آوردهای مهم، هر دو شکست خوردند. ابتدا سرمایه‌داری در شوروی احیا شد. در چین، مائو، برای مقابله با تلاش‌های احیاگرانه، فرم نوینی از مبارزه طبقاتی در جامعه سوسیالیستی یعنی انقلاب فرهنگی را رهبری کرد، اما بعد از مرگ مائو در ۱۹۷۶، کودتای «رهروان سرمایه‌داری» این پایگاه انقلاب را به پایگاه سرمایه‌داری تبدیل کرد. به این ترتیب، مرحلهٔ اول انقلابات کمونیستی به پایان رسید.

سوال من از روشنفکران و فعالین سیاسی که از وضع موجود بیزار هستند و به تسلیم شدن به آن تن در نمی‌دهند این است: با چه افقی باید به مصاف وضع موجود رفت؟ آیا می‌توان خشونت روزافزون سرمایه را تخفیف داد و به آن چهرهٔ انسانی بخشید؟ آیا باید به جنگ و فقر و استثمار و ستم پایان داد یا با آن‌ها کنار آمد و به تعدیل‌شان پرداخت؟ آیا می‌توان مهم‌ترین تضاد این دوران، یعنی تضاد بین ماهیت اجتماعی تولید و تصاحب خصوصی، را حل کرد؟ آیا می‌توان تضاد بین ۹۹٪ و ۱٪ را در چهارچوب سرمایه‌داری حل کرد؟ سوال نهایی این است: آیا می‌خواهیم بر فراز موج دوم انقلابات کمونیستی به دگرگون کردن خود و دنیا بپردازیم؟

انقلاب یا وضع انقلابی؟[1]

دیدن آلترناتیو ممکن در مقابل جهان کنونی جرات و جسارت می‌خواهد

شش ماه از فستیوال ستم‌دیدگان می‌گذرد؛ ابتدا در تونس و سپس در مصر و دیگر کشورهای آفریقای شمالی و مدیترانهٔ شرقی. به مردم این کشورها که به مدت شش ماه در خیابان‌ها دست به مبارزه و مقاومت زده‌اند درود می‌فرستم. در واقع همهٔ ما به روش‌های گوناگون در این وقایع شرکت کرده‌ایم. برخی از ما این رخدادها را از طریق رسانه‌ها و مطبوعات دنبال کرده‌ایم و یا در حمایت از خیزش مردم این کشورها علیه رژیم‌های مرتجع‌شان راه‌پیمایی و تظاهرات کرده‌ایم و شادمانی خود را از این خیزش نشان داده‌ایم. تونس و میدان تحریر تبدیل به رخدادهایی جهانی شده‌اند. ما در آن چه در آنجا می‌گذرد نقش بازی می‌کنیم. هر چند که ما مثل مردم آن کشورها زیر سرنیزه و آتش توپ‌خانهٔ ارتش‌ها و نیروهای سرکوب‌گر نیستیم اما مهم است بدانیم که چگونه با آن‌ها متصل و در پیوند هستیم و شرکت خلاقانهٔ ما در این رخدادها بجاست و باید صورت گیرد. باید بدانیم چگونه؟ باید جهت‌گیری این رخدادها مشغلهٔ ما باشد و سوال کنیم که بهتر است در کدام جهت حرکت کنند.

در اینجا تلاش خواهم کرد نه تنها بر مبنای شناخت و آگاهی که از انقلاب و انقلابات داریم، بلکه از نقطه نظر کسی که به مدت چندین دهه تجارب مبارزات انقلابی ایران را از سر گذرانده نیز به وقایع کنونی نگاه کنم. من سال‌ها علیه نظام سلطنتی ایران مبارزه کردم. ده سال در آمریکا هنگامی که دانشجو بودم و گاه در برخی نقاط دیگر جهان برای تغییر این جهان درگیر مبارزه طولانی بوده‌ام.

---

۱. این مقاله اولین بار در مجله *آرش* (شماره ۱۰۷، مهر ۱۳۹۰/اکتبر ۲۰۱۱، صص ۱۳-۱۵) منتشر شد و سپس در *حقیقت* (شماره ۵۸، بهمن ۱۳۹۰، صص۱۹ -۲۰) تجدید چاپ شد. پیش از آن در کنفرانس بین‌المللی «چشم‌انداز انقلاب در کشورهای خاورمیانه و شمال آفریقا» (لندن، ۳۰ مه ۲۰۱۱) و کنفرانس «آموزش انتقادی-رادیکال» (آتن، ۱۶ـ۱۲ اوت ۲۰۱۱) به صورت سخنرانی ارائه شده بود.

باید پیشاپیش بگویم که «میدان تحریر» تبدیل به بخشی از زبان بین‌المللی شده است. این مسئله در شرایطی که ضد انقلاب جهانی انقلابات را، از انقلاب فرانسه در قرن هجدهم به این سو، به باد ناسزا گرفته و محکوم کرده است اهمیت زیادی دارد. در مقابل چنین جوی قیام‌های جهان عرب حیات جدیدی به انقلاب داده است. لنین قیام‌ها را فستیوال ستم‌دیدگان خوانده است و این قیام‌ها هر چند هنوز انقلاب نیستند، ولی فستیوال توده‌ها به آن معنایی که لنین می‌گفت هستند. این خیزش‌ها مدرسه سیاست بوده‌اند و بسیار عمیق‌تر، رادیکال‌تر و موثرتر از هر مدرسه سیاست و کلیهٔ دانشگاه‌های جهان سرمایه‌داری به مردم درس سیاست داده‌اند. میلیون‌ها تن وارد سیاست شده‌اند و درس‌های آن را به درجات گوناگون آموخته‌اند. در دانشکده‌های علوم سیاسیِ دانشگاه‌های غرب و سایر نقاط جهان به دانشجویان می‌آموزند که چگونه اطاعت کنند، چگونه نظم موجود را بازتولید کنند. اما در خیابان‌های جهان عرب فستیوال ستم‌دیدگان به مردم آموخته است که وضع موجود را تحمل نکنند و دست به تغییر آن بزنند. پس مهم است که اهمیت تاریخی و جهانی این مبارزات را به ویژه در چارچوب اوضاع کنونی دریابیم. باید به این وقایع از منظر تاریخی نگریست. منظورم تاریخ جهان است. یعنی پروسه‌هایی که مسیر تاریخ را تغییر داده‌اند و خود جهان را تغییر داده‌اند. به یقین پس از این خیزش‌ها جهان مانند قبل نخواهد بود. حتی اگر این خیزش‌ها در تغییر رادیکال وضع موجود موفق نشوند و حتی اگر با دخالت مستقیم امپریالیستی مانند آنچه در لیبی شد مواجه شوند، یا اینکه مانند تونس سرکوب ادامه یابد. حتی اگر این جنبش‌ها موفق نگردند باید اهمیت آن‌ها را در تاثیرگذاری بر مجموعهٔ اوضاع جهان و تکامل آن کشورها دید و آن را به رسمیت شناخت. هر چند برخاستن مردم علیه ستم و استثمار چیز جدیدی نیست، زیرا هر جا ستم هست مقاومت نیز هست و وقایع جاری این حقیقت قدیمی را ثابت کرده است، با این وصف، این خیزش ها اهمیت فوق‌العاده‌ای دارند.

بگذارید تاکید کنم که جهان موجود گندیده است و ما نوع بشر شایستهٔ جهانی بهتر هستیم. در این جهان حتی طبیعت در شُرُفِ نابودی است. خود جامعه بشری آنچنان زیر حمله است که شاید بتوان گفت در طول

تاریخ بی‌سابقه است و من در طول زندگی خود چنین چیزی را ندیده‌ام. گرسنگی، فقر، بی‌عدالتی، جنگ علیه زنان، جنگ‌های قومی، جنگ‌های امپریالیستی، جنگ علیه مردم فقیر، ژنوسید، پاکسازی قومی، آپارتاید. به اسرائیل نگاه کنیم که رژیم آپارتایدی ناب است و طبق کنوانسیون سازمان ملل متحد آپارتاید جنایت علیه بشریت محسوب می‌شود و بنا به قاعده باید همه با آن مخالفت کنند، اما تمام قدرت‌های غربی از آن حمایت می‌کنند و صحبت در مورد آپارتارید اسرائیل سانسور می‌شود و استفاده از واژه آپارتاید در مورد اسرائیل ممنوع می‌شود. همان قدر که آپارتارید اسرائیلی گندیده است، دمکراسی لیبرال غرب هم گندیده است. چنین وضعی غیرقابل دوام است و نمی‌تواند به همان شکل سابق ادامه یابد و اگر ادامه یابد بخش بزرگی از بشریت را نابود کرده و کرهٔ زمین را نیز نابود خواهد کرد. سوال اینجاست: چگونه می‌توان این نظم را واژگون کرد؟ آیا واژگون کردن آن ممکن است؟ آیا رزمندگان راه آزادی در میدان تحریر و دیگر شهرها و کشورهای جهان می‌دانند چگونه آن را واژگون کنند؟ آیا نظام را سرنگون خواهند کرد و یا اینکه صرفا آن را اصلاح و رنگ‌آمیزی خواهند کرد؟ آیا مردم جهان عرب فقط آرزوی آن دارند که آزادی بیان به دست آورند، نظام پارلمانی برقرار شود و انتخابات منصفانه برگزار شود؟ آیا فقط این را می‌خواهند؟ یعنی دنبال چیزی هستند که در اروپا و آمریکای شمالی حاکم است؟ آیا این است آمال و آرزوهایشان؟

سوال به نظرم جدی است. رابطه میان جهان کهن (منظور جهان فعلی است) و جهانی که ممکن است بسیار مهم است. باید بدانیم آن جهان چه خصلتی دارد و چگونه باید آن را به دست آوریم و جرات به دست آوردن آن را به خود بدهیم. مردم جهان عرب و دیگر نقاط نشان داده‌اند که جسورند و حاضرند جان خود را برای تغییر وضع موجود بدهند. اما دیدن آلترناتیو ممکن در مقابل این جهان نیز جرات و جسارت می‌خواهد. آنان باید جرات کنند بگویند که در مقابل این نظام پوسیده آلترناتیوی موجود است که سرمایه‌داری نیست، هیچ شکل از جامعهٔ طبقاتی نیست. تشخیص و ابراز آن و قدم برداشتن در راه آن نیازمند شجاعت و جسارت بسیار است. خیلی‌ها می‌گویند چنین چیزی ممکن نیست و باید در چارچوب نظام

موجود کار کرد و صرفا به اصلاح آن قناعت کرد.

بنابراین گسست از وضع موجود و حتی فکری که به آن شکل می‌دهد ساده نیست. سوال این است که چه کسی تصمیم می‌گیرد که جهان را چگونه تغییر دهیم و چه چیزی را بر جای آن بگذاریم. آلترناتیو چیست و چگونه می‌توانیم از شر دو چیز اساسی خلاص شویم؛ دو شکل اساسی که جامعه بشری در بیش از ده هزار سال گذشته تجربه کرده است؛ یعنی استثمار عده‌ای از نوع بشر توسط عده‌ای دیگر و ستم بر آنان از جمله ستم بر زنان.

امروزه در مصر ارتش هنوز پابرجاست و همهٔ روابط ستم و استثمار گذشته پابرجاست. یکی از اشکال شنیع آن حمله سلفی‌ها به مسیحیان، که اقلیتی را تشکیل می‌دهند، است. اگر جنبش در جهان عرب در همین سطح کنونی بماند گسست جدی از وضعیت موجود و نظام حاکم شکل نخواهد گرفت. این را بر مبنای تجربه ۶ ماه گذشته، تجربه سایر نقاط جهان، من جمله انقلاب ۱۳۵۷ در ایران که من خود بخشی از آن بودم، می‌گویم.

انقلاب ۱۳۵۷ در ایران انقلابی بود که در آن توده‌های مردم به پا خاستند و مدارس و کارخانه و حتا کوهستان‌ها را تبدیل به صحنه مبارزه علیه رژیم سلطنتی کردند. رژیم پهلوی نیروی انتظامی امپریالیسم آمریکا در منطقه بود. این نقش را دکترین نیکسون به این رژیم داده بود. این دکترین از سال ۱۹۷۴ به اجرا گذاشته شد. در چارچوب آن دولت ایران به عمان لشگرکشی کرد تا یکی از انقلاب‌های مهم نیمهٔ دوم قرن بیستم را سرکوب کند. در عمان انقلاب تحت رهبری «جبهه رهایی بخش عمان و خلیج عربی» پیش می‌رفت. شاه با فرستادن پنجاه هزار سرباز به سرکوب این انقلاب خدمت کرد. در هر حال ایران در پروژهٔ آمریکا برای سلطه بر جهان جایگاه مهمی داشت. مردم ایران توانستند این هیولا را سرنگون کنند. رژیم شاه با استفاده از درآمدهای نفتی در حال سازمان دادن پنجمین ارتش بزرگ جهان بود، اما مردم توانستند آن را سرنگون کنند. اما پس از آن چه شد؟ یک رژیم جدید به رهبری خمینی به جای رژیم قدیم نشست. خمینی دو هفته پس از جلوس بر تخت حکومت قضات زن را از خدمت اخراج کرد

زیرا طبق اصول اسلام زنان شایسته قضاوت کردن نیستند؛ چون از قرار آنان احساساتی و غیرمنطقی‌اند و چیزی سرشان نمی‌شود. زنان قاضی و زنان دیگر در مقابل این حمله مقاومت کردند و سپس پروسه ساختن آپارتاید جنسی در ایران آغاز شد. زنان را مجبور به رعایت کدهای اسلامیِ پوشش کردند. در مقابل این نیز مقاومت بود. پنج هفته بعد خمینی به ارتش دستور حمله به کردستان را داد، زیرا مردم کردستان خواهان خودمختاری بودند و در دوران شاه به شدت سرکوب شده و انتظار داشتند پس از سرنگونی رژیم شاه رژیمی برقرار شود که خواست خودمختاری آنان را به رسمیت بشناسد. خمینی در سخنرانی‌اش به نیروهای ارتش و نیروی هوایی و حتی نیروی دریایی (با وجود آنکه دریایی در کردستان نیست) دستور حمله به کردستان را داد و هم‌زمان مطبوعات مورد حمله قرار گرفتند، قتل‌عام بهاییان با هدف محو آنان و دین بهایی شروع شد، اخراج مخالفین از ادارات و مدارس و ... آغاز شد. قانون اساسی جدید تصویب شد که حتی برابری بین مسلمانان را به رسمیت نمی‌شناسد و به مذهب شیعه نسبت به دیگر فرقه‌های اسلام من جمله تسنّن امتیاز قائل است. بدین ترتیب سرکوب در همه سطوح شروع شد. زیرا یک رژیم تئوکراتیک برقرار شده بود که برای تحکیم خود نیازمند پیشبرد سرکوب همه‌جانبه بود. در واقع با به قدرت رسیدن خمینی انقلاب تمام شد و تبدیل به ضد انقلاب شد. هیچ گذاری به نظم نوین موجود نبود. در واقع همان اتفاقی افتاد که امروز در جهان عرب در شرف تکوین است. یعنی تغییر رژیم و نه تغییر نظام. تغییر رژیم با تغییر دولت متفاوت است. دولت نهادی است دائمی‌تر. دولت باید از دولت طبقات استثمارگر و زمین‌دار عوض شود و دولت طبقات استثمارشونده یعنی دولت طبقهٔ کارگر و مردم کارگر برقرار شود، که پس از برقراری آن از این دولت استفاده کرده و در طی یک مدت زمان طولانی جامعه را همراه با محو استثمار از شر خود نهادِ دولت نیز خلاص کند. این تنها راه حل نجات جامعه و طبیعت است. اما هنوز این جهتی نیست که در جهان عرب گرفته شده است. برای اینکه این اتفاق بیفتد ما نیازمند آگاهی انقلابی هستیم، نیازمند تئوری انقلابی هستیم، نیازمند سازمان انقلابی هستیم. این اتفاق یعنی تغییر رادیکال جامعه به طور خودبه‌خودی و در خود رخ نخواهد داد.

بلکه نیازمند دخالت‌گری است. این ساختار ستم‌گرانه، این نظام طبقاتی، توسط بشر ساخته شده است و تاریخی طولانی دارد. عمر آن به ده تا دوازده هزار سال می‌رسد و تمام مکانیسم‌های لازم را برای بازتولید خود دارد. جامعه طبقاتی و جامعه جنسیتی، جامعهٔ ستمگری ملّی و قومی و نژادی را تولید می‌کند. این را همان‌گونه که ساخته شد می‌توان و باید نابود کرد. اما نابود کردنش کار ساده‌ای نیست. صرفا با حرکات رزمندهٔ خیابانی و شعار تغییر رژیم را دادن محقق نمی‌شود. البته شعار تغییر رژیم بسیار مهم است و مهم‌تر از آن شعار الشعب یُرید اسقاط النظام است. باید از این شعارها دفاع کنیم و باید معنای‌شان را بفهمیم. به خصوص معنای نظام و تغییر آن را. آیا منظور از تغییر نظام صرفا رفتن مبارک و اطرافیانش است؟ آیا مسئله جایگزین کردن دارودستهٔ قدیم با دارودستهٔ جدید است. اینها مسائل بسیار مهمی است. ما نیازمند تئوری انقلابی هستیم. از زمان عروج جهان سرمایه‌داری یا جهان مدرن از قرن هجدهم به این سو و در قرن نوزدهم طبقه کارگر وارد صحنه تاریخ شد و کمونیسم متولد شد. یعنی سلاح مارکسیسم به وجود آمد. ۱۴۰ سال پیش از این مردم پاریس برخاستند و کمون پاریس را که اولین بدیل دولت سرمایه‌داری و علیه سرمایه‌داری بود برپا کردند. سپس در سال ۱۹۱۷ انقلاب اکتبر رخ داد و در دهه ۱۹۴۰ انقلابات زیادی در جهان شد که مهم‌ترینش انقلاب چین بود که دومین کشور سوسیالیستی را بنیان گذاشت. اینها نقطه عطف‌های بسیار مهمی هستند. نقطه عطف‌هایی هستند که ایده و پراتیک ارائه دادند و اما متاسفانه و به دلایل قابل فهم این مبارزات به پیروزی نهایی نرسیدند و سرمایه‌داری بالاخره در شوروی و چین احیا شد. اینها شکست‌های مهمی بودند. در واقع مردم کارگر جهان شکست خوردند. امروز وظیفهٔ انقلاب به خصوص انقلاب کمونیستی آن است که با شجاعت جمع‌بندی کند که چه رخ داد و چه شد که سرمایه‌داری در مغلوب کردن کشورهای سوسیالیستی، در شکست دادن این اولین گام‌ها به سوی جامعه‌ای بی‌طبقه موفق شد و چه اتفاقی افتاد، چه اشتباهاتی شد و اِشکالِ خودِ تئوری چه بود؟ گسست از گذشته در عین حفظ دست‌آوردهای آن شجاعت و درایت بسیار می‌خواهد. بازبینی و نوسازی تئوری جسارت بالایی می‌خواهد. این کاری غیرممکن نیست زیرا

در گذشته نیز انجام شده است. اما امروزه کمونیست‌ها مانند بسیاری دیگر از آنچه رخ داده است و سرمایه‌داری استمرار یافته است مرعوب شده‌اند. مبارزات توده‌های مردم در جهان عرب باید به همه ما شجاعت و جسارت انجام این کار را بدهد. این درست است که تئوری از خیابان به دست نمی‌آید، اما خیابان باید به ما نهیب بزند و قوت قلب بدهد که انجام این کار ضروری را به تعویق نیندازیم. امروزه عدهٔ بسیار کمی از کمونیست‌ها مایلند و جرات کرده‌اند که از اشتباهات جدی گذشته گسست کنند تا به تئوری‌ها و جنبش کمونیستی جان تازه‌ای بدمند. تنها جایی که من می‌دانم گام‌هایی جدی در این راه برداشته‌اند حزب کمونیست انقلابی در آمریکاست که مسئولیت و ماموریت این امر مهم را برعهده گرفته و جرات کرده است که در عین نشان دادن اساس درست تئوری‌های کمونیستی بگوید کجایش اشتباه بوده و باید کنار گذاشته شود و کجایش باید تکامل یابد و در کلیت خود بر پایه‌ای علمی‌تر و صحیح‌تر گذاشته شود، جرات کرده و در عین به رسمیت شناختن دست‌آوردهای انقلاب‌های سوسیالیستی قرن بیستم بگوید آن گام‌های ابتدایی چه نواقص جدی داشته‌اند که نباید تکرار شوند و گام‌های نوین به سوی آینده را باید برداشت. در واقع زندگی این را به جنبش کمونیستی تحمیل کرده و خواهد کرد.

جهان در دو سه دهۀ گذشته صحنه برخورد بنیادگرایی اسلامی و امپریالیسم نیز بوده است. این دو نیرو جهنمی را برای زنانِ خاورمیانه و شمال آفریقا آفریده‌اند. مهم است که به دام ترجیح یکی در مقابل دیگر نیفتیم. حتی بسیاری از عناصر و جریان‌های چپ بدین دام افتاده‌اند که با یکی از این دو قطب ارتجاعی سمت‌گیری کنند. به طور مثال به لیبی و افغانستان نگاه کنید.

باید باز تکرار کنم این جهان جهانی پوسیده است. برای توده‌های مردم غیر قابل تحمل است. ببینید در اسرائیل چه اتفاقی افتاده است. چند روز پیش ناتان یاهو سگ زنجیری امپریالیسم آمریکا (با عرض معذرت از سگ‌ها؛ من از زبان دهۀ هفتاد استفاده می‌کنم) به اربابش در کاخ سفید و کنگره آمریکا گفت که پناهندۀ فلسطینی وجود خارجی ندارد و مشکل پناهندگان فلسطینی مشکل خارج از مرزهای اسرائیل است. تصور کنید

اگر میلیون‌ها فلسطینیِ پناهنده در کشورهای مجاور (در سوریه، لبنان، مصر و اردن) زندگی می‌کنند تصمیم بگیرند که هم‌زمان به سوی فلسطینِ اشغالی راهپیمایی کنند و زمین و خانه‌های خود را دوباره تصاحب کنند چه اتفاقی خواهد افتاد. چنین کاری غیرممکن نیست. زیرا ماه گذشته در سال‌روز «نکبه» (که برای اسرائیل سال‌روز استقلال و برای فلسطینی‌ها سال‌روز فاجعه است) جنبه‌هایی از آن را دیدیم. اگر پناهندگان فلسطینی چنین کنند چه خواهد شد؟ یعنی رژیم‌های عربی مانند سوریه، لبنان، مصر و اردن از حرکت ۴ میلیون پناهنده فلسطینی به سوی کشور خود ممانعت خواهند کرد؟ اسرائیل چه خواهد کرد؟ حتما سعی خواهد کرد همان کاری را که با غزه کرد بکند. دمکراسی‌های لیبرال غربی چه خواهند کرد؟ حتما از اسرائیل دفاع خواهند کرد. من این را به عنوان مثال آوردم تا بگویم جهانِ پس از میدان تحریر و خیزش‌های جهان عرب دیگر جهانِ سابق نیست و مردم جرات این را به خود داده‌اند که دست به اعمال به اصطلاح غیر ممکن بزنند و من مطمئن هستم که مردم فلسطین دست به مبارزات بزرگ خواهند زد و ما باید آماده باشیم تا نه تنها از آن‌ها حمایت کنیم، بلکه در پروسهٔ این مبارزات دخالت‌گری تئوریک و سازمانی بکنیم. باید با شجاعت اعلام کنیم که نظام سرمایه‌داری گندیده است و ما نیازمند جهانی از بنیاد متفاوت هستیم، جهانی که در آن ستم و استثمار نباشد و این جهان نمی‌تواند چیزی جز جهانی بی‌طبقه باشد. این راهی است که با پیروزی انقلاب سوسیالیستی شروع می‌شود و طی دوران گذاری طولانی به دست می‌آید و نیازمند مبارزهٔ آگاهانه، یادگیری از اشتباهات و متحد کردن تمام کسانی است که خواهان چنین جهانی هستند. جرات صعود به قله‌ها را به خود بدهیم.

علیرضا نابدل: آذربایجان و کردستان دیروز و امروز

به بهانه انتشار مجدد «"آقای پان" و احوالاتش»

«"آقای پان" و احوالاتش»، نوشتهٔ کوتاه علیرضا نابدل، امروز مانند زمان انتشارش در تیرماه سال ۱۳۴۵، همچنان می‌درخشد.[۱] این نوشته، همراه با اثر بلندترش *آذربایجان و مسئلهٔ ملّی* (۱۳۴۹) و شعرش «کوردستان»، داستان مبارزه بر سر«مسئلهٔ ملّی» در ایران را بازگو می‌کند، روایت پر از خشونتی که نه تنها به پایان نرسیده بلکه آیندهٔ تاریک‌تری را تصویر می‌کند.[۲] در این سه نوشته، نه آثاری پراکنده، تصادفی و مستقل بلکه دیدگاهی متمرکز اما در حال تلاش و رشد را می‌بینیم. این آثار پنجره‌ای هستند بر سیر تحولات سیاسی سال‌های ۴۰ و چکیده‌ای از جهان‌بینی، چشم‌انداز و عمل سیاسی یک شخصیت انقلابی که در پیچ و خم مبارزه برای ایجاد دنیایی نو به ترسیم چشم‌اندازی می‌پردازد که تحقق آن آرزوی مردم ستم‌دیدهٔ دنیا است.

دههٔ ۴۰ دوران تحولات مهمی در ایران، خاورمیانه و سراسر دنیا بود و نسل جدیدی از مبارزین در تلاش راهیابی برای تغییر شرایطی بودند که گذشته به آن‌ها تحمیل کرده بود: تلاشی نوین برای تغییر وضع موجود و ساختن دنیایی فارغ از ستم و استثمار. نابدل، در آغاز همین دهه، مبارزهٔ سیاسی و فکری را شروع کرد و ده سال بعد (۱۳۵۰) در درگیری با رژیم دستگیر و به زودی اعدام شد. نوشتهٔ «"آقای پان" و احوالاتش»،

---

۱. این نوشته در پیوست ۱، صص ۵۹ تا ۶۲ آمده است.

۲. متن ترکی و ترجمهٔ فارسی شعر «کوردستان» در پیوست ۲ در صفحات ۵۳ تا ۵۷ آمده است. متن ترکی و ترجمهٔ کردی آن، در سایت زیر آمده است:

http://ruwange.blogspot.com/2010/05/blog-post_24.html

آقای یعقوب ظروف‌چی، خوانندهٔ آذربایجانی، این شعر را در قالب موسیقایی اجرا کرده است:

"A song for Kurdistan in Azerbaijani Turkish," http://www.youtube.com/watch?v=ABTeRij99cE

علیرضا نابدل (۱۳۲۳-۱۳۵۰)

آذربایجان و مسئلهٔ ملّی به تلاش نسل جدید مبارزین برای راهیابی در این سال‌ها اشاره کرده است. یکی ازعواقب ستم ملّی، جدا کردن ودر تقابل گذاشتن مردم ایران بر اساس تفاوت‌های ملّی است. در جنبش ملّی، تضاد اصلی در جامعهٔ ایران تضاد بین ملّت‌ها تلقی می‌شود و در این میان، تضاد بین ملّت فارس و ملّت‌های تحت ستم عمده می‌شود. اما نابدل معتقد بود که در ایران چندملّیتی، که زندان ملّیت‌ها است، «شوینیسم ملّت حاکم و ناسیونالیسم افراطی ملّیت‌های تحت سلطه دو جنبه تضاد واحدی را تشکیل می‌دهند. تنها پرولتاریاست که در شرایط بسیج تمام نیروهای انقلابی خلق قادر است از عهده حل این تضاد بر آید و هر دو جنبه آن را متقابلا نابود سازد. محو ناسیونالیسم افراطی هر ملّیت به طورعمده بر عهده پرولتاریای همان ملّت است».[۴]

نابدل خودش به مبارزه علیه هر دوجریان – شوینیسم ملّت حاکم و ناسیونالیسم افراطی ملّیت‌های تحت سلطه – پرداخت. مقالهٔ «"آقای پان" و احوالاتش» نقد یکی از گروه‌های نازی-فاشیست ایران به نام «حزب پان ایرانیست» است که در سال‌های ۴۰ به صلاحدید رژیم شاه بار دیگر در عرصهٔ سیاسی-حکومتی فعال شده بود. این حزب به تبلیغ نژادپرستی «آریایی» و به ویژه سامی-ستیزی (به ویژه عرب‌ستیزی) و ترک‌ستیزی می‌پرداخت، درمجلس شورای ملّی کرسی گرفته بود، و در روزنامه‌اش که عنوان فاشیستی-نازیستی خاک وخون[5] را حمل می‌کرد به تبلیغ فاشیسم می‌پرداخت.[۶] نابدل دراین نوشته پان ایرانیسم، پان ترکیسم، پان عربیسم و پان اسلامیسم را گونه‌هایی از فاشیسم تلقی می‌کند. پان ایرانیست‌ها،

---

۴. علیرضا نابدل، آذربایجان و مسئلهٔ ملّی، از انتشارات: سازمان چریک‌های فدایی خلق ایران، مهرماه ۱۳۵۶، ص ۵۷.

5. blut und boder.

۶. برای توضیح مختصری در مورد خاک و خون نگاه کنید:

"Blood and soil," Wikipedia, http://en.wikipedia.org/wiki/Blood_and_soil

برای دیدن نمونهٔ تبلیغات نازیستی پان ایرانیست‌های امروزی و استفاده آن‌ها از سواستیکا نگاه کنید به:

http://www.khakokhoon.blogspot.com/

خشمگین از افشاگری نابدل، به دستگاه امنیتی رژیم یادآوری کردند که در دوران باشکوه سلطنت آریامهری نباید به کمونیست‌ها اجازه داد که به مقابله با خرافات آریایی و فاشیسم آریایی بپردازند. به زودی مهد آزادی-آدینه توقیف شد.

جای تعجب نیست که پان ترکیست‌ها نیز نابدل را طرد می‌کنند و با زبان و مفاهیم نژادپرستانه او را «ترک‌ستیز» و «ارمنی‌نواز» می‌نامند، آذربایجان و مسئلهٔ ملّی را «کتاب ضد صمدیسم» قلمداد می‌کنند و ادعا می‌کنند آن را یک فارس (حمید اشرف) نوشته است گویی که یک ترک نمی‌تواند و نباید کارنامهٔ جنبش ناسیونالیستی را به نقد بکشد.[۷] نابدل در این کتاب ضمن افشاگری از اِعمال ستم ملّی توسط نظام شوینیسم فارس به نقد خط مشی و سیاست فرقهٔ دمکرات آذربایجان سال‌های ۴۰ می‌پردازد و از رهبران آن به عنوان «فرقه‌ای-توده‌ای‌های خرشچفی» انتقاد می‌کند. او به «گرایش نوین نسل جدید [آذربایجانی‌ها] به زبان و ادبیات ملّی که واجد خصلت آگاهانه طبقاتی بود» اشاره می‌کند و می‌نویسد که رژیم برای مقابله با آن به اقداماتی دست زد از جمله راه بازکردن برای وارد کردن مطبوعات و صفحهٔ موسیقی از آذربایجان شوروی. و سپس ادامه می‌دهد که «در واقع با رشد رویزیونیسم و احیا فرهنگ بورژوازی در شوروی دیگر هیچ خصوصیت "خطرناکی" در مطبوعات ادبی آن کشور یافت نمی‌شد، تا نیازی به جلوگیری از ورود آن باشد... » (ص ۳۲). نابدل تاکید بر هم‌سویی خط مشی فرقه و حزب توده و دولت شوروی در حفظ وضع موجود می‌کرد و نشان داد که رژیم شاه برای مقابله با رادیکالیسم نسل جدید آذربایجانی‌ها به استفاده از این روند ناسیونالیستی نیز متوسل می‌شد. در مقابله با چنین سیاستی، نابدل رهایی از ستم ملّی را در سرنگونی رژیم و در رهایی همهٔ خلق‌های ایران تحت رهبری پرولتاریای ایران جستجو می‌کرد (ص ۴۰).

پان ترکیست‌ها به جای اینکه ثابت کنند شوونیست و فاشیست نیستند، نابدل را متهم به ترک‌ستیزی و حتی صمدستیزی می‌کردند.

---

۷. برای مثال نگاه کنید به نوشتهٔ «پروفسور زهتابی با شناختی که از علیرضا نابدل داشت....» در

http://oxtay-turkce.blogspot.com/2007/01/blog-post.html

اما آرزوی نابدل، که به صراحت و بارها بیان شده است، رهایی همهٔ زحمت‌کشان و خلق‌های تحت ستم بود. این آرزو در شعر «کوردستان» به شیوه‌ای هنری-سیاسی ترسیم شده است. نابدل، که خودش به عنوان یک آذری از ستم ملّی رنج می‌برد، چگونه می‌توانست ترک‌ستیز یا صمدستیز باشد؟ اگر پان ترکیست‌ها دلیل وجودی خود را با نفرت از خلق‌های ارمنی و کرد و فارس و گرجی و روس و عرب تعریف می‌کنند، نابدل موجودیت خود را در عشق به آزادی خلق‌ها و وحدت آن‌ها برای ریشه‌کن کردن ستم ملّی و استثمار طبقاتی می‌یافت. به این ترتیب، تضاد بین پان ترکیسم و جهان‌بینی نابدل همه‌جانبه است، تضادی است بین دو سیاست، دو فرهنگ، دو طبقه، دو ایدئولوژی، دو اخلاقیات، دو فلسفه، و دو گفتمان. آنچه در این میان بیش از همه چشم‌گیر است تضاد بین نفرت وعشق است. از گفتمان پان ترکیست‌ها، نفرت از ارمنی و کرد و فارس می‌بارد (شعار آن‌ها «فارس، کورد، ارمنی – آذربایجان دشمنی» است) و چشم‌اندازشان پاک‌سازی قومی و ژنوسید است. این پاک‌سازی تنها قومی نیست و مثل هر مورد دیگر ایدئولوژیک نیز هست و مبارزین ترک نظیر اسماعیل بشکچی و علیرضا نابدل و حتی صمد بهرنگی را هم در بر می‌گیرد.[8] نابدل، به گفتهٔ غلامحسین ساعدی که از طریق صمد با او آشنا شده بود، «چه شباهت غریبی داشت با خود صمد درعشق به زبان مادری و مهم‌تر از همه دربارهٔ مسئلهٔ ملّیت‌ها و ستم‌دیدگی آن‌ها. زیاد می‌نوشت کم چاپ می‌کرد، یک بار جُنگ پرباری را در تبریز راه انداخت که یک شماره بیشتر

---

۸. اسماعیل بشکچی، جامعه شناس ترک، زندگی سیاسی و آکادمیک خود را وقف دفاع از حق تعیین سرنوشت خلق کرد و به رسمیت شناختن ژنوسید ملّت ارمنی کرده است. او به خاطر دفاع از حقوق ملّی کردها، بارها به اتهام نقض «تمامیت ارضی» ترکیه و نقض اصل «تجزیه‌ناپذیری ملّت ترک» محاکمه شده و به ۱۱۵ سال زندان محکوم شده که هفده سال آن را در فواصل مختلف و در زندان‌های مختلف گذرانده است. برای اطلاع بیشتر به این منابع مراجعه کنید:
Martin van Bruinessen, “Ismail Beşikçi: Turkish sociologist, critic of Kemalism, and kurdologist,” http://www.let.uu.nl/~martin.vanbruinessen/personal/publications/ismail_besikci.htm
American Association for the Advancement of Science, “Scientists clash with the state in Turkey: Four Case Studies; 4. Ismail Besikci, Sociologist,” http://shr.aaas.org/scws/cs4.htm

اجازه ندادند منتشر شود. شعرهای ناب می‌نوشت به زبان مادری، و ای کاش همهٔ آن‌ها امروز یک جا جمع می‌شد و منتشر می‌گشت...»[9] اما علاقه به خلق ترک برای نابدل، بر خلاف پان ترکیست‌ها، مستلزم دشمنی با سایر خلق‌ها نبود. برعکس، از آنجا که دل در گرو رهایی همهٔ خلق‌های ایران بسته بود، به مبارزه‌ای که در آن سال‌ها در کردستان در جریان بود دل بسته بود و تلاش کرد که با آن پیوند برقرار کند – تشکیل کمیتهٔ انقلابی حزب دمکرات کردستان و شروع مقاومت مسلحانهٔ مبارزینی چون سلیمان معینی، شریف‌زاده و ملا آواره. شعر «کوردستان» بیانگر احساسات و آرزوهای او در رابطه با این مبارزات است. در این بیان شاعرانه، کردستان بیگانه نیست، بخشی از خود او است و گوشه‌ای از مبارزه برای رهایی همهٔ خلق‌های ایران و این چیزی است که برای نژادپرستان قابل درک نیست. هنگامی که نابدل آذربایجان و مسئلهٔ ملّی را می‌نوشت این جنبش مدتی بود شکست خورده بود و خودش با گروهی دیگر از رفقایش در تدارک مبارزهٔ مسلحانه علیه رژیم شاه بود. در این شرایط، در ارزیابی این تجربه نوشت:

...ایده‌آلی که خرده بورژوازی – این اکثریت قاطع مردم شهرنشین کردستان را می‌توانست جلب کند – به خصوص با توجه به تاثیر عظیم جنبش ملّی خلق کرد عراق – آزادی کردستان بود. اما آیا دسته‌هایی از انقلابیون ناسیونالیست که صرفا به پشتیبانی پراکنده خرده بورژوازی شهری دل بسته بودند تحت این شعار و با استراتژی آزاد کردن یک ناحیه خاص به شیوه‌های دفاعی و آن هم بدون سازمان‌دهی توده‌ای می‌توانستند با آغاز عملیات چریکی دهقانان کردستان را به خود جلب کنند و به گسترش عملیات خود به حد یک جنگ توده‌ای امیدوار باشند؟ اساسا آیا هنگامی که شعار آزادی ملّی در چارچوب یک ولایت به عنوان شعار اساسی از جانب

---

۹. غلامحسین ساعدی، «رویارو یا دوش به دوش»، کتاب جمعه، سال اول، شمارهٔ ۶، ۱۵ شهریور ۱۳۵۸، صص. ۱۴ و ۱۶.

انقلابیون ناسیونالیست مطرح می‌شود بدون اینکه با مبارزه طبقاتی پرولتاریا و دهقانان سراسر کشور در پیوند نزدیک باشد و به صورت جزئی از آن در آید حتی در صورت رشد، سرنوشتی بهتر از آنکه درعراق و بیافرا داشت می‌تواند داشته باشد؟ (ص ۳۰)

در اواخر دهۀ ۴۰، که عده‌ای از انقلابیون آذربایجانی چون نابدل به مبارزۀ مسلحانه در سازمان چریک‌های فدایی خلق پیوستند، نسل جدید مبارزین کرد هم در جستجوی گسست از احزاب و شیوه‌های سنتی مبارزه بودند. انشعاب در جنبش کمونیستی بین‌المللی به رهبری حزب کمونیست چین که کودتای ۱۹۵۶ خروشچف را به مثابۀ به قدرت رسیدن بورژوازی قلمداد می‌کرد چشم‌انداز انقلاب را تا حدی روشن کرده بود، اما هنوز راه انقلاب پر از فراز و نشیب بود. افق روشن بود اما دوراهی‌ها و چند راهی‌ها فراوان. نسل جوان روشنفکران و فعالین کرد نیز در جستجوی راه بودند. در جنبش کردستان ایران، به دنبال شکست مبارزۀ سال‌های ۱۳۴۷-۱۳۴۶، عده‌ای از انقلابیون تشکیلات نوینی را بنیان نهادند که اسم آن – کومه له: سازمان انقلابی زحمت‌کشان کردستان ایران – بیانگر جدایی فکری و سیاسی و تشکیلاتی از حزب دمکرات کردستان ایران بود. در کردستان عراق در مقاومت مسلحانه‌ای که در سال ۱۳۴۰ شروع شده بود و هدفش کسب خودمختاری بود، روسای عشایر و فئودال با روشنفکران شهری کنار هم قرار گرفتند اما بعد از چند سال از هم جدا شدند. البته تبلیغات فاشیستی پان ایرانیست‌ها درکردستان ایران تاثیری در نسل جدید مبارزین کرد نکرد و آن‌ها به جای درگیرشدن در سیاست نژادپرستی به مبارزۀ طبقاتی روی آوردند. برخلاف ایران، در کردستان عراق از مدتی پیش گروه کوچکی از ناسیونالیست‌های افراطی مشغول تدوین و تبلیغ فاشیسم نوع خودی بودند. خاک و خون (سال چهارم، شماره ۵۲۱، یکشنبه ۲۲ تیرماه ۱۳۴۸، ص ۴) دربارۀ شرکت رهبر این گروه در «کنگره بزرگ حزب پان ایرانیست در اروپا» می‌نویسد:

۴۵

آنگاه سرور جمال نبز هم‌میهن کرد آن سوی مرز، به نشانهٔ وحدت و یگانگی همهٔ تیره‌های نژاد ایرانی آغاز به سخن کرد. سرور جمال نبز که یکی از چهره‌های درخشان در میان مبارزان کرد آن سوی مرز می‌باشد و امروز در اروپا نبردی همه‌جانبه علیه عناصر ضد ایرانی دارند، از همبستگی جداناشدنی همه تیره‌های نژاد ایرانی سخن گفتند، در چهرهٔ وی و سخنان او بود، که همهٔ رزمندگان، تحقق پان ایرانیسم را به گونهٔ بارز به چشم دیدند و به گوش شنیدند.

اگر چه خرافات آریایی در جنبش ملّی کردستان عراق همیشه حضور کم‌رنگی داشته است، این گروه نژادپرست هیچ وقت نتوانست پایهٔ اجتماعی پیدا کند. با وجود این، از گفتمان پان‌های ایرانی و کرد و ترک روشن می‌شود که چه آینده‌ای برای خلق‌های منطقه تصویر کرده‌اند: ژنوسید، پاک‌سازی قومی، زبان‌کشی، و فرهنگ‌کشی «غیرهم‌نژادان». اگر از دههٔ ۴۰ به امروز، به آغاز دههٔ ۹۰، برگردیم، می‌توان دید که چه در ایران چه در سراسر منطقه (ترکیه، قفقاز، عراق) «سیاست هویت» در لباس دین و ملّیت و قومیت حضور گسترده دارد. دو قطب اصلی کشتار و ویرانی یعنی ارتجاع (بنیادگرایی دینی و ملّی) و امپریالیسم دست در دست هم و گاهی در تقابل با هم دنیا را به کشتارگاه مردم ستم‌دیده تبدیل کرده‌اند. اگر در سال‌های ۴۰ بحثی بر سر مرز آذربایجان و کردستان مطرح نبود، در سال‌های اخیر جنگ سردی بین جناح‌های افراطی ناسیونالیسم آذری و کرد در جریان بوده است – جنگ بر سر تعیین مرز منطقهٔ کردنشین و ترک‌نشین در آذربایجان غربی. این جنگ سرد، که چیزی جز مصلحت طبقات استثمارگر نیست، به آسانی می‌تواند به جنگ گرم تبدیل شود. هرلحظه که رژیم اسلامی یا هر فرد و گروه مرتجعی لازم بدانند می‌توانند کشتار ۱۳۵۸ نقده را با شلیک چند گلوله و به راه انداختن موج نفرت قومی در سطحی به مراتب وسیع‌تر تکرار کنند. در چنین اوضاعی که شبح پان بر فراز آذربایجان و کردستان در جولان است، می‌توان نوشته‌های نابدل و

آذربایجان

و

مسألۀ ملی

از انتشارات : سازمان چریکهای فدائی خلق ایران

مهر ماه ۱۳۵۶ خورشیدی

خطوطی را که ترسیم کرده است به عنوان آلترناتیوی در مقابل سیاست ژنوسید و پاک‌سازی قومی مطرح کنیم. اما لازم است به گذشتهٔ قبل از نابدل هم برگردیم.

پروژه‌ای که رژیم رضا شاه برای تقسیمات اداری (استان‌ها و شهرستان‌ها) اجرا کرد برای پان ترکیست‌ها مقدس است. آن‌ها مدیون شاهان قاجار و عثمانی و پهلوی هستند که بخشی از سرزمین‌های کردنشین را در استان آذربایجان قراردادند و آماده‌اند که از طریق پاک‌سازی قومی این پروژه را تکمیل کنند. اما این تقسیمات نه در گذشته نه در حال ربطی به منافع خلق‌های آذری و کرد نداشته است. این تاریخ، یعنی تاریخ مرزسازی و حکومت کردن از طریق تفرقه‌اندازی، تاریخ خلق‌های ترک و کرد را رقم نمی‌زند بلکه تاریخ شاهان و سلاطین بشرستیز است. این دو خلق هنگامی که در سال ۱۳۲۵ فرصتی یافتند در غیاب شاهان و سلاطین اعمال حاکمیت کنند، تاریخ دیگری ساختند. درسال ۱۳۲۵، در دوران حکومت ملّی آذربایجان و جمهوری کردستان، این میراث شاهان، مسئلهٔ حدود و ثغور کردستان و آذربایجان، مطرح شد اما هر دو حکومت از طریق مذاکره مسئله را حل کردند. در طول این یک سال، دولت‌های ایران و ترکیه و عراق، با رهنمودهای انگلستان و آمریکا، تلاش کردند که برای سرنگونی دو حکومت خودمختار جنگ کرد و ترک را به راه بیندازند اما موفق نشدند. در واقع حکومت ملّی آذربایجان نه تنها به جنگ کردستان نرفت بلکه، با وجود مشکلات اقتصادی و سیاسی خودش، از هیچ کمکی به جمهوری کردستان دریغ نکرد: برای مثال، قبل از برقراری ایستگاه رادیو در مهاباد، بخش کردی رادیو تبریز نقش رادیوی جمهوری کردستان را بر عهده گرفت؛ در عرصهٔ آموزش و پرورش، حکومت آذربایجان به دانش‌آموزان و دانشجویان کرد بورس تحصیلی داد و عده‌ای برای تحصیل عازم تبریز شدند؛ در زمینهٔ چاپ و کاغذ و نشریات و کمک نظامی هم به همین ترتیب رفتار شد. این هم‌زیستی و همسویی در روزنامه‌های آذربایجان و کوردستان، ارگان‌های رسمی دو حکومت، به روشنی منعکس شده است. در سایرعرصه‌ها، در راوبط غیرحکومتی، نیز دو خلق ترک و کرد در نهایت مودت و احترام هم‌زیستی می‌کردند. این تاریخِ کوتاه و رنگین، تاریخ طولانی‌تر و ننگین

حزب دشمن سخن پان‌ایرانیست همه توطئه‌های دشمنان ملت ایران را درهم میکوبد...

این یکی از شعارهائی است که دربرابر پان‌ایرانیستهای نشسته در اروپا و برفراز جایگاه کنگره قرار گرفته بود. دربرابر هیئت رئیسه کنگره و نیز درگوشه چپ‌عکس رهبر حزب بهنگام ایراد سخنان خود دیده میشوند.

افکن شد. سپس ازسوی **سرور دکتر صدر، سرور دکتر کیانژاد** کوشنده‌ی دبیرگام و عضو ارزنده‌ی حزب، بعنوان مدیر نشست، به کنگره پیشنهاد شد که مورد پذیرش همگان قرار گرفت.

■ دراین هنگام سرور دکتر صدر، قائم مقام رهبر و سرپرست سازمانهای حزب در میان پرشور ترین ابراز احساسات اندامان پان‌ایرانیست آغاز بسخن نمود و بدین ترتیب کنگره‌ی پان‌ایرانیستهای نشسته در اروپا، گشایش یافت. (سخنان سرور دکتر صدر جداگانه دراین شماره چاپ شده است)

● بدنبال سخنان قائم مقام رهبر حزب، سرور مهندس ...

■ آنگاه **سرور جمال نبز** هم‌میهن کرد آنسوی مرز، به نشانه‌ی وحدت و یگانگی همه‌ی تیره‌های نژاد ایرانی آغاز بسخن کرد. سرور جمال نبز که یکی از چهره‌های درخشان درمیان مبارزان کرد آنسوی مرز میباشد و امروز در اروپا نبرد همه جانبه علیه عناصر ...

دکتر علیخانی ازسوی تشکیلات آلمان و سپس **سرور فاضل نیا به نمایندگی از سوی سرور داراعسکری، مسئول تشکیلات** حزب در اتریش که در اثر کوشش های بسیار برای برگزاری کنگره، بستری شده بودند، پیام رزمندگان سازمان حزب در اتریش را خواندند.

● دراین هنگام **سپاس کنگره**، در متنی که مورد تاکید همه‌ی شرکت کنندگان بود، از کوشش‌های رهبر حزب و تاکید همه جانبه از آنچه که رهبر حزب در درازای چهار ساعت، بر کنگره عرضه نمود، فروخوانده شد. (متن سپاس کنگره جداگانه چاپ شده است.)

■ درآخرین بخش برنامه ...

...

آمدند و عزم یغمای منابع مادی و فرهنگی و یورش برجوامع انسانی سرزمین‌های آسیا را نمودند، ملت ایران و سرزمین ایرانیان، مورد یورش و تجاوزهای بسیار قرار گرفت.

ازشمال و جنوب، شرق و غرب، بر موجودیت ملت ایران یورش آوردند. بدیهی است نتیجه این یورشها تعدی برحقوق ملی و نقض اصول «سیاست ملی» ملت ایران بود. نقض هر یک از اصول

دوباره کاری در شهرداری رودسر!

گروهی از اهالی رودسر طی طوماری مینویسند: مطابق طرح و نقشه‌ی شهرداری، قبل از اینکه کار جدول بندی خیابانهای این شهر پایان یابد، اقدام به فرش نمودن پیاده روها با موزائیك نمودند.

پس از هزینه‌ی بسیار متوجه شدند که سطح پیاده روها را ۲۰ سانت از سطح خیابانها پائین‌تر گرفته‌اند. بطوریکه دراثر کمترین بارندگی، سیلاب بخانه‌ها و مغازه‌ها سرازیر خواهد شد و باید دوباره موزائیکها را بکنند و سطح پیاده روها را بالا بیاورند. حال باید از مقامات مسئول پرسید مسئول این زیان قابل توجه به بیت المال مردم کیست؟

رده‌ای دیگر از گروههای شرکت کننده در کنگره پان‌ایرانیستهای اروپای‌خاوری کنگره‌ای که سرآغاز گسترش بیش از پیش کوششهای پان‌ایرانیستی درمیان هزاران ایرانی مقیم کشورهای بیگانه خواهد بود.

...

میباشد ضمن زیانهای کلی است که جا دارد در مرحله اول با مراقبت ماموریں و در مرحله بعد با رعایت بیشتر مقررات از سوی رانندگان از پیش آمدن آن جلوگیری شود.

خاک و خون

صاحب امتیاز و مدیر
محسن پزشکپور
سردبیر: دکتر فضل‌الله صدر
نشانی: خیابان نادری کوچه ماهرخ شماره ۳۱
تلفن دفتر روزنامه: ۳۱۱۵۱۴
تلفن دفتر مرکزی حزب پان ایرانیست ۶۱۳۸۱۴
چاپخانه گرافیك ۷۵۶۶۶۹

■ **آنگاه سرور جمال نبز**
هم‌میهن کرد آنسوی مرز، به نشانه‌ی وحدت و یگانگی همه‌ی تیره‌های نژاد ایرانی آغاز بسخن کرد. سرور جمال نبز که یکی از چهره‌های درخشان درمیان مبارزان کرد آنسوی مرز میباشد و امروز در اروپا نبرد همه جانبه علیه عناصر ضد ایرانی دارند، از همبستگی جدا ناشدنی همه تیره‌های نژاد ایرانی سخن گفتند، در چهره‌ی وی و سخنان او بود، که همه‌ی رزمندگان، تحقق پان‌ایرانیسم را بگونه‌ی بارز بچشم دیدند و بگوش شنیدند.

همهٔ نژادپرستان و فاشیست‌های دیروز و امروز را نفی می‌کند.

تجربهٔ تاریخی ۱۳۲۵ نشان می‌دهد که وجود مرز مسئله نیست و سیاست انقلابیِ ناظر به منافع اکثریت مردم هرگز آن را به مسئله تبدیل نمی‌کند و هرگاه به هر دلیلی به مسئله تبدیل شود به سهولت قابل حل خواهد بود. اما اینکه حکومت ملّی آذربایجان چنین سیاستی در پیش گرفت نیز تصادفی نبود. این سیاست و پراتیک و مولفه‌های آن نیاز به توضیح دارند، توضیحی که برای شرایط امروز هم واجد اهمیت است. اگر به نابدل برگردیم، می‌بینیم که او بین فرقهٔ دمکرات و شوروی در دو مقطع تاریخی ۱۳۲۵ و سال‌های ۱۳۴۰ تفاوت‌هایی قائل بود، با وجود این برای بعضی از دست‌آوردهای سال ۱۳۲۵ از جمله سیاست و پراتیک هم‌بستگی دو خلق و دو حکومت خودمختار اهمیت کافی قائل نمی‌شد. این پراتیک در درجهٔ اول مرهون جهان‌بینی و درایت پیشه‌وری، شخصیت برجستهٔ جنبش کمونیستی ایران و رهبر فرقه بود. پیشه‌وری در جنبش جنگل و بنیان‌گذاری جمهوری شوروی گیلان شرکت کرد و از دید او مسئلهٔ اصلی خلق‌های ایران سرنگونی نظام سلطنتی و تاسیس حکومت شورایی در سراسر ایران بود. در انجام چنین پروژه‌ای حکومت‌هایی چون گیلان و آذربایجان می‌بایست نقش پایگاه انقلاب را داشته باشند، نه نقش قلعه‌ای برای حکومت یک قشر و طبقهٔ استثمارگر و این چیزی غیر ممکن نبود. بعد از سرکوب انقلاب مشروطیت، مقاومت انقلابیون در تبریز با کمکی که از انقلابیون قفقاز و روسیه دریافت کردند باعث در هم شکستن محاصرهٔ شهر شد و آذربایجانی‌ها برای نجات انقلاب راهی تهران شدند و قوای شاه و نیروی قزاق روسیه را بار دیگر درهم شکستند. پیشه‌وری به چنین تاریخی تعلق داشت، هم سازندهٔ آن و هم ساخته شدهٔ آن بود.

روابط حکومت ملّی آذربایجان و جمهوری کردستان، در درجهٔ دوم، تحت تاثیر سیاست شوروی بود. اگر چه شوروی در پشتیبانی از دو حکومت، سیاست فرصت‌طلبانه و رفرمیستی را دنبال می‌کرد اما آگاهانه مانع دامن زدن به اختلافات ملّی و قومی و مذهبی و قبیله‌ای و دینی می‌شد. هدف شوروی تجزیهٔ ایران، الحاق آذربایجان، یا دسترسی به «آب‌های گرم خلیج» نبود. اینها خیال‌بافی‌های ناسیونالیست‌های ایرانی و

سروران آمریکایی و انگلیسی آن‌ها است. شوروی در جریان حملهٔ آلمان نازی چنان در هم کوبیده شد که سلطهٔ خود را بر کشور به زحمت تامین می‌کرد و حتی اگر آذربایجان یا تمام ایران را به آن اهدا می‌کردند توانایی نگهداری آن را نداشت. تلاش شوروی در چند سال بعد از جنگ حفظ مرزهای خود و کشورهای اروپای شرقی و مقابله با پروژهٔ محاصرهٔ اردوگاه نوپای سوسیالیستی توسط آمریکا بود. در این شرایط تاریخی، برنامهٔ حمایت شوروی از دو حکومت خودمختار نه ناشی از سیاست گسترش انقلاب بود و نه نتیجهٔ سیاست جهان‌گشایی، بلکه بخشی از تلاشی بود برای حفظ بقای خود در دنیای بعد از جنگ، در شرایط یورش امپریالیسم تازه نفس آمریکا و استفاده از دو جمهوری برای معامله کردن با آمریکا و انگلیس. سیاست شوروی در مقابله با امپریالیسم نه کمک به انقلاب بلکه در بسیاری موارد ممانعت از آن بود. شوروی در پروسهٔ زد و بند با امپریالیسم آمریکا، حزب کمونیست یونان را که کشور خود را در طی یکی از مهم‌ترین جنگ‌های پارتیزانی از سلطهٔ فاشیست‌ها آزاد کرده بود، وادار به خلع سلاح کرد؛ دخالتی که منجر به قتل‌عام کمونیست‌های این کشور شد.

در چنین شرایطی، در سال ۱۳۲۵، حذف سلطهٔ رژیم پهلوی از آذربایجان و بخشی از کردستان در سایهٔ حضور شوروی در شمال ایران نمی‌توانست این دو بخش ایران را به پایگاه انقلاب جهت سرنگونی سلطهٔ ارتجاع شاهنشاهی تبدیل کند. در حالی که شرایط تاریخی تکرار تاریخ مشروطیت (تبدیل آذربایجان به پایگاه انقلاب) فراهم بود، حضور شوروی و خط مشی رفرمیستی آن و تبعیت حزب توده و فرقهٔ دمکرات آذربایجان و حزب دمکرات کردستان از این سیاست نه تنها مانع انقلاب در ایران به شمار می‌رفت، بلکه شکست پروژهٔ خودمختاری را هم رقم می‌زد.

نابدل زنده نماند که «پیروزی» جنبش ملّی کردهای عراق را ببیند. اینکه رهبران کرد در سایهٔ دخالت مداوم آمریکا در عراق و به دنبال دو جنگ آمریکایی ۱۹۹۱ و ۲۰۰۳ بالاخره «حکومت منطقه‌ای کردستان» را بر پا کردند، اینکه بخش‌های مهمی از کردستان مدت بیست سال است از سلطهٔ رژیم بعث خارج شده است اما به پایگاه اقتصادی، سیاسی و نظامی ایران و ترکیه و آمریکا و اسرائیل تبدیل شده است؛ اینکه نیروهای

مسلح حکومت کرد به تظاهرات خیابانی شلیک می‌کنند و مردم بی‌سلاح را می‌کشند؛ اینکه نیروهای ویژه به استودیوی تلویزیون حمله می‌کنند و آن را ویران می‌کنند، اینکه نیروهای امنیتی کرد و نیروهای مسلح مخصوص تعلیم یافتهٔ آمریکا و اسرائیل جزء افتخارات حکومت کرد هستند، اینکه خشونت بر زنان در سطح وسیعی گسترش یافته است؛ اینکه رهبران سیاسی مستقر در کوه، رهبران نیروی پیشمرگه، به محض خروج صدام از کردستان به شهرها برگشتند و ماشین دولتی آمادهٔ حزب بعث را در آغوش گرفتند و دستگاه حکومت غیرخودی را به حکومت خودی تبدیل کردند؛ اینکه حکومت کرد از همان خمیرهٔ حکومت‌های غیرکرد ساخته شده؛ اینکه اکثریت مردم کردستان، مردم زحمتکش و نیز قشرهای متوسط و زنان و جوانان، در شرایطی بسیار دشوار به سر می‌برند و شورش علیه وضع موجود همه جا شروع شده است. نابدل هیچ یک از اینها را ندید اما هنگامی که در آغاز زندگی سیاسی و روشنفکری کوتاه خود می‌گفت مسئله اصلی طبقه است نه ملّیت و خون و نژاد، تمام این عواقب را پیش‌بینی می‌کرد. او وجود ملّت و مسئلهٔ ملّی را نفی نمی‌کرد اما تاکید می‌کرد که دو راه متفاوت برای حل این مسئله در پیش است و این راه حل‌ها طبقاتی هستند.

پیوست ۱

شعر «کوردستان»[1]

علیرضا نابدل (اوختای)

بو داغلار اوجا باش
اوجا باش داغلارا قانلی چکمه لر یول آچا بیلمز
بو داغین جیرانی
ئوزگه اوخ‌چونین اوخوونا گلمز
قول‌لاری باغلانان اسیر بیرانسان
توتقون آخشاملاردا آغلاماز، گویلمز
***
دره لر درین ایله درین کی
«هژار» درینلیکده انسان لار بسله یب
دره لرده آخان «قیزیل اوزن» ین سویی
هم شیرین، هم ده آتشین
ایله بیر سوکی، او بیزیم یوردوموزه چاتاندا بئله،
هدیه گتیریر کچه‌یگی ائل لردن اوره‌ک آتشین.
دوشلر میشه‌لیک، پالت میشه‌لری
آخشاملار قوشور هر قوش مین دستان
بو لای لای سسیله آستاجا، آستاجا
یوخویه گیدیر گوزل کوردستان
دوشلردن ینسَک چلیکیب یاییلیب
گوم گوی زانباق تک دوزلرده توتون

۱. متن ترکی و ترجمهٔ فارسی با تصحیحات املائی و نقطه گذاری از این کتاب گرفته شده است: علیرضا نابدل، آذربایجان و مسئلهٔ ملّی، از انتشارات: سازمان چریک‌های فدایی خلق ایران، مهرماه ۱۳۵۶، ص ۶۱-۶۶.

دوزلرده چالشیر اوغلانلار قیزلار
گون دوزی بوتون.

***

بو داغلار قوجا باش
ائل لری اوجا باش
هامی‌یه بیر دوست، بیزه بیر قاراداش
ای یانار ئودلاردا بیرلیکده یاناق، وفالی یولداش.

***

یایلاق دا اوبا، اوبادا چوبان
چوبانین آغزیندا بیر اینجه توتک
او سؤیله‌یر ایگیت لرچکن غم‌لری
ایله بیر غم کی «بیستون» داغندا
ایگیت «فرهاد»ی بولایار قانا
عصرینین گوزلی، یوردونون چیچگی
آلا گوز «شیرین»ی گتیریر جانا.

***

بو داغلار اوجا باش
اوجا باش داغلاردا قانلی چکمه‌لر یول‌آچا بیلمز
بوداغدا گزیلر ئیری گوز اوغوللار
اوره‌ک‌لرینده درین بیر سئوگی
او سئوگی کی «صلاح الدین» ین کؤنلون داغلادی.
افسانه‌لرده‌انسان‌لار تکین – دشمنه قارشی بلین باغلادی

***

دره‌لر درین، سولار آتشین
دوزلر توتونلوک، دؤشلر میشه‌لیک
آخشاملار قوشور هر قوش مین دستان
بورا کوردستان، بورا کوردستان

***

خان «قیزیل اوزن» آخان گونه جک

۵۴

به طورعلنی، در روزنامهٔ *مهد آزادی* تبریز منتشر شد. محتوای این روزنامه بیشتر اخبار و آگهی‌های محلی تبریز وآذربایجان بود اما، با ابتکار گروهی از روشنفکران و فعالین چپ تبریز از جمله صمد بهرنگی و بهروز دهقانی و علیرضا نابدل و با همراهی ناشر آن، شمارهٔ جمعه را با عنوان *آدینه* به بحث‌های سیاسی و فرهنگی و روشنفکری اختصاص می‌داد. *مهد آزادی-آدینه* مانند بسیاری از نشریات استان‌ها در سطح کشور پخش نمی‌شد. من در سالهای ۱۳۴۴ تا ۱۳۴۶ در مهاباد بودم و برای مدتی در دبیرستان تدریس می‌کردم و ازطریق یک همکار و دوست آذربایجانی که با گروه صمد و بهروز و علیرضا رابطه داشت با فعالیت آن‌ها آشنا شدم و دو یا سه نوشته در بارهٔ فولکلور کردی با نام مستعار میکائیل آرامیان برای *آدینه* نوشتم.

کم توجهی به «"آقای پان" و احوالاتش» جای تامل است. جستجوی من در اینترنت برای پیدا کردن آن به نتیجه نرسید. در چند جا اشاراتی در حد یکی دو جمله به آن شده است اما از خود نوشته اثری نیست. در سال ۱۳۵۵، فتوکپی آن را به نشریهٔ *رزم دانشجو* (نشریهٔ تحقیقی سازمان دانشجویان ایرانی در آمریکا) سپردم و در آنجا برای بار دوم منتشر شد،[۳] اما تا جایی که می‌دانم (و واضح است که همهٔ منابع چاپی را ندیده‌ام) در جای دیگری تجدید چاپ نشده است. حتی *آذربایجان و مسئلهٔ ملّی* نیز در منابع اینترنتی در دسترس نیست.

در مبارزه با رژیم شاه، نابدل مانند سایر فعالین آذربایجانی و کرد و دیگر ملّیت‌ها با مسئلهٔ ستم ملّی مواجه بود. در بین ملّیت‌های ایران، ستم ملّی بسیاری را به عرصهٔ مبارزهٔ سیاسی می‌کشاند. مبارزه با ستم ملّی در دوران رضا شاه و بعد از آن به ویژه در آذربایجان و کردستان در جریان بود، و تجربهٔ حکومت ملّی آذربایجان و جمهوری کردستان (۱۳۲۵) بر دوش آذربایجانی‌ها و کردها سنگینی می‌کند. در این دو جنبش ملّی کمتر مسئله‌ای بدون برگشت به این تاریخ مطرح می‌شود. اما در سال‌های ۴۰ نسل جدید فعالین و روشنفکران با مسائل جدیدی روبرو بودند و پاسخ‌های جدید می‌طلبیدند. گذشته نه تنها پاسخگوی حال و آینده نبود بلکه برای گسست از محدودیت‌های آن می‌بایست به نقد آن پرداخت. نابدل در

---

۳. شمارهٔ ۲، دورهٔ دوم، سال اول، مرداد ۱۳۵۵، صص ۷۳-۷۵.

اولدوزلار ئیره باخان گونه جک
بول اولسون خلقین اکدیگی بستان
وار اولسون بیزیم قارداش کوردستان.

ترجمه فارسی

کردستان

این کوه‌ها، سر فراز
در کوه‌های سر فراز چکمه‌های خونین ره نمی‌توانند باز کرد.
آهوی این کوه
با تیر شکارچی بیگانه شکار نمی‌شود
انسان اسیر کتف بسته
در شب‌های گرفته نمی‌گرید، نمی‌خندد.
***
دره‌ها ژرف، چنان ژرف که
انسان‌هایی به عمق «هژار»[۲] پرورانده است
«قزل اوزنی» که در دره‌ها جریان دارد
آبش هم شیرین است و هم آتشین
چنان آبی که هنگامی‌که به سرزمین ما می‌رسد
قلب آتشین خلق‌های دیگر را هدیه می‌آورد
سینه کوه‌ها بیشه‌زار است، بیشه‌های بلوط
که در آن‌ها شب‌ها مرغان هزار نغمه سر می‌دهند.
و از این صدای لالایی، نرم نرمک
کردستان زیبا به خواب می‌رود
از سینه کوه‌ها که فرود آئیم در دشت‌ها
بوته‌های توتون به کبودی گل زنبق همه جا گسترده‌اند
و در آنجا دختران و پسران تمام روز را در تلاشند
***
این کوه‌ها، سپید موی

۲. هژار (هه‌ژار به کردی) تخلص شعری عبدالرحمن شرفکندی (۱۳۰۰-۱۳۶۹) شاعر، مترجم و فرهنگ‌نویس کرد است. او در مهاباد متولد شد و همراه با هیمن (محمد امین شیخ الاسلامی) در جمهوری کردستان ۱۳۲۴-۱۳۲۵ به عنوان شاعر ملی شناخته شد.

مردمانش، سرفراز
دوست همه و با ما چون برادرند
ای آن که در آتش‌های سوزنده با هم سوزیم، ای رفیق وفادار
***
در ییلاق چادر دامداران و در آن چوپان
بر لبان چوپان نی لبکی باریک
او غم‌های جوانمردان را باز می‌گوید
چنان غمی که در کوه بیستون فرهاد را در خون خود می‌غلطاند
زیبای زمانه، غنچه زمین
«شیرین» چشم زیبا را دوباره جان می‌بخشد
***
این کوه‌ها، سرفراز
در کوه‌های سرفراز چکمه‌های خونین ره نمی‌توانند باز کرد.
در این کوه‌ها فرزندان هوشیاری در آمد و شد هستند
و در دل‌هایشان عشق عمیقی دارند
آن عشقی که قلب «صلاح الدین»[۳] را به هیجان آورد
در افسانه‌ها همچون انسان‌ها در مقابل دشمن کمر بست
***
دره‌ها عمیق، آب‌ها آتشین
دشت‌ها پوشیده از توتون، سینه کوه‌ها بیشه زار
شب‌ها مرغان هزار نغمه می‌سرایند.
اینجا کردستان، اینجا کردستان
تا آن روزی که خان «قزل اوزن» جریان دارد
تا آن روزی که ستاره‌ها زمین را نظاره می‌کنند.
بوستان کشته خلق پربارتر و پربارتر باشد
و زنده باشد برادر ما کردستان.

---

۳. صلاح‌الدین ایوبی (۵۳۲-۵۸۹ هجری)، موسس سلسله‌ی ایوبی و فاتح اورشلیم درجنگ‌های صلیبی، طبق نظر عده‌ای از مورخین کرد بود و بعضی از کردها او را از مفاخر ملی به حساب می‌آورند.

اروپا بعد از گذشتن بیست سال هنوز نتوانسته است خاطرهٔ ننگین فاشیسم را از ذهن خود پاک کند*و هنوز گاه و بیگاه نفرت خودرا بصورت رمان ها ، نمایش ها و فیلم‌ها نسبت به درنده‌خوترین برتری‌جویان تاریخ ابراز میدارد . با وجود این همه میدانند که امپریالیزم اروپائی‌دیگر هرگز نخواهد توانست عروسک های تازه‌ای از نوع «هیتلر» را بروی صحنه بیاورد . جوانان اروپایی دیگر هیچگاه این ننگ را نخواهند پذیرفت . اما اگر تسلط مجدد فاشیسم بر اروپا رویائی بیش نباشد، هنوز در اینطرف دنیا سوداگرانی هستند که خیلی‌مایلند تخم نئوفاشیسم وپروفاشیسم* در ذهن نوجوانان پرشور و پرانرژی آسیا و آفریقا پراکنده شود. این جوانها تاچشم باز میکنند ، خودرا اسیر محرومیت‌های فراوان مییابند و کمی که بزرگتر میشوند ، با حقایق تلخی آشنا می‌یابند مثلا در مورد عقب ماندگی ، عدم رشد ، استعمار و .....

و «آقای پان**» دریک چنین گیروداری نبوت خود را ظاهر میکند «هم‌میهن گرامی ! «نیاخاک» ما روزی از دریای مشرق تا دریای مغرب ادامه داشته است . و نیاکان ما برای تادیب اسرای ملل پست‌مغلوب تازیانه‌هائی از چرم کرگدن میساخته اند . هم میهن گرامی ! حالت چشمان و بینی تو نشان میدهد که صد در صد از نژاد پاک نیاکان هستی زیرا بینی تو عینا شبیه بینی بنیانگزار امپراتوری ماست . برخیز با ما همداستان شو تا ملل پستی را که خو، زبان ، وفرهنك پلید خود را بر «نیاخاک» ما تحمیل کرده‌اند و جلوی رشد نژاد پاک مارا گرفته‌اند ، و مسئول تمام بدبختی‌های ما هستند ، از صفحه روزگار پاک کنیم» ... زیرا بلانك نوبتی هم باشد نوبت ماست که حق توحش بگیریم ، استعمار کنیم و صاحب نژاد برتر ، زبان برتر ، مذهب و مرام‌برتر و پیشوای برتر باشیم؛ بدین ترتیب عقده‌های حقارت را که تا دیروز جنبه فردی داشت ، میخواهند «ملی» کنند .

« آقای پان » همیشه قبل از هرچیز فکر « تجدید عهدباستان » راپیش میکشد . اما نه‌واقعیات تاریخی و جنبه های انسانی تاریخ را . بلکه داستان قلدریها راتسلط چماقداران‌قبیلهٔ خود را برقبایل‌دیگر مطرح میکند . برای آقای پان وجود حافظ ها ، ابن سیناها ، پاستورها ، ویکتورهوگوها ، و بتهون ها چیز مهمی نیست . فقط شاید برای اثبات « نبوغ ذاتی» قوم خود از چنین کسانی نام ببرد . همچنین از کشتارهای دسته‌جمعی و چپاولگری نسبت به ملل‌تحت اسارت‌وطبقات رنجدیده‌توسط عمال‌امپراتوران قوم‌برتر (مثل کشتار هواداران مزدك) بعنوان « گوشمالی یاغیان » و« سرکوبی دشمنان » یاد میشود . امروز « پانهای » آناطولی و همچنین یونان بر سر مساله قبرس فریاد آزادی و تساوی حقوقشان گوش فلك را کر میکند و هرکدام بفکر « آزادکردن » برادران خود هستند. حال آنکه از نظرهمین آقایان رفتاریکه طی قرون واعصار در امپراتوری‌های یونان و عثمانلی باملل‌مغلوب‌و کوچك‌شده‌است، برحق‌وعادلانه‌بوده. آری‌این مسائل مهم نیستند . مساله مهم مثلا برای « پانهای ایرانی » اینست که خشایارشا در هجوم به یونان (که میلیونها نفراز قبایل وحشی و نیمه وحشی را علیه یونان تجهیز کرده بود) چند بار در یارا شلاق زد و جنس‌شلاق‌او برسم‌آرین‌های‌اصیل‌از چرم کرگدن بوده است یا چرم گاو . همینطور برای « پانهای رومی » این مطلب مهم است که بدانند روم‌درعهد کدامیك‌از امپراتوران خود ملل شرق و غرب را بهتر به زنجیر کشیده است .

و گرنه میراث حافظ ها و ابن سیناها ، داوینچی‌ها و بتهون ها و تسوایك‌ها برای پان هرگز قابل بهره‌برداری نخواهد بود چون از غزلیات حافظ بهیچ‌وجه اندیشه‌برتری « آرین‌های‌ایرانی » برنمیآید و ابن سینا و ذکریای رازی‌چیزی‌برای منکوب‌ساختن

«آقای پان» و احوالاتش

«هرگز نژاد باعث هیچ افتخار نیست.
این افتخارهاست نژاد آفریده‌اند»
«مفتون»

● دوران نژاد برتر،زبان‌برتر ، مذهب و مرام برتر و ... برای‌ابد سپری‌شده است .

● «پان» ها هرگز قادر نیستندگرهی ازکارملل آسیایی‌بگشایند .

ملل‌پست غیر ایرانی اختراع نکرده‌اند . استیفن تسوایك‌ملت‌خود را بسیاردوست میداشت و سالها برای اعتلای مدنیت‌و فرهنك این‌ملت‌کوشیده بود . امامعتقد نبود که ملت او خمیره‌ای برتر ازسایر انسانهاداشته باشد و فاشیست‌های‌وطنش را مجاز نمیدانست که سایرملت ها را اسیر کنند . تاثر او بحدی بود که با همسرش رفتند و در دیار غربت انتحار کردند .

شوونیست هاوپرو فاشیست ها ضد مذهب هم تشریف دارند . اما نه ازجهت اینکه ماتریالیست باشند . خیر بلکه‌ایده آلیست‌ترازپاپ‌هم هستند؛ علت مخالفت اینان با مذهب اینستکه‌اولا جاذبه‌عقاید مذهبی مانع از آن میشود که معتقدین‌به مذهب حرفهای آقای پان راگوش کنند . ثانیا آنچه مسیحیت یا اسلام طی قرون متمادی تعلیم داده است ، بهیچ وجه با حرفهای برتری جویان تنك بین سازگار نیست و حرفهای آقای پان دراینمورد کاملا بازگشت به دوران کینه های قبیله‌ای و نوعی ارتجاع محسوب میشود. چرا که «پانهای» اینطرف کوه یك‌چیز میگویند و « پانهای » آنطرف‌کوه چیز دیگر ؛ هر کدام فریاد برتری ایل خود را ، رمیدهند و بدینسان زمین گنجایش بیش از یك «پان» را ندارد . وهر گزدو « پان » لااقل بریك قاره نمی‌گنجند .

در صورتیکه از نظر جهان بینی اسلام‌یا ناسیونالیست‌های مترقی‌قرن بیستم ،ملل و قبایل درویش هائی‌هستند که برعرصه خاك بخوبی میگنجند . زیرا هیچیکرا ادعای برتری‌نیست‌بلکه همگی‌میخواهند در شرایط مساوی و برابر ، برادر وار در کنار یکدیگر زندگی کنند . بدینسان شوونیست‌ها و پروفاشیست‌ها هرگزقادر نیستند یك تئوری عمومی در مسائل مربوط به تاریخ داشته باشند . از نظر پانهای‌ایرانی خشایارشا یك پیغمبر بود در حالیکه‌اسکندر « گجسته » و ملعون شمرده میشود . از نظر پانهای یونانی هم درست‌برعکس . در صورتیکه ازنظر انسانهای روشن بین قرن بیستم ، تمام فاتحین جهان رابایدبا یك‌معیارسنجید، فکر تسلط بر ملل دیگر همیشه نا پسند بوده است و دفاع در مقابل مهاجم یك عمل شریف و نجیب . پس جهانگشایان هرگز در خور ستایش نیستند . خواه متعلق به قبیلهٔ مابوده باشند وخواه‌قبایل دیگر .

باری، پان عربیست‌ها، پان‌ایرانیست‌ها و پان تورکیست‌ها وپانهای دیگرازاین قبیل هرگز قادر نیستند . گرهی از کار ملل آسیائی بگشایند اینان سنگریزه هائی هستند بر مسیر گردونه تاریخ و

بقیه درصفحه۷

و امروز وقت صبح‌جناب سردار از خوش اعتقادی که دارند بیدقی به اسم صاحب‌العصرعجل‌الله‌فرجه درست کرده بود دادند

آلوای تبریز

ازپا درافتادند. یکی‌مظفر قراجه‌داغی بود که ازجملهٔ سواران تامور قراجه داغ شمرده‌میشد،هشت‌نفردیگر

پیوست ۲

«آقای پان» و احوالاتش[1]

علیرضا نابدل

«هرگز نژاد باعث هیچ افتخار نیست.
این افتخار ماست نژاد آفریده‌اند».
مفتون

- دوران نژاد برتر، مذهب و مرام برتر و ... برای ابد سپری شده است.

- "پان"ها هرگز قادر نیستند گرهی از کار ملل آسیایی بگشایند.

اروپا بعد از گذشتن بیست سال هنوز نتوانسته است خاطرهٔ ننگین فاشیسم را از ذهن خود پاک کند و هنوز گاه و بی‌گاه نفرت خود را به صورت رمان‌ها، نمایش‌ها و فیلم‌ها نسبت به درنده‌خوترین برتری‌جویان تاریخ ابراز می‌دارد. با وجود این همه می‌دانند که امپریالیزم اروپایی دیگر هرگز نخواهد توانست عروسک‌های تازه‌ای از نوع هیتلر را به روی صحنه بیاورد. جوانان اروپایی دیگر هیچ‌گاه این ننگ را نخواهند پذیرفت. اما اگر تسلط مجدد فاشیسم بر اروپا رویایی بیش نباشد، هنوز در این طرف دنیا سوداگرانی هستند که خیلی مایل‌اند تخم نئوفاشیسم و پرو فاشیسم[2] در ذهن نوجوانان پرشور و پر انرژی آسیا و آفریقا پراکنده شود. این جوان‌ها تا چشم باز می‌کنند، خود را اسیر محرومیت‌های فراوان می‌یابند و کمی که بزرگ‌تر می‌شوند، با حقایق تلخی آشنا[یی] می‌یابند مثلا درمورد عقب‌ماندگی، عدم رشد، استعمار و ....

---

۱. مهد آزادی آدینه (تبریز)، شماره ۱۲۷۸ ، ۳۱ تیرماه ۱۳۴۵ [شمسی] ص ۶ و ۷. مطابق متن اصلی و با املای جدید تجدید چاپ می‌شود. زیرنویس‌های این پیوست از متن اصلی آورده شده است.

۲. پرو: هواخواه.

و «آقای پان»[۳] در یک چنین گیر و داری نبوت خود را ظاهر می‌کند «هم میهن گرامی! «نیاخاک» ما روزی از دریای مشرق تا دریای مغرب ادامه داشته است و نیاکان ما برای تادیب اسرای ملل پست مغلوب تازیانه‌هایی از چرم کرگدن می‌ساخته‌اند. هم‌میهن گرامی! حالت چشمان و بینی تو نشان می‌دهد که صد در صد از نژاد پاک نیاکان هستی زیرا بینی تو عینا شبیه بینی بنیانگزار امپراتوری ماست. برخیز با ما هم‌داستان شو تا ملل پستی را که خو، زبان، و فرهنگ پلید خود را بر «نیاخاک» ما تحمیل کرده‌اند و جلوی رشد نژاد پاک ما را گرفته‌اند، و مسئول تمام بدبختی‌های ما هستند، از صفحه روزگار پاک کنیم.» ... زیرا بلاشک نوبتی هم باشد نوبت ماست که حق توحش بگیریم، استعمار کنیم و صاحب نژاد برتر، زبان برتر، مذهب و مرام برتر و پیشوای برتر باشیم: بدین ترتیب عقده‌های حقارت را که تا دیروز جنبه فردی داشت، می‌خواهند «ملی» کنند.

«آقای پان» همیشه قبل از هر چیز فکر «تجدید عهد باستان» را پیش می‌کشد. اما نه واقعیات تاریخی و جنبه‌های انسانی تاریخ را، بلکه داستان قلدری‌ها را، تسلط چماقداران قبیلهٔ خود را بر قبایل دیگر مطرح می‌کند. برای «آقای پان» وجود حافظ‌ها، ابن سیناها، پاستورها، ویکتورهوگوها و بتهون‌ها چیز مهمی نیست. فقط شاید برای اثبات «نبوغ ذاتی» قوم خود از چنین کسانی نام ببرد. همچنین از کشتارهای دسته‌جمعی و چپاولگری نسبت به ملل تحت اسارت و طبقات رنجدیده توسط امپراتوران قوم برتر (مثل کشتار هواداران مزدک) به عنوان « گوشمالی یاغیان» و «سرکوبی دشمنان» یاد می‌شود. امروز «پان‌های» آناطولی و همچنین یونان بر سر

---

۳. «پان» در لغت به معنی همه می‌باشد که در مورد اسم بعضی از مکتب‌های سیاسی- فلسفی به صورت پیشوند به کار رفته است. «پان اسلامیسم» هم از همین نوع اسامی است که مرحوم دهخدا در لغت‌نامه‌اش مقابل آن چنین نوشته: «عقیدهٔ اتحاد اسلامی که سیاست‌مداران اروپا سال‌های دراز با آن کلمهٔ بی‌مفهوم اروپا را ترسانیده و به نام رفع آن انواع ظلم‌ها و تعدی‌ها و تجاوزات غاصبانه را در مشرق مرتکب شدند.

خویشتن نقش دیو می‌کردند
پس ز بیمش غریو می‌کردند».

مساله قبرس فریاد آزادی و تساوی حقوق‌شان گوش فلک را کر می‌کند و هر کدام به فکر «آزاد کردن» برادران خود هستند. حال آنکه از نظر همین آقایان رفتاری که طی قرون و اعصار در امپراتوری‌های یونان و عثمانلی با ملل مغلوب و کوچک شده است، برحق و عادلانه بود. آری این مسائل مهم نیستند. مساله مهم مثلا برای «پان‌های ایرانی» این است که خشاریارشا در هجوم به یونان (که میلیون‌ها نفر از قبایل وحشی و نیمه‌وحشی را علیه یونان تجهیز کرده بود) چند بار دریا را شلاق زد و جنس شلاق او به رسم آرین‌های اصیل از چرم کرگدن بوده است یا چرم گاو. همین طور برای «پان‌های رومی» این مطلب مهم است که بدانند روم در عهد کدام یک از امپراتوران خود ملل شرق و غرب را بهتر به زنجیر کشیده است.

و گرنه میراث حافظ‌ها و ابن سیناها، داوینچی ها و بتهون و تسوایک‌ها برای پان هرگز قابل بهره‌برداری نخواهد بود چون از غزلیات حافظ به هیچ وجه اندیشه برتری «آرین‌های ایرانی» برنمی‌آید و ابن سینا و ذکریای رازی چیزی برای منکوب ساختن ملل پست غیر ایرانی اختراع نکرده‌اند. استیفن تسوایک ملت خود را بسیار دوست می‌داشت و سال‌ها برای اعتلای مدنیت و فرهنگ این ملت کوشیده بود. اما معتقد نبود که ملت او خمیره‌ای برتر از سایر انسان‌ها داشته باشد و فاشیست‌های وطنش را مجاز نمی‌دانست که سایر ملت‌ها را اسیر کنند. تاثر او به حدی بود که با همسرش رفتند و در دیار غربت انتحار کردند.

شوونیست‌ها و پرو فاشیست‌ها ضد مذهب هم تشریف دارند. اما نه از جهت این که ماتریالیست باشند. خیر. بلکه ایده‌آلیست‌تر از پاپ هم هستند: علت مخالفت اینان با مذهب این است که اولا جاذبه عقاید مذهبی مانع از آن می‌شود که معتقدین به مذهب حرف‌های «آقای پان» را گوش کنند.

ثانیا آنچه مسیحیت یا اسلام طی قرون متمادی تعلیم داده است، به هیچ وجه با حرف‌های برتری‌جویان تنگ‌بین سازگار نیست و حرف‌های «آقای پان» در این مورد کاملا بازگشت به دوران کینه‌های قبیله‌ای و نوعی ارتجاع محسوب می‌شود. چرا که «پان‌های» این طرف کوه یک چیز می‌گویند و «پان‌های» آن طرف کوه چیز دیگر؛ هر کدام فریاد برتری ایل

خود را سر می‌دهند و بدین سان زمین گنجایش بیش از یک «پان» را ندارد و هرگز دو «پان» لااقل بر یک قاره نمی‌گنجند.

در صورتی که از نظر جهان‌بینی اسلام یا ناسیونالیست‌های مترقی قرن بیستم، ملل و قبایل درویش‌هایی هستند که بر عرصه خاک به خوبی می‌گنجند. زیرا هیچ یک را ادعای برتری نیست بلکه همگی می‌خواهند در شرایط مساوی و برابر، برادروار در کنار یکدیگر زندگی کنند. بدین سان شوونیست‌ها و پرو فاشیست‌ها هرگز قادر نیستند یک تئوری عمومی در مسائل مرتبط به تاریخ داشته باشند. از نظر پان‌های ایرانی خشایارشا یک پیغمبر بود در حالی که اسکندر «گجسته» و ملعون شمرده می‌شود. از نظر پان‌های یونانی هم درست برعکس. در صورتی که از نظر انسان‌های روشن‌بین قرن بیستم، تمام فاتحین جهان را باید با یک معیار سنجید. فکر تسلط بر ملل دیگر همیشه ناپسند بوده است و دفاع در مقابل مهاجم یک عمل شریف و نجیب. پس جهان‌گشایان هرگز در خور ستایش نیستند. خواه متعلق به قبیلهٔ ما بوده باشند و خواه قبایل دیگر.

باری، پان عربیست‌ها، پان ایرانیست‌ها و پان تورکیست‌ها و پان‌های دیگر از این قبیل هرگز قادر نیستند گرهی از کار ملل آسیایی بگشایند. اینان سنگریزه‌هایی هستند بر مسیر گردونه تاریخ و عروسک‌هایی هستند که خیمه‌شب بازان روزگار در بعضی شرایط مساعد روی صحنه می‌آورند. حال آن که تاریخ نه بر خیمه شب‌بازان ابقا خواهد کرد و نه بر عروسکهای‌شان. اما در ایران متاسفانه مساله تنها به «پان‌های رسمی» ختم نمی‌شود بلکه بقایای انواعی از شوونیسم و ناسیونالیسم افراطی مسخ شده، در بسیاری از شئون اجتماعی ما اثر گذاشته است به خصوص در فرهنگ این اثر، بارزتر است. در کتاب‌های رسمی ما به «عرب سوسمار خوار» اشاره می‌شود و در واقع باید گفت قسمتی از هم‌وطنان ما از سوسمار خوارانند! همین طور مطالب کتب درسی ما در مورد سایر ولایات هم اغلب براساس طرزفکرهای فوق الذکر است. این موضوع به دلقک‌های بی‌سوادی مثل ابراهیم صفایی نام امکان می‌دهد که بیایند و مثلا ستار خان را انکار کنند (به مقاله‌ای که آقای بیت‌الله جمالی در مهد آزادی در همین زمینه نوشته بودند مراجعه کنید).

علیرضا نابدل

دمکراسی و خشونت[1]

مدتی است بحث مفاهیم «خشونت» و «عدم خشونت» وارد فرهنگ سیاسی ایران شده است. اگرچه در مقایسه با اروپا تاخیری به درازای سه قرن روی داده است و باید به هر تلاشی برای رشد مفاهیم و تئوری‌های سیاسی خوش‌آمد گفت، هم گفتمان‌های خشونت/عدم خشونت جای تامل بسیار هستند و هم شرایطی که به آن‌ها دامن زده‌اند. هدف من در این نوشته بازبینی خود این بحث‌ها است اگرچه اشارات مختصری به جوانب دیگر آن می‌کنم.

طرح مسئله

در سی و دو سال اخیر، رژیم اسلامی در توسل به خشونت، گوی سبقت را از رژیم سلطنتی ربوده است و اشکالی از خشونت مانند سنگسار و قصاص را که تا حد زیادی فراموش شده بودند دوباره وارد نظام قانونی-قضایی ایران کرده است. دستگاه دولتیِ سرکوب – ارتش، سپاه پاسداران، نیروی انتظامی جمهوری اسلامی ایرانِ (شهربانی، ژاندارمری، کمیته‌ها)، بسیج، زندان – به طرز بی‌سابقه‌ای گسترش یافته و در اعمال خشونت تابع هیچ محدودیتی نیست. در سطح بین‌المللی هم خشونت بیداد می‌کند. در کشورهای همسایه، به ویژه افغانستان و عراق، دو نیروی عمدهٔ خشونت – آمریکا و متحدینش از یک طرف و نیروهای بنیادگرا و مرتجع از طرف دیگر – به طور روزمره به ارتکاب جنایت جنگی و جنایت علیه بشریت دست می‌زنند و «دادگاه جنایی بین‌المللی» را به مسخره می‌گیرند. این دو قطبِ عمدهٔ خشونت در سه قارهٔ آسیا و آفریقا و آمریکای لاتین زندگی مردم را به تباهی کشیده‌اند و در اروپا و آمریکای شمالی شبح فاشیسم در جولان است.

تعجب‌آور نیست که در این شرایط، درک خشونت و مبارزه با آن

۱. آرش، شماره ۱۰۵-۱۰۶، اسفند ۱۳۸۹ - مارس ۲۰۱۱، صص ۷۹-۸۵.

ذهن و فکر بسیاری را به خود مشغول کند. در حالی که خشونت لحظه‌ای فرو نمی‌نشیند، قفسهٔ کتابخانه‌ها و کتابفروشی‌ها زیر فشار کتاب‌های مربوط به این بحث سنگینی می‌کند، کنفرانس پشت کنفرانس برگزار می‌شود، جایزه رد و بدل می‌شود، درس و برنامهٔ درسی و رسالهٔ تحصیلی و مصاحبه و ورکشاپ و فیلم و شعر و تئاتر و انواع آثار هنری ارائه می‌شود. اما هرچه خشونت بیشتر زیر سئوال می‌رود، خونین‌تر ودامنه‌دارتر سر بر می‌آورد.

در ادبیات رو به گسترشی که در سال‌های اخیر به زبان فارسی منتشر شده است، علی‌رغم تنوع دیدگاه‌های نویسندگانش، درک نسبتا همگونی از خشونت و چگونگی مقابله با آن دیده می‌شود. این درکِ همگون، خشونت را به خشونت فیزیکی آن هم در عرصهٔ سیاست تقلیل می‌دهد و آن را در رابطه با دمکراسی مسئله‌یابی می‌کند.[۲] مهم‌ترین ادعا این است: «خشونت آنتی تزِ دمکراسی است» یا «خشونت نفیِ دمکراسی است». نتیجه این است که با برقراری دمکراسی می‌توان هیولای خشونت

۲. در مورد دمکراسی، مانند سایر مفاهیم از جمله «خشونت»، «آزادی»، «قدرت»، «حاکمیت» یا «دولت»، درک‌های متفاوت هست. در گفتمان سیاسیِ مخالفین رژیم اسلامی به خصوص هواداران عدم خشونت، دمکراسی به آزادی‌های مدنی تقلیل داده می‌شود، از جمله آزادی مطبوعات، آزادی اجتماعات، آزادی بیان، و انتخابات آزاد. اگر چه گاهی موئلفه‌های دیگری از قبیل «حکومت قانون»، «تعدد احزاب»، «حکومت پارلمانی»، «جدایی دین و دولت»، «تفکیک قوا» و «جامعهٔ مدنی» هم مد نظر است. در این گفتمان، دمکراسی از طبقه و فورماسیون اجتماعی جدا می‌شود و به پدیدهٔ حقوقی-سیاسیِ مستقلی تقلیل داده می‌شود. با توجه به این درک از دمکراسی در گفتمان عدم خشونت، در این نوشته دمکراسی را به معنای سازماندهی حقوقی-سیاسی اعمال قدرت بورژوازی به کار می‌برم که یکی از پروژه‌های مهم آن سازمان دادنِ به تولید و بازتولید روابط طبقاتی در فورماسیون سرمایه داری است. در این نوشته، «دمکراسی بورژوائی»، «دمکراسی» یا «دمکراسی لیبرال» را به عنوان اصطلاحات مترادف به کار می‌برم. ادبیات بسیار وسیعی در نقد این نوع دمکراسی، از دیدگاه‌های متفاوت، در دست است. برای نمونهٔ نقد مارکسیستی و جدل در چهارچوب این تئوری، مراجعه کنید به:
Bob Avakian, *Democracy: Can't We Do Better Than That?* Chicago, Banners Press, 1986.
Bob Fine, *Democracy and the Rule of Law: Marx's Critique of the Legal Form*. Caldwell, N.G., The Balckburn Press, 2002.

را کنار زد و نظام سیاسی و روابط اجتماعی را بر اساس عدم خشونت پایه‌ریزی کرد. اما چگونه رژیم اسلامی با ساز و برگ جنگی‌اش، ایدئولوژی خشونت‌مدارش، و نیروی قهریه سازمان یافته‌اش در رویارویی با مقاومتِ مدنی خشونت پرهیزی خواهد کرد، عرصه را ترک خواهد کرد، یا راه را برای حضورِ دمکراسی باز خواهد گذاشت؟ اگرچه پاسخ روشنی به این قبیل سئوال‌ها ارائه نشده استدلال می‌شود که وضع موجود را فقط با مبارزهٔ مسالمت آمیز می‌توان تغییر داد زیرا «خشونت، خشونت به بار می‌آورد» و باید این دور باطل را شکست. انقلاب بد است چون انقلاب یعنی خشونت، «خشونت بد است چون به خشونت بیشتر می‌انجامد»، و رژیم حاکم در مواجهه با جنبش عدم خشونت بالاخره سرعقل خواهد آمد، اگر چه چنین تحولی نیاز به زمان دارد. برای مثال، پیمان حبیب گفته است:

> به نظرم در درجهٔ اول، اصرار بر حفظ مشی عدم خشونت و اصرار بر تقویتِ همبستگی در حیات مادی و معنویِ، سبب گسترش گفتمانِ جنبش و رشد همبستگی میان مردم خواهد شد و در نهایت همین حاکمیت مجبور است موج گسترده مردم و جنبش آزادی‌خواهانه آن‌ها و قدرتِ آن را بپذیرد و چاره‌ای هم غیر از این نخواهد داشت. توسل به خشونت و شیوه‌های خشونت‌آمیز در حرکت رو به جلویِ جنبش سبز نیز، از خطراتِ تهدید کننده و بازدارندهٔ جنبش است و بی‌توجهی به روش‌های مبارزاتِ مسالمت‌آمیز، می‌تواند دورِ باطلِ خشونت و استبداد و بی‌منطقی را تکرار و بازتولید کند و مانند همیشه به روی کار آمدنِ گروهی با خشونت، ادامه وضعِ موجود با خشونت و پایانِ آن با خشونت خواهد انجامید.
>
> به نظر من جایی می‌توان دور باطل و قدیمیِ خشونتِ رایج و حاکم را سد کرد که یک جنبشِ اجتماعیِ قوی، با اتخاذِ منشِ عدم خشونت و مبارزهٔ مدنی و مسالمت‌آمیز و البته پایدار، جلوی آن قدعلم کند و هزینه‌های این

پایداری و استقامت را که عمدتا زمان می‌باشد، پرداخت کند و به نظرم جنبش سبز قادر به انجامِ این مهم باشد. نتایج نهضت‌های مبارزاتی چون جنبشِ عدم خشونت و مقاومت مدنی گاندی و ماندلا، بسیار پایدارتر و انسانی‌تر از جنبش‌هایی است که با قهر و خشونت و خون‌ریزی در صدد تغییر وضعِ موجود به شرایط انسانی بودند.[۳]

در این نوع گفتمان، گویی که هم‌وطنان روشنفکر و فعال سیاسی به کشف حقیقت در مورد رفع خشونت دست یافته‌اند. اگر چه اشاره به گاندی و مارتین لوتر کینگ و امثال‌شان کم نیست، این تصور ارائه می‌شود که اینها هم به کشف جدیدی رسیده بودند. اما آرزوی دنیایی فارغ از خشونت به اندازهٔ تاریخ خشونت سابقه دارد. از انقلاب ۱۷۸۹ فرانسه تا کنون این آرزوها دردانشِ سیاست و فلسفهٔ سیاسی تئوریزه شده، و از ادموند برک[۴] ضد انقلابی گرفته تا انقلابیونی چون مارکس و لنین و مائو زشتی خشونت و لزوم رفع آن را در تئوری و پراتیک مطرح کرده‌اند. بدون اینکه به بررسی این بحث در طول تاریخ بپردازم، ابتدا اشاره می‌کنم که فلسفهٔ سیاسیِ دمکراسیِ سرمایه‌داری چارهٔ خشونت را در انحصاری کردن آن توسط دولت جستجو می‌کند، در حالی که فلسفهٔ سیاسی مارکسیستی و آنارشیستی و برخی نظرات فمینیستی نفی آن را مطرح می‌کنند. در ادبیات خشونت پرهیزان ایران این نظر رایج است که می‌توان «دور باطل» خشونت را شکست، اگر چه بحث نمی‌شود چگونه با بودن نهاد ارتش و پلیس و دیگر نیروهای نظامی و امنیتی و نظام قانونی-قضاییِ مجهز به زندان و انواع مجازات قرون وسطایی می‌توان به چنین هدفی دست یافت. در بحثی به مراتب پیچیده‌تر از نقل قول بالا گفته می‌شود:

حال ببینیم برای بازکردن این دایره چگونه باید عمل

---

۳. «عدم خشونت، هم تاکتیک هم استراتژی»، انجمن سخن ایران، http://hrasi.com/print/547 (بدون تاریخ).

4. Edmund Burke.

کرد؟ به طور مسلم، نفی خشونت و جلوگیری از تسلط آن بر جامعه، با استفادهٔ دوباره از خشونت امکان‌پذیر نیست. پس باید به عملی پناه برد که ماهیتا نفی خشونت را همراه داشته باشد. تنها عملی که به نظر می‌رسد به شکلی مسالمت‌آمیز قادر به مقابله با خشونت باشد، تفکر است. تفکر دربارهٔ مفهوم خشونت هم‌زمان کوششی در جهت فهم و نقد آن و آفرینش روابط اجتماعی جدید، بدون استفاده از خشونت است. تعقل در مورد خشونت، طریقه‌ای برای پشت سرگذاشتن منطق آن و دستیابی به واقعیتی است که نیروی گفتار و اندیشه را بر سیاست خشونت و خشونت سیاسی ارجح می‌داند. اولویت اندیشه بر خشونت را تنها در نهاد سیاسی دمکراسی می‌توان یافت، زیرا شرط لازم آفرینش دمکراسی وجود اندیشهٔ دمکراسی است، که جوهر وجود خود را در نقد و نفی خشونت می‌یابد. اندیشهٔ دمکراسی، محور اصلی تفکر خود را در مفهوم «خودمختاری» می‌یابد، که تعیین کنندهٔ زمان فردیت و آزادی هر یک از افراد اجتماع است. حرکت سیال زمان فردیت در تمام سطوح اجتماع موجب توسعه و گسترش هر چه بیشتر فضای عمومی و علنی می‌شود که منطق حیاتی خود را در گفتار و کردار آزاد افراد اجتماع می‌یابد. لذا گفتار و کردار آزاد اعضای جامعه ضامن بقای ترازمندی و تعادلی است که بین زمان اجتماع و زمان فردیت افراد اجتماع وجود دارد. ماهیت نهادهای اجتماعی دمکراسی و امکان تغییرپذیری آن‌ها نشان‌دهندهٔ این تعادل و توازن است. در دمکراسی، نهاد سیاسی قوانین، تنظیم کنندهٔ زمان اجتماع و حافظ زمان فردی یکایک افراد آن است. افراد با احترام گذاشتن به قانونی که خود در سرچشمهٔ وجودی آن قرار می‌گیرند، به استحکام و بقای پایه و اساس فضای عمومی و علنی،

که محوطهٔ تمرین دمکراسی است، کمک می‌کنند. این تمرینِ مداوم دمکراسی در چهارچوب اجتماع است که مانع استیلای منطق خشونت بر جامعه می‌شود. به عبارت دیگر، هر لحظه از تمرین دمکراسی افراد اجتماع، به حیات روح دمکراسی می‌افزاید، و تا زمانی که روح دمکراسی در جامعه زنده است، سیاست خشونت بختی برای پیروزی ندارد. زیرا اگر این سخن گاندی را بپذیریم که می‌گفت «نخستین ایجاب نفی خشونت، احترام گذاشتن به عدالت در تمامی زمینه‌هاست»، در اینکه اولین گام در جهت تاسیس دمکراسی با نفی خشونت آغاز می‌شود، دیگر شکی به دل راه نخواهیم داد.[۵]

جوانبی از بحث خشونت

بحث اصلی در عرصهٔ تئوری در پاسخ به این سئوال مطرح می‌شود که «خشونت چیست»؟، پاسخی که سوال‌های دیگری به میان می‌کشد: «خشونت به وسیلهٔ چه کسی، چگونه، چرا، و علیه چه کسی صورت میگیرد»؟[۶] این نیازی به توضیح ندارد که بدون درکِ درستِ خشونت نمی‌توان با آن مبارزه کرد و به خشونت پرهیزی پرداخت. اما در گفتمانِ ایرانیِ خشونت پرهیزی به این سئوال پاسخ درستی ارائه نمی‌شود و این به هیچ وجه تصادفی نیست. قبل از هرچیز، معمولا توجهی به انواع خشونت (خشونت فیزیکی مستقیم، خشونت روانی، خشونت نهادی، خشونت ساختاری، خشونت فرهنگی یا سمبولیک...) یا حتی گوناگونی خشونت فیزیکی (مثلا خشونتِ مرد بر زن، والدین بر فرزندان) نمی‌شود و

---

۵. رامین جهانبگلو، بین گذشته و آینده، تهران، نشر نی، ۱۳۸۴، صص. ۸۳-۸۴.

۶. «خشونت»، مانند سایر مفاهیم، معانی متفاوتی دارد و این سئوالات به تفصیل در ادبیات مربوط به این بحث بررسی می‌شود. برای مثال:
Wilhelm Heitmeyer and John Hagan (eds.), *International Handbook of Violence Research*, Dordrecht, The Netherlands, Kluwer Academic Publishers, 2003.

در نتیجه پیوندهای بی‌شمار این شبکه‌های خشونت را نمی‌بینند، و با این کار خشونت را از نظام اجتماعی-اقتصادی جدا می‌کنند، آن را به پدیده‌ای مستقل از روابط اجتماعی تبدیل می‌کنند، و این راه را هموار می‌کند که به صورت مسئله‌ای روانی و اخلاقی عرضه شود و رفع آن هم به رشد قوای روانی و اخلاقی موکول شود. در این گفتمان‌ها خشونت یعنی کشتن، آن هم کشتن انسان‌ها نه هر موجود زنده‌ای. حتی در مورد انسان‌ها هم هر مرگی خشونت به حساب نمی‌آید. اینکه هر روز در حدود ۲۵۰۰۰ نفر در دنیا از گرسنگی و علل مربوط به آن می‌میرند (هر چهار دقیقه یک نفر) آن هم مرگی جانکاه و در شرایطی که خوراک موجود است، خشونت به حساب نمی‌آید. اینکه هر سال قریب نیم میلیون کودک به خاطر تغذیهٔ ناکافی نابینا می‌شوند خشونت نیست.

در این گفتمان، خشونت یک بنیاد اجتماعی، یک رابطهٔ اجتماعی، یک سازماندهی پیچیدهٔ قدرت نیست و از این رو دلیل وجودی آن تامین شرایط توزیع نابرابر و غیرعادلانهٔ قدرت در عرصهٔ اقتصادی (سرمایه‌دار و کارگر، ثروتمند و فقیر...) و اجتماعی (نابرابری مرد و زن؛ نابرابری ملّیت‌ها؛ نابرابری‌های قومی و زبانی؛ نابرابری ادیان، نابرابری شهر و روستا...) نیست. یعنی خشونت یک رابطهٔ اجتماعی (به معنای جامعه شناختی وعام‌ترین معنی آن) نیست، بلکه رابطه‌ایست بین شهروندان و حکومت. به عبارت دیگر، بحث بر سر خشونت دولتی است که معمولا آن را «خشونت سیاسی» می‌نامند.[7] حتی وقتی که خشونت را سیاسی می‌بینند، از آنجا که آن را در یک جناح حکومت جستجو می‌کنند و نه در بنیاد دولت، به این نتیجه می‌رسند که با تعویض یا کناره‌گیری یا تعدیل جناح خشونت‌خواه می‌توان به پایان تاریخ خشونت نزدیک شد (بسیاری از هواداران جریان سبز معتقدند که شرکت‌شان در حکومت یا به قدرت رسیدن‌شان بساط خشونت را بر خواهد چید). حتی وقتی که خشونت را در همهٔ عرصه‌های جامعه می‌بینند

۷. از آنجا که این نوشته نقد گفتمان ایرانی خشونت پرهیزی است، من هم تاکیدم بر خشونت در رابطهٔ بین دولت و شهروندان بخصوص در پروسهٔ مبارزه علیه رژیم اسلامی است.

(آن هم با استعاره‌های هندسه‌ای «عمودی» و «افقی»)، باز هم راه مواجهه با آن را در تکامل اخلاقی افراد جامعه، تعالی به سوی فکر دمکراسی، و تمرین دمکراسی می‌یابند. روانی کردن (غیراجتماعی کردن) خشونت آن را به مسئلهٔ فرد تقلیل می‌دهد (دولتمردِ خشن یا دولتمردِ خشونت پرهیز، رهبر سبز یا رهبر سیاه و زرد و نارنجی) و اخلاقی کردن خشونت چارهٔ آن را درتبلیغِ مدارا و رشد قوای فکری جستجو می‌کند. اما چگونه؟

پیروان ایرانی عدم خشونت با تبدیل خشونت به پدیده‌ای روانی و اخلاقی و ذهنی به این نتیجهٔ ظاهرا معقول و منطقی می‌رسند که «خشونت، خشونت به بار می‌آورد». به عبارت دیگر، «دور باطل» یا «دایرهٔ باطلی» در کار است که بدون شکستن آن خشونت همچنان ادامه می‌یابد. اما اگر در «دور باطل فقر» می‌توان علت‌ها و معلول‌ها را مشخص کرد و تبدیل آن‌ها را به همدیگر تصویر کرد، در «دور باطل خشونت» خشونت هم علت است هم معلول، و نمی‌توان بین علت و معلول تمایزی قائل شد. معلوم نیست خشونت از کجا شروع می‌شود و دینامیک تولید و بازتولید آن چیست. در اینجا، خشونت خشونت است.

«دور باطل» یک استعاره است و مثل هر استعاره‌ای توانِ توضیحیِ محدودی دارد اما توضیحی که «دور باطل خشونت» ارائه می‌دهد بسیار ناتوان است. این یک نوع تحلیل عِلّی است که معمولا آن را مغلطه به حساب آورده‌اند.[۸] تحلیل عِلّی، یعنی تشخیص رابطهٔ علت و معلول، بخش مهمی از شیوهٔ درک دنیا است و موئلفهٔ مهمی از پروسهٔ شناخت علمی است. هر وقت به سئوال «چرا»؟ پاسخ بدهیم درگیر تحلیل عِلّی می‌شویم یعنی برای یک معلول علت یا عللی پیدا می‌کنیم. اگر چه برای خیلی از معلول‌ها می‌توان علتی مشخص کرد (مثلا زمین خوردم، پایم شکست)، در تحلیل مسائل جامعه تشخیص درستِ رابطهٔ علت و معلولی کار آسانی نیست، زیرا در این مورد، بر خلاف مثال ذکر شده که شکسته شدن پا را معلول زمین خوردن می‌داند، رابطه‌ها ساده، مکانیکی، مستقیم و تک‌خطی نیستند، بلکه پیچیده و دیالکتیکی و غیرمستقیم و چند بعدی هستند: بیشتر معلول‌ها بیش از یک علت دارند و در شرایطی علّت به معلول تبدیل می‌شود و

۸. مغلطهٔ circularity.

بالعکس، معلول حتی می‌تواند مقدم بر علت باشد و گاهی آنچه علت به نظر می‌رسد علّت نیست (مثلا جنگ جهانی اول اگر چه با سوء قصد به فرانتس فردیناند شروع شد معلول این رویداد نبود). علّت‌ها می‌توانند کلی، جزئی، مستقیم، غیر مستقیم، ضروری، کافی و... باشند.

به این ترتیب، در این استدلال که «خشونت، خشونت به بار می‌آورد» امکان درک پیچیده و چندعلیتی نیست، چون خشونت هم علت است هم معلول. این استدلال حتی شکل ساده‌ترین تحلیل عِلّی را ندارد (x باعث y می‌شود) بلکه نمونه‌ای از استدلال دایره‌ای یا چرخان[۹] است (x باعث x می‌شود، یا x درست است برای اینکه x درست است).[۱۰] در این نوع استدلال «یکی از مقدمه‌های[۱۱] آن متکی به نتیجهٔ[۱۲] آن است و یا حتی معادل آن».[۱۳]

«دور باطل»، در فلسفه، «استدلالی است که نتیجهٔ خود را در مقدمه جا می‌دهد (مصادره به مطلوب)، یا تعریف یک عبارت[۱۴] است بر حسب خود آن عبارت».[۱۵] در چنین استدلالی، نتیجه از مقدمه استنباط می‌شود و صحت خود مقدمه را نمی‌توان مستقل از آن نتیجه به اثبات

---

9. circularity.
10. Douglas N. Walton, “Circularity", *Ibid.*, p. 135.
11. premise.
12. conclusion.

۱۳. استدلال، در فلسفه، عبارت است از یک حکم یا گزاره که آن را مقدمه (premise) می‌نامند و یک گزارهٔ دیگر که نتیجه (conclusion) نامیده می‌شود. در مثال «بهار نزدیک است چون که یخ‌ها دارند آب می‌شوند»، آمدن بهار از آب شدن یخ‌ها استنباط می‌شود. «مقدمه» با کلماتی از قبیل «چون که، از آنجا که ...» شروع می‌شود و «نتیجه» با «بنابراین، پس، در نتیجه...». استدلال وقتی معتبر است که نتیجهٔ آن از مقدمه‌اش استنباط شود. حتی اگر در ماه اول زمستان باشیم و بهار دور باشد یا آب شدن یخ دلیل درستی برای رسیدن بهار نباشد، این استدلال معتبر است به خاطر اینکه نتیجه از مقدمه استنباط شده است.
C. A. Kirwan, “Argument,” in Ted Honderich (ed.), *The Oxford Companion to Philosophy*, Oxford University Press, 1995, pp. 47-48.

14. expression.
15. Michael Cohen, “Vicious circle,” *Ibid.*, p. 898.

رساند. به عبارت دیگر، مقدمه در خدمت اثبات نتیجه است و نتیجه در خدمت اثبات مقدمه: «خشونت بد است چون خشونت به بار می‌آورد». همچنین به سیاق منطق ارسطویی (الف، همیشه الف است و نمی‌تواند ب باشد) خشونت، خشونت است و نمی‌تواند چیزی جز خودش باشد.

تعجب‌آور نیست که با این درک از خشونت، طرفداران عدم خشونت شکستن «دور باطل» را به این طریق میسر می‌دانند که یک طرف دست از خشونت بردارد، و این یک طرف همان است که مسلح نیست، ارتش و پلیس و سپاهی و بسیجی ندارد، و خودش آماج خشونت است، یعنی مردم ایران. اگر یک طرف دست از خشونت بردارد، طرف دیگر نیز ترسش فرو می‌ریزد و خشونت اگر هم از بین نرود مهار می‌شود، آن هم از طریق بنا نهادن نظام قانونی مبتنی برعدم خشونت.[۱۶]

در صداقت خشونت پرهیزان و آمال و آرزوی آنان برای دنیایی فارغ از خشونت تردیدی نیست. من هم مانند فعالین جنبش صلح و جنبش ضد جنگ که سال‌ها در آن شرکت کرده‌ام، از خشونت‌های پایان‌ناپذیر دولت، فرد و جامعهٔ مدنی بی‌زارم. اما بحث من بیشتر بر سر درک خشونت و راه‌های نفی آن است. در غرب بیش از دویست سال است که جنبش صلح در جریان است و مدت‌ها است که جنبش به این نتیجه رسیده است که تا وقتی که رابطهٔ بین جنگ و اقتصاد قطع نشود امیدی به صلح نیست. سئوال این است که چرا با این همه مصلح سیاسی، با این همه تئوریسین صلح‌خواهی، با قرن‌ها تفکر در بارهٔ عدالت و برابری، نه دایرهٔ خشونت شکسته می‌شود نه فقر، و هر دو دست در دست هم گسترده‌تر و پابرجاتر

---

۱۶. برای مثال به این بخش از مصاحبهٔ رادیو فردا (۱۹۸۷/۷/۱۱) با رامین جهانبگلو توجه بکنید:

«یعنی شما معتقد هستید که یک جنبش باورمند به تفکر عدم خشونت، حتی می‌تواند روی خشونت ساختاری و ساختار حکومتی و اجتماعی خشن و قانون گریز هم تأثیر بگذارد؟ بله، به خاطر این که عدم خشونت، قانون خود را به وجود می‌آورد. عدم خشونت قرار نیست که در آن جامعه، به خشونت اضافه کند. کاری که عدم خشونت قرار است انجام دهد این است که می‌خواهد ترس را از دل دو طرف در بیاورد». http://www.radiofarda.com/content/f5_jahanbagloo_non_violence_day/467308.html

به کشتار خود ادامه می‌دهند؟ اگر در عصر رژیم‌های فئودالی در شرق و غرب، هر چه بیشتر «نصائح الملوک» نوشته می‌شد، ملوکِ ریز و درشت خیره‌سرتر می‌شدند، درعصر دمکراسیِ سرمایه‌داری نیز هر چه دمکراسی و اخلاق و صلح و خشونت پرهیزی بیشتر تبلیغ می‌شود و قانونِ جنگ و پروتوکول و اعلامیهٔ جهانی حقوق بشر صادر می‌شود، دولتِ دمکرات خشن‌تر و میلیتاریست‌تر به جنگ با دشمن خارجی و داخلی (شهروندان) می‌پردازد. می‌توان پرسید که چرا در دمکراسی‌های واقعا موجود، بعد از چند دهه مبارزهٔ شهروندان علیه قساوت[17] پلیس، پیشرفتی در محدود کردن این فرمِ خشونت دولتی صورت نمی‌گیرد؟ اینکه دولت آمریکا در مجامع بین‌المللی از جمله در سازمان ملل قاطعانه با ممنوع کردن بمب خوشه‌ای و مین و تجارتِ آزادِ اسلحهٔ سبک مخالفت می‌کند چه عواقب تئوریکی برای درک عدم خشونت دارد؟ هنگامی که دولت آمریکا ابزار کشتار را کالا به حساب می‌آورد و از داد و ستد این کالا به دلیل احترام به «دمکراسی اقتصادی» و اقتصاد بازار آزاد دفاع می‌کند، آیا پیروان عدم خشونت رابطه‌ای بین دمکراسی اقتصادی و سیاسی می‌بینند؟ آیا می‌توان بعد ازهشت هزار سال تاریخ خشونتِ سازمان یافته توسط ارتش و پلیس و سپاهی و گزمه و گزیر در کیفیتِ تئوری‌های خشونت (پرهیزی) تردید یا تامل بکنیم؟ چگونه تضاد بین واقعیتِ خشونت و رشدِ ایده‌های ضد خشونت و صلح طلبی را باید فهمید و حل کرد؟

از نقطه نظر جامعه‌شناسی، انسان‌ها «رابطهٔ بی‌انتها با خشونت دارند: انگیزه‌های خشونت به اندازه‌ای متنوع و متعددند که هیچ لیستی نمی‌تواند همه را در بر بگیرد... هر کس می‌تواند مرتکب خشونت بشود و هیچ کس و تقریبا هیچ چیزی، نه انسان نه چیزی دیگر، از هر مقوله‌ای که باشد، از قربانی شدن در امان نیست. خشونت یعنی کشتن، آسیب رساندن، ویران کردن، سرقت کردن، و بیرون راندن». در بین این پنج شکلِ خشونت، کشتن از همه متمایزتر است. کشتن «حد نهایی خشونت است.. خشونت مطلق...» ایده‌های «برتری و فرودستی انسان‌ها...همراه با تهدید به مرگ و خشونت، هردو در آغاز و پایان حکمرانی متمرکز و به ویژه دولت قرار

17. brutality.

می‌گیرند».[18]

با وجود حضور همه جایی خشونت، دانش انسان‌شناسی تاکید بر این دارد که جنگ پدیده‌ای نسبتا جدید است: «جنگ، در مقیاس انسان‌شناختیِ وجود بشر، اختراعی نسبتا متأخر است. انسان‌ها به عنوان یک گونه،[19] نود در صد تاریخ‌شان را بدون جنگ سپری کرده‌اند. هیرارشی‌های اجتماعی و مفاهیم مالکیت برای شروع جنگ ضروری به نظر می‌رسند... بنیادهای نظامیِ رسمیت یافته و ارتش‌های دائمی با پیدایش دولت به عنوان یک فرم سازماندهی سیاسی، اقتصادی و اجتماعی رشد کردند... در حدود هشت هزارسال پیش...».[20] در دوران طولانی «نود در صد تاریخ»، تضاد عمدهٔ انسان‌ها، که به شکل باند[21] یا گروه زندگی می‌کردند، با طبیعت بود نه با همدیگر. توسل به قهر بیشتر بین انسان‌ها و سایر حیوانات صورت می‌گرفت. در این دوران، طبیعت بر انسان مسلط بود و انسان توانایی اعمال قهر (ویران کردن) طبیعت را نداشت.

متأخر بودنِ خشونتِ سیاسی، بیش از هر چیز به این معنی است که خشونت پدیده‌ای تاریخی و اجتماعی است. تاریخی است به این معنی که آغازی دارد و پایانش را هم می‌توان تصور کرد، و اجتماعی است به این معنی که از «طبیعت»، «ذات»، «فطرت» یا «روان» انسان برنخاسته بلکه محصول شبکهٔ روابط متناقض و متضادی است که انسان‌ها در پروسه گذار از گردآوری خوراک به تولید آن به تدریج بنا نهادند: پیدایش مالکیت خصوصی، ظهور طبقات متخاصم، پیدایش خانواده (روابط پاتریارکی)، پیدایش دولت، (و به دنبال اختراع نوشتن) تدوین قانون، دانش، دین، ایدئولوژی، ادبیات و هنر. تقسیم جامعه به استثمارگر و استثمارشده و جنسیت ستمگر و ستمدیده با مقاومت رو به رو می‌شد و از این رو نهادینه

---

18. Trutz von Trotha, “Violence,” *The Blackwell Encyclopedia of Sociology*, Vol. X, 2007, pp. 5193-5194.
19. species.
20. C. R. Nordstrom, “War: Anthropological aspect,” *International Encyclopedia of the Social and Behavioral Sciences*, Vol. 24, pp. 16351-16352.
21. band.

کردن این روابط بدون توسل به خشونت (قدرت دولتی) و کسب رضایت (توجیه استثمار و ستم از طریق ایدئولوژی، دین، هنر...) میسر نمی‌شد. با حاشیه‌ای شدن تضاد بین انسان و طبیعت، تضاد بین انسان‌ها به شکل تضاد عمدهٔ نوینی، یعنی تضاد طبقاتی، شکل گرفت. توسل به قهر یا خشونت که قبلا بین انسان و سایر حیوانات در جریان بود (پروسهٔ شکار همدیگر) جای خود را به شکل کاملا نوینی از اعمال قهر داد: جنگ انسان علیه انسان بر اساس تقسیم نابرابر قدرت و با برنامه و سازوبرگ و سازماندهی نظامی و با ایدئولوژی و سیاست. این پروسهٔ گذار به شکل روشنی در آثار باستان‌شناسی و به خصوص، بعد از پیدایش نوشتن، در کتیبه‌ها ثبت شده است.[۲۲] امروز، جنگ جزء تار و پود جامعه شده است: موئلفه‌ای از اقتصاد، تکنولوژی، سیاست، دین، حکومت، ایدئولوژی، هنر، زبان، و آموزش و پرورش است.

دمکراسی: قانونی کردن خشونت

اگر خشونت پرهیزان ایرانی بر این باورند که با روی آوردن شهروندان به منطق عدم خشونت فرشتهٔ دمکراسی به پرواز در می‌آید، تئوریسین‌های اروپاییِ دمکراسی از قرن ۱۷ به بعد به درک بسیار پیچیده‌تری از رابطهٔ خشونَت و دمکراسی رسیده بودند. در اواسط قرن هفدهم، تامس هابز،[۲۳] یکی از اولین متفکرین فلسفهٔ سیاسی آغاز عصر مدرن (سرمایه‌داری)، به جای خیالبافی در بارهٔ برافکندن خشونت، تحلیلی ارائه داد که بعدها با تغییراتی توسط جان لاک، ژان ژاک روسو و دیگران مبنای نظام سیاسی-حقوقی سرمایه داری قرارگرفت. هابز در اثر مشهورش «لوایاتن»[۲۴] استدلال

---

۲۲. برای مثال در مورد تاسیس دولت، و پیوند آن با دین و خشونت و شکنجه در ایران به تحقیق زیر مراجعه کنید:
Bruce Lincoln, *Religion, Empire and Torture: The Case of Achaemenian Persia, with a Postscript on Abu Ghraib*. The University of Chicago Press, 2007.
23. Thomas Hobbs, 1588-1679.
24. Leviathan.

کرد که انسان در «حالت طبیعت»، یعنی در شرایط نبود حکومت و قانون که از قدرت و حقوق طبیعی برخوردار است، تابع انگیزهٔ طمع و منفعت است و از این روی همیشه در وضعیت جنگ به سر می‌برد: «بنابراین هر آنچه در زمان جنگ روی می‌دهد، هنگامی که هر انسانی دشمن انسان دیگر است» همان هم، اگر انسان از امنیت برخوردار نباشد، در شرایط صلح برقرار می‌شود. در این شرایط که هر شخص در رابطهٔ ستیز با شخص دیگر قرارگرفته است هر فردی میل طبیعی به خشونت دارد. این حالت، جنگ همه علیه همدیگر است و برای اینکه جامعه از هم نپاشد باید طی قراردادی یک حاکم،[۲۵] که می‌تواند فرد یا انجمنی (پارلمانی) از افراد باشد، تعیین شود تا شرایط قرارداد را به اجرا بگذارد. این حاکم اجراکنندهٔ قانون است و امرش مطاع است. از آنجا که تضادهای شهروندان آشتی‌ناپذیرند نفع‌شان در این است که در مقابل اطاعت از قانون، از صلح مدنی برخوردار بشوند. به این ترتیب به کار بردن خشونت قدرت انحصاری حاکم است.

این تضادهای آشتی ناپذیر در انگلستان در اواسط قرن ۱۷ و بعد درهلند و فرانسه و آمریکای شمالی در نیمهٔ دوم قرن ۱۸ به انقلاب منجر شدند، اما با به قدرت رسیدن طبقهٔ نوپای بورژوازی، یک سری تضادهای آشتی‌ناپذیر دیگر جای آن‌ها را گرفت. با وجود نگرانی‌هایی که خشونتِ انقلاب فرانسه برانگیخت، نه دولت‌مردان و نه تئوریسین‌های دولت دمکراتیک - که به مراتب پیشرفته‌تر و پیچیده‌تر از هابز بودند - در فکر حذف خشونت نبودند. آن‌ها به جای لغو خشونت به قانونی کردن آن پرداختند. اگر در رژیم فئودالی هر صاحب قدرتی نیروی مسلح و زندان خودش را داشت، در نظام سرمایه‌داری اعمال خشونت می‌بایست در انحصار دولت باشد. اگر در رژیم فئودالی استفاده از قوهٔ قهریه خودسرانه بود، در نظام سرمایه‌داری می‌بایست مطابق قانون باشد. دو قرن بعد از هابز، هنگامی که دولت‌های سرمایه‌داری براروپا مسلط بودند، ماکس وبر (۱۸۶۴-۱۹۲۰) دولت سرمایه‌داری را این چنین ارزیابی کرد: «یک اجتماع انسانی که (به شیوه‌ای موفقیت‌آمیز) انحصار به کارگیری مشروع قوهٔ فیزیکی را در چهارچوب یک سرزمین معین در اختیار می‌گیرد» و چطور

25. sovereign.

می‌توانست غیر از این باشد؟ دوران سلطهٔ دمکراسی بورژوائی دوران تشدید مبارزهٔ طبقاتی، ظهور طبقهٔ کارگر، پیدایش کمونیسم و آنارشیسم، ورود زنان به عرصهٔ مبارزهٔ سیاسی، رشد نهضت‌های رهایی‌بخش ملّی، تشدید رقابت سرمایه‌داری، صدور سرمایه و کالا، گسترش بازار ملّی، ایجاد مرزهای ملّی و در هم شکستن آن‌ها، اشغال کشورهای نزدیک و دوردست، جنگ بی‌پایان بر سر مستعمرات و سایر تحولات پرمخاطره است و بقا درچنین دنیایی بدون توسعه و تعمیق قوهٔ قهریه میسر نمی‌شد (وزارت جنگ، ارتش دائمی، نظام وظیفه، آکادمی علوم نظامی، مقبرهٔ سرباز گم‌نام، موزهٔ جنگ، قبرستان نظامی، دادگاه نظامی، قانون جنگ، صنایع نظامی، علوم نظامی، نمایشگاه صنایع جنگی، و بالاخره مجتمع نظامی-صنعتی.)

در اواسط قرن گذشته، هنگامی که هانا آرنت، محققِ گفتمانِ خشونت، نگران این بود که علم سیاست زبان دقیقی به کار نمی برد و «تمایزی بین اصطلاحاتی چون «قدرت»،[۲۶] «توان»،[۲۷] «زور»،[۲۸] «قوت»،[۲۹] «اقتدار»[۳۰] و بالاخره، «خشونت» قائل نمی‌شود»،[۳۱] آیزنهاور، رییس جمهور آمریکا و ژنرال پنج ستارهٔ جنگ جهانی دوم، به مردم آمریکا اخطار می‌کرد که نگران هیولای نوینی باشند که از درون نظام سرمایه‌داری برخاسته: غول «مجتمع نظامی-صنعتی» که دمکراسی را تهدید می‌کند و حتی اگر لزومی برای جنگیدن نباشد جنگ راه می‌اندازد و «نفوذ کلیتی – اقتصادی، سیاسی، حتی روحی– [آن] در هر شهری، هر مجلس ایالتی، و هر ادارهٔ دولت فدرال احساس می‌شود....ما هرگز نباید اجازه بدهیم که سنگینی این

26. power.
27. strength.
28. force.
29. might.
30. authority.

۳۱. زبان بحث در سال‌های اخیر به مراتب پیچیده‌تر و دقیق‌تر از آن است که آرنت آرزو می‌کرد. برای مثال:
Beatrice Hanssen, *Critique of Violence: Between Poststructuralism and Critical Theory*, London, Routledge, 2000.

ترکیب [نظامی-صنعتی] آزادی‌ها یا پروسه‌های دمکراتیک ما را به خطر بیندازد». آیزنهاور پیدایش این مجتمع را «ضروری» می‌دانست اما از تسلط آن بر سیاست نگران بود و می‌دانست که آنچه در پیش است نظامی کردنِ صریحِ سیاست است.

آیزنهاور گویی که متوجه نبود که جدا کردن صوریِ سیاست و ارتش در دمکراسی بورژوائی از طریق سپردن وزارت جنگ به سیاستمداران و اقدامات مشابه، قدرت نظامی را سیاسی کرده است و سیاست را نظامی. پاسخِ دولت آمریکا و متحدینش به ۱۱ سپتامبر بار دیگر تئوری‌های دمکَراسی را محک زد. تئوریسین‌های دمکراسی از جمله مایکل ایگناتیف (روزنامه‌نگار، استاد دانشگاه و رهبر فعلی حزب لیبرال کانادا) استدلال کردند که در مبارزه با تروریسم می‌توان دمکراسی را متوقف کرد، آزادی‌های مدنی را معلق کرد و به شکنجه متوسل شد. اما این تئوریسین‌ها از سیاستمداران عقب ماندند و در واقع هیچ سیاستمداری نیازی به توصیهٔ آن‌ها نداشت. همهٔ سیاستمداران حتی اگر هابز و لاک و میل و وبر را نشناسند، می‌دانند که در دمکراسی امنیت دولت و ملّت همیشه بر منافع شهروندان و بر تعهدات بین المللی اولویت دارد. کارنامهٔ آمریکا در ده سال اخیر: شکنجه‌های وحشیانهٔ زندانیان، توقیف و ربودن مخالفین، ترافیک دستگیرشدگان در سطح بین المللی، ایجاد زندان‌های مخفی در خارج از مرزها، پایمال کردن آزادی‌های مدنی و همهٔ اینها با توجیه قانونی. با وجود اینکه هم در آمریکا و هم خارج از آن به این خشونت لجام گسیخته اعتراض شد و مثلا شکنجه در زندان‌های «ابوغریب» و «گوانتانامو بی» به عنوان جنایت جنگی قلمداد شد، سیاستمداران آمریکایی، مانند هم‌قطاران بریتانیایی و اسرائیلی‌شان، به آسانی و به شیوه‌ای سیاسی- قانونی خود را از تبعیت به قانون و تعهدات بین المللی مستثنی کردند و در واقع بار دیگر نشان دادند که دولت دمکراتیک هم قانون‌گذاری می‌کند و هم قانون‌شکنی.[۳۲]

ممکن است اعتراض شود که این خشونت‌ها در نفی حکومت قانون و دمکراسی بوده نه در پایه‌گذاری آن. در حالی که لیبرالیسم همیشه

---

32. Phillip Sands, *Lawless World: Making and Breaking Global Rules*. Penguin Books, 2006.

چنین ادعایی را ارائه داده، برخی از تئوریسین‌های دمکراسی از قدیم الایام متوجه لازم و ملزوم بودن خشونت و دمکراسی بوده‌اند. برای مثال الکسی دو توکویل دراواسط قرن نوزدهم در اثر مشهورش «دمکراسی در آمریکا» در مقایسهٔ سیاست اسپانیا و اتازونی در مورد مردم بومی گفت:

> اسپانیایی‌ها به وسیلهٔ اقدامات هولناکِ بی‌سابقه، و غلطیدن در ننگی پاک‌نشدنی، نتوانستند مردم بومی[۳۳] را نابود کنند یا حتی مانع از شریک شدن آن‌ها در حقوق‌شان بشوند؛ آمریکایی‌های ایالات متحده به هر دوی این هدف‌ها رسیده‌اند آن هم با سهولتی شگفت‌آور – به آرامی، به شیوهٔ قانونی، انسان‌دوستانه، بدون ریختن خون، بدون نقض حتی یکی از اصول بزرگ اخلاقی در انظار جهانیان. نمی‌توان انسان‌ها را نابود کرد و درهمان حال این همه به قوانین بشریت احترام گذاشت.[۳۴]

اگر چه دوتوکویل آریستوکرات بود و مدافع دمکراسی بورژوائی، این تیزبینی‌اش در مورد رابطهٔ قانون و دمکراسی بیشتر به تحلیل مارکس می‌ماند و کمتر مورد توجه قرار گرفته است. اما اگر درغرب هر سنگِ بنای دمکراسی را با جنگ علیه شهروندان، کشتار مردم مستعمرات، برده کردن مردم آفریقا، و تحمیل دو جنگ جهانی و ده‌ها جنگ دیگر به مردم دنیا روی هم گذاشتند، کارنامهٔ دمکراسی‌های شرق درخشان‌تر نبوده است. در اینجا فقط به عملکرد «بزرگ‌ترین دمکراسی دنیا»، یعنی هندوستان، اشارهٔ مختصری می‌کنم. نظام دمکراتیک هندوستان، بر خلاف آمریکا، که در پروسهٔ لشکرکشی و اشغال و کشتار و ژنوسید و برده‌داری و آپارتاید نژادی پا به دنیا نهاد، در بطن ایده‌ها و پراتیک عدم خشونت،

33. Indian Race.
34. Alexis de Tocqueville, *Democracy in America*. Translated and edited by Harvey C. Mansfield and Delba Winthrop. The University of Chicago Press, 2000, p. 325.

استقلال‌خواهی، و استعمارزدایی پایه‌ریزی شد.

نگاهی به مطبوعات هندوستان، گزارش‌های سازمان‌های حقوق بشر و تحقیقات آکادمیک نشان می‌دهد که این «بزرگ‌ترین دمکراسی دنیا» خشن‌ترین آن‌ها هم هست. در مسابقه‌ای که بر سر ارتکاب خشونت بین دولت و «جامعهٔ مدنی» برقرار است مشکل است بتوان تشخیص داد که کدام جلوتر است. شصت و سه سال بعد ازاستقلال، روابط برده‌داری و فئودالی و کاستی پا برجا هستند، و پا به پای آن، فرم‌های جدیدترِ خشونت زندگی مردم این شبه‌قاره را به جهنمی در روی زمین تبدیل کرده‌اند: ترافیک زن و مرد و کودک به منظور بهره‌کشی جنسی و در آوردن ارگان‌های بدن آن‌ها، کار برده‌ای، بی‌گاری و کار اجباری برای استهلاک قرض،[۳۵] جنین‌کُشی (دختران)، طفل‌کُشی (دختران)، خشونت علیه بیش از چهل میلیون زن بیوه،[۳۶] «گرسنه‌ترین کشور دنیا» با ۲۳۰ میلیون نفر جمعیت دچار سو تغذیه،[۳۷] بالاترین در صد کودکان از رشد بازمانده (۴۸٪)، مرگ دو میلیون کودک در سال به خاطر گرسنگی (۶۰۰۰ در روز) .... اگر اینها در تئوری دمکراسی مسائل بخش خصوصی و جامعهٔ مدنی به حساب می‌آیند، عرصهٔ عمومی وضع بهتری ندارد و دست در دست عرصهٔ خصوصی مشغول بیداد علیه مردم هندوستان هستند.

«دیدبان حقوق بشر» در ۵ ژانویهٔ ۲۰۱۱ از پارلمان هندوستان خواست که «قانون ضد شورش[۳۸] دوران استعمار» را که دولت برای «خاموش

---

35. bonded labour; see: Human Rights Watch, *The Small Hands of Slavery: Bonded Child Labor in India*, 1996, http://www.hrw.org/legacy/reports/1996/India3.htm

۳۶. طبق گزارشی بیش از 40 میلیون زن بیوه هندی که ده درصد جمعیت زنان است در شرایط دهشتناکی به سر می‌برند، بسیاری از خانواده بیرون رانده می‌شوند و در شرایط «ساتی تدریجی» (living sati) به سر می‌برند (ساتی عرفِ هندویی کشتن زنان بیوه به وسیلهٔ آتش زدن است):

Suswati Batu, "India's city of widows," *Guardian*, 30 June 2010.

37. Kounteya Sinha, "India tops world hunger chart", *The Times of India*, 27 February 2009.

38. Sedition Law.

کردن نارضایی سیاسی به کار می‌برد» لغو کند. مسئول بخش آسیای جنوبی این سازمان گفت: «به کاربردن قانون ضد شورش به منظور خاموش کردن انتقاد مسالمت‌آمیز عیارِ یک حکومت ستمگر است». طبق یک تحقیق، «از اواخر ۱۹۵۰ اعدام فراقانونی یا «کشتن در درگیری»[۳۹] به یکی از ابزار کار پلیس تبدیل شده است. در این موارد، افرادی که به گمان پلیس درگیر فعالیت جناییِ جدی بوده‌اند دستگیر می‌شوند و در جایگاه‌های سری اعدام می‌شوند».[۴۰] «دیدبان حقوق بشر» در ۲۰۰۷ گزارش داد که این قبیل قتل‌ها در کشمیر بُعدِ اپیدمی پیدا کرده است. مطالعهٔ دیگری به این نتیجه رسیده است که «دولت هند شاهدِ خاموشِ خشونت غیردولتی کاست‌های بالا علیه کاست‌های پایین و خشونت جامعه‌های اکثریت علیه اقلیت است» و مبارزه برای «حقوق قانونی و انسانی و اجتماعی... با قساوت استثنائی و نقض حقوق بشر سرکوب می‌شوند».[۴۱] اینها مشتی از خروارند.[۴۲]

کمونیسم: دولت، قانون و خشونت - بنیادهای دنیای کهن

روش من در این بحث این نیست که با اشاره به خشونتِ دمکراسی‌های واقعا موجود به این نتیجه برسم که دمکراسی و خشونت لازم و ملزومند. بحث من بر سر این است که پروژهٔ دمکراسی، هم در تئوری و هم در پراتیک، هدفش نه لغو خشونت بلکه دمکراتیزه کردن آن است. این نه به خاطر بدطینتی تئوریسین‌ها و پراتیسین‌های دمکراسی بلکه ناشی از درک درست و واقع‌بینانهٔ آنان از جامعهٔ طبقاتی است. اگر در عصر روشنگری بحث لازم و ملزوم بودن خشونت و دمکراسی در عرصه‌های سیاسی، قانونی، قضایی و اخلاقی پذیرفته شد، امروز بعد از سه قرن دوباره همین بحث‌ها در دستور کار مبلغین این نظام قرار گرفته است. برای مثال،

39. encounter killing.
40. Taylor Sherman, *State Violence and Punishment in India*, London, Routledge, 2010, p. 175.
41. K. S. Subramanian, P*olitical Violence and the Police in India*, Sage Publications, 2007, pp. 28 and 30.
42. Amrita Basu and Srirupa Roy (eds.), *Violence and Democracy in India*, Calcutta, Seagull Books, 2007.

در سال‌های اخیر جان کین از منظر اخلاقی[43] بعضی فرم‌های خشونت را ضروری می‌شمارد و برای از بین بردن «مازاد خشونت» برنامهٔ «دمکراتیزه کردن خشونت» را پیشنهاد می‌کند؛ کاری که به نظر او در جریان تاسیس ایالات متحدهٔ آمریکا (مدل فیلادلفیا) صورت گرفت.[44]

اگر دمکراسی بورژوائی خشونت را دمکراتیزه می‌کند و خود را پایان تاریخ به حساب می‌آورد، پروژهٔ کمونیسم، پایان دادن به این خشونت است. کمونیسم معتقد به ابدی بودن هیچ چیزی نیست و سرمایه‌داری را لحظه‌ای در تاریخ طولانی انسان به حساب می‌آورد. در تئوری مارکسیستی، دولت، ارتش، قانون، خانواده، و دین، بنیادهای خشونت‌اند. اینها بنیادهای دنیای کهن یعنی جامعهٔ طبقاتی (به قول مارکس «ماقبل تاریخ») به شمار می‌روند و گذار از این شبکهٔ خشونت به جامعهٔ بدون خشونت بدون نفی آن‌ها میسر نمی‌شود.

اما اگر نفی این بنیادهای ماقبل تاریخ ضروری است، گذار از سرمایه‌داری به سوسیالیسم و سپس به کمونیسم بدون به کار گرفتن آن‌ها میسر نخواهد بود. به عبارت دیگر، ساختن جامعهٔ بی‌طبقهٔ کمونیستی با این ابزارهای جامعهٔ طبقاتی صورت می‌گیرد، اگر چه این ابزارها دگرگون، متحول، و شسته و رُفته می‌شوند. این تضادی است که جنبش‌های کمونیستی در قرن بیستم نتوانستند حل کنند و همچنان چالش بزرگی به شمار می‌رود. انقلاب تنها به دست گرفتن قدرت سیاسی نیست. در فردای کسبِ قدرتِ سیاسی، روابط اجتماعیِ پوسیده تغییر نمی‌کند و انقلاب اجتماعی که به مراتب پیچیده‌تر از انقَلاب سیاسی (کسب قدرت دولتی) است و پایانی بر آن متصور نیست باید ادامه یابد؛ انقلابی که هر قدم آن آگاهانه است وهر اقدامش با مقاومت پاسداران دنیای کهن روبرو خواهد شد. مبارزهٔ طبقاتی مبارزه‌ای همه جانبه است و همهٔ عرصه‌های زندگی را در برمی‌گیرد – سیاست، ایدئولوژی، اقتصاد، فرهنگ، هنر، تئوری، فلسفه، آموزش، تکنولوژی، و تولید. از اینجاست که درک پیروان عدم خشونت از

---

43. ethics.
44. John Keane, *Violence and Democracy*. Cambridge University Press, 2004.

انقلاب، که در معادلهٔ «انقلاب=خشونت» خلاصه شده، ساده‌انگارانه است.

از نقطه نظر مارکسیسم، انقلاب نه توسل به خشونت بلکه به قدرت رسیدن یک طبقهٔ نو و مترقی است که راه را بر رشد جامعه باز می‌کند و یک نظام اجتماعی پیشرفته را به جای روابط کهنه بنا می‌نهد؛ برای مثال: انقلاب بورژوائی فرانسه در ۱۷۸۹ و انقلاب سوسیالیستی ۱۹۱۷ در روسیه. تردیدی نیست که در هر انقلابی خشونت روی می‌دهد، اما در انقلاب سوسیالیستی تلاش می‌شود که کسب قدرت در شرایطی صورت بگیرد که خشونت به حداقل برسد، یعنی در «وضع انقلابی»، هنگامی که قدرت حاکم ناتوان از اعمال قدرت است و اکثریت مردم حاضر به تحمل آن نیستند، و علیه آن قیام می‌کنند. مارکس و انگلس به استقبال شرایطی رفتند که به نظر می‌رسید طبقهٔ کارگر بتواند از طریق مسالمت‌آمیز به قدرت برسد (در آمریکا و بریتانیا و هلند) اگر چه تردید داشتند که چنین بشود. لنین مانند همهٔ مارکسیست‌ها نه تنها با تروریسم به شدت مخالف بود بلکه «آوانتوریسم انقلابی» را هم با قاطعیت رد می‌کرد. در پروسهٔ قیام، کمونیست‌ها به مبارزات توده‌ای از اعتصاب در کارخانه‌ها و مدارس گرفته تا بایکوت و پخش اعلامیه و راهپیمایی در خیابان‌ها اهمیت فوق‌العاده می‌دهند. در پروسهٔ انقلاب، شیوه‌های مبارزه، برخلاف عقیدهٔ خشونت پرهیزان، بر مبنای یا این، یا آن (یا خشونت یا عدم خشونت) تعیین نمی‌شود. در این پروسه، دریایی از ابتکار تودهٔ مردم به جریان می‌افتد، سیاست از حوزهٔ تخصص سیاست‌مداران خارج می‌شود و در بسیاری موارد هیچ سیاستمداری را توان مقابله با آن نیست. اکثریت مردم و انقلابیون هیچ علاقه‌ای به خشونت ندارند. خشونت بیش از همه مردم عادی و انقلابیون را آماج قرار می‌دهد. آنان که بیش از همه از خشونت بی‌زارند کسانی هستند که دل در گرو از بین بردن آن بسته‌اند.

اما نفی دنیای کهن به آسانی میسر نیست. جنبش کمونیستی هنگامی که در قرن گذشته در چند کشور از جمله روسیه و چین به قدرت رسید، موانعی را که قبلا در عرصهٔ تئوری پیش‌بینی شده بود به شیوه‌ای ریز و روزانه در گسترهٔ عمل تجربه کرد. حزب کمونیست شوروی که از قبل از شروع جنگ جهانی اول با این پروژهٔ کشتار و ویران‌گری مخالفت کرده

بود در چهارمین سال جنگ قدرت را در دست گرفت و بلافاصله سربازانِ روسیه را به ترک جبهه‌ها فراخواند، و کشور را از میدان جهانیِ آدم‌کشی خارج کرد. اما چهارده دولت سرمایه‌داری جنگ بین خودشان را به تجاوز نظامی علیه اولین حکومت سوسیالیستی تبدیل کردند و چهار سال خشونت و ویرانی و قحطیِ جنگ جهانی را به مدت چند سال دیگر بر اولین حکومت سوسیالیستی تحمیل کردند. نظام نوینی که می‌بایست به ساختن پایه‌های سوسیالیسم بپردازد در خشونت مرگ‌باری که دمکراسی‌های سرمایه‌داری به راه انداختند از نفس افتاد. کشتار وحشیانه‌ای که دمکراسی بورژوائی در ۱۸۷۱ در خیابان‌های پاریس از کموناردها کرده بود در پهنای بزرگ‌ترین کشور دنیا در روسیه تکرار شد.

اگر خشونتِ دمکراسی‌ها مانع بزرگی برای ساختمان سوسیالیسم شد، تضادهای درونی جامعه و ناتوانی رهبری در گسست از روابط سرمایه‌داری مانع اصلی به حساب می‌آمد. رهبری حزب در دوران استالین و بعد از آن نتوانست، نه در عرصهٔ ذهن و نه در عمل، از روابط سرمایه‌داری بگسلد. نظام اداری و مدیریت، سیستم قضائی، نظام آموزشی و بسیاری روابط دیگر تداوم نظام سرمایه‌داری بود. اگر چه در فاصلهٔ یک دهه بعد از پایان تجاوز نظامی دولت‌های سرمایه‌داری بی‌سوادی از بین رفت و قحطی و گرسنگی و بعضی شیوه‌های استثمار کنترل شد و زنان از آزادی‌های زیادی برخوردار شدند، بیست سال بعد از انقلاب، در آغاز دومین جنگ جهانی دنیای سرمایه‌داری، روابط سرمایه‌داری هنوز وسیع‌تر از موئلفهٔ سوسیالیستی بود و حملهٔ آلمان در ۱۹۴۱ آنچه را که ساخته شده بود ویران کرد.

اما اگر شوروی بر چالش دو جنگ جهانی و جنگ داخلی فائق آمد، در عرصهٔ آگاهی – در تئوری و سیاست و ایدئولوژی – دچار شکست شد. استالین در سالهای ۱۹۳۰ با این تحلیل ضد مارکسیستی که طبقات از بین رفته‌اند و مبارزهٔ طبقاتی پایان یافته است، هر نظر و عمل مخالف یا انتقادی را به بقایای سرمایه‌داری و توطئهٔ سرمایه‌داری جهانی پیوند می‌داد، در این مورد همان رفتاری را کرد که دمکراسی‌های سرمایه‌داری

با کمونیست‌ها می‌کردند،[۴۵] در مواردی از آن‌ها خشن‌تر رفتار کرد، در برخورد با اپوزیسیون مرتکب جنایات فراوان شد و بسیاری را بدون هیچ دلیل و مدرکی روانۀ زندان‌ها و اردوگاه کار اجباری کرد. حزب کمونیست چین در دوران مائو این درک از مبارزۀ طبقاتی و برخورد با اپوزیسیون را رد کرد و وجود دو خط سوسیالیستی و سرمایه‌داری و مبارزۀ بین دو خط مشی در حزب و دولت را بخشی از مبارزۀ طبقاتی به حساب می‌آورد. با وجود این، پیروان سرمایه‌داری در سال ۱۹۷۶ کودتا کردند و به کشتار پیروان سوسیالیسم پرداختند. این تحولات را، که به مراتب پیچیده‌تر از آن هستند که در این مختصر قابل بررسی باشند، نمی‌توان با دیدگاه «خشونت خشونت می‌آفریند» توضیح داد.

با کودتای سرمایه‌داری در شوروی (۱۹۵۶) و چین (۱۹۷۶)، این دو تجربۀ مهم انقلاب سوسیالیستی با شکست مواجه شدند. در حالی که ققنوس جنبش کمونیستی هنوز از خاکستر این دوره از مبارزۀ طبقاتی برنخاسته است، خشونت سرمایه‌داری دنیا را سریع به پرتگاه نابودی می‌کشاند. اکنون که این کلمات را می‌نویسم اخبار قیام خودبه خودی مردم در تونس و مراکش و الجزایر و اخبار بی‌عدالتی، فقر، نابودی محیط زیست، بیکاری، و کشتار در سایر نقاط دنیا رسانه‌ها را فراگرفته است. در سال‌های اخیر بعضی از روشنفکران و فعالان سیاسی که امیدی به نجات بشریت در چهارچوب وضع موجود ندارند روی به کمونیسم آورده‌اند. کنفرانس «ایدۀ کمونیسم» در سال ۲۰۰۹ در لندن به بررسی جوانب فلسفی کمونیسم پرداخت. بعضی معتقدند که بدون کسب قدرت، بدون

---

۴۵. در آمریکا «کمیتۀ فعالیت‌های غیرآمریکایی» که یکی از ارگان‌های عالی‌ترین مرجع دمکراسی آمریکا یعنی مجلس نمایندگان بود مانند انگیزیسیون به تفتیش عقاید کمونیست‌ها می‌پرداخت و در اوایل سال‌های ۱۹۵۰ (دوران مک کارتی) به تصفیۀ کمونیست‌ها در هالیوود، دانشگاه، مدارس، رسانه‌های جمعی و ادارات دولتی می‌پرداخت. در همین سال‌ها دولت کانادا برنامۀ مفصلی برای دستگیری هزاران کمونیست و اعزام آن‌ها به اردوگاه تهیه کرد. مراجعه کنید به این فیلم مستند که توسط تلویزیون سی بی سی کانادا تهیه شده است:
"The Enemies of the State," CBC, The Fifth Estate, October 15, 2010, http://www.cbc.ca/fifth/2010-2011/enemiesofthestate/index.html

مبارزهٔ انقلابی، دنیا به طرف کمونیسم می‌رود.[۴۶] عده‌ای می‌خواهند از طریق دمکراسی بورژوائی به کمونیسم برسند به این ترتیب که به «نقطهٔ آغاز» برگردند – به مارکس، و از آنجا به مارکس جوان و از او هم به دمکراسیِ عصر روشنگری.[۴۷] درک این مشکل نیست که هر دو پروژه به رفرم در چهارچوب وضع موجود می‌انجامند. درعین حال تلاش برای سنتز نوینی از تئوری‌های گذشته (مارکس و لنین و مائو) و تجربه‌های مثبت و منفی سوسیالیسم درقرن بیستم شروع شده است.[۴۸] بدون نوسازی جنبش امیدی به پرواز ققنوس نیست و این مبارزهٔ سرنوشت‌سازی است که گره آن در عرصهٔ تئوری است. دراین مبارزه بحث برسر انقلاب است، نه خشونت. در تئوری مارکسیستی از قدیم‌الایام روشن بوده که بحث رفرمیسم و انقلاب هیچ وقت بر سر اسلحه نبوده است. کمونیست‌ها با رفرمیسم مخالف‌اند، نه با رفرم. و رفرمیسم می‌تواند مسلح باشد همان طور که در بسیاری موارد بوده است.

خلاصه کنم، دمکراسی سرمایه‌داری و دمکراسی سوسیالیستی هر دو متکی به نهادهای اعمالِ قدرت طبقاتی – دولت، حزب، ارتش، پلیس، دادگاه، زندان و غیره – هستند، اما در ورای این شباهت ظاهری، اقیانوسی این دو پروژه را از هم جدا می‌کند. اولی خشونت اقلیتی ناچیزعلیه اکثریت است و دومی خشونت اکثریت علیه آن اقلیت. اولی خشونت را نهادینه و ازلی کرده است ودومی به برچیدن و ریشه‌کن کردن آن می‌پردازد.

در آغاز دههٔ دوم قرن جدید، تحقق آرزوی دیرینهٔ انسان برای جامعه‌ای بدون خشونت و دنیایی فارغ ا ز جنگ از هر زمانی بعیدتر به نظر می‌رسد اگر چه مبارزهٔ شهروندان آزادی‌خواه و عدالت‌خواه برای

---

۴۶. ک. ج. آ. «در بارهٔ امپراتوری: کمونیسم انقلابی یا "کمونیسم" بدون انقلاب،» در :
http://www.sarbedaran.org/

۴۷. ریموند لوتا، آیی دونیا، و ک. جی. آ. «سیاست "رهایی‌بخش" آلن بدیو: کمونیسمی درقفس دنیای بورژوائی» در:
http://www.sarbedaran.org/library/BadioLotta.htm

۴۸. «کمونیسم: آغاز یک مرحلهٔ نوین، مانیفستی از حزب کمونیست انقلابی آمریکا» در:
http://www.sarbedaran.org/library/manif-rcp0909final2010n.htm

جهانی عاری از خشونت ادامه دارد. امروز در ۹۵ کشور، دولت از حق اعدام شهروندان محروم شده است. خشونت‌هایی از قبیل شکنجه، تجاوز به زنان، و ژنوسید در شرایط جنگ بین دولت‌ها جزء جنایات بین‌المللی به حساب می‌آیند و مرتکبین این جنایات در هر حوزهٔ قضائی قابل تعقیب‌اند. نظام آپارتاید هم به عنوان فرمی از جنایت علیه بشریت شناخته شده است. مدت دو دهه است که مبارزه برای الغای همه نوع مجازات از جمله زندان شروع شده است. اما با وجود این گام‌های مهم، خشونت از ارکان اصلی حکومت است و سیاست بر قانون و اجرای آن مسلط است. هنگامی که ملّت و دولت به خطر افتادند، چه خطر حقیقی باشد چه خیالی، خارجی باشد یا داخلی، قانون برای دولتمردان ورق پاره‌ای بیش نیست و صلح به سهولت به جنگ تبدیل می‌شود. تظاهرات بیش از شش میلیون نفر درسراسر دنیا در۱۵ فوریهٔ ۲۰۰۳ در مخالفت با جنگ آمریکا علیه عراق و مبارزات خیابانی تابستان سال گذشته در ایران خشم عمیق مردم دنیا را علیه جنگ امپریالیستی و مردم ایران را علیه نظام تئوکراتیک نشان داد. در ایران، رهبران سبز خشم میلیون‌ها شهروند را در خدمت معامله برای کسب سهم بیشتری از قدرت سیاسی گرفتند. این رهبران اگر بتوانند قدرت دولتی را به انحصار خود درآورند، تمام ابزارهای سرکوب را که اکنون در دست جناح حاکم است در کنترل می‌گیرند وعلیه مخالفان به خصوص «غیرخودی‌ها» به کار می‌اندازند. خط سبز نه پدیدهٔ جدید بلکه تداوم خط بازرگان، بنی صدر و خاتمی است با شجره نامه‌ای که به قبل از کودتای ۲۸ مرداد و به جنبش مشروطه برمی‌گردد. گفتمانِ «خشونت‌پرهیزی» در دست چنین جریانی چیزی جز خشونتگری عریان نیست.

در مورد سی و دومین سالگرد قیام سربداران در آمل[1]

قیام آمل رویدادی است که باید نه فقط در سالگردش بلکه همواره به یاد داشت. اهمیت آن فقط در بزرگداشت یک حرکت انقلابی و تقدیر از انقلابیون جان باختهٔ آن نیست. این قیام بعد از سی و دو سال هنوز ادامه دارد، قبل از هر چیز در مبارزه‌ای که از سال ۱۳۵۷ تاکنون بین انقلابیون ایران و ضد انقلاب اسلامی در جریان بوده است. این قیام، علی‌رغم زندگی کوتاه و عرصهٔ محدود جغرافیایی آن، ضربه‌ای جدی بر رژیم تئوکراتیک اسلامی بود، ادعای انقلابی بودن آن را برملا کرد، و جایگاه تاریخی آن را به عنوان میراث خوار رژیم سلطنتی و مهره‌ای زنگ زده در نظم بین‌المللی سرمایه‌داری شناساند. مبارزاتی که در ۱۳۵۶ شروع شد و می‌رفت که با ظهور بحران وضع انقلابی در ۱۳۵۷ و در صورت وجود رهبری انقلابی، به سوی انقلاب برود، در بهمن ۱۳۵۷ با به قدرت رسیدن دار و دستهٔ خمینی به سرعت به ضد انقلاب تبدیل شد. نیروهایی که انتظار می‌رفت درک درستی از این تحولات داشته باشند و انقلاب را در راس برنامهٔ خود بگذارند، یعنی سازمان‌های کمونیستی از جمله اتحادیهٔ کمونیست‌ها، دچار سردرگمی و راست‌روی شدند و نتوانستند وحدت طبقاتی ارتجاع اسلامی را در ورای گوناگونی باندهای به قدرت رسیده ببینند. قیام آمل حرکتی بود در جهت مخالف این سیاست و درک تسلیم طلبانه. این قیام نه تنها جسارت انقلابی گروهی کوچک در مقابله با یک دولت مسلح به ارتش و سپاه و کمیته و بسیج و زرادخانهٔ مجهز به شمار می‌رفت، بلکه گسستی جسورانه بود از راست‌روی، رفرمیسم و پراگماتیسم.

به قدرت رسیدن مرتجعین اسلامی در ایران مسئله فقط ایران نبود و پیامدهای آن را امروز در سراسر دنیا در ورود ده‌ها جریان مرتجع اسلامی به عرصهٔ سیاست می‌بینیم. امروز قدرت‌های امپریالیستی و دارودسته‌های بنیادگرا همه جا را به عرصهٔ تاخت و تاز خود تبدیل کرده‌اند و دنیا را

---

۱. حقیقت، شماره ۶۷، فروردین ۱۳۹۳، ص ۱۴.

به آتش قتل و فقر و گرسنگی و آوارگی کشیده‌اند. دنیای امروز، به ویژه خاورمیانه به عرصهٔ جنگ امپریالیسم و ارتجاع علیه بشریت تبدیل شده است. در این شرایط، سرنگونی رژیم اسلامی ایران وظیفه‌ای انترناسیونالیستی است. نه تنها شکست انقلاب در بهمن ۱۳۵۷ بلکه مبارزات سال‌های اخیر در کشورهای عربی همه نشان دادند که هیچ راهی برای درست کردن وضعیت جامعه ایران و جهان نیست جز مبارزه انقلابی، برچیدن نظم اجتماعی و سیاسی موجود، و بنیاد نهادن نظامی که نافی نظم طبقاتی کنونی باشد. هرگونه توهم در مورد اینکه می‌توان این نظام را اصلاح کرد به اتلاف زندگی و حیات جوانان منجر می‌شود و هرگونه توهم در مورد اینکه نظام سرمایه‌داری امپریالیستی اوضاع ایران را برای ما درست خواهد کرد به دهشت منجر خواهد شد. جنگی که امروز در خاورمیانه در جریان است و مدام گسترش می‌یابد جنگ طبقات ارتجاعی علیه هم دیگر و علیه مردم است، زیرا جنگ جزئی لاینفک از جامعهٔ طبقاتی است و روابط طبقاتی خصمانه سرچشمهٔ برخوردهای مسلحانه و جنگ‌هاست. بنابراین سوال این نیست که جنگ آری یا نه. چرا که نمی‌توان با موعظه به مصاف جنگ رفت. سوال این است که چه نوع جنگی؟ در ارزیابی از هر جنگ و مبارزات مسلحانهٔ گوناگون از جمله سربه داران در درجه اول باید پرسید که رهبری جنگ کدام جریان طبقاتی و سیاسی است؟ سیاست این جنگ چیست؟ از آنجا که جنگ ادامه سیاست به طریقی دیگر است، در ارزیابی از خصلت و ماهیت هر جنگی اول باید سراغ سیاست حاکم بر آن، افق و برنامه و رهبری آن رفت و بعد باید پرسید آیا جنگ و مبارزه مسلحانهٔ مورد نظر جنگی هست که جامعه‌ای دیگر با خصائل و کیفتی دیگر را منعکس کند، و اگر موفق شود بتواند چنان جامعه‌ای را برقرار کند؟ همچنین، اگر می‌توان گفت که یک جنگ بر مبنای رهبری و افق و برنامه‌اش انقلابی است، سوال این است که استراتژی نظامی‌اش چه باید باشد که بتواند نیروی دشمن را شکست بدهد و دولت را سرنگون کند و بعد بتواند به برچیدن نظم موجود و ساختن جامعه‌ای نوین بپردازد؟ ساختن جامعه‌ای نوین چالشی به مراتب جدی‌تر از کسب قدرت سیاسی است و احتیاج به آگاهی انقلابی (رهبری حزب و تئوری) دارد. برنامهٔ اصلاح‌طلبی که پروژه‌ای جهانی است هدفش

انسانی کردن چهرهٔ فلاکت‌بار و دهشتناک نظم جهانی سرمایه‌داری از طریق تغییر قانون اساسی، انتخابات آزاد، و برقراری رژیم حقوقی (شهروندی، برابری در قبال قانون، حکومت قانون...) و اصلاحات قانونی دیگر است. این پروژه نه می‌تواند و نه می‌خواهد که پدیدهٔ جنگ و توسل به آن را خاتمه بخشد، بلکه مانند سایر تجربه‌های ملّت‌سازی و دولت‌سازی بورژوایی هدفش قانونی کردن خشونت است نه حذف آن.

واقع‌بین باش، آنچه را ممکن نیست طلب کن![1]

جنبش مه ۱۹۶۸ و مائوئیسم (به مناسبت چهلمین سالگرد قیام مه ۱۹۶۸)

۱. با سلام به رفیق گرامی امیر حسن‌پور و تشکر از اینکه دعوت ما را برای مصاحبه پذیرفته‌اید. بدون مقدمه به سراغ اصل موضوع می‌رویم: رفیق امیر به نظر شما چه دلایل و زمینه‌هایی باعث شد که در دهه‌های ۶۰ و ۷۰ قرن بیستم گروه‌هایی از جوانان، دانشجویان و روشنفکران در اروپای غربی و آمریکای شمالی به مائوئیسم گرایش پیدا کنند؟

امیر حسن‌پور: من هم تشکر می‌کنم از اینکه مرا به این مصاحبه دعوت کرده‌اید. دلایل و زمینه‌های گرایش به مائویسم به هم مربوط هستند، اما من از زمینه‌ها شروع می‌کنم. این گرایش، یعنی رو کردن به

۱. این مصاحبه به ابتکار جواد سلاحی به مناسبت چهلمین سالگرد خیزش مه ۱۹۶۸ برای درج در سایت «تریبون جوان» انجام گرفت و در شهریور ۱۳۸۸ در نشریه دانشجویی بذر منتشر شده است.

مائوئیسم، از اوایل دههٔ شصت شروع شد و شرایط اروپا و آمریکای شمالی را باید با توجه به زمینهٔ جهانی-تاریخی آن بررسی کرد.

در پایان جنگ جهانی دوم (۱۹۴۵-۱۹۳۹)، جنگی که جهان سرمایه‌داری، برای بار دوم به فاصلهٔ بیست سال، بر مردم دنیا تحمیل کرد، کمونیسم اعتبار بی‌سابقه‌ای کسب کرد. دلیل اصلی نقشی بود که شوروی و جنبش کمونیستی در شکست فاشیسم ایفا کردند. شکست ارتش عظیم نازی در نبرد استالینگراد در ۱۹۴۳ نقطه عطف این جنگ و آغاز سراشیب سقوط ماشین نظامی فاشیسم بود. اهمیت این پیروزی به اندازه‌ای بود که حتی دشمنان کمونیسم در کاخ سفید (واشنگتن) و وایت هال (لندن) آن را جشن گرفتند و رییس جمهوری آمریکا برای قدردانی از مردم استالینگراد شمشیری به آن‌ها هدیه کرد. در پاریس هنوز یکی از ایستگاه‌های مترو نام استالینگراد را حفظ کرده است و یکی از میدان‌های بزرگ «میدان نبرد استالینگراد» نامیده می‌شود. نقش احزاب کمونیست ایتالیا و فرانسه در رهبری کردن و سازمان‌دهی مقاومت مسلحانه و زیرزمینی علیه فاشیسم چنان اعتباری برای این دو حزب کسب کرده بود که بعد از پایان جنگ نزدیک به پیروزی درانتخابات بودند. در بالکان، کمونیست‌های یونان و یوگسلاوی و آلبانی، در شرایط اشغال کشورشان، مهم‌ترین جنگ‌های پارتیزانی تاریخ را سازماندهی کردند و جبههٔ ارتش‌های فاشیستی ایتالیا و آلمان را درهم شکستند. در خاور دور، کمونیست‌های ویتنامی و چینی و کره‌ای امپریالیسم ژاپن را شکست دادند. جنگ امپریالیستی همهٔ تضادهای دنیا را شدت بخشید و هرجا کمونیست‌ها خط سیاسی وایدئولوژیک درستی داشتند توانستند جنگ امپریالیستی را به انقلاب تبدیل کنند. در ویتنام، شمال کشور آزاد شد؛ چهار سال بعد از جنگ، چین آزاد شد، و در اروپای شرقی (لهستان، چکسلوواکی، بلغارستان، مجارستان، رومانی) و بالکان (یوگوسلاوی، آلبانی) احزاب کمونیست به قدرت رسیدند.

روی آوردن روشنفکرها و گرایش افکار عمومی به کمونیسم به حدی بود که امپریالیسم تازه نفس آمریکا به تکاپو افتاد و برنامهٔ وسیعی برای مقابله با آن به راه انداخت، از جمله صرف هزینهٔ بسیار برای صدور فیلم‌های آمریکایی به ایتالیا به منظور تغییر افکار عمومی و سازمان دادن

۶ مه ۱۹۶۸: بولوار سن ژرمن. زدوخورد با پلیس از کارتیه لاتن شروع شد.

روشنفکران میانه‌حال و محافظه‌کار اروپا و آمریکا در تشکیلات بزرگی بنام
«کنگرهٔ آزادی فرهنگی».

اما درحالی که شرایط عینی برای رهایی جهان از چنگال نظام
طبقاتی فراهم شده بود، شرایط ذهنی از شرایط عینی عقب مانده بود. روی
آوردن روشنفکران و افکار عمومی به کمونیسم به معنی جهش فکری در
جنبش کمونیستی نبود. به عبارت دیگر، ورشکستگی تاریخی سرمایه‌داری،
که به وضوح در دو جنگ جهانیش، در فاشیسم، ژنوسید و کوره‌های
آدمسوزیش، تحقق یافته بود، با جهشی تاریخی در جهان‌بینی کمونیستی
همراه نشد. در واقع، در حالی که سوسیالیسم از یک کشور (شوروی) به چند
کشورگسترش یافت و به اردوگاهی در برابر اردوگاه سرمایه‌داری تبدیل
گشت، در خود شوروی، که پایگاه انقلاب پرولتری به شمار می‌رفت، پروژهٔ
ساختمان سوسیالیسم به بن‌بست رسیده بود، روابط سرمایه‌داری بدون
وقفه رشد می‌کرد و حزب کمونیست شوروی نه تنها ناتوان از سد آن بلکه
خودش عامل عمدهٔ رشد آن بود. این حزب که با رهبری لنین اولین جنگ
امپریالیستی را به انقلاب علیه بورژوازی تبدیل کرد و انقلاب سوسیالیستی

را به انجام رساند و در سخت‌ترین شرایط حکومت شوراها را مستقر کرد و با این حرکت مسیر تاریخ را عوض کرد، سی سال بعد، در پایان جنگ جهانی دوم، از درک تئوریک مبارزهٔ طبقاتی در سوسیالیسم عاجز بود. از این رو، اگر به قدرت رسیدن احزاب کمونیست در اروپای شرقی و بالکان و خاور دور موفقیت بزرگی برای طبقهٔ کارگر به شمار می‌رفت، درعین حال چالش بزرگی برای کمونیسم بود. زیرا این احزاب سوسیالیسم را در شرایطی می‌ساختند که الگوی آن‌ها، شوروی، به بن‌بست سیاسی و ایدئولوژیک رسیده بود و به سرعت در مسیر سرمایه‌داری گام بر می‌داشت. تا برگزاری کنگرهٔ بیستم حزب کمونیست شوروی، یعنی کودتای خروشچف در ۱۹۵۶، مقاومت‌های بعضی از احزاب (از جمله چین، آلبانی و ویتنام) در مقابل سیاست‌های نادرست شوروی بیشتر در عرصهٔ سیاسی و عملی بود و هیچ وقت به مبارزهٔ ایدئولوژیک و تئوریک نمی‌انجامید. برای مثال، در پایان جنگ جهانی دوم حزب کار آلبانی، که کشور را آزاد کرده بود برخلاف حزب کمونیست یونان، حاضر نشد به توصیهٔ شوروی اسلحه را کنار بگذارد و قدرت را در اختیار «حکومت در تبعید» فئودال‌ها و سرمایه‌دارهای آلبانی بگذارد و یا احزاب چین و ویتنام به توصیه‌های سازشکارانهٔ شوروی وقعی ننهادند و مبارزه را تا کسب قدرت ادامه دادند.

بدون تردید، مبارزه بین دو خط کمونیستی و بورژوایی بر سر انقلاب سوسیالیستی در درون این احزاب در جریان بوده است. برای مثال، در شوروی از همان سال اول انقلاب جریان کمونیسم «چپ» در مقابله با خط لنین قرار گرفت ولی در جریان مبارزه بین دو خط، درستی خط لنین روشن شد. بعد از لنین، استالین، در مقابله با «چپ» و راست، به فرموله کردن لنینیسم پرداخت اما خودش در طول سی سال رهبری حزب بین «چپ» و راست در نوسان بود و نهایتا نتوانست پیچیدگی مبارزه طبقاتی را در جریان ساختمان سوسیالیسم درک کند و دنیا را در شرایطی ترک کرد (۱۹۵۳) که بورژوازی نوین در درون حزب و در دولت قد علم کرده بود و در صدد برنامه‌ریزی برای بازسازی روابط سرمایه‌داری بود.

در اروپای شرقی نیز مبارزهٔ درون حزبی برقرار بود اما تا حد زیادی تابع مبارزاتی بود که در درون حزب کمونیست شوروی یا بین این حزب

و سایر احزاب جریان می‌یافت. این احزاب در برخورد به مقاومت بورژوازی و مبارزات درون حزبی متوسل به اعمال قهر می‌شدند. توسل به خشونت در سرکوب این مقاومت‌ها از جمله حرکت اعتراضی در بوداپست در سال ۱۹۵۶ باعث نارضایتی بعضی از روشنفکران و فعالان کمونیست درسراسر اروپا شد، وعده‌ای از روشنفکران و فعالان حزبی و غیرحزبی از اردوگاه شوروی گسستند و یا مبارزه را ول کردند و یا تحت عنوان «چپ نو» به فعالیت‌های فکری و فرهنگی پرداختند.

شکست پروژهٔ سوسیالیسم در شوروی و اروپای شرقی در شرایطی صورت می‌گرفت که همهٔ تضادهای دوران بعد از جنگ شدت می‌گرفت و مبارزه برای رهایی از نظام سرمایه‌داری و نظام امپریالیستی در حال اعتلا بود. من به چند تضاد مهم در دوران بعد از جنگ تا کودتای خروشچف و انشعاب بزرگ در جنبش کمونیستی اشاره می‌کنم:

۱. رشد تضاد بین امپریالیسم و خلق‌های مستعمرات و نیمه‌مستعمرات دور نوینی از نهضت‌های رهایی‌بخش ملّی در آفریقا، آسیا و آمریکای لاتین را به راه انداخت: برای مثال، انقلابیون ویتنام در جنگ دین بین فو (۱۹۵۴) امپریالیسم فرانسه را به زانو در آوردند و سپس از سال ۱۹۵۹ درگیر جنگ سهمگینی با امپریالیسم آمریکا شدند؛ انقلابیون الجزایر در سال‌های ۱۹۵۴ تا ۱۹۶۲ فرانسه را شکست دادند؛ انقلابیون کوبا در طی مبارزه‌ای مسلحانه در سال‌های ۱۹۵۳ تا ۱۹۵۹ کشورشان را از چنگال آمریکا در آوردند؛ جنبش‌های ضد استعماری در کشورهای عرب جان تازه‌ای گرفتند و بدون وقفه رادیکالیزه می‌شدند. حتی در کشورهایی که روابط عشیره‌ای و فئودالی مسلط بود مثلا در یمن در ۱۹۶۳ مبارزهٔ مسلحانه علیه سلطهٔ انگلستان شروع شد و به چپ گرایید و در جنوب کشور در سال ۱۹۶۹ «حکومت سوسیالیستی» را تأسیس کردند؛ آزادی‌خواهان عمان از سال ۱۹۶۵ به مبارزهٔ مسلحانه پرداختند و از ۱۹۶۸ تا ۱۹۷۶ به یک سازمان چپ با گرایش مارکسیست-لنینیستی تبدیل شدند (»جبههٔ خلق برای

رهایی عمان و خلیج عربی») و مناطقی از ظفار را آزاد کردند. در جنبش فلسطین، الفتح در سال ۱۹۶۵ مبارزهٔ مسلحانه علیه اسرائیل را شروع کرد و بعد مبارزین چپ تشکیلاتی با گرایش به سوسیالیسم برپا کردند. در کردستان عراق، «پارت (حزب) دمکرات کردستان» در مادهٔ دوم اساسنامهٔ خود (۱۹۶۰) اعلام کرد که از مارکسیسم-لنینیسم الهام می‌گیرد. تقریبا یک دهه بعد جریان رادیکال جنبش ملّی کرد «کومه له: سازمان انقلابی زحمتکشان کردستان ایران» و «کومه له‌ی مارکسی-لنینی» (کردستان عراق) از جریان سنتی طرفدار شوروی جدا شدند، و از خط مشی چین الهام گرفتند. اگر چه هیچ‌کدام را نمی‌توان مائوئیست به حساب آورد. در سرتاسر دنیا تحولات مشابهی صورت گرفت. در بیشتر جنبش‌های رهایی بخش ملّی گرایش به مارکسیسم-لنینیسم و (بعد از۱۹۶۴) به مائوئیسم قوی بود و بسیاری آن را ایدئولوژی خود اعلام می‌کردند. اگرچه این‌ها درک‌های ناسیونالیستی خود را وارد مارکسیسم می‌کردند، و در عین حال بعضی‌ها از جنبش ملّی می‌بریدند و به جنبش کمونیستی می‌پیوستند. در هر حال، زمانه‌ای بود که مارکسیسم قطب جاذبه‌ی قدرتمندی به شمار می‌رفت. اگر نهضت‌های رهایی‌بخش رو به اعتلا بودند، امپریالیست‌های قدیم و جدید و ریز و درشت (فرانسه، انگلستان، آمریکا، هلند، پرتقال...) برای حفظ نظام مستعمراتی همه جا به تجاوزات نظامی دست می‌زدند، برای مثال حملات مداوم آمریکا به کوبا بعد از پیروزی انقلاب، حمله‌ی مشترک فرانسه و انگلستان و اسرائیل به مصر (۱۹۵۶)، یا تجاوز آمریکا و متحدینش به کره (۱۹۵۰-۱۹۵۳). درعین حال، جبهه‌ی امپریالیسم از طریق کودتا (مثلاً ایران ۱۹۵۳ و گواتمالا ۱۹۵۴) حکومت‌های استبدادی را روی کار می‌آورد و با فروش اسلحه و تربیت نظامیان و مأمورین امنیتی و شکنجه‌گر از رژیم‌های وابسته به خود حمایت می‌کرد.

۲. با وجود اینکه اروپای ویران شده در جنگ دوباره بازسازی شد، هم درغرب هم در شرق، تضاد بین کار و سرمایه

همچنان رو به وخامت می‌رفت. اگر به گاهنامهٔ مبارزات کارگری بعد از ۱۹۴۵ نگاه کنیم، موج‌هایی از اعتصابات بزرگ و کوچک در همهٔ کشورهای سرمایه‌داری را مشاهده می‌کنیم. برای مثال، در آمریکا اعتصاب ۴۰۰۰۰۰ معدنچی در ۱۹۴۶، اعتصاب بزرگ کارگران راه‌آهن در ۱۹۵۰ به‌طوری که رییس جمهوری آمریکا ترومن ارتش را به کنترل راه‌آهن گماشت، اعتصاب ۲۰۰۰۰۰ معدنچی در فرانسه در ۱۹۶۳، اعتصاب در حدود چهار میلیون فرانسوی در ۱۹۵۳ علیه سیاست سختگیری و صرفه‌جویی اقتصادی، درعین حال مبارزه برای تأمین حق تشکل و حق اعتصاب همه جا ادامه داشت. در آمریکا، که سرمایه‌داران و دولت‌شان همیشه با اتحادیه‌ای شدن کارگرها مخالفت کرده‌اند، عضویت در اتحادیه‌ها در سال ۱۹۵۹ به بالاترین میزان تا آن زمان رسید (۳۵٪ نیروی کار). همهٔ کشورهای سرمایه‌داری به شدت اتحادیه‌ها را تحت نظارت داشتند و مدام برنامهٔ کمونیست‌زدایی را اجرا می‌کردند. کمونیست‌ها در «فدراسیون جهانی اتحادیه‌های کارگری» که به دنبال جنگ، در۱۹۴۵، تأسیس شد به نیروی اصلی تبدیل شدند، به طوری که دولت‌های سرمایه‌داری اتحادیه‌های کشور خود را وادار کردند که از فدراسیون جدا شوند و به «کنفدراسیون بین‌المللی اتحادیه‌های کارگری آزاد» که در مقابل فدراسیون علم کردند بپیوندند.

پیروزی انقلاب در چین شکست بزرگی برای امپریالیسم به شمار می‌رفت. «دمکراسی‌های لیبرال» به بهانهٔ «خطر کمونیسم» آزادی‌های مدنی از جمله آزادی بیان، آزادی عقیده، آزادی تجمع، و آزادی‌های آکادمیک را زیر پا گذاشتند و به تعقیب کمونیست‌ها پرداختند. در آمریکا در سال ۱۹۵۰ سناتور مک کارتی پروژهٔ جدیدی برای سرکوب قطعی کمونیست‌ها و آزادی‌خواهان شروع کرد. عالی‌ترین ارگان دمکراسی آمریکا، یعنی مجلس نمایندگان، دستگاهی شبیه انگیزیسیون داشت به اسم «کمیتهٔ فعالیت‌های غیرآمریکایی» که به تفتیش عقاید می‌پرداخت، متهمین را محاکمه می‌کرد و آن‌ها را در جو ترور و ارعاب به اعتراف کردن و لودادن

همفکرانشان وادار می‌کرد.

با وجود این سرکوب‌ها، دههٔ ۵۰ با شروع حرکات اعتراضی پایان یافت و دههٔ ۶۰ را می‌توان عصر شکوفایی جنبش‌های اجتماعی از جمله جنبش‌های دانشجویی، جنبش‌های زنان، جنبش‌های حقوق مدنی آفریقایی-آمریکایی‌ها (سیاهان)، جنبش‌های مردم بومی (در آمریکا، کانادا، استرالیا وغیره)، جنبش‌های کارگری، جنبش محیط زیست، جنبش‌های صلح و ضد جنگ نامید. در این سال‌ها بخش‌های وسیعی از روشنفکران، از جمله غیر کمونیست‌ها، به این مبارزات پیوستند. در اروپا روشنفکرانی از قبیل برتراند راسل و ژان پل سارتر دو دادگاه برای محاکمهٔ آمریکا به اتهام جنایات جنگی و ژنوسید در ویتنام تشکیل دادند و با محکوم کردن آمریکا به جنبش ضدجنگ کمک شایسته‌ای کردند. دههٔ ۶۰ در همه جا از مکزیک و شیلی گرفته تا آفریقای جنوبی و ژاپن و کره و فیلیپین سال‌های قیام علیه وضع موجود و رادیکالیزه شدن مبارزه بود.

۳. تضاد بین نظام سرمایه‌داری و سوسیالیسم که با انقلاب اکتبر در ۱۹۱۷ شروع شد، در دوران بعد از جنگ جهانی دوم با انقلاب چین در ۱۹۴۹ و نیز تأسیس جمهوری‌های توده‌ای شدت بیشتری گرفت. اما این تضاد در سال‌های بعد از جنگ پیچیده‌تر شد و می‌توان گفت که تقریبا دو دهه بعد از پایان جنگ در جهت منافع اردوگاه امپریالیسم تغییر کرد. منظورم این است که در حالی که تشکیل اردوگاه سوسیالیسم می‌توانست جبههٔ امپریالیسم را به شدت تضعیف کند و شرایط پیروزی انقلاب را در بسیاری موارد تسهیل کند، این پتانسیل به عمل درنیامد و این تا حدی به خاطر این بود که بعد از پایان جنگ، سیاست شوروی بیشتر حفظ وضع موجود بود و این سیاست بعد از کودتای خروشچفیست‌ها به سازش و رقابت با امپریالیسم آمریکا تبدیل گشت. در دههٔ ۶۰ تبدیل شوروی به یک قدرت سوسیال امپریالیستی ضربه‌ای بود به طبقهٔ کارگر و جنبش‌های رهایی‌بخش ملّی و کمکی بود به اردوگاه سرمایه‌داری. به این ترتیب درسال ۱۹۶۸، شوروی برای بسیاری

از دانشجویان و جوانان شورشی نه در کمپ انقلاب بلکه در کمپ امپریالیسم قرار داشت. در سال ۱۹۵۶، امپریالیست‌های غرب به استقبال کنگرهٔ بیست رفتند و گزارش «سری» خروشچف علیه استالین را بلافاصله همه جا و به زبان‌های مختلف پخش کردند. از جمله در ایران که پخش گزارش هر حزب کمونیستی از هر جای دنیا جرم به شمار می‌رفت. با پیوستن شوروی و اقمارش به اردوگاه سرمایه‌داری، چین آماج اصلی حملات و توطئه‌های این اردوگاه قرار گرفت. حمله به چین همه جانبه بود: سیاسی، ایدئولوژیک، نظامی، اقتصادی، فرهنگی و فکری.

خلاصه کنم: در فاصلهٔ کودتای خروشچفی (کنگرهٔ بیستم حزب کمونیست شوروی در۱۹۵۶) تا شروع انشعاب در جنبش کمونیستی بین‌المللی (۱۹۶۳-۱۹۶۴) دنیا بیشتر و بیشتر در جوش و خروش بود. آمریکا، ژاندارم جهان سرمایه‌داری، همراه با متحدینش در ناتو با تمام سبعیت‌شان، توانایی حفظ نظم امپریالیستی را نداشتند، زیرا مردم دنیا حاضر به تحمل وضع موجود نبودند و همه جا آتش قیام را روشن کرده بودند. در چنین شرایطی، حزب کمونیست شوروی که به دلایل تاریخی، رهبری جنبش بین‌المللی کمونیستی را به عهده داشت، به انقلاب پشت کرد و احزاب کمونیست و آزادی‌خواهان دنیا را به سازش و مدارا دعوت کرد. این پروژهٔ سازش تاریخی تحت شعارهای «هم‌زیستی مسالمت‌آمیز»، «رقابت مسالمت‌آمیز»، «گذار مسالمت‌آمیز»، «دولت تمام خلق» و «حزب تمام خلق» فرموله شد و به اجرا گذاشته شد.

در حالی که شوروی پروژهٔ رفرمیسم را در مقابل انقلاب تبلیغ می‌کرد و «چپ نو»، تحت لوای مخالفت با «چپ سنتی»، یعنی تئوری و پراتیک احزاب اردوگاه شوروی، ایدهٔ انقلاب را کنار گذاشته بود، حزب کمونیست چین، به رهبری مائو، اعلام کرد که «شورش روا است!» اهمیت این ندا تنها در این نبود که منطبق بر شرایط عینی دنیا بود و پروسهٔ انقلاب را تقویت می‌کرد. در واقع انقلابیون کوبا هم چنین پیامی را داشتند و چه‌گوارا در عمل می‌خواست پروژهٔ «راه انداختن چند ویتنام علیه امپریالیسم آمریکا»

را به اجرا گذارد. حزب کار آلبانی نیز هم در عمل و هم در عرصهٔ تئوری به مقابله با رویزیونیسم خروشچفی پرداخت. اما هیچ‌کدام از این مقاومت‌ها نمی‌توانست جنبش کمونیستی را از بی‌راهه‌ای که دچارش شده بود نجات بدهد. خود کوبا راه شوروی را در پیش گرفت و در ساختن سوسیالیسم شکست خورد. آلبانی هم راه شکست خوردهٔ استالین را ادامه داد و نه در تئوری نه در عمل موفق به گسست از آن نشد. اهمیت مائو در این بود که مجموع مشی رویزیونیستی کنگرهٔ بیستم را زیر سؤال کشید و مشی نوین جنبش کمونیستی بین‌المللی را در تقابل با آن ترسیم کرد. این کار مائو در ردیف مقابلهٔ لنین با انترناسیونال دوم بود. لنین در سال‌های قبل از جنگ جهانی اول با انشعاب بزرگی که از انترناسیونال دوم به راه انداخت جنبش کمونیستی را از قید و بند جهان‌بینی بورژوازی رها کرد و آن را به سطح عالی‌تری ارتقا داد، به طوری که توانست در بزرگ‌ترین مملکت دنیا جنگ امپریالیستی را به انقلاب تبدیل کند. مائو نیز با انشعاب بزرگی که به راه انداخت کمونیسم را از چنگال بورژوازی نوین شوروی در آورد و به آن جان تازه‌ای بخشید و آن را به سطح بالاتری ارتقا داد. او در مقابله با پروژهٔ «گذار مسالمت‌آمیز»، خواهان انقلاب سوسیالیستی و دیکتاتوری پرولتاریا شد؛ در مقابل «هم‌زیستی مسالمت‌آمیز» مبارزهٔ طبقاتی را قرارداد؛ در مقابل «دولت تمام خلق» دیکتاتوری پرولتاریا را قرار داد؛ و به جای «حزب تمام خلق» بر طبقاتی بودن حزب تأکید کرد.

دو سال بعد از انشعاب، در پروسهٔ «انقلاب کبیر فرهنگی پرولتاریائی» که در سال ۱۹۶۶ شروع شد، مائو تئوری‌هایی را که در نقد تجربهٔ شوروی، محدودیت‌های نظری استالین، و رویزیونیسم خروشچفی تدوین کرده بود در چین به کار گرفت. حزب کمونیست که ارگان رهبری انقلاب سوسیالیستی به شمار می‌رفت مورد حمله کارگران و جوانان و دهقانان و گاردهای سرخ قرار گرفت و دولت نیز که مهم‌ترین ابزار اجرای برنامهٔ حزب بود آماج حمله واقع شد. از جمله جهش‌های بزرگ مائو در عرصهٔ تئوری تأکید بر این بود که جامعهٔ سوسیالیستی از آغاز تا پایانش، که یک دوران طولانی را در بر می‌گیرد، جامعه‌ای طبقاتی است و تضاد بین پرولتاریا و بورژوازی به اشکال مختلف از جمله خصمانه در جریان است.

حزب و دولت هر دو محصول جامعهٔ طبقاتی هستند و اگر خط مشی غالب بر حزب بورژوایی باشد حزب کمونیست به حزبی بورژوایی تبدیل می‌شود. اگرچه رجعت روابط سرمایه‌داری و بازتولید این روابط در عرصه‌های مختلف صورت می‌گیرد، مهم‌ترین پایگاه بورژوازی در درون حزب قرار دارد. اعضای بورژوازی کهن با دولتی و اشتراکی شدن تولید قدرت را از دست می‌دهند و بعد از سه چهار دهه از بین می‌روند، اما بورژوازی به مثابه‌ی یک طبقه در شرایط جدید ادامه حیات می‌دهد و در قالب «بورژوازی نوین» به عرصهٔ مبارزهٔ طبقاتی وارد می‌شود. اگرچه مارکس و انگلس، که ساختن جامعه‌ی سوسیالیستی را تجربه نکرده بودند، نمی‌توانستند این پیچیدگی‌های مبارزه‌ی طبقاتی را تئوریزه کنند، خطوط کلی آن را توانستند پیش‌بینی کنند (یعنی تفاوت سوسیالیسم و کمونیسم و طبقاتی بودن سوسیالیسم و ادامهٔ مبارزهٔ طبقاتی در سراسر دوران سوسیالیسم). لنین که مراحل اولیهٔ ساختمان سوسیالیسم را رهبری کرد، تئوری مبارزهٔ طبقاتی در دوران سوسیالیسم را ارتقا داد و حتی مفهوم «بورژوازی نوین» را به آن معنی که مائو به کار برد برای اول بار بیان کرد. با وجود این، بعد از تثبیت حکومت شوروی و بعد از لنین، درک حزب کمونیست از مبارزهٔ طبقاتی دچار عقب‌گرد تاریخی شد. برای مثال در کنفرانس هفدهم حزب کمونیست شوروی اعلام شد که «ما به طرف ایجاد جامعهٔ سوسیالیستی بدون طبقات پیش می‌رویم» (استالین، گزارش مشروح به کنگرهٔ هفدهم حزب راجع به کار کمیتهٔ مرکزی حزب کمونیست (بلشویک) اتحاد شوروی» ۲۶ ژانویه ۱۹۳۴، مسائل لنینیسم، جلد دوم، ص ۷۳۳). اگر چه استالین متوجه بود که بحث «جامعهٔ بدون طبقات» به معنی تخفیف مبارزهٔ طبقاتی و تضعیف دیکتاتوری پرولتاریا نیست، اما درک درستی از «بورژوازی نوین» نداشت و «دشمن طبقاتی» را در «جان‌سختی بقایای ایدئولوژی گروه‌های در هم شکستهٔ ضد حزبی» (همان جا، ص ۷۴۳) و دشمن خارجی (نظام سرمایه‌داری بین‌المللی) خلاصه می‌کرد. این درک نادرست به عمل نادرست می‌انجامید، از جمله اعمال خشونت برای زدودن انحرافات و «افکار ناسالمی [که] از خارج در حزب رخنه می‌نمایند» (ص ۷۳۵). مائو، در پروسهٔ مبارزه بر سر خط مشی جنبش کمونیستی و به ویژه در جریان

رفقای ما را آزاد کنید! پلیس از کارتیه لاتن بیرون برود!

«انقلاب فرهنگی»، این درک ابتدایی از مبارزهٔ طبقاتی و نقش حزب و دولت در ساختمان سوسیالیسم را به نقد کشید. از دید مائوئیسم، حزب که ارگان رهبری کنندهٔ ساختن سوسیالیسم است، خودش پدیده‌ای طبقاتی است نه به این معنی سنتی که برای همیشه پیشتاز طبقهٔ کارگر اعلام شود بلکه به این معنی که این پیشتاز خودش ترکیبی از تضاد بین پرولتاریا و بورژوازی است و خودش عرصهٔ اصلی مبارزه بین دو طبقه است. این یک تضاد تاریخی است که به اندازهٔ کافی تئوریزه نشده بود: از بین بردن روابط سرمایه‌داری و ساختن روابط کمونیستی با ابزار جامعهٔ طبقاتی، یعنی حزب و دولت، انجام می‌شود. مائو این تضاد را به شیوهٔ پیچیده‌تری تئوریزه کرد و راه حل آن را انقلاب مداوم در روبنا می‌دانست: درحالی که باید تولید را مدام به پیش برد، مبارزهٔ طبقاتی تعیین کنندهٔ سرنوشت انقلاب سوسیالیستی است؛ مهم‌ترین پایگاه بورژوازی، یعنی حزب و دولت، باید همیشه آماج حملهٔ پرولتاریا قرار گیرند. انقلاب فرهنگی اولین تجربهٔ مهم در این جهت بود.

این نوآوری‌های مائو در عرصهٔ تئوری و پراتیک انرژی عظیمی به کمونیست‌ها و انقلابیون و به خصوص جوانان و دانشجویان شورشگر

در سراسر دنیا بخشید. با وجود اینکه چه‌گوارا و هوشی‌مین همانند مائو الهام‌بخش روحیهٔ شورشگرانهٔ جوانان و دانشجویان بودند، چه‌گوارا و هوشی‌مین و کاسترو نتوانستند معضل تاریخی جنبش کمونیستی زمان خودشان، یعنی رجعت سرمایه‌داری در شوروی و اردوگاهش، را درک کنند و آلترناتیوی ارائه دهند. تعجب‌آور نیست که انشعابی بر اساس نظرات اینان در جنبش کمونیستی بین‌المللی صورت نگرفت و در واقع کوبا و ویتنام تا وقتی که شوروی سوسیال امپریالیستی وجود داشت در اردوگاهش باقی ماندند.

جوانان و دانشجویان در ۱۹۶۸ تمایلات و خواسته‌های گوناگون داشتند اما آنچه که بسیاری از آن‌ها را در یک جبهه قرار می‌داد تصمیم به دگرگون کردن این جهان پوسیده و پر از ستم و استثمار بود. آن‌ها فرم‌های نوینی از مبارزه خلق کردند، فرهنگ نوینی ساختند، روابط نوینی برقرار کردند، نظام آموزشی کهنسال را زیر سؤال کشیدند، فرهنگ مردسالانه را زیر پا گذاشتند، به مقابله با نژادپرستی و شوونیسم پرداختند، با سرمایه‌داری به نبرد پرداختند، با امپریالیسم مبارزه کردند، به مخالفت با جنگ و میلیتاریسم و سلاح اتمی و شیمیایی دست زدند، به انترناسیونالیسم روی آوردند و علیه نرم‌های اجتماعی جامعه بورژوایی، از لباس پوشیدن گرفته تا آرایش مو و غذا خوردن، شوریدند. در این پروسه بسیاری از دانشجوها و جوانان و روشنفکران رادیکالیزه‌تر و انقلابی‌تر شدند و بسیاری به کمونیسم روی آوردند. مخالفت با جامعهٔ سرمایه‌داری به حدی بود که عده‌ای به امید سرنگون کردن آن به عملّیات چریکی دست زدند درحالی که عده‌ای جامعهٔ شهری را ترک کردند و به کوه و بیابان روی آوردند. در چنین شرایطی مائو به جای تسلیم به وضع موجود، راه رهایی و راه انقلاب بدون وقفه را در پیش گذاشت. روی آوردن روشنفکران به مائو به خاطر نوآوری‌های انقلابی او در تئوری و فلسفهٔ مارکسیستی-لنینیستی بود.

۲. چشم‌اندازی که مائوئیست‌ها در آن دوره در مقابل جنبش دانشجویی و جنبش اعتراضی جوانان قرار می‌دادند به آن فرا می‌خواندند، از نظر شما دارای چه مؤلفه‌های اصلی‌ای بود؟ به عبارت دیگر مائوئیست‌ها با فعالیت خود در جنبش دانشجویی

دهه‌های ۶۰ و ۷۰ و جنبش اعتراضی جوانان در این دوره بدنه این جنبش‌ها را به چه مسیری دعوت می‌کردند؟ آیا با توجه به جنبه برجسته مسأله ارضی و مقوله دهقانان در نظرگاه سیاسی مائوئیسم و روش‌های سیاسی‌ای نظیر «محاصره شهرها از طریق روستاها» و ...اساسا مائوئیسم در این جنبش‌ها دارای زمینه واقعی و موضوعیت بود و یا آن را صرفا می‌توان پوششی برای نوعی رادیکالیسم افراطی روشنفکرانه محسوب داشت؟

امیر حسن‌پور: ابتدا باید بگویم که مائوئیست‌های غرب در اواسط دههٔ ۶۰ به دنبال علنی شدن انشعاب بزرگ پا به عرصهٔ تاریخ گذاشتند، آن‌هم به این ترتیب که از رویزیونیسم خروشچفی و اردوگاه به ظاهر سوسیالیستی اما در محتوا بورژوایی آن گسستند و با شروع انقلاب فرهنگی در ۱۹۶۶ افق نوینی در مبارزه تاریخی بین پرولتاریا و بورژوازی را مشاهده کردند. آن‌ها وظیفهٔ سنگینی برعهده داشتند: حزب کمونیست چین خط مشی عمومی جنبش کمونیستی بین‌المللی را ترسیم کرده بود و همه جا مورد بحث بود. اما این کافی نبود زیرا مائوئیست‌ها در هر کشوری می‌بایست گذشته را زیر سؤال بکشند و به تعبیر نوینی از آن برسند، می‌بایست شرایط پیچیدهٔ حال را که در آن قرار داشتند، به ویژه انشعاب در حال تکوین را، بفهمند و با اتوریتهٔ حزبی که نام پرآوازهٔ لنین را یدک می‌کشید به مبارزه برخیزند و هم‌زمان می‌بایست مبارزه خود را در پرتو آینده‌ای که می‌خواستند بسازند سازمان دهند. به این ترتیب، جوانان و دانشجویان مائوئیست، برخلاف دانشجویان آنارشیست، تروتسکیست و خروشچفیست که تشکلات و سنت‌ها و مواضع جا افتادهٔ خود را داشتند می‌بایست مواضع و راه و رسم و سازماندهی خود را از نو و در تقابل با آنچه موجود بود بسازند.

دانشجویان و جوانان انقلابی، چه مائوئیست چه غیرمائوئیست، در فرانسه و اروپای ۱۹۶۸ جهان دیگری غیر از سرمایه‌داری می‌خواستند و آلترناتیوشان شوروی یا اروپای شرقی بغل گوششان نبود. آنچه جوانان مائوئیست را از بقیهٔ چپ رادیکال متمایز می‌کرد روی آوردن به جهان‌بینی دیالکتیکی و ماتریالیستی بود ـــ خلاف موج شنا کردن، هر نوع اتوریته از جمله اتوریتهٔ تشکیلات خود را زیر سؤال بردن، به تودهٔ کارگران و زحمتکشان

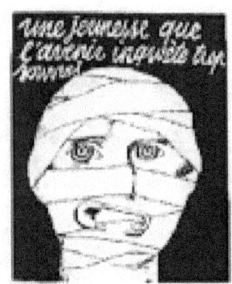

پوسترهای می ۶۸

la cause du peuple

1 F   Boîte Postale 130, Paris-20e   JOURNAL COMMUNISTE   2e ANNEE   N° 27
C.C.P. : N° 3048991 - LA SOURCE   REVOLUTIONNAIRE PROLETARIEN   AOUT 1970

Alain Geismar est partout

Geismar avait dit : l'été sera chaud. Dans les usines, il n'y a pas de trève ; la guerre de classes continue : à Thomson, on a saboté toute l'année ; on sabote en été. Dans les mines, à la Fosse Agache, un mineur est licencié pour « être révolté contre un patron » : c'est toute la fosse qui s'arrête ; il est réintégré.

Mais en réalité, pense qu'il est un révolutionnaire, Geismar n'avait fait que proclamer bien haut le désir des masses : jouir de l'eau, du soleil, de la nature entière ; connaître le repos, — vivre, en un mot — et puisque la bourgeoisie le leur refusait, briser sa dictature.

A Vittel, les travailleurs pénètrent dans le quartier réservé aux curistes et y impose la loi de la lutte des classes. Partout, à la Baule, à Thonon, de la Ciotat à Vittel, les masses troublent les vacances dorées des possédants. A l'île de Bandol, an école des enfants-rois va ; à Juan-les-Pins, à la

Ciotat, à Thonon, contre les occupeurs qui veulent faire payer au peuple le droit de se baigner, par centaines, on envahit les plages que les riches veulent interdire, et on les défend.

L'été chaud est partout, et c'est l'affaire de tous. Contre cela, que peut faire la bourgeoisie ? Que peut Marcellin et ses provocations ?

Et quand à l'été succédera une rentrée brûlante, que pourront-ils ?

RIEN, CAR ON NE DISSOUT PAS LE PEUPLE.

اعتماد داشتن، از آن‌ها یاد گرفتن و به آن‌ها یاد دادن، نهراسیدن از سختی‌ها... مائو گفت: امپریالیسم ببر کاغذی است! سرمایه‌داری در شوروی برگشته است و در چین هم امکان برگشتش هست! پایگاه بورژوازی نوین در درون حزب است! باید این ستاد بورژوازی را تسخیر کرد!

اما پذیرفتن مشی نوین جنبش کمونیستی هیچ فردی را یک شبه مائوئیست نمی‌کرد. باید در نظر داشت که مارکس خودش مارکسیست به دنیا نیامد. او از ابتدای زندگی سیاسی و فکری خود تا سال ۱۸۴۳، یک دمکرات انقلابی بود و به تدریج، همراه با انگلس، به مواضعی رسید که بعدا تحت عنوان مارکسیسم شناخته شد. به همین ترتیب، لنین هم لنینیست به دنیا نیامد. او در جریان مبارزه در جنبش دانشجویی و روشنفکری روسیه با مارکسیسم آشنا شد و خیلی زود در مبارزه علیه نظرات غیرپرولتری در درون جنبش کمونیستی زمان خود و در جریان رهبری اولین انقلاب سوسیالیستی دنیا مارکسیسم را به سطح بالاتری ارتقا داد که بعدا لنینیسم نام گرفت. در مورد مائو هم چنین بود. با وجود اینکه نظرات مائو در فلسفه و سیاست و اقتصاد و امورنظامی قبل از کنگرهٔ بیستم و پیش از انشعاب در خارج از چین هم شناخته شده بودند و بخشی از تئوری مارکسیستی به شمار می‌رفتند، مائوئیسم در واقع بعد از کنگرهٔ بیستم در مبارزه با رجعت سرمایه‌داری در شوروی، مبارزه با رویزونیسم خروشچفی، رهبری کردن انشعاب، به راه انداختن انقلاب فرهنگی، و تکامل دادن تئوری و پراتیک دیکتاتوری پرولتاریا، پا به عرصهٔ تاریخ گذاشت.

اگر مائو خودش در طول پنجاه سال زندگی کمونیستیش (از سال ۱۹۲۶ تا مرگش در ۱۹۷۶) توانست بر دید دترمینیستی حاکم بر جنبش کمونیستی و تئوری مارکسیستی غالب شود و دید دیالکتیکی را در مقابل آن قرار دهد و از این طریق موفق شد جنبش کمونیستی را نجات بدهد، بعضی از مائویست‌ها نتوانستند از دترمینیسم به ویژه اکونومیسم ببرند و این تعجب‌آور نیست زیرا سیاست و ایدئولوژی پرولتاریا را اقیانوسی از سیاست و ایدئولوژی سایر طبقات جدا نمی‌کند. در واقع دانشجویان و جوانان و کارگران مائوئیست که در شورش مه ۱۹۶۸ شرکت کردند، خط مشی واحدی نداشتند و بسیاری هنوز گرفتار تفکر اکونومیستی بودند.

توجه می‌کنید که تا حالا در پاسخ به این سؤال و نیز سؤال قبلی اشاره‌ای به مسألهٔ ارضی و دهقانی و یا محاصرهٔ شهرها از طریق دهات نکرده‌ام، زیرا مائوئیسم ربطی به مسألهٔ دهقانی ندارد. علت استقبال جوانان و روشنفکران اروپا و آمریکای شمالی از مائوئیسم دقیقا این بود که مائوئیسم ربطی به مسألهٔ دهقانی یا مبارزهٔ مسلحانه ندارد. اگرچه مائو در این زمینه‌ها خدمات مهمی به تئوری و پراتیک مارکسیستی کرده است. اگر مارکسیسم ایدئولوژی و تئوری و سیاست پرولتاریا در عصر سرمایه‌داری رقابت آزاد بود و اگر لنینیسم، مارکسیسم عصر امپریالیسم و انقلابات پرولتری بود، مائوئیسم را باید مارکسیسم عصر سوسیالیسم به حساب آورد. مهم‌ترین مؤلفهٔ مائوئیسم مبارزه طبقاتی در سوسیالیسم و تئوری دیکتاتوری پرولتاریا است.

از این رو در پاسخ به بخش آخر سؤال باید بگویم که مائوئیسم بیش از سایر جهان‌بینی‌ها دارای زمینهٔ واقعی و موضوعیت بود و پوششی برای نوعی رادیکالیسم افراطی و روشنفکرانه به شمار نمی‌رفت. مائوئیسم به عنوان یک سیاست و ایدئولوژی چپ، رادیکال و انقلابی بود و این چیزی بود که بسیاری از جوانان و دانشجویان و روشنفکران می‌خواستند باشند و بودند. آنچه در ۱۹۶۸ و در سال‌های دههٔ شصت گذشت رادیکالیسم افراطی و روشنفکرانه نبود. وقتی که بگوییم شورش‌های سال‌های ۶۰ جریانات «رادیکالیسم افراطی و روشنفکرانه» بودند فرض بر این است که جوانان و روشنفکران ماهیتا نمی‌توانستند یا نمی‌خواستند رادیکال افراطی باشند زیرا آن‌ها کارگر نبودند و روشنفکر بودند. این نظر درست نیست زیرا رادیکال بودن فرد به جایگاهش در درون یک طبقه بستگی ندارد و به همین دلیل اعضای طبقهٔ کارگر ماهیتا یا الزاما انقلابی و رادیکال نیستند. مارکس و انگلس و لنین و مائو کارگر نبودند، بلکه روشنفکر بودند اما از هر کارگری انقلابی‌تر بودند. مبارزات سال‌های ۱۹۶۰ قیام‌هایی روا بودند علیه جهانی کهنه و پوسیده و گندیده، قیام علیه طبقه‌ای که مدت دو قرن بود به قدرت رسیده بود و هنوز زیر شعارهای دروغینی چون «برادری، برابری، آزادی» یا «همهٔ انسان‌ها برابر خلق شده‌اند» به ارتکاب وحشیانه‌ترین خشونت نه تنها علیه شهروندان کشور «خودش» بلکه همهٔ

دنیا می‌پرداخت. در واقع اگر هم «رادیکالیسم افراطی و روشنفکرانه» نیاز به پوشش داشت لزومی نداشت زیر پوشش دهقان‌گرایی و تئوری محاصرهٔ شهرها خود را عرضه کند، زیرا در اروپا و آمریکا مدت‌ها بود دهقانی وجود نداشت و اگر منظور مبارزه مسلحانه است، گوارایسم و کاسترویسم (مشی چریکی) می‌توانستند پوشش مناسب‌تری باشند و در واقع بیشتر جریاناتی که همین راه چریکی را در پیش گرفتند (مثلا «ودرمن»ها در آمریکا یا فراکسیون ارتش سرخ در آلمان) مائوئیست نبودند. با وجود اینکه مائو در عرصهٔ نظامی مهم‌ترین خدمت را به تئوری مارکسیستی کرده است، از دید او اسلحه برداشتن به خودی خود عملّی انقلابی نیست، زیرا می‌توان برای نیل به اهداف رفرمیستی هم اسلحه برداشت و بسیاری این راه را رفته‌اند. از دید مائویستی، اسلحه ماهیت سیاست (رفرم یا انقلاب) را تعیین نمی‌کند بلکه خط سیاسی تعیین می‌کند که مبارزهٔ مسلحانه انقلابی است یا رفرمیست، و انقلاب را نمی‌توان در مبارزهٔ مسلحانه خلاصه کرد. تعجب‌آور نیست که در آمریکای سال‌های ۱۹۶۰ که مبارزهٔ چریکی هوادار فراوان داشت، سازمان مائویستی «اتحادیهٔ انقلابی» که بعدا به «حزب کمونیست انقلابی آمریکا» تبدیل شد نقد مشی چریکی را یکی از مهم‌ترین مبارزات ایدئولوژیک خودش به حساب می‌آورد، مبارزه‌ای که باعث پاگرفتن و آبدیده شدنش شد.

در رابطه با دهقانی بودن مائوئیسم لازم است چند نکته را بگویيم، اگرچه اندکی ما را از نکتهٔ اصلی سوال دور می‌کند. هم لنین و هم مائو متهم شده‌اند که نظراتشان دهقانی (یعنی غیر پرولتری) و ناسیونالیستی است (گویا لنین مارکسیسم را «روسی» کرد و مائو آن را «چینی» کرد). این اتهام بیشتر گویای نظرات متهم‌کنندگان است تا متهمین. مارکس که در اروپای قرن نوزدهم زندگی می‌کرد ـــ زمانی که روابط سرمایه‌داری در روستاهای انگلستان و بلژیک وهلند و فرانسه و آلمان غالب بود ـــ در سال ۱۸۵۶ (۱۶ آوریل) در رابطه با انقلاب در آلمان به انگلس نوشت که «همه چیز در آلمان بستگی خواهد داشت به امکان پشتیبانی از انقلاب پرولتری با طبع دوم جنگ دهقانی». اگر مارکس و انگلس در اروپای سرمایه‌داری هنوز بر اهمیت مسألهٔ دهقانی تأکید می‌کردند، لنین و مائو در بزرگ‌ترین

کشورهای روستایی جهان انقلاب را رهبری می‌کردند، یعنی در شرایطی که اکثریت مردم دهقان بودند و در روابط فئودالی و نیمه‌فئودالی به سر می‌بردند. اگر آن‌ها توجه جدی و عمیق به مسألۀ دهقانی نمی‌کردند نه می‌توانستند مارکسیست باشند نه انقلاب کنند. استالین بلافاصله پس از مرگ لنین در جمع‌بندی از لنینیسم در سال ۱۹۲۴ نوشت:

بعضی‌ها تصور می‌کنند که نکتۀ اساسی لنینیسم مسئلۀ دهقانان بوده و سر منشا لنینیسم مسئلۀ مربوط به دهقانان و نقش و درجۀ اهمیت آن می‌باشد. این تصور به کلی عاری از حقیقت است. موضوع اساسی لنینیسم و سر منشا آن مسئلۀ دهقانان نبوده بلکه مسئلۀ دیکتاتوری پرولتاریا و شرایط به دست آوردن و شرایط استوار ساختن آن می‌باشد. مسئلۀ دهقانان، که برای پرولتاریا در مبارزه در راه تصرف حکومت مسئلۀ یک متفق است، یک موضوع فرعی و اشتقاقی است. ولی این قضیه ابدا مسئلۀ دهقانان را از آن اهمیت جدی و حیاتی که این مسئله بدون شک برای انقلاب پرولتاریائی دارد نمی‌اندازد....

از این حیث مسئلۀ دهقانان جزئی از مسئلۀ کلی و عمومی دیکتاتوری پرولتاریا می‌باشد و به این شکل یکی از حیاتی‌ترین مسائل لنینیسم را تشکیل می‌دهد. علت بی‌اعتنایی و حتی در پاره‌ای از اوقات رفتار منفی احزاب بین‌الملل دوم نسبت به مسئلۀ دهقانان فقط شرایط مخصوص تکامل کشورهای غرب نیست. علت آن بیش از همه این است که این احزاب به دیکتاتوری پرولتاریا ایمان ندارند، از انقلاب ترسیده و در این خیال نیستند که پرولتاریا را به طرف حکومت ببرند و آن کس هم که از انقلاب بترسد، کسی‌که خیال ندارد پرولتاریا را به طرف حکومت سوق دهد

> مسلما به متفقین پرولتاریا در انقلاب نیز نمی‌تواند علاقه‌مند باشد، برای او مسئلهٔ وجود متفق علی‌السویه و دور از واقعیت است. روش پهلوانان بین‌الملل دوم، که موضوع دهقانان را مورد استهزا قرار می‌دادند، در نظر خودشان علامت یک رویهٔ پسندیده و نشانهٔ مارکسیسم «حقیقی» محسوب می‌گردد و اما در واقع ذره‌ای هم مارکسیسم در این عمل وجود ندارد (ی. ا. استالین، مسائل لنینیسم، جلد اول، مسکو، ۱۹۴۹، ص. ۷۰_۷۱)

گویی که این بحث دربارهٔ‌ی مائو و مائوئیسم نوشته شده است. اگر «پهلوانان انترناسیونال دوم» که با شروع جنگ جهانی اول به بورژوازی خودشان پیوستند تجربهٔ دیکتاتوری پرولتاریا در شوروی و چین را نداشتند، از «پهلوانان» امروز انتظار می‌رود که با تئوری و پراتیک رابطهٔ دیکتاتوری پرولتاریا و دهقانان در دو انقلاب اکتبر آشنا باشند. البته این انتظار تا حدی بی‌جا است زیرا اگر «پهلوانان» امروز مائوئیسم را با مسألهٔ دهقانی یکی می‌دانند تنها به خاطر اشکال معرفتی (بی‌اطلاعی از موضع لنین و مائو) نیست، بلکه به خاطر موضع سیاسی و ایدئولوژیک‌شان است. آن‌ها مانند «پهلوانان انترناسیونال دوم» از انقلاب و دیکتاتوری پرولتاریا در هراسند و اگر بپذیرند که مسألهٔ اصلی مائوئیسم اعمال دیکتاتوری پرولتاریا در سرتاسر دوران سوسیالیسم است دیگر نخواهند توانست راست‌روی سیاسی و ایدئولوژی غیرپرولتری خودشان را پرده‌پوشی کنند.

۳. به یک سؤال بسیار اساسی می‌پردازیم که در بحث‌های مربوط به جنبش دانشجویی و تاریخ آن در فضای فکری ایران نیز بازتاب‌های زیادی داشته است: به نظر شما دلیل علاقه و سمپاتی شدید فعالین دانشجویی و جوانان معترض در دهه‌های ۶۰ و ۷۰ اروپای غربی و آمریکای شمالی به «انقلاب فرهنگی» چین چه بود؟ شاید بی‌فایده نباشد که در اینجا ذکر کنیم که جمعی از لیبرال‌ها و چپ‌های سابق که امروز در این عرصه‌ها به اظهار نظر می‌پردازند، دلیل این مسأله را «نادانی» و «بی‌اطلاعی» دانشجویان از وقایع چین و جو هیجان‌زدگی حاکم بر جنبش‌های اعتراضی آن دوره

که فعالین را به واکنش‌های احساسی و دفاع از هر نوع «رادیکالیسم سطحی» می‌کشاند ذکر می‌کنند و «انقلاب فرهنگی» چین را هم نوعی «فاجعه بشری» به حساب می‌آورند. نظر شما در این مورد چیست؟

امیر حسن‌پور: با وجود تنوع فکری و سیاسی و ایدئولوژیک خارق العادهٔ دانشجویان، جوانان، و مبارزین نسل پیشین، آنچه همهٔ آن‌ها را در یک صف قرار می‌داد این بود که می‌خواستند دنیایی خلق کنند که در آن استثمار و ستم و استعمار نباشد. آن‌ها آلترناتیوی را که در جلو چشمشان بود، شوروی و جمهوری‌های توده‌ای اروپای شرقی، از همان قماش سرمایه‌داری به حساب می‌آوردند. اگرچه بسیاری از چه‌گوارا و کاسترو و هوشی‌مین الهام می‌گرفتند، هیچ‌کدام از این رهبران نتوانستند از چهارچوب مارکسیسم استالینی خارج بشوند و بعضی‌ها در خروشچفیسم فرو رفتند.

باید توجه کرد که جاذبهٔ انقلاب فرهنگی فقط برای جوانان نبود. نسل قبلی روشنفکران و فعالین مارکسیست و چپ نیز، از جمله روشنفکرانی چون سارتر، سیمون دو بوار، آلتوسر و حتی برای مدتی، فوکو و گردانندگان نشریهٔ *Tel Quel*، تحت تأثیر انقلاب فرهنگی بودند. جاذبهٔ این انقلاب بسیار بود، هم در سطح تئوری وهم برای پراتیک. درعرصهٔ تئوری، مهم‌ترین جاذبهٔ آن این بود که برای اول بار توضیح درستی از شکست مهم‌ترین واقعهٔ تاریخ جامعهٔ طبقاتی یعنی سوسیالیسم در شوروی ارائه داد و راه‌های جلوگیری از رجعت سرمایه‌داری را در دوران ساختمان سوسیالیسم ترسیم کرد. کسانی که قبلا به توضیح شکست پرداخته بودند (از تروتسکی گرفته تا مکتب فرانکفورت و چپ نو) دراین تلاش موفق نشدند و به مراتب بدتر از این، کسانی چون کاسترو و چه‌گوارا، شکست سوسیالیسم در شوروی را نمی‌دیدند و تئوریسین‌هایی چون جورج لوکاچ به دفاع از رویزیونیسم خروشچفی پرداختند. نظر این منتقدین که علل شکست را در بوروکراتیزه شدن انقلاب یا روانیات استالین (یعنی خلق‌وخو و خشونتش) یا تصفیه‌های حزبی جستجو می‌کند چیزی جز یک توضیح سطحی نیست، معلول را با علت اشتباه می کند و اصولا متکی بر تئوری مارکسیستی در مورد مبارزهٔ

طبقاتی در دوران سوسیالیسم نیست. مائو این تحلیل‌ها را کنار انداخت و درک تئوریک و فلسفی شکست سوسیالیسم در شوروی را به سطحی رساند که هم مارکسیست‌ها و هم ضدمارکسیست‌ها ناچار به موضع‌گیری شدند. در طی این مبارزات، مائو بیش از هر چیز درک دترمینیستی را که در دوران رهبری استالین بر جنبش کمونیستی دنیا و مارکسیسم غلبه داشت زیر سؤال کشید و درک دیالکتیکی را در مقابله با آن ارائه داد. هنگامی که مطبوعات چین درسال ۱۹۶۴ خبر از «مبارزهٔ عظیمی در عرصهٔ فلسفه» دادند، در واقع دور جدیدی از مبارزهٔ طبقاتی شروع می‌شد. مبارزه برای ادامهٔ انقلاب سوسیالیستی به مبارزه بر سر دیالکتیک کشیده شد. خط مائو تمام فلسفه و پراتیک مارکسیستی آن زمان را به نقد کشید و استدلال کرد که جوهر دیالکتیک «تبدیل یک به دو» است، نه «تبدیل دو به یک». از این دیدگاه، جامعهٔ سوسیالیستی جامعه‌ای طبقاتی است، مملو از تضاد و مبارزهٔ طبقاتی بین راه سوسیالیسم و راه سرمایه‌داری است و امکان رجعت و رشد سرمایه‌داری وجود دارد و راه حل این تضادها ادامهٔ دیکتاتوری پرولتاریا است. نظر دوم ترکیب دو سوی تضاد (سرمایه‌داری و سوسیالیسم)، حذف مبارزهٔ طبقاتی، تلفیق پرولتاریا و بورژوازی، و ترکیب مارکسیسم و رویزیونیسم، و همگونی سرمایه‌داری و سوسیالیسم را توجیه می‌کرد. این خط فلسفی جریان «راست» بود یعنی آنچه که بعدا «رهروان سرمایه‌داری» نامیده شدند. این مبارزهٔ فلسفی در عرض کم‌تر از یک سال به انقلاب فرهنگی کشیده شد: کارگران، دهقانان، دانشجویان، گاردهای سرخ و دیگر کمونیست‌هایی که خواهان جهش در ساختمان سوسیالیسم بودند حزب کمونیست و دولت و سایر پایگاه‌های بورژوازی را مورد حمله قرار دادند. دو پروژهٔ «راه سوسیالیسم» و«راه سرمایه‌داری» می‌بایستی از هم جدا شوند، هم در عمل و هم در تئوری. هیچ سنتزی و هیچ همگونی بین این دو میسر نبود.

اگر جهش تئوریک و فلسفی «انقلاب فرهنگی» برای روشنفکران انقلابی و کمونیست سال‌های ۱۹۶۰ خیره کننده بود، تصویر صدها هزار دانشجو و جوان و گارد سرخ که اتوریتهٔ عالی‌ترین مقام رهبری، یعنی حزب و دولت، را سرنگون کردند به همان اندازه الهام‌بخش بود. اگر در

سال ۱۹۶۶ دانشگاه‌ها و اماکن دولتی و خیابان‌های شانگهای و پکن به تصرف دانشجویان و کارگران درآمدند، دو سال بعد دانشگاه‌ها، خیابان‌ها و کارخانه‌ها در فرانسه در دست دانشجویان و کارگران بود. اگر «انقلاب فرهنگی» در خاطرهٔ جمعی با روزنامهٔ دیواری، اعلامیه، پوستر، پرتره و پلاکارد و دیوارنگاری نقش بسته است، شورش مه ۶۸ نیز در اعلامیه و پوستر و پرتره و پلاکارد و دیوارنگاری و مشت‌های گره خورده شکوفا شد. اگر «انقلاب فرهنگی» مبارزه بین خط پرولتری و بورژوایی درون حزب را به عرصهٔ جامعه کشاند، دانشجویان و جوانان فرانسه مبارزه بین سرمایه‌داری و سوسیالیسم را به خارج از دانشگاه‌ها و به کارخانه‌ها و خیابان‌ها بردند و برای مقابله با خشونت سازمان یافتهٔ دولت به سنگربندی در خیابان‌ها پرداختند. دانشجویان در حالی‌که ناظر به آینده بودند و تصویر این آینده را در چین انقلابی مشاهده می‌کردند، با سنگربندی در خیابان‌های پاریس به بر پا کردن دوباره‌ی کمون پاریس می‌اندیشیدند. ماوی گالان، یکی از شرکت‌کنندگان در شورش مه، نوشته است که در ماه‌های مه و ژوئن قفسه‌ی کتابفروشی‌های پاریس از کتاب‌های مربوط به کمون خالی شده بود، زیرا همه جویای آگاهی بیشتر از این نقطه عطف مهم تاریخ بودند. جای شگفتی نیست که در دوران «انقلاب فرهنگی» چین، «کمون پاریس» سرمشقی بود برای انقلابی‌تر کردن انقلاب سوسیالیستی، و در شورش مه فرانسه، «انقلاب فرهنگی» الهام‌بخش و سرمشق نسل جدید انقلابیون شد. به این ترتیب تعجب‌آور نیست که بورژوازی و مرتجعین در سراسر دنیا با خشم و خشونت به انقلاب فرهنگی می‌تازند. همچنین تعجب آور نیست که پهلوان جدید محافظه‌کاران، سارکوزی رئیس جمهوری فرانسه، در کارزار انتخابیش در ۲۰۰۷ اعلام کرد که «مسألهٔ این انتخابات این است که آیا میراث ۶۸ باید ادامه یابد یا برای همیشه سر به نیست شود».

کسانی که علاقهٔ دانشجویان سال‌های ۶۰ و ۷۰ به «انقلاب فرهنگی» را ناشی از «نادانی» و «بی‌اطلاعی» آن‌ها از وقایع چین و «جو هیجان زدگی» می‌دانند، به نظر من نه تنها بی‌اطلاعی خودشان را از تاریخ این مبارزه برملا می‌کنند، بلکه تعهدات سیاسی و ایدئولوژیک خودشان را به نمایش می‌گذارند.

اولا باید بگویم که اطلاعات در بارهٔ «انقلاب فرهنگی» فراوان بود، به ویژه در کشورهای سرمایه‌داری غرب و کشورهایی از قبیل هندوستان. بسیاری از جوانان و روشنفکران کمونیست و غیر کمونیست از اروپا و آمریکای شمالی به چین مسافرت می‌کردند، و سفرنامه‌ها و مطالعات متعددی منتشر می‌کردند و جلسات سخنرانی برگزار می‌کردند. علاوه بر این، نشریات ادواری، کتاب، جزوه، فیلم، صفحه‌ی گرامافون، و پوستر از چین و ویتنام به راحتی در دسترس بود. در هر کشوری سازمان‌های دوستی با جمهوری خلق چین فعالیت می‌کردند، که همهٔ این‌ها علنی بودند و نشریه داشتند و سفر به چین را سازمان می‌دادند. در اروپا و آمریکای شمالی به آسانی می‌شد مجلهٔ «پکن ریویو» و سایر نشریات را که به چند زبان غربی منتشرمی‌شدند آبونه شد. سرویس خارجی رادیو پکن برنامهٔ وسیعی به زبان‌های مختلف از جمله فارسی ارائه می‌داد که از اخبار گرفته تا تحلیل وقایع سیاسی و قرائت آثار مائو را شامل می‌شد. علاوه بر این‌ها، بنگاه‌های انتشاراتی خصوصی و دولتی در اروپا و آمریکا چندین نشریهٔ ادواری مخصوص ترجمهٔ مقالات مجله‌های تئوریک و روزنامه‌های چین منتشر می‌کردند و بیشتر کتابخانه‌های دانشگاهی این نشریات را آبونه بودند.

ثانیا، آنچه هم در بین جوانان و هم بزرگسالان (فعالین و روشنفکران نسل قبل) می‌شد به وضوح دید شور انقلابی بود نه «جو هیجان‌زدگی»، اگرچه هیجان برای انقلاب هم ضروری است و هم زیبا. برای آنانی که به رهایی بشریت می‌اندیشیدند، هم انشعاب ۱۹۶۴ و هم «انقلاب فرهنگی» دنیایی شور انقلابی به راه انداخت. بگذار مثالی بزنم آن هم به نقل از مطالعه‌ای که پارسال در بارهٔ کلودیا جونز (۱۹۶۴ـ۱۹۱۵) منتشر شد (سمت چپ کارل مارکس، نوشتهٔ کارول دیویس).[2] کلودیا زن کمونیست متولد ترینیداد بود که در دوران کودکی به آمریکا مهاجرت کرد، و بعدها در جنبش کمونیستی فعال شد و بعد از چند بار زندانی شدن و پیگرد مداوم از آمریکا تبعید شد و در سال ۱۹۵۵ به انگلستان رفت و در آنجا به حزب کمونیست پیوست. او از جمله گویاترین مبارزین علیه نظام مردسالاری بود و مبارزه برای رهایی

---

2. Carol B. Davies, *Left of Karl Marx*. Durham, NC: Duke University Press, 2007.

زنان و به ویژه آفریقایی‌آمریکایی‌ها را به درون حزب کمونیست آمریکا کشید. کلودیا در سال ۱۹۶۲ به دعوت یکی از سازمان‌های زنان شوروی از این کشور بازدید کرد و دو سال بعد، پس از علنی شدن انشعاب در جنبش کمونیستی، عازم چین شد و همراه هیأتی از آمریکای لاتین، مائو را ملاقات کرد. کلودیا با وجود اینکه از دست‌آوردهای زنان شوروی ابراز خوشحالی کرده بود، از وضع شوروی خیلی ذوق‌زده نشد. اما دیدارش از چین افق نوینی در برابرش قرار داد و با شور و شوق در شعری تحت عنوان «ینان، گهوارهٔ انقلاب» نوشت که مردم چین «فکر درخشانی برای آیندهٔ بشریت» به ارمغان آورده‌اند. کلودیا در کوران مبارزه علیه سرمایه‌داری آمریکا در هارلم نیویورک گداخته شده بود و در عرصهٔ فکری نیز بسیار فعال بود. او افقی را که مائو ترسیم کرده بود رهایی‌بخش یافت، اگرچه آنقدر نزیست که غلیان انقلاب فرهنگی را ببیند. سال‌های ۱۹۶۰ دوران انفجار شور انقلابی بود، مخصوصا برای کسانی که نمی‌توانستند شوروی و اروپای شرقی را دنیای ایده‌آل‌شان به حساب بیاورند.

آن‌ها که «انقلاب فرهنگی» را نوعی فاجعهٔ بشری به حساب می‌آورند درست می‌گویند، اما از آنجا که بشریت به طبقات متخاصم و به سیاست‌ها و ایدئولوژی‌های متضاد تقسیم شده است، هیچ انقلابی نمی‌تواند برای همه معنی واحدی داشته باشد. «انقلاب فرهنگی» به درستی فاجعه‌ای بود برای بورژوازی چین، به ویژه بورژوازی نوین که در حزب و دولت لنگر انداخته بود. درست به همین دلیل بود که با توسل به ارتش کودتا کردند و رهبران «انقلاب فرهنگی» را با خشونت سرکوب کردند. در طی سی و دو سالی که از کودتای بورژوازی می‌گذرد، هزاران نوشته و خاطره منتشر کرده‌اند که در آن «انقلاب فرهنگی» را یک "فاجعه‌ی بشری" معرفی می‌کنند. به نظر من اگر این انقلاب این چنین مورد حمله‌ی بورژوازی چین قرار نمی‌گرفت شایستهٔ نام انقلاب نمی‌بود. در همان حال «انقلاب فرهنگی» برای بورژوازی شوروی و اروپای شرقی و احزاب «کمونیست»شان فاجعه‌ای به شمار می‌رفت زیرا نقاب سوسیالیسم را از چهرهٔ آن‌ها برداشت و افق انقلاب علیه آن‌ها را گشود. همچنین برای بعضی جریاناتی که خود را بخشی از جنبش کمونیستی به حساب می‌آوردند «انقلاب فرهنگی» فاجعه

بود. برای مثال، از تروتسکیست‌ها انتظار می‌رود که شوروی را سوسیالیست به حساب نیاورند اما «اسپارتاکوس یوث لیگ» در جزوه‌ای تحت عنوان «تروتسکیسم در برابر مائوئیسم: چرا اتحاد جماهیر شوروی سرمایه‌داری نیست»؟ در سال ۱۹۷۷ «انقلاب فرهنگی» را تخطئه کرد و از بورژوازی به قدرت رسیده در شوروی دفاع کرد.[۳] بورژوازی غرب نیز از همان آغاز «انقلاب فرهنگی» آن را فاجعه به حساب آورد و حملهٔ وسیعی علیه آن سازمان داده است: در سی سال اخیر خاطرات شرکت کنندگان در انقلاب، فیلم مستند، تحقیق آکادمیک، مواد درسی، نمایشگاه آثار هنری و مجموعهٔ اسناد، بلاانقطاع انقلاب را به مثابهٔ فاجعه معرفی می‌کنند.

در مقابل این جبههٔ وسیع بورژوازی کسانی هستند که از انقلاب فرهنگی به شیوه‌های گوناگون و در سطوح مختلف دفاع می‌کنند. برای مثال، موبو گائو، که خودش در دوران انقلاب در روستا زندگی می‌کرد، در کتابی که امسال در لندن منتشر شده و نیز در سایر آثارش ادعای «فاجعه» بودن را رد می‌کند و به دفاع از مائو، انقلاب فرهنگی و دست‌آوردهای‌شان می‌پردازد (کتاب جنگ بر سر گذشتهٔ چین: مائو و انقلاب فرهنگی)[۴] و یا ویلیام هینتن، کشاورز آمریکایی که در ۱۹۴۶ به چین رفت و به انقلاب پیوست و در حدود سه دهه در چین به کشاورزی مشغول بود، کودتای ۱۹۷۶ رهروان سرمایه‌داری را یک «تراژدی» خواند و گفت: «انقلاب مرده است. زنده باد انقلاب»[۵]

به قدرت رسیدن بورژوازی نو به معنی شکست انقلاب سوسیالیستی بود و ضربهٔ بزرگی بر جنبش کمونیستی و جنبش‌های انقلابی دنیا وارد کرد و تا امروز هم باعث سردرگمی در جبههٔ انقلاب

---

3. Spartacus Youth League. *Trotskysm versus Maoism: Why the U.S.S.R. is not Capitalist*. New York: Spartacus Youth Publishing Co., 1977.
4. Mobo Gao, *The Battle for China's Past: Mao and the Cultural Revolution*. London: Pluto Press, 2008.
5. William Hinton," The Chinese Revolution: Was it necessary? Was it successful? Is it still going on?," *Monthly Review*, Vol. 43, NO. 6, November 1991, pp. 1-15.

شده است. اما از دید دیالکتیکی، شکست پدیده‌ای قائم بالذات یا مستقل نیست و تنها در تضاد با پیروزی معنی می‌دهد. انقلاب فرهنگی حرکتی موفق برای حل تضاد بین پرولتاریا و بورژوازی در یک مرحله از ساختمان سوسیالیسم در چین بود. رهبری انقلاب بارها اعلام کرد که بورژوازی نو همچنان برای کسب قدرت تلاش می‌کند و انقلاب را پایانی نیست و چنین هم شد و مانند مار زخم خورده به حمله پرداخت. به این ترتیب، شکست بورژوازی در سال‌های ۱۹۶۶تا ۱۹۷۷ نتیجهٔ پیروزی «انقلاب فرهنگی» بود و به قدرت رسیدن مجددش در ۱۹۷۶ شکست انقلاب به شمار می‌رود، اما این شکست پایان انقلاب نیست. کار کمونیست‌ها باید جمع‌بندی از دیالکتیک پیروزی‌شکست «انقلاب فرهنگی» و تئوریزه کردن دقیق‌تر و پیچیده‌تر مبارزهٔ طبقاتی در دوران سوسیالیسم باشد.

آنان که شورش مه ۶۸ را به اتهام نادانی محکوم می‌کنند و انقلاب فرهنگی را فاجعهٔ بشری به حساب می‌آورند بیش از آنکه دچار اشتباه شده باشند به بیان یک موضع سیاسی و ایدئولوژیک می‌پردازند. مفهوم فاجعه را با مفاهیمی مقایسه کنید که در طول تاریخ طبقات حاکم علیه مبارزات برده‌ها و دهقان‌ها به کار برده‌اند: فتنه، بغی، فساد، طغیان، عصیان، غائله، سرکشی، نافرمانی و بسیاری مفاهیم وعبارات مشابه. در مقابل این زبان و سیاست و ایدئولوژی طبقات حاکم، زبان و بیان و سیاستی قراردارد که واژهٔ «انقلاب» را برای بار اول به مثابهٔ یک مفهوم مثبت به کار برد (در ۱۷۸۹ در انقلاب بورژوازی فرانسه علیه دولت فئودالی)، شاعر رمانتیک انگلیس ویلیام وردزورث (۱۸۵۰-۱۷۷۰) در سال ۱۸۰۵ در مدح انقلاب فرانسه نوشت: «چه سعادتی بود زیستن در آن سپیده دم، و اما بهشت‌آسا بود جوان بودن (در آن ایام)». صد سال بعد از انقلاب بورژوازی فرانسه، اوژن پوتیه، بلافاصله بعد از آنکه بورژوازی کموناردهای پاریس را با نهایت توحش قتل‌عام کرد، شعر انترناسیونال را سرود و در تاریکی شکست، ندای پیروزی را سر داد: «بر ما نبخشد فتح و شادی، خدا، نه شه، نه قهرمان. با دست خود گیریم آزادی، در پیکارهای بی‌امان. تا ظلم از عالم بروبیم...» و یا کسانی مانند اسلاوی ژیژک، که با همین روحیه و بینش و بصیرت، در کتاب جدیدش (*در دفاع از آرمان‌های از دست رفته*، چاپ ۲۰۰۸) به دفاع از انقلابی‌گری

ژاکوبین‌ها، کمون پاریس، انقلاب اکتبر و انقلاب فرهنگی برخاسته و هشدار می‌دهد که باید دوباره انقلاب کرد، حتی اگر باز هم شکست بخورد. در اینجا دیالکتیک مبارزه-شکست-مبارزه در مقابل متافیزیک تسلیم به وضع موجود قرار می‌گیرد.

۴. به طور مشخص مائوئیست‌ها در جریانات می ۶۸ در فرانسه و در جنبش دانشجویی این کشور نقش مهمی در قالب «اتحادیه جوانان کمونیست (مارکسیست-لنینیست)»[6] ایفا نمودند. از آلن گیسمار یکی از فعالین این جریان به عنوان یکی از رهبران اصلی اعتراضات می ۶۸ نام برده می‌شود. جمع‌بندی و ارزیابی شما از نقش، عملکرد و کارنامه مائوئیست‌ها در می ۶۸ در فرانسه به طور کلی و این اتحادیه و این فرد به طور خاص چیست؟

امیر حسن‌پور: قبل از مه ۶۸، جریانات مخالف رویزیونیسم خروشچفی و طرفدار اندیشهٔ مائو در فرانسه شکل گرفته بودند، در جنبش شرکت کردند، اما وزنهٔ سیاسی آن‌ها در ماه‌ها و سال‌های بعد از مه سنگین شد.

باید در نظر داشت که انشعاب از اردوگاه شوروی و شکل‌گیری سیاسی و ایدئولوژیک و تشکیلاتی جنبش نوین کمونیستی در هر کشوری ویژگی‌های خودش را داشت. مثلا حزب کمونیست فرانسه بعد از جنگ جهانی دوم، یکی از بزرگ‌ترین و قوی‌ترین احزاب کمونیست دنیا (خارج از کشورهای سوسیالیستی) بود و در جنبش‌های کارگری، دانشجویی، زنان، و روشنفکری و تشکلات آن‌ها نفوذ و اعتبار فراوان داشت. علاوه بر این، در فرانسه آنارشیسم و تروتسکیسم نیز جریان‌های رادیکال جا افتاده بودند. مائوئیست‌ها می‌بایست در تقابل با این جریانات خط سیاسی و ایدئولوژیک و تشکیلاتی خودشان را ترسیم می‌کردند و برنامهٔ مبارزاتی خود را به اجرا می‌گذاشتند. قبل از ماه مه، هم در سازمان‌های جوانان و دانشجویی و هم در سازمان‌های بزرگسالان جریانات مائوئیستی می‌بایست با این جریانات دست و پنجه نرم می‌کردند. در سال ۱۹۶۴ دو گروه از «حزب کمونیست فرانسه» جدا شدند که یکی از آن‌ها، موسوم به «جنبش کمونیستی فرانسه»[7]

---

6. Union des jeunesses communistes marxistes-léninistes.
7. Movement communiste français.

در سال ۱۹۶۷ بعد از مبارزه بر سر تشکیل حزب یا ایجاد جبهه‌ای از مائویست‌ها به ایجاد «حزب کمونیست مارکسیست‌لنینیست فرانسه»[8] دست زد. در تشکلات جوانان و دانشجویان نیز تحولات زیادی صورت گرفت. در اوائل ۱۹۶۶ عده‌ای از «سازمان دانشجویان کمونیست» که متعلق به «حزب کمونیست فرانسه» بود انشعاب کردند و «اتحادیهٔ جوانان کمونیست (مارکسیست‌لنینیست)» را تشکیل دادند.

بخش مهمی از برنامهٔ عملّی «اتحادیه» دفاع از ویتنام و کار در کارخانه‌ها و اتحادیه‌های کارگری بود. رهبران این سازمان معتقد بودند که «س.ژ.ت»، بزرگ‌ترین اتحادیهٔ کارگری که وابسته به حزب کمونیست بود، عرصهٔ مهم مبارزه علیه جریان رویزیونیستی است، در حالی که «حزب کمونیست مارکسیست-لنینیست فرانسه» برای ایجاد حزب پیشتاز اولویت قائل بود. جنبش مه گرایشات اکونومیستی‌کارگری «اتحادیهٔ جوانان کمونیست (مارکسیست-لنینیست)» را رو کرد. در آستانهٔ نبردی که به «شب سنگرها» مشهور شد (۱۰ مه)، اتحادیه با برپا کردن سنگر در محلهٔ دانشجویی پاریس (کارتیه لاتن) مخالفت کرد و استدلال کرد که انقلاب کار کارگرها است و هر مبارزه‌ای بدون کارگران بی‌معنی است و دانشجویان را دعوت کرد که به جای سنگربندی کارتیه لاتن به کارخانه‌ها و محلات کارگری بروند. اگر چه «حزب کمونیست مارکسیست‌لنینیست فرانسه» نظرات مشابهی در مورد رابطهٔ جنبش کارگری و دانشجویی داشت و با مبارزات خودبه خودی مخالفت می‌کرد، در «شب سنگرها» شرکت کرد. اما اتحادیه‌های کارگری از قیام دانشجویان پشتیبانی کردند و خودشان به اعتصابات وسیع و اشغال کارخانه‌ها دست زدند و با این حرکت‌شان فرانسه را تکان دادند. در این شرایط «اتحادیه» به جنبش پیوست و «راهپیمایی طولانی» به طرف کارخانه‌ها را به پشتیبانی از کارگران سازمان داد. به این ترتیب خط اکونومیستی و غیرمائوئیستی این تشکیلات هم در مخالفتش با جنبش دانشجویی و هم در دفاعش از جنبش کارگری نمایان شد (اعتقادشان به اینکه جنبش دانشجویی یک جنبش خرده بورژوایی است و اگر زیاد رشد کند جنبش کارگری را تحویل بورژوازی می‌دهد و خرده بورژوازی رهبری جنبش را در دست می‌گیرد). اما پیوستن تشکیلات به جنبش دردی را دوا نکرد. به نظر برخی از اعضای «حزب کمونیست مارکسیست‌لنینیست فرانسه» و نیز عده‌ای در خود «اتحادیه»، رژیم دوگل

---

8. Parti communiste marxiste-léniniste de France.

به این دلیل جان سالم به در برد که حزبی در میان نبود که بتواند و مایل باشد به انرژی عظیمی که شورش مه رها کرده بود جهت دهد. اما پاسخ «اتحادیه» به این انتقادها و راهیابی آن باز هم اکونومیستی بود: در برخورد به این بحران، دانشجویانی را که در کارخانه‌ها کار گرفته بودند از کارخانه بیرون کشیدند تا راه و چاه را در مطالعهٔ متون پیدا کنند. و این آغازی بود بر پایان این تشکیلات و تجزیهٔ آن و شکل گرفتن صف‌آرایی جدیدی در جنبش مائوئیستی.

قبل از ماه مه، فعالین «اتحادیه» کمک فراوان به اعتصاب‌های غیرمجاز در سه کارخانه کرده بودند. آن‌ها در نانتر، در دانشکدهٔ ادبیات «پایگاه سرخ» برپا کرده بودند و از آنجا به فعالیت در زاغه نشین‌های کارگران مهاجر می‌پرداختند. برای نشان دادن درک اکونومیستی این جریان به دو نقل قول اکتفا می‌کنم: آرمان خلق در شمارهٔ اول مه نوشت: «ما با قراردادن خودمان تحت رهبری توده‌های وسیع کارگری می‌توانیم یاد بگیریم که نیازهای مبارزاتی آن‌ها چیست و سعی کنیم به آن‌ها پاسخ بدهیم: ما از آن‌ها یاد خواهیم گرفت، آن‌ها استادان ما خواهند بود». اما قیام دانشجویی چند روز بعد «اتحادیه» را به کلی غافلگیر کرد. در نوشته‌ای که ظاهرا پیش‌نویسی برای انتقاد از خود است و در ماه ژوئن نوشته شده، و به بحث در بارهٔ وقایع روزهای ۱۰ تا ۱۴ مه اختصاص دارد، چنین آمده است:

> ما در طول این مدت از نقش جرقه زدن به انفجار کارتیه لاتن غفلت کردیم، و کم بها دادیم به نقشی که، در یک مرحلهٔ اولیه، جنبش خشن ضد دوگل دانشجویان و جوانان می‌توانست ایفا کند... جنگ ضد دوگل کاملا ناگهانی در گرفت، آن هم نه بر سر مسائلی چون ستم بر طبقهٔ کارگر، دستمزدهای بخور و نمیر، یا بی‌کاری، بلکه براساس نقد [نظام] آموزشی پوسیده، که به سرعت به نقد انقلابی ایدئولوژی و فرهنگ جامعهٔ امپریالیستی محتضر ما گسترش یافت. ما نه در کارمان با دانشجویان و جوانان و نه در سازماندهی سیستم تبلیغاتی‌مان برای یک انقلاب فرهنگی با چنین ابعادی آماده نبودیم. این باعث شد که بعضی مواضع در مبارزهٔ

> ایدئولوژیک را که اهمیت انقلابی داشتند، هم برای طبقهٔ کارگر و هم برای جوانان، خرده بورژوا و ضد کارگر به حساب بیاوریم.[۹]

درک غیرمائوئیستی از مبارزهٔ طبقاتی به ویژه رابطهٔ جنبش کارگری و کمونیستی تمامی مواضع این جریان مدعی مائوئیسم را رقم می‌زند. گویی که جریانات کارگری امروز ایران، که ضد مائوئیست‌اند، سخنگویان وفادار این جریان هستند: هردو طبقهٔ کارگر را به خاطر استثمار شدن و سختی کشیدن کارگران انقلابی می‌دانند، نه به خاطراینکه تنها طبقه‌ای است که هیچ نوع تعلقات مالکیت ندارد؛ هر دو از درک خصلت بورژوایی مبارزات اقتصادی طبقهٔ کارگر عاجزاند؛ هر دو جنبش دانشجویی را به خاطر روشنفکر بودن و زحمتکش نبودن غیرانقلابی می‌دانند؛ هر دو جنبش دانشجویی را مزاحم جنبش کارگری و تهدیدی برای آن می‌بینند؛ هر دو می‌خواهند برای انقلابی کردن جنبش دانشجویی به آن «خصلت کارگری» بدهند؛ هر دو می‌خواهند جنبش دانشجویی را به پشت جبههٔ جنبش کارگری تبدیل کنند.

هنگامی که جنبش مه ماهیت انقلابی خود را نشان داد، گرایش اکونومیستی درون «اتحادیه» هم ماهیت غیرانقلابی خود را رو کرد. هیچ یک از مبارزات کارگری چشمگیر و برجسته‌ای که تا آن زمان به آن پرداخته بود نتوانست عقب ماندگی‌اش را از حرکت انقلابی ماه مه جبران کند. تضاد بین شور انقلابی دانشجویان و خط سیاسی عقب مانده سازمان به اندازه‌ای بارز بود که چاره‌ای جز انحلال فوری آن نبود و در سپتامبر ۶۸ جای خود را به «چپ پرولتری» داد، که افرادی از چند گروه مائویستی را در بر می‌گرفت و خیلی زود به یک وزنهٔ سیاسی مهم فرانسه تبدیل شد و به قول یکی از ناظرین، اگر در فرانسه بحثی از مائویست‌ها به میان می‌آمد منظور «چپ پرولتری» بود.

در مورد آلن گیسمار: او قبل از مه ۶۸ در دانشکدهٔ علوم تدریس می‌کرد و دبیر کل اتحادیهٔ استادان بود. این اتحادیه، تحت رهبری گیسمار، از شورش مه دفاع کرد. در روزهای نبرد ماه مه، به ویژه بعد از نبرد روز

9. Alain Schnapp et Pierre Vidal-Naquet, *Journal de la commune étudiante: Textes et documents, novembr 67-juin 68*. Paris: Éditions du Seuil, 1969, p. 347.

ششم که منجر به زخمی شدن و دستگیری دانشجویان شد، گیسمار و رهبر «اتحادیهٔ ملّی دانشجویان فرانسه» معتقد بودند که می‌توانند برای آزادی دانشجوها و پایان دادن به اشغال سوربن توسط پلیس، از موضع قدرت با حکومت وارد مذاکره شوند. اما دانشجویان این کار را پشت کردن به مبارزه تلقی کردند و گیسمار بعد از به نتیجه نرسیدن مذاکره متوجه اشتباه خودش شد. اتحادیهٔ استادان از چپ‌گرایی گیسمار ناراضی بود و در نتیجه از رهبری آن استعفا داد (۲۷ مه) گیسمار در جنبش مائوئیستی، بعد از ماه مه و در «چپ پرولتری» نقش فعال‌تری داشت.

۵. نظرتان در مورد عملکرد مائوئیست‌های فرانسه در دوران پس از می ۶۸ و به طور مشخص این احزاب و به ویژه «چپ کارگری» و رهبران آن چیست؟ پس از می ۶۸ دغدغه‌ها و مباحث مائوئیست‌ها در فرانسه حول چه مسائلی جریان داشت، با چه هدفی دست به تشکیل این حزب زدند و برای چه انشعاب در بین آن‌ها رخ داد؟ عملکرد آن‌ها پس از می ۶۸ را چگونه ارزیابی می‌کنید؟ گیسمار در دادگاهی در سال ۱۹۷۰ محاکمه شد، دلیل این مسأله چه بود؟ او الان چه می‌کند؟ گویا بنی لوی بعد از می ۶۸ مدتی منشی سارتر بود و بعدها به یهودیت گروید (و به قول بعضی‌ها مسیری از «مائو به موسی» پیمود). لطفا ارزیابی خود را از هر کدام این مسائل ارائه دهید که حول محور «مائوئیست‌های فرانسه پس از می ۶۸» مطرح شده‌اند.

امیر حسن‌پور: جنبش مه را می‌توان نقطه عطفی در شکل‌گیری مائوئیسم در فرانسه به حساب آورد. پس از مه ۱۹۶۸ انقلابی‌ترین مخالفین رژیم دوگل خودشان را مائوئیست می‌خواندند، و طیف وسیعی از روشنفکران از مائوئیست‌ها دفاع می‌کردند. طبق یک برآورد در تابستان ۱۹۷۷ تعداد بیست و یک سازمان مائوئیستی کوچک و بزرگ، محلی و سراسری، در فرانسه وجود داشت. این سازمان‌ها پراتیک و مواضع متفاوت داشتند، اما دغدغهٔ آن‌ها، مانند مائوئیست‌های سایر کشورها، ساختن جنبش کمونیستی نوینی با افق نوین بود. من با آگاهی به تنوع این تشکلات و تجارب آن‌ها، فقط به دو گرایشی که در رابطه با مه ۱۹۶۸ بیشتر شناخته شده‌اند و مورد بحث قرارگرفته‌اند اشاره می‌کنم.

«حزب کمونیست مارکسیست‌لنینیست فرانسه» بعد از مه غیرقانونی اعلام شد و به شیوهٔ مخفی فعالیت می‌کرد و دامنهٔ فعالیت‌اش

بسیار محدود شد و مواضعش را از طریق نشریهٔ «اومانیته روژ» (اومانیته سرخ) تبلیغ می‌کرد. اما عده‌ای با زیرزمینی شدن مخالفت کردند و این اختلاف باعث انشعاب و اخراج عده‌ای از اعضا شد. در سال ۱۹۷۰، عده‌ای دیگر از رهبرانشان به اتهام بازسازی حزب دستگیر شدند و این قبیل دستگیری‌ها تا سال ۱۹۷۶ ادامه داشت. حزب مورد تأیید چین بود، از سیاست‌های دولت چین دنباله‌روی می‌کرد و هنگامی که در سال ۱۹۷۶ یعنی پس از مرگ مائوتسه دون، بورژوازی نوین با یک کودتا قدرت را به دست گرفت و احیای سرمایه‌داری در چین را آغاز کرد، این حزب به دفاع از کودتاچیان پرداخت، در ۱۹۷۸ در انتخابات پارلمانی فرانسه شرکت کرد و در دههٔ بعد زوال یافت. این حزب نه در تئوری نه در عمل به گسست از جنبش کمونیستی سنتی دست نیافت. بسیاری از گروه‌های مائوئیستی در نتیجهٔ انشعاب از این حزب شکل گرفتند.

اگر «حزب کمونیست مارکسیست ـ لنینیست فرانسه» در پاسخ به سرکوب جنبش مه و غیرقانونی شدنش زیرزمینی شد، فعالین «اتحادیهٔ جوانان کمونیست (مارکسیست ـ لنینیست)» در پاسخ به غیرقانونی شدن تشکیلاتشان به مبارزهٔ علنی و نیمه‌علنی روی آوردند. ابتدا، بلافاصله بعد از مه، گروهی معتقد به انحلال تشکیلات بودند و گروه دیگر به دنبال بازسازی یا نوسازی رفتند و «چپ پرولتری» را به وجود آوردند. چند ماه بعد، در اوایل ۱۹۶۹، با پیوستن عده‌ی زیادی از فعالین «جنبش ۲۲ مارس»، «چپ پرولتری» اعتبار و نیروی بیشتری یافت. هم‌زمان با این صف‌بندی‌ها، یک گروه مائوئیست تشکیلات «زنده باد انقلاب» (۱۹۷۱ـ ۱۹۶۹) را به وجود آورد.

تئوری و پراتیک «چپ پرولتری» را نمی‌توان به اختصار توضیح داد، زیرا این سازمان در چند سال حیات خود تجربهٔ مبارزاتی وسیع و متنوع داشت و از نظر تئوری نیز به تلاش‌های مهمی دست زد. من فقط به یک مسأله اشاره می‌کنم و آن هم تئوری و پراتیک این سازمان در رابطه با حزب است.

«چپ پرولتری» از انقلاب فرهنگی پرولتری در چین سوسیالیستی که خودِ حزب کمونیست چین را به عنوان ستاد بورژوازی مورد حمله قرار داده بود الهام می‌گرفت. با الهام از این «انقلاب در انقلاب» و با درک محدودی که از آن داشت، تلاش کرد که در تشکیلات نوینش نظم سنتی سلسله مراتب برقرار نشود و به ویژه در دو سال اول فعالیتش در زمینهٔ

تشکیلاتی و سیاسی نظام سلسله مراتب مبتنی بر رهبر و غیررهبر را بر هم زد. برای مثال، فعالیت خود را نه از یک مرکز حزبی بلکه از طریق کمیته‌های محلی، منطقه‌ای و کشوری رهبری می‌کرد و تصمیم‌گیری این کمیته‌ها از طریق جلسات «شورای عمومی کارگران» صورت می‌گرفت. البته در این پروسه (عملا و به طور اجتناب ناپذیر) عده‌ای به عنوان «رهبر» شناخته می‌شدند اما تشکیلات با تمایز بین رهبران و غیررهبران مخالف بود و برابری سیاسی در شوراها را تشویق می‌کرد. به این ترتیب، در عرصهٔ تئوری نیز، برخلاف دید لنینیستی و مائوئیستی، مخالف حزب پیشتاز بود و معتقد به جوشش تشکیلاتی خود به خودی بود. در ادبیات مربوط به جنبش کمونیستی این سال‌ها، خط مشی این سازمان به عنوان «مائوئیسم خود به خودی» یا «مائوئیسم ضدسلسله مراتب» شناخته شده است. در واقع، «چپ پرولتری» بدیلی که در مقابل احزاب کمونیست سنتی قرار داد نه یک حزب دارای ساختاری نوین بلکه الغای حزب بود و تقدیس خودجوشی و تجربه‌گرایی، پراگماتیسم و روزمرگی بود.

مائوئیسم، برخلاف درک «چپ پرولتری»، مخالف دنباله‌روی از مبارزات خود به خودی و روزمرگی است و معتقد است که انقلاب کردن به منظور خلق دنیایی فارغ از استثمار و ستم امری بسیار آگاهانه، چالش‌گرانه و پیچیده است و بدون تئوری انقلابی و رهبری انقلابی یعنی بدون حزب میسر نیست، آن هم حزبی که نه تنها توان تئوریک و آگاهی و چشم‌انداز درست داشته باشد بلکه دارای دیسیپلین انقلابی و تقسیم کار باشد. حزب خودش پدیده‌ای طبقاتی و محصول جامعه‌ی طبقاتی است و به این ترتیب به کار گرفتن آن به منظور از بین بردن جامعهٔ طبقاتی کار آسانی نیست و تئوری مارکسیستی، قبل از مائو، به درک این تضاد (از بین بردن طبقه با استفاده از ابزاری که خودش محصول جامعه‌ی طبقاتی است) توجه نکرده بود. مارکسیسم و لنینیسم به مسألهٔ دولت توجه بیشتری کرده بودند. مائو از اوائل زندگی کمونیستی‌اش به تدریج به درک تاریخی و دیالکتیکی از این تضاد رسید و تئوری مارکسیستی را در این زمینه به سطح بالاتری ارتقا داد. حزب کمونیست، مثل هر پدیدهٔ دیگر، از شبکه‌ای از تضادها به وجود آمده که مشخصهٔ آن وحدت ضدین بین خط مشی پرولتری و خط مشی بورژوایی است. این تضاد سایر تضادهای تشکیل دهندهٔ حزب (از جمله رابطه دیالکتیکی میان دمکراسی و سانترالیسم، حزب و طبقه، رهبری و کادرها، رهبری و اعضا، حزب و توده‌ها، روشنفکران و توده‌ها، و

نقد «انحراف راست» (بهار۱۹۷۶)

«قاطعانه از مبارزهء خلقهای آسیا، آفریقا و آمریکای لاتین پشتیبانی کنید!» (۱۹۶۷)

میلیونها جوان تحصیلکرده‌ء شهری روانه‌ء دهات و کوهستان شدند

«زنده باد مارکسیسم، لنینیسم و اندیشه‌ء مائو» (۱۹۷۱)

کار فکری و بدنی) را شکل می‌دهد. تا وقتی که جامعه طبقاتی است و از جمله در جامعهٔ سوسیالیستی، خط مشی بورژوایی در حزب وجود خواهد داشت. مائو از سال‌های ۱۹۳۰ به بعد در دست و پنجه نرم کردن با این مسأله راه‌حل‌هایی پیش گذاشت از جمله «مشی توده‌ای»، «مبارزه‌ی دو خط» (هم در درون حزب و خارج از آن) و «انقلاب فرهنگی (روبنایی)». از دید مائوئیسم، هیچ تضمینی نیست که حزب، ارگان رهبری انقلاب، بتواند برای همیشه انقلابی و کمونیستی بماند و از این رو باید خودش در پروسهٔ مبارزهٔ مدام میان خط مشی کمونیستی و بورژوایی انقلابی شود، و به قول مارکس «آموزگار، خودش باید آموزش ببیند». به این ترتیب، با وجود اینکه «نظم تشکیلاتی» و «حزب» می‌توانند به ابزاری در دست خط بورژوایی درون حزب تبدیل شوند اما برخلاف تصور «چپ پرولتری»، این مشکل را نمی‌توان با حذف حزب و لغو تقسیم کار بین رهبر و غیررهبر و کنار گذاشتن سلسله مراتب تشکیلاتی حل کرد.

درک «چپ پرولتری» از حزب با همهٔ مواضع و پراتیکش هم‌خوانی داشت. فعالیت در کارخانه‌ها همچنان در رأس برنامه قرار داشت. رهبری «س.ژ.ت» (یکی از بزرگ‌ترین اتحادیه‌ها که تحت نفوذ حزب کمونیست فرانسه بود) به کار سیاسی مائوئیست‌ها در کارخانه‌ها با خشونت برخورد می‌کرد. در بعضی موارد که «س.ژ.ت» هم حضور نداشت، مدیران کارخانه‌ها کار کنترل فعالین را با کمک پلیس سازمان می‌دادند. با وجود اینکه فعالین «چپ پرولتری» در کارخانه‌ها را مدام دستگیر می‌کردند، سازمان همچنان به کار خود ادامه می‌داد، به طوری که در مارس ۱۹۷۰ حکومت تصمیم گرفت که سرکوب آن را مستقیم به عهده بگیرد. ابتدا وزیر کشور این سازمان را غیرقانونی اعلام کرد و ارگان علنی آن یعنی «آرمان خلق» توقیف شد. دو ویراستار نشریه، لو دانتک و لو بری،[۱۰] دستگیر شدند و پلیس به تصرف روزنامه و دستگیری فروشندگان پرداخت و کار به جایی کشید که فروش روزنامه منجر به یک سال زندان و محرومیت دائم از مشاغل دولتی می‌شد. در این شرایط سازمان تصمیم گرفت که مبارزهٔ علنی را به شیوه‌های مختلف از طریق ارگان‌های علنی وسعت بدهد و آلن گیسمار سخنگوی اصلی آن شد. همانطور که قبلا اشاره کردم، او قبل از مه ۶۸ در دانشکده‌ی علوم تدریس می‌کرد و دبیر کل اتحادیه‌ی استادان بود. حکومت او را از شغل تدریس محروم کرد و خودش تحت فشار اتحادیه‌ی استادان،

---

10. Jean-Pierre Le Dantec; Michel Le Bris.

که از شورش مه دفاع می‌کرد اما از چپ‌گرایی او ناراضی بود، از رهبری آن استعفا داد.

گیسمار در ژوئن ۱۹۷۰ دستگیر شد. در دادگاه، شاکی (حکومت دوگل) به صراحت اعلام کرد که محاکمهٔ مائوئیست‌ها بر سر این «مسأله اساسی است که بدانیم آیا ما می‌خواهیم تسلیم [آن‌ها] بشویم یا [در عرصهٔ قدرت] باقی بمانیم». این وقایع تفصیل بسیار دارد و اطلاعات زیادی دربارهٔ آن‌ها در دست است. خلاصه کنم، مجازات گیسمار از قبل برنامه‌ریزی شده بود و به هیجده ماه زندان محکوم شد که پنج ماه آن را در زندان انفرادی گذراند.

اگرچه سرکوب ادامه یافت اما «چپ پرولتری» مبارزات رادیکال زیادی به راه انداخت و بیش از سایر سازمان‌های چپ مطرح بود و مورد حملهٔ رژیم دوگل قرار می‌گرفت. بسیاری به دفاع از آن برخاستند، از جمله سیمون دوبوار و ژان پل سارتر در اعتراض به توقیف آرمان خلق و ویراستارانش به فروش و توزیع این روزنامه پرداختند و فرانسوا ماسپرو، ناشر و کتابفروش، به اتهام نگهداری و فروش روزنامه تحت تعقیب قرار گرفت. برای کمک به انتشار مداوم روزنامه، سارتر ویراستاری آن را به عهده گرفت. صدها نفر از دستگیرشدگان زندان‌ها را به عرصهٔ نوینی از مبارزه علیه دولت تبدیل کردند. در این زمان میشل فوکو در رابطه با وضع زندان‌ها و زندانی‌ها فعالیت و تحقیق می‌کرد.

در سال ۱۹۷۲ یکی از اعضای این تشکیلات به نام پیر اورنی[11] که در کارخانه رنو کار می‌کرد و اخراج شده بود و برای پخش اعلامیه به کارخانه رفته بود به ضرب گلوله مأمورین امنیتی کشته شد. مراسم عظیمی به یاد او برگزار شد. کارگران برای شرکت در این مراسم از محلات خود به طرف پاریس حرکت کردند. با وجود آنکه «س.ژ.ت» از کارگران خواسته بود که در این مراسم شرکت نکنند اما عده‌ای از اعضای این اتحادیه در آن شرکت کردند. کارگران و دانشجویان و دانش‌آموزان و روشنفکران چپ بازو در بازو با پرچم‌های سرخ سرود انترناسیونال می‌خواندند.

اما «چپ پرولتری» داشت به پایان خود می‌رسید، زیرا با خط مشی و پراتیک خود به خودی نه می‌توانست در طولانی مدت در مقابل حملات دولت دوام بیاورد و نه از پشتیبانی افکار عمومی همچنان برخوردار باشد. در پاسخ به سرکوب مداوم، تمایل به زیرزمینی شدن رشد کرد و

11. Overney.

شاخهٔ نظامی به وجود آورد که چند آکسیون از جمله دو مورد آدم‌ربایی انجام داد. دو گرایش متفاوت شکل گرفت: یکی خودداری از عملیات نظامی و دیگری توسل به مبارزهٔ مسلحانه. و بالاخره رهبری در سال ۱۹۷۳ با ایجاد تشکیلاتی به نام «مقاومت خلقی نوین»[12] تصمیم به انحلال سازمان گرفت، اگرچه بعضی از پایه‌های آن مقاومت کردند و تا چند سال به فعالیت تحت نام سازمانشان ادامه دادند و عده‌ای روزنامه «آرمان خلق» را تا ۱۹۷۶ منتشر می‌کردند. چند سال بعد از انحلال، گفتهٔ ۱۹۷۷ یکی از رهبران، بِنی لوی،[13] محدودیت‌های یک سازمان دارای خط و تشکیلات خود به خودی را روشن می‌کند: لوی گفته است که از آنجا که خودش در مورد انقلاب تردید پیدا کرده بود و چون امکان داشت که سازمان به مبارزهٔ مسلحانه بپردازد، خودش تصمیم گرفت که آن را منحل کند. شاخهٔ نظامی تهدید به انشعاب کرده بود و یک سال طول کشید تا لوی بتواند نظرش را در مورد انحلال تحمیل بکند: «من حالا همان قدر به منحل کردن «چپ پرولتری» افتخار می‌کنم که به تأسیس آن افتخار می‌کنم. ما جلوگیری کردیم از تولد یک گروه تروریستی برخاسته از «چپ پرولتری» که می‌توانست توانایی و مشروعیت برخاستن از «چپ پرولتری» و در نتیجه از مه ۱۹۶۸ را پیدا کند.»[14]

در این سخنان لوی می‌توان درک غیرانقلابی رهبران «چپ پرولتری» از انقلاب، حزب، مبارزهٔ مسلحانه و سیاسی و جنبش مه ۶۸ را دریافت. در حالی که سران حکومت‌های سرمایه‌داری از ژاپن گرفته تا مکزیک معتقد بودند که نظام‌شان در خطر است، لوی و گیسمار و امثال آن‌ها نیز از پیشرفت انقلاب احساس خطر می‌کردند. در خود فرانسه، همان طور که گفتم، سران جمهوری پنجم فرانسه در محاکمهٔ گیسمار و در موارد دیگر به صراحت اعلام کردند که مسألهٔ حفظ قدرت برای آن‌ها مسألهٔ حیاتی است. در آمریکا، مسئولین امنیتی (اف. بی. آی) به رییس‌جمهوری لیندن جانسن اخطار کرده بودند که در صورت تداوم شورش جوانان نمی‌توانند امنیت کشور را تأمین کنند. در سال ۱۹۷۳، گروهی از سرمایه‌دارهای آمریکای شمالی، ژاپن و اروپا «کمیسیون سه جانبه» را تأسیس کردند

---

12. Nouvelle résistance populaire.
13. Benny Levy.
14. Ronald Fraser et al, *1968: A Student Generation in Revolt*. London: Chatto and Windus, 1988, p. 296.

که هدف آن راهیابی برای تثبیت نظام سرمایه‌داری بود. آن‌ها در گزارش مفصلشان تحت عنوان «بحران دمکراسی» اخطار کردند که دولت‌های سرمایه‌داری به علت «دمکراسی زیاده از حد» توانایی حکومت کردن را از دست داده‌اند.[۱۵] ویلیام داگلاس، لیبرال‌ترین قاضی دیوان عالی کشور آمریکا، می‌خواست به نحو دیگری جنبش دانشجویان و جوانان را مهار بکند. او در سال ۱۹۶۹ نوشت که این شورش‌ها برای نجات دمکراسی لیبرال ضروری است، زیرا اگر به خواسته‌های آن‌ها علیه فقر، قوانین تبعیض‌آمیز، آموزش غلط، نقض آزادی‌های مدنی و غیره توجه نشود آن‌ها به انقلاب متوسل می‌شوند.[۱۶] رهبران «چپ پرولتری» از جمله گیسمار و لوی، مانند دولتمردان سرمایه‌داری، از پروسهٔ رادیکالیزه شدن بی‌وقفهٔ جنبش به وحشت افتادند، جنبشی که با این روحیه پیش می‌رفت: «واقع بین باش! آنچه را ممکن نیست طلب کن!»

آلن بادیو اخیرا گفته است که درس‌های انقلاب فرهنگی و پیامدهایش برای سیاست‌های رهایی‌بخش هنوز آموخته نشده‌اند، اگرچه سرچشمهٔ الهام قطعی برای مائوئیسم فرانسه در سال‌های ۱۹۶۷ تا ۱۹۷۵ به شمار می‌رفتند و «مائوئیسم فرانسوی تنها گرایش سیاسی نوآورانه در فرانسه بعد از مه ۱۹۶۸ بود» (مقالهٔ «یک به دو تقسیم می‌شود»).[۱۷] درست است که درس‌های انقلاب فرهنگی هنوز آموخته نشده‌اند و مائوئیسم عرصهٔ سیاست را در فرانسه برای مدتی دگرگون کرد، اما سؤال مهم این است که چرا مائوئیست‌ها در شرایط مناسب‌تر فرانسه و در کوران پراتیک فشرده و وسیع این سال‌ها نه تنها به حزب مائوئیستی دست نیافتند بلکه از سال‌های ۱۹۸۰ به بعد درعرصهٔ سیاسی و ایدئولوژی حضوری نداشتند، درحالی که در آمریکا، در شرایطی بسیار متفاوت و دشوارتر، جهش بزرگی در عرصهٔ تئوری و ایدئولوژی کردند و در جنبش بین‌المللی مائوئیستی نقش

15. Michel Crozier, Samuel Huntington, and Joji Watanuki, *The Crisis of Democracy: Report on the Governability of Democracies to the Trilateral Commission*. New York: New York University Press, 1975.
16. William Douglas, *Points of Rebellion*. New York: Vintage Books Edition, 1970.
17. S. Budgen, S. Kouvelakis, and S. Zizek (editors), *Lenin Reloaded: Toward a Politics of Truth*. Durham: Duke University Press, 2007, p. 12.

برجسته‌ای برعهده گرفته‌اند؟

پاسخ به این سؤال نیاز به تحلیل پردامنه دارد. آنچه تا حدی روشن است این است که مائوئیست‌های فرانسه به ویژه «چپ پرولتری» گرفتار اکونومیسم بودند. همان‌طور که جنبش مائوئیستی آمریکا هم با همین مشکل دست به گریبان بود. اما اگر در آمریکا، مائوئیست‌ها مبارزهٔ عظیمی علیه اکونومیسم به راه انداختند و آن را در تئوری و عمل دور انداختند، در فرانسه با آن سازش کردند. «چپ پرولتری» رابطهٔ تئوری و عمل را به شیوهٔ دیالکتیکی‌مائوئیستی درک نمی‌کرد، به عمل خارق‌العاده و گیرا دست می‌زد و می‌خواست تئوری را از عمل و از وقایع بیرون بکشد.

کتاب «به سوی جنگ داخلی»[18] نوشتهٔ گیسمار، ژولی، و موران، که در ۱۹۶۹ منتشر شد، به تعمق و جمع‌بندی از دودلی «اتحادیهٔ جوانان کمونیست (مارکسیست‌لنینیست)» در شرکت در جنبش مه می‌پردازد. اما جمع‌بندی از این اشتباه نتوانست آن‌ها را از عرصهٔ «روزمرگی» مبارزه به عرصهٔ تئوری پختهٔ مارکسیستی لنینیستی مائوئیستی مبارزهٔ طبقاتی، و درک دیالکتیکی از رابطهٔ بین تئوری و عمل، رابطهٔ جنبش کمونیستی و کارگری و رابطهٔ مبارزهٔ مسلحانه و سیاسی برساند. در زمینهٔ تشکیلاتی نیز، همان طور که اشاره کردم، «چپ پرولتری» درکی لنینیستی و مائوئیستی از حزب پرولتری نداشت و با این آشفتگی سیاسی و ایدئولوژیک نتوانستند از اوضاع عالی فرانسه برای دامن زدن به امواج انقلاب سازمان یافته استفاده کنند. مائوئیست‌های آمریکا در همین سال‌ها با وجود شرایط متفاوت دو کشور با چالش‌های مشابهی در عرصهٔ تئوری و عمل مواجه بودند. اما آن‌ها برخلاف رفقای فرانسوی‌شان به نقد تئوریک عمیق آوانتوریسم (مشی چریکی)، ناسیونالیسم، اکونومیسم و پراگماتیسم دست زدند و تلاش‌های مهمی برای درک تئوریک انشعاب در جنبش کمونیستی بین‌المللی و انقلاب فرهنگی پرولتری کردند و در زمینهٔ تشکیلاتی نیز دچار توهمات لیبرالی نشدند. تعجب‌آور نیست که مائوئیست‌های آمریکا (مشخصا باب آواکیان که رهبر حزب کمونیست انقلابی آمریکاست) «تئوری» سه جهان و کودتای دن سیائو پین را بدون تردید و بلافاصله رد کردند و امروز نیز به مجموعه تجارب جنبش کمونیستی از جمله انقلاب فرهنگی و خود مائو برخوردی انتقادی‌مائوئیستی می‌کنند.

---

18. Geismar, Alaix, Serge July et Erlyn Morane. *Vers la guerre civile.* Paris : Editions et publications premières, 1969.

جمع‌بندی از مائوئیسم فرانسه کار آسانی نیست و علی‌رغم اینکه تحقیقات در این زمینه فراوان است، تا جایی که من می‌دانم تحلیل مائوئیستی کافی در دسترس نیست. اطلاعات و تحلیل به زبان فارسی محدودتر است. یک تحلیل مائوئیستی مقالهٔ «واقع بین باش، ناممکن را طلب کن: دههٔ ۶۰ در کشورهای امپریالیستی» است که در مجلهٔ جهانی برای فتح، شمارهٔ ۱۲، سال ۱۳۶۷، منتشر شده است و به مناسبت بیستمین سالگرد جنبش مه نوشته شده است.[۱۹] در این مقاله، که نقد چند کتاب مربوط به جنبش‌های ۱۹۶۰ است، در ضمن اشاره به رادیکالیسم «چپ پرولتری»، نظرات نادرست آن دربارهٔ انقلاب به نقد کشیده شده است.

در پاسخ به سؤال مربوط به دگردیسی بنی لوی «از مائو به موسی» باید بگوییم که تبدیل بعضی از کمونیست‌ها یا سایر انقلابیون به ضدکمونیست یا ضدانقلابی نه تنها تعجب‌آور نیست، بلکه بخشی از پروسهٔ پر از تضاد مبارزهٔ طبقاتی است. چه در شرق و چه در غرب، افرادی در جنبش کمونیستی از مبارزه علیه دنیای کهن روی برمی‌گردانند و با پناه بردن به دین و عرفان و ناسیونالیسم به کرنش به وضع موجود می‌پردازند و این در بین همهٔ جریانات کمونیستی دیده می‌شود. در میان تئوریسین‌های مکتب فرانکفورت، هورکهایمر به عرفان یهودی رسید و یا روشنفکران غیرکمونیست نِظیر میشل فوکو به استقبال «انقلاب اسلامی» ایران رفتند (البته فوکو بعداً انتقاد از خودِ ملایمی کرد) توضیح این پروسه از دید تئوری مارکسیستی مشکل نیست. اَما مائوئیسم در تکامل درک‌های مارکسیستی، رابطهٔ بین ارادهٔ انقلابی و خط مشی سیاسی و ایدئولوژیک را به شیوه‌ای پیچیده‌ترمطرح کرده است.

ابتدا از بدیهیات شروع می‌کنم. هیچ فردی کمونیست،آنارشیست، انقلابی، لیبرال یا محافظه‌کار به دنیا نمی‌آید. همچنین، به قول مارکس، نمایندگان ادبی و سیاسی یک طبقه الزاماً اعضای آن طبقه نیستند. اکثر کارگران نه سوسیالیست‌اند نه کمونیست یا اکثر زنان فمینیست نیستند. تجربه کردن استثمار به خودی خود هیچ کارگری را کمونیست نمی‌کند. همانطور که تجربهٔ روزمرهٔ ستم مردسالاری هیچ زنی را فمینیست نمی‌کند. افراد مواضع سیاسی را در طی زندگی در جامعهٔ طبقاتی و در جریان مبارزهٔ طبقاتی کسب می‌کنند. مارکس و انگلس و لنین و مائو نیز در آغاز

19. http://www.sarbedaran.org/rim/jbf/j12dahe60.htm

فعالیت سیاسی خود کمونیست نبودند. به عبارت دیگر همهٔ کمونیست‌ها با گسست از جهان‌بینی غیرکمونیستی و ضدکمونیستی حاکم در جامعهٔ طبقاتی کمونیست می‌شوند. اما گسست سیاسی و ایدئولوژیک برای همه قطعی و همیشگی نیست و گاهی بعضی کمونیست‌ها غیرکمونیست و ضدکمونیست می‌شوند. به این ترتیب، هم گسست این قبیل مبارزین از طبقات استثمارگر و هم برگشت آن‌ها به «اصل خویش» (با عاریه گرفتن از زبان مولانا جلال‌الدین رومی) بخشی از پروسهٔ مبارزهٔ طبقاتی به شمار می‌رود. در ایران کسانی از لاهوتی شاعر گرفته تا سازمان «پیکار در راه آزادی طبقهٔ کارگر» از جهان‌بینی و سیاست دینی شروع کردند و با گسست از آن کمونیست شدند. یکی از دوستانی که در اردیبهشت ۱۳۴۳ به خاطر فعالیت سیاسی برای مدتی در زندان قصر به سر برد، تعریف می‌کرد که یکی از هم بندی‌هایش آخوندی بود که به اتهام کمونیست بودن زندانی شده بود. این شخص را (زمانی که هنوز آخوند بود) رژیم مأمور کرده بود که ردیه‌ای بر اصول مقدماتی فلسفه اثر ژرژ پلیتسر بنویسد. او این کار را کرده بود و ردیه‌اش منتشر شده بود. من خودم این کتاب را خوانده‌ام اما اسم مؤلف و عنوان کتاب یادم نیست. این شخص در جریان مطالعه و تلاش برای رد فلسفهٔ مارکسیستی به رد نظرات خودش و قبول فلسفهٔ مارکسیستی رسیده بود.

این نیز روشن است که در دوره‌های بحرانی و به ویژه در شرایط انقلابی، هنگامی که شور انقلابی برقرار است و افق نوینی ترسیم می‌شود، بسیاری به انقلاب می‌پیوندند و در دوران شکست یا فرونشست آن بسیاری از مبارزه دوری می‌جویند و بعضی به آن پشت می‌کنند. درک این روندها هم کار مشکلی نیست. معمولا به تأثیرمنفیِ منافع شخصی،علایق خانوادگی، عقب ماندگی، خودخواهی و غیره اشاره مَی‌شود. اما از دید مائوئیسم، مسألهٔ مهم این است که کسانی که در مقابله با سختی‌ها تسلیم نمی‌شوند و در قید و بند منافع خصوصی هم نیستند، گاهی در عرصه‌ی ذهنی تسلیم می‌شوند و این فقط یک اشکال معرفتی نیست. اسلحه برداشتن علیه استثمارگران و ستمگران به مراتب آسان‌تر از برداشتن اسلحهٔ فکری علیه جهان‌بینی خود است و مسألهٔ اصلی رابطهٔ بین این دو مبارزه است. چگونه است که اوژن پوتیه بر ویرانه‌های کمون پاریس افق انقلاب ۱۹۱۷ را ترسیم کرد؟ چگونه لنین در آوریل ۱۹۱۷ برنامهٔ انقلاب را، علی‌رغم مخالفت تمام اعضای حزب، مطرح کرد، و آن را به پیش برد؟ و یا چگونه مائو در مقابله

با ده‌ها چالش عظیم از کشتارحزب کمونیست توسط گومیندان گرفته تا اشغال کشور توسط ژاپن، تهدید اتمی آمریکا، کودتای خروشچف و تهاجم رهروان سرمایه‌داری تسلیم نشد؟ اما چگونه است که مائوئیست‌های نپال در شرایط دشوار کشوری و منطقه‌ای و بین‌المللی، در زمانی که همه جا مرگ کمونیسم را جشن گرفته بودند، با جسارت تئوریک و سیاسی به انقلاب پرداختند و با وجود این بعد از ده سال مبارزه درحالیکه بسیاری از مناطق کشور را آزاد کرده‌اند در مقابله با مشکلات دچار تردید می‌شوند؟ و یا استالین که در مقابله با چالش مهمی از قبیل حملهٔ ارتش نازی تسلیم نشد و نقش تعیین کننده‌ای در شکست فاشیسم ایفا کرد، در عرصهٔ ذهنی از درک مبارزهٔ طبقاتی در جامعهٔ سوسیالیستی عاجز ماند و راه را برای به قدرت رسیدن بورژوازی نوین باز گذاشت؟ چگونه استالین با درک نادرست از مبارزهٔ طبقاتی در جامعهٔ سوسیالیستی هم به خشونت متوسل شد و هم از مبارزه علیه بورژوازی نوین باز ماند؟ مائوئیسم پاسخ به این سؤال‌ها و نیزمسألهٔ تربیت کردن «جانشینان انقلاب» را در درک دیالکتیکی از تضادهایی چون آزادی و ضرورت، آگاهی و ماده، تئوری و عمل، ذهن و عین، روبنا و زیربنا، و کار فکری و بدنی جستجو می‌کند. متأسفانه تئوری مارکسیستی به وحدت ضدین بین آزادی و ضرورت، به ویژه در جریان ساختمان سوسیالیسم، توجه کافی نکرده است و این مانع ذهنی بزرگی در انقلاب‌های سوسیالیستی بوده است. در تئوری مارکسیستی، سؤالات زیادی پاسخ درست گرفته‌اند اما این پروسه تمام نشدنی است، هیچ پاسخی ابدی و قطعی نیست، و تضاد بین آگاهی و ماده پایان‌ناپذیر است و نیروی محرکهٔ تکامل کمونیسم است.

۶. گویا برخی از روشنفکران مارکسیست مطرح در فرانسه که بعضا عضو حزب کمونیست فرانسه بودند نیز در این دوره به مائوئیسم گرایش پیدا کرده بودند. از افرادی نظیر آلتوسر، پولانزاس، بالیبار و به شکل مشخص‌تر و پررنگ‌تر بتلهایم در این رابطه نام برده می‌شود. گویا این جو به شکل کلی در میان روشنفکران فرانسوی وجود داشته است و حتی هنرمندانی نظیر ژان لوک گدار (کارگردان مشهور) نیز این گرایش سیاسی را دنبال می‌کرده‌اند. تحلیل شما از دلایل شکل‌گیری چنین گرایشی در بین روشنفکران تراز اول فرانسه چیست؟ برخی از گرایش مائوئیسم در بین روشنفکران فرانسه با عنوان «مائوئیسم در کافه‌های کارتیه لاتن» نام می‌برند و منظور آنان نوعی

رادیکالیسم روشنفکرانه افراطی و سطحی و نوعی فیگور رادیکال روشنفکری است که به علت جوزدگی در قالب مائوئیسم بیان خود را می جسته است و بعضا منجر به تولید محصولاتی نظیر پل پت (که در فرانسه تحصیل می‌کرد) نیز شده است. تبیین شما از زمینه‌های شکل‌گیری این گرایش در بین روشنفکران فرانسه و کارنامه آنان چیست؟

امیر حسن‌پور: درست است که در این دوره گرایش روشنفکران کمونیست و بعضا غیرکمونیست به مائوئیسم وسیع بود و نه تنها در فرانسه. و این نیز درست است که بعضی‌ها گرایش مائویستی روشنفکران و هنرمندان و فعالین سیاسی را رادیکالیسم افراطی و سطحی و پز دادن و کافه‌نشینی در کارتیه لاتن به حساب می‌آورند. اما این برداشت نه تنها از نظر تجربی (آنچه اتفاق افتاد) نادرست است، بلکه از نظر سیاسی و ایدئولوژیک برخوردی بسیار محافظه‌کارانه است به انقلاب و نقش روشنفکران در مبارزهٔ طبقاتی. در واقع، درست برعکس این ادعا، گرایش روشنفکرها به مارکسیسم در سال‌های ۱۹۶۰ ناشی از عمقی بودن آن‌ها بود، نه سطحی بودن‌شان. اگر جوی وجود داشت، که مسلما وجود داشت و آن هم جو انقلاب بود، خود این روشنفکرها ازجمله عوامل ساختن این جو بودند، نه اینکه جو آن‌ها را با خودش مثل گردبادی به دور از دنیای «واقعی» ببرد.

سؤال دربارهٔ گرایش روشنفکران مارکسیست فرانسه به مائوئیسم است. در پاسخ باید قبل از هر چیز به این واقعیت توجه کنیم که در کشورهایی مثل فرانسه، انگلستان و ایتالیا، مهم‌ترین نظریه‌پردازان به ویژه در علوم اجتماعی و انسانی مارکسیست‌ها بودند. برجسته‌ترین مورخین و جامعه‌شناسان اروپا بخشی از جناح روشنفکر احزاب کمونیست فرانسه و انگلستان بودند. به این ترتیب اگر کسی گرایش مائوئیستی افرادی نظیر آلتوسر و سارتر را به کافه‌نشینی در کارتیه لاتن نسبت بدهد متوجه نقش روشنفکران در مبارزهٔ طبقاتی نیست. در ضمن باید اشاره کنم که کارتیه لاتن در تاریخ انقلاب در اروپا جایگاه بسیار برجسته‌ای دارد. کافی است به کتاب آندره کوتن هشت قرن خشونت در کارتیه لاتن، که به مناسبت

اولین سالگرد مه ۱۹۶۸ انتشار یافت، مراجعه کنیم.[۲۰] کارتیه لاتن، از زمانی که به محلهٔ موسسات آموزش عالی تبدیل شد، مانند دانشگاه‌های ایران که به «سنگر آزادی» مشهور شده‌اند، به عنوان سنگر مبارزه شناخته شد. قبل از انقلاب بورژوایی ۱۷۸۹، کارتیه لاتن مرکز مبارزات ضدارتجاعی و ضدفئودالی بود و بعد از آن پایگاه مقاومت در مقابل نیروهای ضدانقلاب و بورژوازی به قدرت رسیده بود. مردم دنیا از طریق رمان «بینوایان» و فیلم‌ها و اجرای موزیکال آن و نقاشی «دولاکروا» با سنگرهای کارتیه لاتن در جریان انقلاب ۱۸۳۰ آشنا هستند. قیام مه ۱۹۶۸ که در شرایط نوینی صورت می‌گرفت (بعد از تجربهٔ به قدرت رسیدن طبقهٔ کارگر در شوروی و چین) و متأثر از انقلاب فرهنگی پرولتری چین و مبارزات رهایی‌بخش ملّی در سه قاره بود، درعین حال چکیدهٔ قرن‌ها مبارزهٔ دانشجویان و جوانان بود که در بسیاری موارد، با همراهی و هم‌گامی کارگران و زحمتکشان، کارتیه لاتن را به میدان مبارزه علیه طبقهٔ فئودال و سپس بورژوازی تبدیل می‌کردند. در دو قرن گذشته درهمین کافه‌ها نسل‌هایی از روشنفکران به برنامه‌ریزی مبارزه و بحث تئوری و پراتیک کمونیسم پرداخته‌اند.

گرایش روشنفکران کمونیست به مائوئیسم یا مائوئیست شدن آن‌ها دلایل مختلف داشت. از همه مهم‌تر این بود که مارکسیسمی که شوروی نمایندگی می‌کرد در همهٔ زمینه‌ها به بن‌بست رسیده بود، از جمله در اقتصاد، تئوری، سیاست، و ایدئولوژی. کودتای خروشچف و حملهٔ او به استالین باعث روی گرداندن بعضی از روشنفکران حزبی و غیرحزبی از مارکسیسم‌لنینیسم و هر نوع مبارزه شد. آن عده از روشنفکران کمونیست اروپایی که مبارزه را ادامه دادند تجربهٔ ناموفق ساختمان سوسیالیسم را در جلوی چشم خود در آلمان شرقی، چکسلواکی، مجارستان، بلغارستان و لهستان و غیره می‌دیدند. مارکسیسم احزاب کمونیست دیگر توانایی پاسخ‌گویی به دنیایی که خواهان انقلاب بود را نداشت. گسست از احزاب کمونیستی در قدرت و خارج از قدرت، که تحت رهبری جریان خروشچفی به مانعی در مقابل انقلاب تبدیل شده بودند، به مسأله‌ای جدی تبدیل

20. André Coutin, *Huit siècle de violence au Quartier latin*. Paris: Editions Stock, 1969.

شده بود. اما این گسست کار آسانی نبود، و نیاز به جسارت فکری و عملّی داشت. بعضی‌ها راه‌حل‌های تئوریک از قبیل اومانیسم یا بریدن از لنینیسم و «برگشتن به مارکس» را در پیش گرفتند و یا به دنبال استقلال احزاب از شوروی می‌رفتند. اما امواج مبارزات سال‌های اواخر دههٔ ۵۰ و اوایل سال‌های ۱۹۶۰ و به ویژه انشعاب در جنبش کمونیستی بین‌المللی جریان مارکسیست‌لنینیستی را تقویت کرد. مقابلهٔ حزب کمونیست چین با جریان خروشچفی تحت عنوان لنینیسم صورت گرفت. احزابی که از «کمونیسم» شوروی جدا می‌شدند، حزب خود را ابتدا با صفت «مارکسیست‌لنینیست» و سپس «مارکسیست‌لنینیست‌اندیشهٔ مائو» از احزاب رویزیونیست متمایز می‌کردند. انشعاب بزرگ در جنبش کمونیستی و به دنبال آن انقلاب فرهنگی پرولتری این پروسهٔ دیالکتیکی «تبدیل یک به دو» را قطعیت بخشید و به آن شتاب فوق‌العاده‌ای داد. انقلاب فرهنگی هم در عمل و هم در تئوری راه‌های خروج از بن بست را ارائه داد.

قبل از انشعاب نیز روشنفکران کمونیست اروپا خودشان برای درک تحولات شوروی و کشورهایی که به دنبال جنگ جهانی دوم به ساختمان سوسیالیسم دست زده بودند تلاش می‌کردند. اما نقد حزب کمونیست چین از رویزیونیسم خروشچفی بزرگ‌ترین واقعه‌ای بود که بسیاری را جذب چین سوسیالیستی و مائوتسه دون کرد. رویزیونیست‌های خروشچفی روندهای سرمایه‌داری از جمله سود را در اقتصاد شوروی تقویت کردند و در سطح جهانی انقلاب علیه دولت‌های ارتجاعی و امپریالیست‌ها را منتفی و بی‌ثمر اعلام کردند و به مردم جهان گفتند که بهترین راه «تغییر» وضع موجود حمایت از شوروی است. احزاب کمونیست اروپا اقدام «استالین‌زدایی» رویزیونیست‌های خروشچفی را بزرگ می‌کردند تا مانع از آشکار شدن ماهیت سرمایه‌داری آنان بشوند. اما در مقابل انتقادات بورژوایی از استالین، انتقادات مارکسیستی مائوتسه دون قدرت و جذابیت کمونیستی داشت. پس از آن، مائو تئوری‌های مهمی را در مورد دلایل احیای سرمایه‌داری در یک کشور سوسیالیستی، ماهیت متناقض سوسیالیسم به مثابه یک نظام اجتماعی «گذاری» که موجب رشد یک «بورژوازی نوین» می‌شود، و جایگاه اصلی این «بورژوازی نوین» در درون خود حزب کمونیست، ارائه داد

و همهٔ این‌ها دروازهٔ بزرگی رو به درک علل سیر قهقرایی سوسیالیسم در شوروی باز کردند. وقوع انقلاب فرهنگی در خود چین، پراتیک این تئوری‌ها بود برای جلوگیری از احیای سرمایه‌داری.

عامل بزرگ بعدی که سرنوشت نهایی بسیاری از جریاناتی را که به سوی مائوئیسم گرایش یافته بودند تعیین کرد احیای سرمایه‌داری در خود چین بود. همان طور که مائو بارها تأکید کرده بود، در خود چین سوسیالیستی و در حزب کمونیست چین گرایشات رویزیونیستی قوی موجود بود. هسته‌های این جریان رویزیونیستی در دوران انقلاب فرهنگی از قدرت سرنگون شدند، اما این گرایش از بین نرفت و همان طور که مائو هشدار داده بود، هر آن می‌توانست رشد کرده و به موضع قدرت بازگردد که این طور هم شد. قدرت‌گیری رویزیونیست‌ها پس از مرگ مائو در واقع به قدرت رسیدن بورژوازی نوخاسته بود که بدون تأخیر چین را به جادهٔ سرمایه‌داری کشید. قدرت‌گیری رویزیونیست‌ها در چین واقعهٔ بسیار بزرگی بود که مسیر تکاملّی جهان را عوض کرد. همان طور که انقلاب سوسیالیستی در چین وزنهٔ سنگینی در سیر تحولات دنیا بود، تبدیل شدن آن به کشور سرمایه‌داری همه چیز را عوض کرد. این دومین شکست بزرگ سوسیالیسم پس از احیای سرمایه‌داری در شوروی سوسیالیستی بود و خلا ایدئولوژیک بزرگی را برای انقلابیون کمونیست جهان ایجاد کرد حتی برای آن دسته از کسانی که خود را کمونیست می‌دانستند اما مخالف مائوئیسم بودند مثل تروتسکیست‌ها. کشوری سوسیالیستی به وسعت چین و یک چهارم جمعیت جهان، بدیل اجتماعی و اقتصادی عظیمی در مقابل نظام سرمایه‌داری جهانی بود. وقتی چین از درون توسط بورژوازی (با کمک بورژوازی بین‌المللی از بیرون) فتح شد این بدیل از بین رفت و دست سرمایه‌داری جهانی برای حمله به مردم دنیا، به جنبش‌های رهایی‌بخش، به ایدهٔ سرنگونی سرمایه‌داری، و به طور کلی به کمونیسم بازتر شد. در واقع با احیای سرمایه‌داری در چین، یک دوره تاریخی از انقلاب پرولتری در جهان تمام شد و دورهٔ نوینی شروع شد که هنوز جهش‌های لازم را نکرده است، چه به لحاظ تئوریک و چه در زمینهٔ پراتیک. رشد بنیادگرایی اسلامی و پست مدرنیسم به عنوان ایدئولوژی‌های آلترناتیو در مقابل سرمایه‌داری جهانی، در شرایط شکست بزرگ سوسیالیسم در چین صورت گرفت.

سرنوشت افراد و گروه‌های مائوئیست را باید در این چارچوب جهانی تاریخی بررسی کرد. در دههٔ ۱۹۶۰ عدهٔ زیادی طرفدار چین سوسیالیستی بودند. این طرفداری لزوما بر پایه درک و قبول تئوریک و ایدئولوژیک مائوئیسم به عنوان مرحلهٔ نوینی از تکامل مارکسیسم نبود. چین سوسیالیستی در جهان محبوب بود چون نمایندهٔ دنیایی دیگر و بهتر در مقابل سرمایه‌داری بود و یک بدیل سوسیالیستی واقعی در مقابل سرمایه‌داری به شمار می‌رفت. بسیاری از جریانات انقلابی خرده‌بورژوایی به دلیل آنکه شوروی مبارزهٔ مسلحانه علیه امپریالیسم و رژیم‌های ارتجاعی را رد کرده بود و فراخوان هم‌زیستی با آن را می‌داد (آنچه به تزهای «سه مسالمت‌آمیز» معروف شد و پس از مرگ استالین توسط خروشچف ارائه شد) به حمایت از چین برخاسته بودند. زیرا حزب کمونیست چین این تزها را نقد کرده بود و سیاست شوروی را رویزیونیستی خوانده بود و بر ضرورت مبارزه مسلحانه علیه امپریالیست‌ها و دولت‌های ارتجاعی تأکید می‌کرد. در اواسط دهه ۱۹۷۰ وقتی شوروی از «هم‌زیستی» با بلوک امپریالیستی غرب وارد رقابت امپریالیستی با آن شد، شروع به حمایت از مبارزات مسلحانهٔ نهضت‌های ملّی و ضدامپریالیستی در سه قارهٔ آسیا و آفریقا و آمریکای لاتین کرد. با این شیفت در سیاست شوروی، بسیاری از جریانات چریکی و مبارزات رهایی‌بخش ملّی به سمت شوروی گرایش یافتند. در ایران نیز بخش عمدهٔ جریان چریک‌های فدایی به حمایت از شوروی پرداختند و مواضع بنیان‌گذاران سازمان علیه رویزیونیست‌های شوروی را رد کردند. بعضی از جریانات ملّی که در کشورهای سه قاره علیه رژیم‌های دست نشاندهٔ آمریکا مبارزه می‌کردند به امید گرفتن کمک از چین خود را طرفدار مائو معرفی می‌کردند. مقصود از این حرف‌ها این است که طرفداران چین سوسیالیستی طیف گسترده‌ای با گرایشات طبقاتی متفاوت بودند و با شیفت‌های بزرگ در صحنه بین‌المللی به نفع سرمایه‌داری جهانی بسیاری از اینان نیز به قولی هم‌رنگ جماعت شدند. به علاوه، در خود حزب کمونیست چین در دوران مائوتسه دون، یک گرایش بورژوایی موجود بود که با تکامل سوسیالیسم در چین مخالفت می‌کرد. این خط در دوره‌های مختلف سر بلند کرده بود و میان دو خط مشی سوسیالیستی و سرمایه‌داری

مبارزه راه افتاده بود. این دو خط در همه زمینه‌ها در تضاد با هم بودند، از جمله در زمینه سیاست‌های اقتصادی، اجتماعی، فرهنگی، و روابط خارجی. یکی سیاست تکامل سوسیالیسم و کمک به پیش‌برد انقلاب جهانی را پیش می‌گذاشت و دیگری خط «رشد نیروهای مولده» به قیمت احیای استثمار، گسترش تمایزات اجتماعی به جای محدود کردن آن‌ها، و تقویت فرهنگ سنتی اطاعت به جای فرهنگ شورش علیه فرهنگ کهنه و مذهب و نابرابری‌ها. یک مبارزه‌ی مهم در جریان جنبش «جهش بزرگ به پیش» یعنی کلکتیوی کردن و کمونیستی کردن روستاها بروز کرد. دیگری که در جریان انقلاب فرهنگی شکل گرفت مقابله با رویزیونیست‌هایی بود که تحت عنوان ضرورت «رشد نیروهای مولده» و لزوم مقابله با خطر شوروی (که در مرزهای چین ارتش مستقر کرده بود) خواهان وحدت چین با آمریکا و وصل کردن چین به بازار جهانی سرمایه‌داری غرب بودند. اینها در سال ۱۹۷۶ پس از مرگ مائو قدرت را به دست گرفتند و برنامه خود را عملّی کردند. در اواسط دهه ۱۹۷۰ با گذر شوروی از سیاست «همزیستی» با غرب به سیاست رقابت با بلوک امپریالیستی غرب به سرکردگی آمریکا، خطی در حزب کمونیست چین تحت رهبری لین پیائو سربلند کرد که سیاست وحدت با شوروی و مقابله با خطر حمله‌ی آمریکا را پیش می‌گذاشت، و در واقع خواهان تبدیل چین به قدرت بزرگ امپریالیستی از طریق وحدت با شوروی بود. این گرایشات، که هیچ یک پنهان نبود و جنبش کمونیستی جهان آن را دنبال می‌کرد، جریانات گوناگون جنبش کمونیستی را نیز تحت تأثیر قرار می‌دادند. مبارزۀ طبقاتی در چین سوسیالیستی بر روی همه تأثیر می‌گذاشت، زیرا تنها کشور سوسیالیستی بود و مبارزات حیاتی بین دو طبقه را در سطح جهانی رقم می‌زد. از این رو جنبش «مائوئیستی» جهان یکدست نبود و نمی‌توانست هم باشد.

بنابراین تعجب‌آور نیست که بعضی از جریانات طرفدار چین سوسیالیستی، قدرت‌گیری رویزیونیست‌ها و احیای سرمایه‌داری در چین را با گشاده‌رویی استقبال کردند و به رویزیونیسمی که در چین به قدرت رسید خوش‌آمد گفتند و در نتیجه میان احزاب و گروه‌های مائوئیست انشعاب شد. آن بخش‌هایی که به طرفداری از رویزیونیست‌های چین بلند

شدند در اروپا کم‌کم به صف احزاب حکومتی پیوستند و بعضی‌ها در احزاب سوسیال دموکرات ادغام شدند و برخی دیگر در احزاب طرفدار شوروی. عده‌ای وابسته به چین سرمایه‌داری شدند و به قولی به «دفتر منافع تجاری چین» تبدیل شدند. در کشورهای سه قاره نیز وضع بر همین منوال بود. در حالی که بخشی تبدیل به احزاب به اصطلاح مائوئیست ستایشگر نظم موجود شده و به اتحاد با این یا آن جناح بورژوازی دست زدند، بخش دیگرعقبگرد چین به سوی سرمایه‌داری را دیدند و اعلام کردند که چین دیگر هیچ وجه اشتراکی با سوسیالیسم ندارد. اما در مقابل این شکست عظیم عدهٔ زیادی نیز منفعل شدند و به طور کل مبارزه برای سوسیالیسم را کنار گذاشتند. فقط بخش کوچکی توانست به قدرت رسیدن سرمایه‌داری در چین را در چهارچوب تئوری مائوئیستی انقلاب سوسیالیستی توضیح بدهد و مائوئیسم را، در پرتو تجربهٔ شکست سوسیالیسم در شوروی و چین، به عنوان سومین مرحلهٔ تکاملی مارکسیسم تکامل بدهد. در این زمینه به طور مشخص باید به حزب کمونیست انقلابی آمریکا و رهبران آن، به ویژه باب آواکیان، اشاره کرد. آواکیان نه فقط از خدمات مائو دفاع می‌کند، بلکه اشتباهات او را نیز ردیابی کرده و فرموله می‌کند. جمع‌بندی‌های آواکیان از تجربه سوسیالیسم در شوروی و در چین بسیار فراتر است از آنچه خود مائو و مائوئیست‌های چینی انجام دادند. دلیلش هم واضح است. کمونیست‌ها در چین خیلی زود شکست خوردند (ده سال بعد از شروع انقلاب فرهنگی) و جنبش کمونیستی بین‌المللی بیرون از چین باید نقش فعالی در جمع‌بندی از این تجارب برعهده بگیرد.

در مورد افرادی که نام بردی، آلتوسر، پولانزاس، بالیبار، بتلهایم و گودار (و می توان اسامی دیگری را نام برد از جمله سیمون دوبوار و ژان پل سارتر)، باید بگویم که آن‌ها هم متأثر از این مبارزهٔ سال‌های ۱۹۶۰ بودند و هم بر آن تأثیر گذاشتند. آن‌ها قبل از انقلاب فرهنگی هم نظر انتقادی راجع به مارکسیسم احزاب کمونیست خط شوروی داشتند.

آلتوسر (۱۹۱۸ـ ۱۹۹۰) از جمله روشنفکران کمونیست است که نظراتش مورد بحث بسیار قرار گرفته است. او از سال ۱۹۴۸ عضو حزب کمونیست فرانسه بود و اگرچه هیچ‌وقت رسما از آن نبرید مدام با آن در

جدل بود. می‌توان او را نمونهٔ روشنفکرانی به حساب آورد که از رکود و جمود مارکسیسم احزاب کمونیست سرخورده بودند، تلاش می‌کردند که بعد از کودتای خَروشچف پاسخی برای شکست سوسیالیسم در شوروی بیابند، تئوری را از بن‌بستی که گرفتارش شده بود در بیاورند و به جای جریان اومانیستی پا گرفته در احزاب کمونیست اروپایی و «چپ نو»، خطی انقلابی در پیش بگیرند.

برای توضیح رابطهٔ آلتوسر و مائوئیسم باید به کودتای خروشچف در سال ۱۹۵۶ و گزارش سری کمیتهٔ مرکزی حزب کمونیست شوروی علیه استالین برگردیم. در نتیجهٔ این کودتا، صف‌آرایی نوینی بر سر کمونیسم و نقش استالین شکل گرفت: اگر محافظه‌کاران و لیبرال‌های بورژوا مدت سه دهه بود حمله به کمونیسم را با حمله به استالین شروع می‌کردند و اگر تروتسکیست‌ها استالینیسم را مانع عمدهٔ پیروزی انقلاب اکتبر به حساب می‌آوردند، اکنون استالین آماج حملهٔ شوروی و احزاب کمونیست هم خط خرشچف قرار گرفت و حزب کمونیست فرانسه، مانند سایرِ احزابِ هم خطِ خروشچف، استالین‌زدایی و استالین‌ستیزی را در پیش گرفتند. آلتوسر راه دیگری در پیش گرفت. او معتقد بود که دو نوع برخورد وجود دارد، یکی نقد «راست» و دیگری نقد «چپ» از استالین و دوران او. به باور او نقد چپ از «انحراف استالینی» باید علل شکست انقلاب را نه در شخص استالین، بلکه در تئوری و سیاست و پراتیک‌هایی که استالین و جنبش کمونیستی دنبال می‌کردند جستجو بکند. آلتوسر دو روند اصلی این انحراف را اکونومیسم و اومانیسم (انسان‌گرایی) می‌دانست که به نظر او مشخصهٔ خط مشی احزاب استالین‌ستیز نیز هستند. منظور از اکونومیسم این است که ساختن سوسیالیسم موکول به رشدِ نیروهای مولده بشود و به تغییرِ زیربنای اقتصادی تقلیل داده بشود. اکونومیسم تئوری و خط مشی‌ای است که نقش فعال و تعیین کنندهٔ روبنا (آگاهی، سیاست، حزب، ایدئولوژی، فلسفه، تئوری،علم ، دولت...) را در برچیدن روابط سرمایه‌داری و ساختن سوسیالیسم نمی‌بیند و در نتیجه اهمیتِ مبارزهٔ طبقاتی را انکار می‌کند. اومانیسم، «انسان» و فرد و نه طبقات را عامل تحول تاریخی به شمار می‌آورد و در نتیجه اهمیت تفاوت‌ها و تضادهای طبقاتی و منافع

آشتی ناپذیر بین طبقات متخاصم را نمی‌بیند. به این ترتیب فراموش کردنِ مبارزهٔ طبقاتی اومانیسم و اکونومیسم را به هم لحیم می‌کند.

بدیل آلتوسر در مقابله با اکونومیسم/اومانیسم ابتدا این بود که جنبش کمونیستی به مارکس انقلابی برگردد و مارکسیسم را به عنوان علم بشناساند. اگر ژان پل سارتر و برخی دیگر مشکل را در این می‌دیدند که روشنفکرهای کمونیست کارگر نیستند، آلتوسر معتقد بود که مشکل در دور شدن از علم مارکسیسم است و آنچه خصلت مارکسیسم را تعیین می‌کند علمی بودن آن است، نه طبقاتی (پرولتری) بودنش. اما به زودی روشن شد که «بازگشت» به مارکس نمی‌توانست بحران سیاسی و تئوریک حزب کمونیست فرانسه و جنبش کمونیستی را پاسخ بگوید. به زودی آلتوسر مجبور شد به لنین برگردد و متوجه شد که جنبش کمونیستی نیازمند بازگشت هم به مارکس است و هم به لنین، و دیگر نمی‌توان مارکسیست بود و لنینیست نبود. آنچه آلتوسر را به لنین برگرداند دو تحول مهم بود: یکی امواج مبارزات کارگری در اروپا، جوشش جنبش‌های رهایی‌بخش ملّی در سه قاره، و غلیان جنبش‌های اجتماعی به ویژه در اروپا و آمریکای شمالی. تحول دیگر علنی شدن و رسمیت یافتن انشعاب حزب کمونیست چین از رویزیونیسم خروشچفی و اردوگاه آن بود. هر دو تحول دلیلی بر اجتناب ناپذیری لنینیسم برای جنبش کمونیستی در عصر امپریالیسم بودند. آلتوسر در بازگشتش به لنین به وضوح متأثر از مائو، مبارزهٔ ضد رویزیونیستی او و انقلاب فرهنگی بود. در واقع مدت‌ها قبل از انشعاب در جنبش کمونیستی، آلتوسر در سال ۱۹۵۳ به اهمیت نظرات مائو اشاره کرده بود و نوشتهٔ مشهورش «تضاد و اوردترمیناسیون» که در سال ۱۹۶۲ منتشر شد تحت تأثیر جهشی بود که مائو مدت‌ها پیش در عرصهٔ دیالکتیک به وجود آورده بود. حزب کمونیست فرانسه، به ویژه در شرایط انشعاب در جنبش کمونیستی بین المللی، نگران گرایش آلتوسر به حزب کمونیست چین بود، به طوری که در اکتبر ۱۹۶۳، فیلسوف روانشناس لوسین سو[21] در کمیته‌ی مرکزی حزب کمونیست فرانسه آلتوسر را متهم به مائویست بودن کرد و یک ماه بعد، در ۳۰ نوامبر، حزب جلسهٔ محاکمهٔ تئوریک برای او

21. Lucien Sève.

ترتیب داد. در این نشست، آلتوسر از اصالت مارکسیستی نظرات مائو دربارهٔ تضاد دفاع کرد و، برای پایان دادن به این مقابله، اظهار کرد که باید بین این نظرات و استفادهٔ حزب کمونیست چین از آن‌ها تفاوت قائل شد.

البته نگرانی حزب از گرایش مائوئیستی آلتوسر بی‌جا نبود. در شرایطی که حزب کمونیست چین و حزب کار آلبانی از اردوگاه رویزیونیستی جدا شدند و انشعاب در سایر احزاب در جریان بود، هسته‌های ضد رویزیونیستی در حزب کمونیست فرانسه و سازمان دانشجویی آن «اتحادیهٔ دانشجویان کمونیست»[22] و نیز در بین دانشجویانِ آلتوسر شکل می‌گرفت. بیوگرافی نویسان آلتوسر گفته‌اند که نفوذ او در بین جوانان چپ فرانسه، به ویژه از ۱۹۶۵ تا مه ۱۹۶۸، بسیار وسیع بود. در واقع بلافاصله بعد از شروع انقلاب فرهنگی در ۱۹۶۶، آلتوسر مقاله‌ای تحت عنوان «دربارهٔ انقلاب فرهنگی» نوشت که در مجلهٔ گروه مائوئیستی «اتحادیهٔ جوانان کمونیست» منتشر شد و اعلام کرد که این انقلاب «یک فاکت تاریخی بدون سابقه» و «دارای اهمیت تئوریک عظیمی است».

اما در حالی که حزب با کار تئوریک و سیاسی آلتوسر مخالف بود وشرایط ارعاب او را فراهم می‌کرد، این سؤال مطرح است که چرا آلتوسر حاضر به ترک این تشکیلات نبود و حزب نیز، برخلاف سنت خودش، او را اخراج نمی‌کرد. اریک هابسبام، مورخ مارکسیست بریتانیایی، درباره‌ی این سوال‌ها نوشته است:

> اتمسفر کارتیه لاتنِ آلتوسری، اتمسفری است که هر دانش‌آموز یا دانشجویِ چپ درست و حسابی مائوئیست است و یا حداقل کاستروئی است، که در آن سارتر یا هانری لوفور یک بنایِ یادبود باستانی به شمار می‌روند... نسل جدیدی از شورشیان نیاز به روایت جدیدی از ایدئولوژی انقلابی دارد، و آلتوسر اصولا یک تندرو ایدئولوژیک است که به مقابله با نرمش سیاسی

---

22. Union des étudiants communistes.

و فکری دور و بر خودش می‌پردازد.[23]

همچنین رژی دبره دربارهٔ این سال‌ها نوشته است که در پاریسِ اواخرِ سال‌های ۱۹۶۰ و اوایل ۱۹۷۰، مائوئیسم به عنوان «عالی‌ترین مرحلهٔ عقلانیت تاریخی» شناخته می‌شد.[24] به نظر می‌رسد که در چنین شرایطی، حزب که اعتبار خودش را به ویژه در بین جوانان از دست می‌داد حاضر به از دست دادن آلتوسر نبود. اما در حالی که آلتوسر در بین جوانان محبوب بود، بخشی از نسل قدیم کمونیست‌ها، چه حزبی و چه آن‌ها که از احزاب بریده بودند یا غیرحزبی بودند، به رد نظراتش می‌پرداختند. برای مثال در سال ۱۹۷۲، جان لویس، از فیلسوفان حزب کمونیست بریتانیا، مقالهٔ بلندی در نقد او در مجلهٔ حزبیِ *مارکسیسم امروز* نوشت. پاسخ مفصل آلتوسر را نمی‌توان به آسانی خلاصه کَرد، اما می‌توان گفت که جان کلامش اینست: «انحراف استالینی» راه رسیدن به کمونیسم را نه در مبارزهٔ طبقاتی بلکه در رشد نیروهای تولیدی جستجو می‌کرد (اکونومیسم و اومانیسم)، و خروشچف همین سیاست اکونومیستی و اومانیستی را ادامه داد، در حالی که نمی‌توان اومانیسم استالین را با در پیش گرفتن اومانیسم خروشچفی برطرف کرد. آلتوسر در این مبارزات تئوریک و ایدئولوژیک به تئوری و پراتیک انقلاب چین به ویژه انقلاب فرهنگی استناد می‌کرد. او در سال ۱۹۷۲ در پاسخش به جان لویس از جمله نوشت:

> اگر ما نگاهی به کل تاریخ چهل سال اخیرمان یا بیشتر از آن بکنیم، به نظر من، در تصفیه حساب کردن با آن (که کار آسانی نیست)، تنها «نقدِ» (چپِ) *تاریخاً موجود* از شالوده‌های «انحراف استالینی» – که در عین حال معاصرِ خود این انحراف است، و در نتیجه قسمت بیشترِ آن به قبل از کنگرهٔ بیستم برمی‌گردد – یک

23. Eric Hobsbawm, *Revolutionaries: Contemporary Essays*. London: Quartet, 1982, p. 145.
24. Régis Debray, *Critique of Political Reason*. London: Verso, 1983, p. 8.

> نقدِ مشخص است، نقدی که موجودیتش در فاکت‌ها، در مبارزه، در خط مشی، در پراتیک‌ها، در اصول و فرم‌های انقلاب چین قرار دارد.[۲۵]

در اینجا، آلتوسر تأکید می‌کند که اهمیت نقد مائو از خط شوروی در این است که اولا مدت‌ها قبل از کودتای خروشچفی (کنگرهٔ بیستم حزب کمونیست شوروی سال ۱۹۵۶) شروع شده بود، یعنی هم‌زمان با انحرافاتی که در جریان بود و شوروی را به‌سوی رجعت سرمایه‌داری می‌برد، و ثانیا این نقد ریشه در تئوری و پراتیک انقلاب چین داشت.

آلتوسر تأکید می‌کرد که هدف نقد بورژوازی از «استالینیسم» چیزی جز حمله به کمونیسم نیست و باید به وسیلهٔ نقد «چپ» از «انحراف استالینیستی» به مقابله با این جریان آنتی کمونیستی پرداخت. کوشش‌های وی در مطرح کردن درک دیالکتیکی از مباحث پایه‌ای مارکس در مورد روابط تولیدی و زیر بنا و روبنا مهم است. او با نظراتی که مارکس را به اکونومیسم و تاریخ‌گرایی متهم می‌کردند مقابله کرد و از تأثیرات امپریسیسم و پراگماتیسم بر مارکسیسم انتقاد کرد. همچنین با درک تک خطی «علت‌معلول» که در میان مارکسیست‌ها رایج بود (و هنوز هم هست) مقابله کرد و نشان داد که شکل‌گیری پروسه‌ها و پدیده‌ها به تداخل دیالکتیکیِ تضادهای متعدد مربوط است. او در آغاز جنبش ۶۸ از آن دفاع نکرد و حتی مانند حزب کمونیست آن را «چپ‌روی» دانست اما بعدا از «اشتباه» خود انتقاد کرد. به ساختارگرایی آلتوسر انتقادات زیادی شده است که باید در جای خود مورد بحث قرار گیرد. در کل از تلاش‌های تئوریک او باید جمع‌بندی انتقادی کرد که در اینجا امکانش نیست. بازگشتش به لنین محدود بود و بیشتر می‌خواست او را به عنوان یک فیلسوف یا روشنفکر معرفی کند، و حتی بیشتر مواضع فلسفی او از جمله دیالکتیک را قبول نداشت. برای مثال نظرات لنین در مورد پیچیدگی‌های ساختمان سوسیالیسم که مستقیم به بحث‌های رجعت سرمایه‌داری مربوط می‌شود

25. Louis Althusser, "Note on 'The critique of the personality cult'" (1972), in *Essays in Self-Criticism*. Translated by Grahame Lock. London: New Left Books, 1976, p. 92.

نظر او را جلب نمی‌کرد. اگرچه از چین سوسیالیستی و مائو دفاع می‌کرد، هیچ‌وقت نگفت که مائوئیست است، با وجود این، هنگامی که پاتریک کسل[۲۶] او را متهم به آنتی-مائوئیسم کرد به مقابله با او پرداخت. یکی از گفته‌های معروفش در مورد انقلاب فرهنگی پرولتاریایی آن است که برای دیدن پراتیک تئوری‌هایش می‌توان به این انقلاب مراجعه کرد. عده زیادی از مارکسیست‌های اروپایی، از جمله پولانزاس و بالیبار، در مکتب آلتوسر مارکسیسم را آموختند. شکست جنبش کمونیستی بین‌المللی به دنبال به قدرت رسیدن رهروان سرمایه‌داری در حزب کمونیست چین در سال ۱۹۷۶ بر آشفتگی فکری آلتوسر افزود و بالاخره تحت عنوان بحث تئوریک لزوم تئوری و از جمله تئوری مارکسیستی-لنینیستی را رد کرد. اگرچه دچار بدبینی شد، برخلاف بسیاری از روشنفکرهای چپِ طرفدار مائوئیسم، به تخطئهٔ انقلاب و مارکسیسم دست نزد.

نیکوس پولانزاس (۱۹۷۹-۱۹۳۶) از جمله کسانی بود که از نزدیک با آلتوسر کار می‌کرد. او در آتن متولد شد و در جنبش دانشجویی اواخر سال‌های ۱۹۵۰ فعالیت داشت، و بعد از رفتن به پاریس در سال ۱۹۶۰ به حزب کمونیست یونان پیوست. نظرش در مورد دولت و طبقه بیشتر از هرچیزی مورد توجه قرار گرفت (او این نظر را که دولت ابزار طبقه است رد کرد و به جای آن نظریهٔ «استقلال نسبی» دولت از طبقه را مطرح کرد). پولانزاس مانند آلتوسر تحت تأثیر گرامشی و مائو بود. او بعدها خواهان استقلال احزاب کمونیست اروپا از شوروی شد و سپس به سوسیال دمکراسی پیوست. او نه خودش را مائوئیست می‌دانست و نه به عنوان یک مائوئیست شناخته شده است.

اتین بالیبار (متولد ۱۹۴۲) از شاگردان آلتوسر بود و مانند آلتوسر و پولانزاس تلاش می‌کرد که از اکونومیسم فاصله بگیرد، ومتأثر از شارل بتلهایم بود. بتلهایم (۲۰۰۶-۱۹۱۳) در آغاز طرفدار نظرات و افکار تروتسکی بود و تا مدت‌ها عضو حزب کمونیست فرانسه بود. طرفداری‌اش از تروتسکی به مباحث و اختلافات درون حزب کمونیست شوروی در دههٔ ۱۹۲۰ و تئوری «جامعه گذار» برمی‌گردد. بتلهایم هنگامی که به حمایت

---

26. Kessel.

از انقلاب فرهنگی در چین روی آورد از اشتباهات خود انتقاد کرد، اما می‌توان گفت که پایه‌های افکار گذشته خود را حفظ کرد. در هر حال او از خدمات مائو به سوسیالیسم و کمونیسم دفاع کرد و پس از مرگ مائو و افتادن قدرت به دست رویزیونیست‌های حزب کمونیست چین، آن‌ها را محکوم کرد. اظهاراتش در مورد چین سر و صدای زیادی کرد. مشخصا در مه ۱۹۷۷ مقاله‌ای نوشت و مواضعش را روشن کرد. بخش‌هایی از این نامه در لوموند هم چاپ شد. در این نامه می‌نویسد، به قدرت رسیدن حاکمان جدید در چین « یک کودتا ... و آغاز یک چرخش سیاسی بود که یک خط رویزیونیستی و بورژوائی را جایگزین خط انقلابی و پرولتری پیشین کرد». بتلهایم فرد با نفوذ و شناخته شده‌ای بود. بنابراین مواضعش بسیاری از کمونیست‌ها را که در مورد اوضاع چین گیج شده بودند تشویق کرد که به جای اینکه ازعوام‌فریبی‌های رهروان سرمایه‌داری در چین دنباله‌روی کنند، به تحلیل عمیق و جدی بپردازند. او در نوشته‌های مختلفش دروغ بودن اتهامات حکام تازه به قدرت رسیده را علیه «باند چهار نفر» افشا کرد («باند چهار نفره» اسمی بود که رویزیونیست‌های چین به رهبران انقلاب فرهنگی داده بودند؛ اینها شامل چیان چین [همسر مائو] و چن چان چیائو و دو نفر دیگر از اعضای کمیته مرکزی بودند که پس از مرگ مائو در یک کودتا دستگیر و زندانی شدند. چیان چین و چن چان چیائو در دادگاه‌های مسخره‌ای محاکمه شدند و به طرز نامعلومی درگذشتند. این دو رهبران انقلاب فرهنگی بودند. و مشخصا چن چان چیائو رهبر کمون شانگهای بود و کتاب مهم اقتصاد سیاسی سوسیالیستی شانگهای تحت نظارت او نوشته شده است). بتلهام نشان داد که رهروان سرمایه‌داری نوشته‌های مائو را جعل کرده‌اند، تا چهار نفر را که رهبران خط سوسیالیسم بودند محاکمه کنند.

بتلهایم در ادامهٔ کارش به جمع‌بندی‌های بیشتر از تجربه سوسیالیسم در چین پرداخت که در اینجا وقت پرداختن به آن‌ها نیست. اما باید گفت که تحلیل‌های بتلهایم از مسائل تکامل سوسیالیسم در شوروی و چین هم دارای جوانب روشن‌بینانه و عمیق است و هم دارای جوانبی است که با عینک سوسیال دموکراتیک به تجربه سوسیالیسم نگریسته است.

برای مثال یکی از جمع‌بندی‌هایش این است که وجود روش‌های «ضد دموکراتیک» از موانع راه تکامل سوسیالیسم بوده است. این جمع‌بندی مسألهٔ دیکتاتوری پرولتاریا را که «ضد دموکراتیک»ترین و در عین حال دموکراتیک‌ترین خصلت سوسیالیسم است کنار می‌گذارد و به مسألهٔ دمکراسی به طور طبقاتی نگاه نمی‌کند. نظرات او در مورد مسائل کلیدی مارکسیستی مانند رابطهٔ روبنا با زیربنا و ادامه انقلاب در سوسیالیسم و غیره کاملا با نظرات مائو متفاوت است و گاه در تضاد با آن است. تحلیل‌های او در مورد شوروی دوران استالین، تحت تأثیر تبیین‌های تروتسکی بود که معتقد بود معضل شوروی «بوروکراسی» و حاکمیت «بوروکرات‌ها» است. بتلهایم تحت تأثیر نقدهای مائو به شوروی دوران استالین تا حدی این مواضع خود را عوض کرد، اما منبعی از او در دست نیست که نشان دهد به تحلیل‌های گذشته خود چه نقدی دارد. او در تحلیل از معضلات جامعهٔ سوسیالیستی مشخصا به استمرار شکاف میان کار فکری و یدی در سوسیالیسم می‌پردازد، اما راه‌حل آن را در «رشد نیروهای مولده» می‌بیند و نه در سیاست دولت و حزب پرولتری در حل این تضاد و دیگر تضادهای جامعه از طریق هر چه انقلابی‌تر کردن افکار و روابط تولیدی و اجتماعی میان انسان‌ها. در اینجا به روشنی می‌بینیم که علی‌رغم دفاع از مائو، خط بتلهایم در مورد دینامیسم مبارزه طبقاتی و تکامل سوسیالیسم کاملا در تضاد با خط مائو است.

در هر حال جمع‌بندی از تجربه سوسیالیسم در شوروی و چین ادامه دارد و نظرات او در این رابطه باید مورد بررسی قرار گیرند. برای آشنایی با نقد مائوئیستی از نظرات بتلهایم می‌توانید به مقاله‌ای که در سال ۱۹۷۹ در نشریه کمونیست شماره ۵ (ارگان تئوریک حزب کمونیست انقلابی آمریکا) منتشر شد رجوع کنید. عنوان این مقاله «چین، دیکتاتوری پرولتاریا و پرفسور بتلهایم» است (ترجمهٔ فارسی این مقاله در بخش «کتابخانه» در سایت سربداران موجود است). هرچند خود این مقاله را نیز باید با دیدی انتقادی و تازه نگریست اما نسبت به زمان خودش، در پرتو درس‌های مبارزه طبقاتی در چین سوسیالیستی، نقدهای مهمی به نظریه‌های بتلهایم می‌کند که قابل توجه است. درضمن، این مقاله منبع با

ژان پل سارتر و سیمون دوبوار در حال توزیع نشریه مائوئیستی آرمان خلق.

ارزشی برای آشنا شدن با مباحث مهمی است که احیای سرمایه‌داری در چین در میان کمونیست‌ها و فیلسوفان چپ و روشنفکران مهم آن دوران به راه انداخت. نگاهی به مباحث فیلسوفان مهم این دوران مانند ژیژک و آلن بادیو در مورد چین سوسیالیستی و به طور کلی مبارزه برای سوسیالیسم و رفع موانع آن نشان می‌دهد که این مسائل هنوز جزو مسائل مهم است که باید در عرصه نظری بر سر آن‌ها جدل کرد و به یک جمع‌بندی علمی و منظم رسید.

رابطهٔ ژان پل سارتر با جنبش مائوئیستی، هم شرایط پیچیدهٔ مبارزهٔ سیاسی و ایدئولوژیک سال‌های ۱۹۶۰ را نشان می‌دهد و هم برای درک مبارزه‌ای که امروز در پیش است اهمیت دارد. کمتر نوشته‌ای دربارهٔ سارتر هست که به این رابطه اشاره نکند. برای مثال فصلی از بیوگرافی مفصل او تحت عنوان «سارتر ۱۹۰۵ـ۱۹۸۰» به بررسی جایگاهش «مابین فلوبر و مائوئیستها» اختصاص دارد.[۲۷] همچنین رسانه‌های چپ و راست در «سال‌های مائوئیستی» سارتر دربارهٔ مائوئیسم او تفسیر می‌نوشتند.

اگرچه آثار سارتر متنوع‌اند (فلسفه، رمان، نمایشنامه، نقد ادبی)، او به عنوان فیلسوف اگزیستانسیالیست مشهور است. کار فکری او از مبارزه عملی برای رهایی از نظام سرمایه‌داری و آزادی بشریت از چنگال آن جدا نبود و به همین دلیل برخوردش با مارکسیسم و کمونیسم از دید اتحاد و انتقاد بود. او با حزب کمونیست فرانسه نزدیکی بسیار داشت، اما بر سر برخورد حزب با قیام مجارستان (۱۹۵۶) با آن اختلاف پیدا کرد و سپس بر

27. Annie Cohen-Solal, *Sartre 1905-1980*. Paris: Gallimard, 1985.

سر جنبش رهایی بخش الجزایر (۱۹۶۳) و بالاخره برخورد حزب با جنبش مه ۱۹۶۸ از پشتیبانی از حزب دست برداشت. در جریان جنبش مه ۶۸ و هنگامی‌که مائوئیست‌ها نیروی عمده‌ای در عرصهٔ مبارزه بودند، در مقابله با حملهٔ پلیس، به دفاع از آن‌ها پرداخت و در مبارزات‌شان شرکت کرد. بهتر است این رابطه را از زبان خودش نقل کنم، از مصاحبه با میشل ــ آنتوان بورنیه در بارهٔ رابطه‌اش با مائوئیسم.[۲۸] بورنیه به سارتر می‌گوید که شما در بسیاری از فعالیت‌های مائوئیست‌ها شرکت می‌کنید و «به نظر می‌رسد که شما به مراتب به آن‌ها نزدیک‌ترید و بیشتر درگیر هستید تا قبلا که با حزب کمونیست و جنبش‌های آزادی‌بخش از قبیل جبههٔ رهایی‌بخش ملّی الجزایر بودید. این را چگونه توضیح می‌دهید...؟». سارتر در پاسخ می‌گوید:

من سرپرستی [ویراستاری] آرمان خلق را بعد از دستگیری دو سرپرست قبلی در بهار ۱۹۷۰ پذیرفتم. مائوئیست‌ها فکر نمی‌کردند که پایگاه پشتیبانی وسیعی برای انجام عملیات زیرزمینی که دولت می‌خواست به آن‌ها تحمیل کند داشته باشند. برای اینکه هم به این پروسه و هم به سرکوبی برخورد کنند، آن‌ها پیش من آمدند و از من خواستند به آن‌ها کمک کنم. در عین حال، این نشان‌دهندهٔ برخورد جدیدی از طرف آن‌ها بود در رابطه با توجه به روشنفکرها و فهمیدن اینکه چگونه روشنفکران می‌توانند به آن‌ها خدمت کنند. آن‌ها به «سوپرــاستارها» اعتماد نداشتند اما درعین حال به روشنفکران شناخته شده مراجعه می‌کردند تا جلوی حمله‌های مارسلن را بگیرند. آن‌ها مفهوم «چهرهٔ سرشناس»[۲۹] را علیه خود بورژوازی به کار گرفتند ــ و حق با آن‌ها بود. من احساس می‌کنم

۲۸. این مصاحبه ابتدا در شمارهٔ ۲۸ نشریهٔ Actuel منتشر شد و سپس در Tout va bien شمارهٔ چهارم، ۲۰ فوریه ـ ۲۰ مارس ۱۹۷۳، صص ۳۵ـ ۳۰، و به ترجمهٔ انگلیسی در مجلهٔ Telos شماره‌ی ۱۶، تابستان ۱۹۷۳، تجدید چاپ شد.

29. celebrity.

> که یک نویسندهٔ سرشناس نقش دوگانه‌ای دارد: او خودش است و در عین حال چهرهٔ عمومی است که هیچ کنترلی بر آن ندارد، مگر اینکه آن را بازیابد تا با شیوه‌های کاملا متفاوتی آن را به کار گیرد.
>
> در آغاز روشن بود که با مائوئیست‌ها موافق نبودم و آن‌ها هم با من موافق نبودند. من مسئولیتی قانونی به عهده گرفتم، نه سیاسی. من فقط اسمم را دادم تا روزنامه بتواند تداوم داشته باشد و مبارزین بتوانند آن طور که می‌خواستند عمل کنند و بنویسند. و بر همین منوال من سرپرستی *Tout va bien* را برعهده گرفتم؛ و در همین شرایط بود که به عنوان شاهد در محاکمهٔ مبارزین *Vive la révolution* و رولان کاسترو حاضر شدم. از آن زمان تاکنون، من از طریق یک سری آکسیون و مبارزات به طور روزافزون به برداشت‌های «آرمان خلق» نزدیک‌تر شده‌ام.

در بخش دیگری از مصاحبه، سارتر در پاسخ به سؤالی دربارهٔ مخالفت او با یکی از مواضع «چپ پرولتری» می‌گوید:

> در آغاز من با مائوئیست‌ها سر هیچ‌چیز موافقت نداشتم: نه علیه آن‌ها، بلکه جدا از آن‌ها. اما کم‌کم، پشتیبانی من از آن‌ها بیشتر از پشتیبانی قانونی بوده است. من مکرر با آن‌ها ملاقات می‌کردم و خودم را به آن‌ها پیوند می‌دادم: اندک اندک هم‌گرایی[۳۰] به وجود آمد.[۳۱]

30. convergence.
31. "On Maoism: An interview with Jean-Paul Sartre," *Telos*, No. 16, Summer 1973, pp. 92-93.

کوهن-سولال در بیوگرافی سارتر می‌نویسد که «در سال‌های مائوئیستیش فعالیت [سیاسی]، روزنامه‌نگاری انقلابی، جدل تئوریک و محکوم کردن حکومت همان اندازه برای سارتر مهم بود که احساس رفاقت و صمیمیتی که در درون یک سازمان مائوئیستی تجربه کرد». و آنگاه به این نقل قول از مصاحبهٔ سارتر با ف. م. سامولسن (۲۳ اکتبر ۱۹۷۸) اشاره می‌کند:

> من با کمونیست‌ها [حزب کمونیست فرانسه] و تروتسکیست‌ها تماس داشته‌ام، اما بدون هیچ احساس رفاقت. ما از سیاست صحبت می‌کردیم و همین، در حالی که با مائوئیست‌ها یک رابطهٔ انسانی واقعی داشتم. وقتی که با یکدیگر صحبت می‌کردیم، ما فقط عده‌ای بودیم که تصمیم گرفته بودیم با هم یکی دو کار مهم انجام دهیم، اما به همان راحتی می‌توانستیم همدیگر را ببینیم تا به سینما برویم یا کار مشابهی کنیم. من مدام با بنی[۳۲] بحث فلسفه می‌کردم... من به برداشت اخلاقی آکسیون و روابط انسانی کشیده شده بودم. برای من مائوئیست‌ها این بودند.[۳۳]

کوهن-سولال می‌گوید «این دانشجویان جوان که به راحتی می‌توانستند نوه‌های او باشند و خیلی چیزها آن‌ها را از او جدا می‌کردند، باعث شدند که سارتر خوشی بحث فلسفه را بازیابد...».

رابطهٔ سارتر با مائوئیسم رابطهٔ یک روشنفکر غیرکمونیست آزادی‌خواه و مبارز با جنبش کمونیستی است. او در سال‌های پرآشوب ۱۹۶۰ و اوایل سال‌های ۱۹۷۰ در مائوئیسم پتانسیلِ انقلاب را می‌دید و جذب آن شد. نابینایی و مرگش در ۱۹۸۰ ارزیابی از سال‌های آخر

32. Benny Lévy.

33. Annie Cohen-Solal, *Jean-Paul Sartre: A Life*. New York: The New Press, 2005, pp. 484-485.

زندگی‌اش را مشکل می‌کند. درعین حال، تأثیری که جوانان مائوئیست بر زندگی سیاسی یکی از برجسته‌ترین روشنفکران فرانسه گذاشتند، پتانسیل جنبش مائوئیستی را در این سال‌ها نشان می‌دهد.

افرادی که به آن‌ها پرداختیم گروهی انگشت‌شمار از جمع بزرگی از فعالین فکری بودند که در محیط زنده و شکوفا و انقلابی سال‌های ۱۹۶۰ و چند سال بعد درگیر مبارزه بر سر مهم‌ترین مسألهٔ تاریخ جامعهٔ طبقاتی بودند: مسألهٔ پایان بخشیدن به جامعهٔ طبقاتی و آغازیدنِ تاریخِ انسان. مارکس جامعهٔ طبقاتی را «ماقبل تاریخ» بشریت به حساب می‌آورد و نقش تاریخی پرولتاریا را عملّی کردن گذار از ماقبل تاریخ به آغاز تاریخ، یعنی جامعهٔ بی‌طبقه، ترسیم کرده بود. کمون پاریس ۱۸۷۱، انقلاب اکتبر ۱۹۱۷ و انقلاب اکتبر ۱۹۴۹ و برخی انقلاب‌های دیگر که در قرن بیستم صورت گرفت همه گام‌هایی در این مسیر بودند. اما در اوایل دههٔ ۶۰ انشعاب بزرگ در جنبش کمونیستی شکست مهم‌ترین انقلاب طبقهٔ کارگر (انقلاب ۱۹۱۷) را اعلام کرد و چند سال بعد انقلاب کبیر فرهنگی پرولتاریایی برنامه‌ای عملّی و تئوریک برای تداوم انقلاب و پیشگیری از رجعت سرمایه‌داری ارائه داد. حزب کمونیست چین مبارزه بر سر ماهیت جامعهٔ سوسیالیستی و تداوم مبارزهٔ طبقاتی و جلوگیری از رجعت سرمایه‌داری را به بحثی جهانی تبدیل کرد. دیگر هیچ جریان کمونیستی نمی‌توانست بدون درگیری در این مبارزات جدی گرفته بشود. پاریس در سال‌های ۱۹۶۰ نقش چشمگیری در این مبارزه برعهده گرفت – پاریس مرکز بزرگ‌ترین انقلاب بورژوازی (۱۷۸۹)، انقلاب ۱۸۳۰، انقلاب ۱۸۴۸ـ ۱۸۴۹ و بالاخره پایتخت کمون ۱۸۷۱، یعنی اولین حکومت کارگران و زحمتکشان شهری، پایگاه مقاومت علیه اشغال نازی‌ها (۱۹۳۹-۱۹۴۵)، و قلب شورش مه ۱۹۶۸. با وجود این در اواخر دههٔ بعد، یعنی نیمهٔ دوم سال‌های ۷۰، ورق برگشت. پری اندرسن در سال ۱۹۸۳، در بررسی ترازنامهٔ مارکسیسم، گفت که فرانسه در سه دههٔ بعد از آزادی (بعد از ۱۹۴۵، پایان جنگ جهانی دوم) در دنیای مارکسیسم اهمیتی جهانی پیدا کرده بود، به طوری که بلندپایگی فرانسه در عصر روشنگری (قرن ۱۸) را به خاطر می‌آورد. اما «پاریس امروز پایتخت ارتجاع فکری اروپا است»، و سقوط فرانسه در این زمینه مسأله‌ای فقط کشوری

نیست.[۳۴]

سقوط پاریس از قلب شورش مه ۱۹۶۸ به «پایتخت ارتجاع فکری اروپا»، آن هم در عرض مدت کوتاهی جای تأمل بسیار است، همان طور که رجعت سرمایه‌داری در چین سوسیالیستی به دنبال ده سال انقلاب فرهنگی سؤال‌برانگیز است. در پاسخ به این سؤال و سؤالات قبلی جوانبی از پاسخ‌های ممکن مطرح شده‌اند اما این بحثی بسیار حیاتی ات که نیاز به بررسی جداگانه دارد.

در مورد پل پت و کامبوج:

پل پت دانشجویی کامبوجی در پاریس بود که پس از بازگشت به کامبوج، یکی از رهبران حزب کمونیست شد. این حزب بخشی از حزب کمونیست هندوچین بود که تحت رهنمودهای کمینترن (در دهه ۱۹۲۰) تاسیس شده بود.«خمرهای سرخ» نامی است که پادشاه کامبوج به آن‌ها داده بود. حزب کمونیست کامبوج علی‌رغم نامش یک جریان ناسیونالیستی بود که به چین سوسیالیستی به عنوان منبع حمایت برای سرنگون کردن حکومت وابسته به آمریکا در کامبوج نگاه می‌کرد.

بررسی واقعیات کامبوج برای کمونیست‌ها بسیار مهم است. البته این کار مشکلی است، زیرا حقایق در زیر کوهی از تبلیغات امپریالیسم آمریکا و بورژوازی بین‌المللی پنهان شده است. مجلهٔ مائوئیستی جهانی برای فتح مقاله پژوهشی عمیق و تکان دهنده‌ای دربارهٔ این وقایع نوشته است. (عنوان این مقاله «ناجیان فروتن: چگونه رژیم پل پت به کج‌راه رفت» است که در سایت سربداران در بخش «جنبش بین‌المللی» قابل دسترس است.)

در سال ۱۹۷۵ پیش از سقوط سایگون در ویتنام، خمرهای سرخ موفق به سرنگون کردن رژیم وابسته به آمریکا شدند. اما این رژیم ۴۴ ماه بیشتر دوام نیاورد و با حملهٔ ارتش ویتنام از قدرت ساقط شد. حزب کمونیست کامبوج، در دورهٔ حاکمیتش در جریان اداره جامعه و مقاومت در مقابل حملات آمریکا و ویتنام، سیاست‌های ارتجاعی مانند تخلیهٔ اجباری

---

34. Perry Anderson, *In the Tracks of Historical Materialism*. London: Verso, 1983, p. 32.

شهرها و از بین بردن پول و غیره را در پیش گرفت که منجر به فجایع انسانی بزرگی شد. اما ارتش آمریکا، که شهرهای کامبوج را بی‌وقفه بمباران می‌کرد، به همان ترتیب مرتکب جنایت علیه بشریت و جنایات جنگی علیه مردم کامبوج شد.

اغلب گفته می‌شود که این‌ها مائوئیست بودند. این واقعیت ندارد و بیشتر تبلیغاتی است برای بدنام کردن مائوئیسم. پل پت، در جریان انقلاب فرهنگی در چین بود، اما حتی در آن زمان از انقلاب فرهنگی حمایت نکرد. پس از به قدرت رسیدن، بارها به «عقب ماندن» چین از سوسیالیسم انتقاد کرده و می‌گفت انقلاب خودشان چند دهه «جلوتر از چین» است، و تکرار می‌کردند که حزب کمونیست کامبوج، «از لنین سرتر و از مائو برتر» است.

البته این حزب در جریان کسب قدرت توانست بخش کثیری از اهالی کامبوج را به حرکت در آورد و در میان آن‌ها پایه عمیقی داشت. حمایت مردم کامبوج از آن گسترده بود. ارتش انقلابی آن در سال ۱۹۷۳ به چهل هزار نفر رسیده بود. مقاومت آن‌ها در مقابل ارتش وحشی آمریکا ستودنی است. پس از ژانویه ۱۹۷۳ که آمریکایی‌ها مجبور شدند پای مذاکره با انقلابیون ویتنام نشسته و دست از بمباران ویتنام بکشند، بمباران بی‌وقفهٔ کامبوج را از سر گرفتند. به مدت ۱۴۰ روز کامبوج را بمباران کردند و مقدار بمبی که روی مردم این کشور ریختند به اندازهٔ بمب‌هایی بود که در مراحل آخر جنگ جهانی دوم روی ژاپن ریخته بودند. فجایعی که آمریکایی‌ها به بار آوردند بسیارهولناک است. حداقل نیمی از شالیزارهای برنج توسط بمب از بین رفت. حیوانات اهلی روستاییان کاملا از بین رفتند، نیمی از جمعیت کشور آواره شدند، و رودخانه‌ها بلااستفاده شدند. درک شرایطی که امپریالیست‌های آمریکایی برای نیروهای رهایی‌بخش کامبوج به وجود آورده بودند مهم است، زیرا بسیاری از اقدامات آنان که در نهایت فاجعه‌آمیز بود، مثلا تخلیه اجباری شهرها، در این شرایط صورت گرفت.

با این وصف، شرایط هرچه باشد، طرز تفکر و مشی سیاسی و ایدئولوژیک هر جریانی در کاری که می‌کند و تصمیماتی که می‌گیرد تعیین کننده است. هیچ شرایطی نمی‌تواند رفتار خمرهای سرخ را توجیه کند. همان طور که گفتم، پل پت و دیگر رهبران حزب کمونیست کامبوج

خود را مائوئیست نمی‌دانستند و اتفاقا بالعکس انقلاب خود را «استثنایی و بی‌نظیر» می‌دانستند. مثلا، پل پت در سخنرانی پیروزی چنین می‌گوید: «ما به یک پیروزی کامل، قطعی و تمیز دست یافته‌ایم. یعنی ما بدون هیچ‌گونه رابطه یا دخالت خارجی پیروز شده‌ایم» که البته دروغ بود، چون این‌ها بدون کمک ویتنام و چین مشکل بود به پیروزی برسند. این‌ها ادعا می‌کردند که «انقلاب خمر به خاطر ویژگی‌هایش، مانند الغای پول و تخلیه شهرها، از همه انقلابات جهانی برتر است.» و به انقلاب چین انتقاد می‌کردند و می‌گفتند: «چین به کارگران دولتی دستمزد می‌دهد و غیره. دستمزد به مالکیت خصوصی منتهی می‌شود، چون وقتی آدم پول داشته باشد برای خرید این چیز و آن چیز پس‌انداز می‌کند.» (نقل قول از مقالهٔ «ناجیان فروتن...»). این‌ها به انقلاب چین انتقاد می‌کردند که نتوانست مالکیت خصوصی دهقانان و خرده بورژوازی شهری را لغو کند، و به انقلاب خودشان به خاطر بی‌نظیر بودنش در این زمینه افتخار می‌کردند و می‌گفتند: «کامبوج بیست سی سال از چین جلوتر است». حزب کمونیست کامبوج افتخار می‌کرد که با صدور فرمان، دین را لغو کرده است. اما در عمل نه تنها دین از بین نرفت، بلکه خود حزب در اداره کشور از بدترین نوع ناسیونالیسم و افتخار نژادی استفاده می‌کرد که فرقی با دین نداشت.

جالب توجه آن است که نظریه‌های حزب کمونیست کامبوج بیشتر شبیه آن دسته نظریات درون جنبش چپ ایران است که مخالف مرحلهٔ انقلاب دموکراتیک نوین بوده و خواهان «انقلاب سوسیالیستی یک ضرب» هستند و تئوری انقلاب دو مرحله‌ای مائوتسه دون را بورژوایی می‌دانند. باید بگویم که حزب کمونیست کامبوج نه تئوری انقلاب دموکراتیک مائو را فهمید و نه سوسیالیسم را. آنان نمی‌فهمیدند که هدف انجام انقلاب دموکراتیک تحت رهبری پرولتاریا در کشوری مثل چین برای هموار کردن راه استقرار سوسیالیسم بود. در مورد سوسیالیسم هم فکر می‌کردند که با تصویب قانون و لغو کردن قانونی مالکیت خصوصی کشور سوسیالیستی می‌شود. در حالی که در کامبوج قانونا مالکیت خصوصی لغو شده بود، اما در عمل آن را بر پایه همه اصول و قواعد سرمایه‌داری و در ادغام با نظام سرمایه‌داری جهانی اداره می‌کردند.

سران دولت پول پت ادعا می‌کردند که «یک ضرب» به کمونیسم رسیده‌اند. اما کمونیسم به یک ضرب قابل دسترسی نیست و هر گونه ادعایی از این قبیل فقط به عوام‌فریبی و ضدیت با مارکسیسم ختم می‌شود. کمونیسم جامعه‌ای است که بر مبنای اصل «از هرکس به اندازه توانش، به هرکس به اندازه نیازش» سازماندهی می‌شود. برای اینکه یک کشور سوسیالیستی به این مرحله برسد، باید حق بورژوایی در آن لغو شود. حق بورژوایی یعنی هرکس به اندازه‌ای که کار می‌کند دریافت بکند. این اصل هنوز یک اصل بورژوایی یا، به گفتهٔ مارکس، «حق بورژوایی» است که تمایز آفرین است و نظام طبقاتی را بازتولید می‌کند. در جامعه کمونیستی، هر کس به اندازه‌ای که می‌تواند کار می‌کند، اما از جامعه به اندازه تمام نیازهای خود دریافت می‌کند. رسیدن به این مرحله نیازمند جهش‌های بزرگ در تعمیق سوسیالیسم در یک کشور و هم‌زمان رشد انقلاب جهانی و برقراری کمونیسم در سطح جهان است، زیرا در سطح جهان است که تولید می‌تواند به طور کلی اجتماعی بشود. به این ترتیب ادعاهای رژیم پل پت در تضاد با اصول مارکسیسم-لنینیسم-مائوئیسم است.

در هر حال، این بحث لازم و مفصلی است که باید در فرصت دیگری به آن پرداخت. مقالهٔ «ناجیان فروتن» به سایر جوانب تکان دهندهٔ این حکومت مانند اعمال شکنجه علیه مخالفین نیز پرداخته و طرز تفکر پشت این اعمال را تجزیه و تحلیل کرده و تفاوت بنیادین آن را با رویکرد مائو و چین سوسیالیستی به مخالفت‌ها و مبارزات درون حزب کمونیست چین نشان می‌دهد و می‌نویسد: «در چین، هنگامی که مائو تحلیل کرد که در درون حزب یک مقر فرماندهی بورژوایی موجود است، او و سایر رهبران (چپ) حزب موضوعات اساسی مورد جدل را به میان توده‌ها بردند و انقلاب کبیر فرهنگی پرولتاریایی را برپا داشتند تا خطوط و سیاست‌های بورژوایی را در معرض انتقاد توده‌ها قرار دهند. آن‌ها این مسأله که در جامعه سوسیالیستی هنوز پایه مادی و امکان ظهور بورژوازی نوین موجود است را تبدیل به یک موضوع فراگیر توده‌ای کردند...». سیاست‌های حزب کمونیست چین به منظور زیرورو کردن گام به گام آن «خاکی» که بذر بورژوازی در آن رشد می‌کند توضیح داده شد و آگاهی توده‌ها و حزب

را از طریق مطالعه آثار پایه‌ای مارکسیستی و بررسی و نقد کامل و همه جانبه خطوط بورژوایی ارتقا دادند. اما در کامبوج، رهبری حزب هنگامی که احساس خطر کرد به مخفی کاری، شکنجه و اعدام روی آورد.

شروع جنگ میان کامبوج و ویتنام نیز فصل دیگر و عبرت‌انگیزی است از فاجعه‌بار بودن خط ناسیونالیستی که در اینجا فرصت بازگویی آن نیست. خلاصه کنم: مبارزات رهایی‌بخش در هندوچین، به خصوص ویتنام، از مبارزات بسیار مهم دهۀ ۱۹۶۰ و ۱۹۷۰ بودند. هر چند این مبارزات انقلابی توانستند ماشین نظامی مرگ‌آور امپریالیسم آمریکا را شکست بدهند و برای کشورهای خود استقلال به دست بیاورند، اما نتوانستند ورای این رفته و تبدیل به انقلاب‌های سوسیالیستی بشوند. آن‌ها پس از آن فداکاری‌های عظیم و امیدآفرینی‌های بزرگ، بلافاصله پس از کسب استقلال در شکلی جدید در نظام سرمایه‌داری جهانی ادغام شده و مردمش تبدیل به بردگان سودآفرین سرمایه‌داری جهانی شدند. وارونه شدن روند انقلاب در هندوچین و دیگر نقاط جهان (از جمله در اندونزی) ضربۀ مهمی به روند انقلاب پرولتری در سراسر جهان وارد کرد و مهم‌تر از همه ضربۀ مهمی به روند تعمیق انقلاب سوسیالیستی در خود چین زد و موجب تقویت جریان‌های رویزیونیستی در حزب کمونیست چین شد. ویتنام پس از بیرون راندن آمریکا، در بلوک سرمایه‌داری شرق ادغام شد و پس از فروپاشی شوروی دوباره در نظام سرمایه‌داری غرب ادغام شد و مردم کامبوج نیز به بردۀ بانک جهانی و صندوق بین‌المللی پول تبدیل شدند.

با نگاهی به گذشته می‌توان دید که به خاطر افق‌ها و برنامه‌های ناسیونالیستی که در رأس این انقلاب‌ها بود، چیزی جز این مقدور نبود. فرآیند گسست این جوامع از نظام سرمایه‌داری جهانی و پایه‌ریزی یک جامعۀ نوین سوسیالیستی کاری سهمگین و پیچیده است که فقط از عهدۀ پرولتاریای آگاه و رهبری یک حزب کمونیست بر می‌آید که دارای یک مقر فرماندهی کمونیستی است که جنگ طبقاتی همه جانبه را هدایت می‌کند و بر آگاهی میلیون‌ها کارگر و دهقان و زنان و خلق‌های تحت ستم اتکاء دارد.

کم و بیش همۀ جنبش‌های رهایی‌بخش ضداستعماری در دهۀ

۱۹۵۰ و ۱۹۶۰ دچار این سرنوشت شدند. چین سوسیالیستی از همه این جنبش‌ها حمایت می‌کرد. اما نمی‌توان گفت که وظایف کمونیستی‌اش را در مورد آن‌ها ادا می‌کرد. منظورم این است که وظیفۀ چین سوسیالیستی نمی‌بایست صرفا به حمایت از مبارزات عادلانۀ این جنبش‌ها خلاصه می‌شد و می‌بایست افق‌ها و برنامه‌های ناسیونالیستی آنان را نیز نقد می‌کرد و به این ترتیب برای شکل‌گیری یک جریان کمونیستی در میان این جنبش‌ها راه باز می‌کرد. چین سوسیالیستی از این وظیفه تحت عنوان «هژمونی طلب» نبودن امتناع می‌کرد. این رویکرد غلط در واقع ریشه در جمع‌بندی نادرست مائو از تجربۀ منفی کمینترن در دورۀ استالین داشت. این جمع‌بندی باعث شد که مائو برنامه‌ای برای تشکیل دوبارۀ یک انترناسیونال کمونیستی، که می‌توانست مرکزی برای ترویج و گسترش کمونیسم در کشورهای جهان باشد، ارائه ندهد. باید گفت این عملکرد یک انحراف از اصول انترناسیونالیسم پرولتری بود. این فصل از تاریخ جنبش کمونیستی در بیانیۀ ۱۹۸۴ «جنبش انقلابی انترناسیونالیستی» به این صورت جمع‌بندی شده است: «حزب کمونیست چین اگر چه به رشد احزاب مارکسیست-لنینیست در مقابله با رویزیونیست‌ها توجه بسیار مبذول داشت اما به اشکال و طرق ضروری جهت تکامل وحدت بین‌المللی کمونیست‌ها دست نیافت ...». هرچند جمع‌بندی این بیانیه از کمینترن و نقش حزب کمونیست چین در جنبش بین‌المللی، پایۀ درستی را می‌گذارد، اما هنوز کافی نیست. تجربۀ کمینترن و تجربه جهانی دو دهه ۱۹۶۰ـ۱۹۷۰ و نقش جنبش کمونیستی بین‌المللی را باید در تئوری‌های تکامل یافته‌تری فرموله کرد تا بتواند به راهنمای موج بعدی انقلاب‌های سوسیالیستی تبدیل شود.

۷. کارنامه و عملکرد مائوئیست‌ها در آمریکای شمالی چگونه بوده است؟ گویا باب آواکیان که اکنون مهم‌ترین تئوریسین بین‌المللی مائوئیسم محسوب می‌شود، از رهبران جنبش دانشجویی دهه ۱۹۶۰ آمریکا بوده است که به همراه برخی دیگر از رهبران این جنبش «حزب کمونیست انقلابی»[۳۵] را تشکیل داده‌اند و به فعالیت در قالب آن مشغول هستند. جمع‌بندی شما از کارنامه و عملکرد این گرایش در آن دوره

35. Revolutionary Communist Party.

دورهٔ کنونی چیست؟

امیر حسن‌پور: کارنامه و عملکرد مائوئیست‌ها در آمریکای شمالی و به ویژه در ایالات متحدهٔ آمریکا تفاوت‌های چشمگیری با فرانسه دارد. جنبش کمونیستی نوین آمریکا، مانند فرانسه، تحت تأثیر مستقیم انشعاب در جنبش کمونیستی بین‌المللی و مخصوصا انقلاب فرهنگی پرولتاریایی چین و البته در شرایط غلیان جنبش‌های اجتماعی سال‌های ۱۹۶۰ شکل گرفت. آمریکا و فرانسه کشورهای سرمایه‌داری پیشرفته هستند و انقلابیون بورژوا در طول انقلاب خودشان در قرن ۱۸ (آمریکا در ۱۷۷۶ و فرانسه ۱۷۸۹) رابطهٔ نزدیک با هم داشتند. اما نسل جدید کمونیست‌های دو کشور در سال‌های ۱۹۶۰ تا حد زیادی مستقل از یکدیگر مبارزه می‌کردند. بدون شک نقطهٔ اشتراک قوی هم داشتند که آن هم خط سیاسی و ایدئولوژیک بود که حزب کمونیست چین (در جمع‌بندی از به قدرت رسیدن بورژوازی در حزب کمونیست شوروی و شکست انقلاب اکتبر و مقابله با رجعت سرمایه‌داری از طریق انقلاب فرهنگی) فرموله کرده بود و اما هر حزبی در شرایط خاص کشور خود می‌بایستی خط مشی نوین را به کار ببرد، آن را تکامل بدهد، جنبش نوین را بسازد و به مسائل خاص کشور برخورد کند. همان‌طور که مارکس و انگلس در مانیفست کمونیست در ۱۸۴۸ اشاره کرده‌اند، «مبارزهٔ پرولتاریا علیه بورژوازی در آغاز مبارزه‌ای ملّی است، اگر نه در محتوا بلکه در شکل. پرولتاریای هر کشوری طبعا باید کار را با بورژوازیِ خودش یکسره کند». البته اگرچه تجزیهٔ پرولتاریا بر اساس مرزهای ملّی-کشوری هنوز ادامه دارد و تا پایان سلطهٔ بورژوازی در سطح جهانی ادامه خواهد یافت، این سرنوشت محتوم جنبش کمونیستی نوین فرانسه و آمریکا و سایر کشورِها نبود که در حالت انزوای نسبی مبارزه کنند. بین‌المللی بودن، نه ملّی بودن، خصلت خطی (ایدئولوژی-سیاسی) و تشکیلاتی جنبش کمونیستی را رقم می‌زند و این چیزی نیست که به شیوه‌ای خودجوش و در روند مبارزات خود به خودی به وجود آید. بدون تردید در بعضی نقاط دنیا، از جمله در اروپا و به ویژه در آلمان، فرانسه و ایتالیا، مائوئیست‌ها رابطهٔ نزدیک‌تری با هم داشتند. فقدانِ یک

انترناسیونال احزاب مائوئیست این پراکندگی را تقویت می‌کرد، و این در حالی بود که رویزیونیست‌های خروشچفی اردوگاه بزرگی داشتند با شبکهٔ گسترده و متشکل احزاب، نشریات و رسانه‌های جمعی. درعرصهٔ پراتیک، با وجود اینکه مسائل عام و جهانی فراوان بود، مثلا از یک طرف مبارزه علیه تجاوزآمریکا به ویتنام یا رقابت و همکاری‌های اردوگاه‌های امپریالیستی آمریکا و شوروی، و از طرف دیگر پشتیبانی از مبارزات رهایی‌بخش ملّی در سه قاره، اما در همین موارد هم چهارچوب کشوری-ملّی مانع هماهنگ کردن مبارزات و جمع‌بندی از آن‌ها در سطح بین‌المللی می‌شد. برای مثال، می‌توان پرسید که آیا مائوئیست‌های آمریکا یا چین یا ژاپن از مخالفت «چپ پرولتریِ» فرانسه با ایدهٔ حزب لنینیستی با خبر بودند و اگر بودند چه مبارزهٔ خطی بر سر این مسأله انجام دادند؟ پاسخ این سؤال البته منفی است. بدون تردید، هر کشوری مسائل خاص خود را دارد، مثلا در آمریکا، مبارزات آمریکایی-آفریقایی‌ها (سیاهان) و جنبش‌های مردم بومی، برخلاف فرانسه، بخشی از چشم‌انداز سیاسی است. و یا در فرانسه، حزب کمونیست بعد از جنگ جهانی دوم، برخلاف حزب کمونیست آمریکا، یک وزنهٔ سیاسی، فرهنگی، و فکری سنگین به شمار می‌رفت و در واقع قوی‌ترین حزب کمونیست اردوگاه سرمایه‌داری بود. از دید مائوئیستی باید گفت در همین راستای «خاص» می‌توان «عام» را دریافت (دیالکتیک خاص و عام). برای مثال، در همهٔ این عرصه‌های متنوع مبارزه، چه در آمریکا، چه در مراکش، چه در هندوستان و فرانسه، مائوئیست‌ها می‌بایستی با موانعی چون آوانتوریسم، اکونومیسم، ناسیونالیسم، امپیریسیسم و پراگماتیسم مبارزه کنند. علاوه بر این، در مقایسهٔ مائوئیسم آمریکا و فرانسه، باید نه تنها به خاص وعام توجه کرد، بلکه نقش فرد و حتی «تصادف» را در نظر گرفت (به معنی فلسفی تضاد بین «ضرورت و تصادف»). در رابطه با نقش فرد، باب آواکیان بیش از همه در رشد جنبش مائوئیستی تأثیر گذاشت و می‌توان تا حدی پیش‌بینی کرد که در روند تحول جنبش کمونیستی در آینده نیز تأثیر بگذارد.

آواکیان، رهبرحزب کمونیست انقلابی آمریکا، در سال ۱۹۴۳ در یک خانوادهٔ ارمنی تبار آمریکایی به دنیا آمد. او یک تئوریسین برجستهٔ

مارکسیست است که در عین حال یک حزب کمونیست انقلابی را در قلب سرمایه‌داری امپریالیستی رهبری می‌کند. با وجود نقش بسیار مهمی که، بعد از رجعت سرمایه‌داری در چین، در مبارزه با رویزیونیسم و ارتقای مائوئیسم ایفا کرد، نظراتش پایهٔ زیادی در میان احزابی که امروز خود را مائوئیست می‌خوانند ندارد. اگرچه در جنبش دانشجویی در دانشگاه کالیفرنیا-برکلی و در«جنبش آزادی بیان» (سال‌های ۱۹۶۴ ـ۱۹۶۵) فعال بود، از رهبران جنبش دانشجویی نبود. آواکیان خیلی زود به جریان رادیکال «پلنگان سیاه» پیوست و برای مدتی از فعالین آن حزب بود.

آمریکا در دهه ۱۹۶۰ و اوایل ۱۹۷۰ مرکز جنبش ضدجنگ ویتنام بود. جنبش دانشجویی پیشتاز این مبارزه بود و در اتحاد با «جنبش حقوق مدنی» و «جنبش رهایی‌بخش آمریکایی-آفریقاییان» (سیاهان) اتحاد و پیوستگی نزدیکی داشت. در جنبش‌های سال‌های ۶۰ آمریکا همه ضد جنگ ویتنام و ستم بر سیاهان و نابرابری میان زن و مرد و ستم‌های امپریالیستی و مستعمراتی بودند، اما یک گرایش معتقد بود که این‌ها «اشتباهات» نظام است و دیگری که گرایش انقلابی بود معتقد بود که این‌ها «کارکرد» نظام است و چاره‌ای جز سرنگونی آن و ایجاد جامعهٔ سوسیالیستی نیست. بسیاری از هنرمندان سرشناس و روشنفکرها به این گرایش انقلابی رو آوردند. لنارد برنشتاین موسیقی‌دان معروف آمریکایی (سازندهٔ موزیکال «وست ساید ستوری») برای حزب پلنگان سیاه مهمانی جمع‌آوری کمک مالی می‌گذاشت و این حزب معروف بود به حزبی که افرادش اسلحه و کتاب نقل‌قول‌های مائو را حمل می‌کنند. در جریان رادیکالیزه شدن جنبش، گرایشات مائوئیستی نیز قوی‌تر شدند. باب آواکیان توسط رهبران این حزب با مائوتسه دون آشنا شد. آواکیان و رهبران حزب پلنگان سعی می‌کردند کمونیسم را با جنبش آفریقایی-آمریکاییان و جنبش ضدجنگ پیوند بزنند. آثار مائوتسه دون به طور گسترده در میان این جوانان خوانده می‌شد. حمایت حزب پلنگان از اشکال مبارزه قهرآمیز بر محبوبیت آن می‌افزود. هرچند اعلام جنگ علیه دولت آمریکا ندادند، اما جوانان رزمنده این حزب برای نشان دادن «قدرت خلق» با خود سلاح حمل می‌کردند. این حزب در میان کارگران و فقیرترین اقشار سیاهان به

خصوص در سانفرانسیسکو و شیکاگو و میشیگان پایه داشت. البته هیأت حاکمه آمریکا تاب نیاورد و به حملات امنیتی و پلیسی و نظامی گسترده‌ای علیه این‌ها دست زد. رهبران آن را به قتل رساند، به زندان انداخت و بعضی هنوز در زندان هستند. تا سال ۱۹۶۹ باب آواکیان فعالیت‌های خود را عمدتا در ارتباط با این حزب پیش می‌برد. در سال ۱۹۶۹ در تلاش برای ایجاد یک حزب کمونیست واحد، همراه با عده‌ای دیگر در کالیفرنیا، کلکتیوهایی به نام «اتحادیه انقلابی» را تشکیل دادند و در اواسط دهۀ ۱۹۷۰ «حزب کمونیست انقلابی آمریکا» (آر. سی. پی) را بنا گذاشتند.

یکی از فعالیت‌های تئوریک «اتحادیه انقلابی» انتشار «اوراق سرخ»[۳۶] بود که شمارۀ هفتم آن (۱۹۷۴) به تجزیه و تحلیل از احیای سرمایه‌داری در شوروی و تبدیل آن به یک کشور سرمایه‌داری امپریالیستی اختصاص داشت و این یک اثر تئوریک بسیار مهم بود. در سال ۱۹۸۳، به ابتکار «حزب کمونیست انقلابی آمریکا» و با همکاری عده‌ای از آکادمیسین‌ها، یک کنفرانس تاریخی چهار روزه با شرکت ۸۰۰ نفر در دانشگاه کلمبیا برگزار شد. این کنفرانس مناظره‌ای بود میان طرفداران تئوری احیای سرمایه‌داری در شوروی با کسانی که می‌گفتند شوروی با تمام معایبش «سوسیالیسم واقعا موجود» است. در این مناظره، تزهای «اوراق سرخ» به شکلی کامل‌تر توسط ریموند لوتا (از افراد برجسته «حزب کمونیست انقلابی آمریکا» که در زمینه اقتصاد سیاسی و تاریخ مبارزه طبقاتی در چین سوسیالیستی تخصص دارد) در تقابل با نظرات آلبرت ژیمانسکی (استاد جامعه شناسی دانشگاه اورگان و نویسنده کتاب «اقتصاد سیاسی کنونی شوروی» در سال ۱۹۷۹) ارائه شد. کل این مناظره‌ها به شکل دو کتاب منتشر شد.[۳۷]

باب آواکیان خدمات مهمی در زمینۀ جمع‌بندی از تجربه انقلاب سوسیالیستی در چین و شوروی و احیای سرمایه‌داری در آن‌ها انجام داده

---

36. *Red Papers*

۳۷. برای شرح مفصل شکل گیری جنبش کمونیستی نوین در آمریکا می توانید به خاطرات باب آواکیان تحت عنوان «از آیک (آیزنهاور) تا مائو» رجوع کنید. برای ترجمه فارسی مراجعه کنید به: http://ketabmlm.blogfa.com/post-71.aspx

است. در سال ۱۹۸۱ در اثری تحت عنوان فتح جهان و سپس اثر دیگرش گسست از ایده‌های کهن یک رشته انتقادات به انحرافات جنبش بین‌المللی کمونیستی کرد. بنا به نقد آواکیان، دو کشور شوروی و چین زمانی که سوسیالیستی بودند گرایشات ناسیونالیستی از خود بروز دادند و این ناسیونالیسم به این شکل بروز کرد که اینها (به خصوص شوروی در زمان استالین) تغییر و تحولات و منافع کشور سوسیالیستی را بالاتر از منافع پیشروی انقلاب جهانی در کلیت خود قرار دادند. برای مثال در جریان جنگ جهانی دوم، شوروی انترناسیونال سوم را برچید و به احزاب کمونیست کشورهای مختلف رهنمود داد که مبارزات خود را تابع سیاست‌های «جبهه واحد ضدفاشیسم» کنند. یا به روابط چین مائوئیستی با آمریکا و دول مرتجع جهان سوم انتقاد کرده و می‌گوید این سیاست به ضرر پیشرفت و تکامل جنبش کمونیستی در سطح جهان تمام شد. او بر مبنای این بررسی‌ها و همچنین بررسی جدید پویش‌های سرمایه‌داری امپریالیستی و ادغام جهان، درک وسیع‌تر و درست‌تری از شالوده‌های انترناسیونالیسم پرولتری ارائه می‌دهد. وی معتقد است عرصه جهانی، در یک مفهوم نهایی و کلی، عامل تعیین کننده در تحولات هر کشور است. همین واقعیت عینی (تعیین کننده بودن عرصه جهانی) شالوده انترناسیونالیسم پرولتری را تشکیل می‌دهد و نتیجه می‌گیرد که این واقعیت، بر رهیافت‌ها و رویکردهای هر حزب انقلابی در جریان هدایت انقلاب در کشور خود تأثیر می‌گذارد. مهم‌تر اینکه بر سیاست‌ها و رهیافت‌های یک کشور سوسیالیستی، در شرایطی که توسط جهان سرمایه‌داری محاصره شده، تأثیر تعیین کننده دارد. در چنین جهانی، اگر کشورهای سوسیالیستی فقط به «حفظ خود» بپردازند و دارای این جهت‌گیری استراتژیک نباشند که تقویت انقلاب جهانی مهم‌تر از حفظ کشور سوسیالیستی در خود و برای خود است، به حتم دچار خطاهای بورژوایی شده که موجب تضعیف جریان کمونیستی و تقویت جریان بورژوایی در حزب کمونیست و دولت سوسیالیستی می‌شود، و در نهایت، امکان سرنگون شدن دولت سوسیالیستی توسط بورژوازی درونی و جهانی را بیشتر می‌کند. وی می‌گوید کشورهای سوسیالیستی سابق در این

زمینه اشتباهات مهمی کردند، که در نهایت در تضعیف و شکست آن‌ها تأثیر داشت.

آواکیان دوره‌ی کنونی را «پایان یک دوره» مبارزه برای سوسیالیسم و «آغاز دوره‌ای نوین» می‌خواند و معتقد است برای تکامل پیروزمند این دوران نوین باید تئوری‌های کمونیستی را تکامل داد. او دوره کنونی را با دوره مارکس مقایسه می‌کند، زیرا در آن دوره هم مانند امروز برای ساختن جنبش کمونیستی نیاز به یک چارچوب تئوریک بود. آواکیان تأکید می‌کند که ما برخلاف دوره مارکس، در نقطه اول نیستیم. امروز تدوین چارچوب تئوریک نوین با ایستادن بر دوش چارچوب تئوریک بنیان‌گذاری شده توسط مارکس و تکامل یافته توسط لنین و مائو، با جذب دانشی که طبقه ما، در قرن بیستم در جریان سرنگون کردن سرمایه‌داری و تغییر جهان، انباشته کرده است، شدنی است. او می‌گوید امروز دولت‌های سوسیالیستی موجود نیستند اما تجربه آن‌ها و بدنه تئوری انقلابی و علمی کمونیستی موجود است و این بدنه تئوریک با درس‌گیری از تجربه‌های عظیم قرن بیست می‌تواند کامل‌تر شده و چهارچوب شکل‌گیری یک جنبش کمونیستی جدید شده و راه انقلاب‌های کمونیستی قرن بیست‌ویکم را باز کند. یعنی مسأله «بازگشت به نقطه اول» نیست بلکه تکامل بدنه تئوری‌های علمی کمونیستی است. باب آواکیان در این زمینه جنبه‌های بسیار اساسی و مهمی از تئوری‌های کمونیستی را غنی‌تر کرده است. مثلا در عرصه فلسفه و متد، ضمن تأکید بر علمی و درست بودن اساس فلسفه و متد مارکس، به رگه‌های دترمینیستی (قدرگرایانه) آن انتقاد کرده است. به نظر وی، در مفهوم اولیه‌ای که مارکس از تکامل تاریخی جامعه بشری به سوی کمونیسم داده، گرایش کمرنگی هست که آن را «اجتناب ناپذیر» جلوه دهد و این جلوه‌ای از تأثیر مقوله «نفی ِ نفی» هگل است که می‌تواند گرایش به درک‌های قدرگرایانه را دامن زند. برای مثال این تحلیل شکل چنین ادعای تئوریکی به خود می‌گیرد: جامعه بی‌طبقۀ اولیه (کمونی) توسط جامعه طبقاتی نفی می‌شود و این نیز به نوبه خود با ظهور مجدد جامعه بی‌طبقه، ولی این بار بر یک شالوده‌ای عالی‌تر، با تحقق کمونیسم در سراسر دنیا، نفی می‌شود. به نظر آواکیان، این نوع نظریه‌پردازی یک روند فوق‌العاده پیچیده

و متنوع تاریخی را ساده می‌کند و عملا احتمال هر مسیری را که انحراف از این مسیر باشد انکار می‌کند و گرایش به آن دارد که نقش «تصادف» را در این فرایند تکاملی نادیده گرفته و آن را فقط متکی بر کنش دیالکتیکی «ضرورت-آزادی» کند. این گرایش کم‌رنگ در فلسفه و متد اساسا درست مارکس در تکامل جنبش بین‌المللی کمونیستی تبدیل به تفکرات مکانیستی استالین شد. سندی از «حزب کمونیست انقلابی آمریکا» به نام «مانیفست» می‌گوید: با وجود آنکه مائو گسست‌های مهمی از این تفکرات مکانیستی و متافیزیکی استالین کرد، اما در او نیز می‌توان تأثیرات تفکر قدرگرایانه (که جامعه بشری بالاجبار به سوی کمونیسم می‌رود) را دید. به گفته این سند، باب آواکیان به «سنتز نوینی» از کمونیسم می‌پردازد که ادامه گسست‌های مائو از استالین به شمار می‌رود. «حزب کمونیست انقلابی آمریکا» در مورد تکامل تئوری‌های مارکسیستی توسط آواکیان می‌گوید که این «تکامل» فقط «اضافه» کردن به دانش قبلی نیست، بلکه شامل گسست از جوانب نادرست شناخت گذشته نیز هست. خود آواکیان به درستی می‌گوید که تکامل تئوری‌های کمونیستی بدون جذب نقادانهٔ انتقاداتی که به تئوری‌های ما و تجربه ما در ساختمان سوسیالیسم شده است و بدون جذب نقادانهٔ شناختی که بشر در حیطه‌های مختلف علوم و تحلیل‌های اجتماعی تکامل داده است، ممکن نیست. اگرچه او تلاش‌های خود را «سنتز نوین» می‌خواند، اما آن را یک «ایسم» دیگر نمی‌داند بلکه تلاش برای احیا و بسط حلقه‌های گم شدهٔ مارکسیسم (مانند دیکتاتوری و دمکراسی پرولتاریا) و باز نهادن مارکسیسم بر پایه‌های علمی‌اش و البته به روز کردن آن می‌داند.

آثار باب آواکیان در زمینهٔ جمع‌بندی از تجربهٔ چین و شوروی و تئوری‌های مارکسیستی از مارکس تا مائو بسیار مهم هستند و شامل موضوعاتی مانند انترناسیونالیسم پرولتری، دیکتاتوری و دمکراسی پرولتاریا می‌باشد. به طور مثال، نظراتی که در مورد خصلت دیکتاتوری پرولتاریا و جامعه سوسیالیستی به مثابه گذار به کمونیسم فرموله کرده بسیار مهم‌اند. البته این نظرات مبتنی بر درک مائو در مورد خصلت جامعه سوسیالیستی به مثابه گذار به کمونیسم و تضادها و مبارزات مشخصه این دوران گذار

است، اما صحیح‌تر و غنی‌تر است. وی معتقد است در شوروی و چین سوسیالیستی به نقش روشنفکران و هنرمندان در فرآیند سوسیالیسم، چه در شکل تولید آثار فکری و چه به صورت دامن زدن به نقد و جوشش فکری، کم بها داده شد و اصولا به آنان به صورت «معضل» نگریسته می‌شد، تا بخشی از قوای محرکه پیشروی سوسیالیسم. آواکیان بر یک واقعیت دیگر انگشت می‌گذارد و آن این است که در جامعه سوسیالیستی ضرورتا افراد و گرایشات متعدد و متفاوتی وجود خواهند داشت و این امر، در نهایت، می‌تواند به فرایند دستیابی به حقیقت امور و سوق دادن جامعه و جهان به سوی کمونیسم کمک کند. وی می‌گوید وظیفه دیکتاتوری پرولتاریا «یکسان» کردن گرایش‌های گوناگون نیست، بلکه به کار گرفتن این قوه محرکه برای سرزنده‌تر و بادوام‌تر و انقلابی‌تر کردن جامعه سوسیالیستی است. او این متد را در یک جمله خلاصه می‌کند: داشتن هسته مستحکم و انعطاف بسیار و می‌گوید البته این کار آسانی نیست. میان این «کشیده شدن به جهات مختلف» و سوق دادن جامعه در جهتی که باید برود، کشمکش است ولی حزب کمونیست (که دولت سوسیالیستی را رهبری می‌کند) باید خطر چارشقه شدن را به جان بخرد، اما دست از این دیالکتیک نکشد. نه به خاطر آنکه کشور سوسیالیستی باید دمکراسی بورژوایی را بهتر از بورژوازی عملی کند، بلکه بخاطر آنکه این دیالکتیک از قوای محرکه مهم تکامل جامعه سوسیالیستی است. در همین رابطه به مسائلی مانند رابطه میان نقش رهبری حزب کمونیست در جامعه سوسیالیستی از یک سو، و ضرورت غیرایدئولوژیک بودن دولت سوسیالیستی، از سوی دیگر می‌پردازد. وی می‌گوید، در جامعه سوسیالیستی، اقشار و گروه‌های مختلف مردم باید فعالیت‌های خارج از حیطه نفوذ و نظارت دولت داشته باشند.

یکی از مباحث مهم و تحریک‌آمیز آواکیان در مورد حقیقت و «حقیقت طبقاتی» است. او می‌گوید حقیقت یک مقولهٔ عینی است و به دیدگاه طبقاتی کسی که در جستجوی آن است وابسته نیست. دیدگاه طبقاتی هرکس می‌تواند در کشف آن دخالت کند، اما حقیقت یک مقوله عینی است. دیدگاه و روش علمی کمونیسم – اگر به درستی در دست گرفته شود و به کار بسته شود، یعنی به مثابه یک علم زنده و نه یک

دگم – همه جانبه‌ترین وسیله رسیدن به حقیقت را به دست می‌دهد. اما این فرق می‌کند با اینکه بگوییم حقیقت خصلتی طبقاتی دارد، یا اینکه کمونیست‌ها چون روش و متد کمونیستی دارند در رابطه با هر چیزی به حقیقت دست پیدا کنند و افرادی که دیدگاه و روش کمونیستی را به کار نمی‌بندند یا حتی مخالفش هستند نمی‌توانند به حقایق مهم دست پیدا کنند. آواکیان می‌گوید این نوع نگرش‌ها به درجات و شکل‌های مختلف در جنبش کمونیستی وجود داشته است و خصلت آن ماتریالیسم عامیانه و خلاف نقطه نظر و روش واقعا علمی ماتریالیسم دیالکتیک است. یکی از مباحث مهم دیگر وی در زمینه حقیقت، تفاوت میان ایدئولوژی و علم است. وی می‌گوید از طریق ایدئولوژی (حتی ایدئولوژی پرولتری) نمی‌توان به حقیقت دست یافت. برای این کار، روش علمی لازم است و تأکید می‌کند که حتی علم کمونیسم که علمی جانب‌دار است، درستی خود را از جانب‌دار بودن کسب نمی‌کند بلکه از علمی بودن کسب می کند. در همین زمینه، حملات کارل پوپر به علمی بودن مارکسیسم را به شدت نقد و رد می‌کند. وی عبارت «کمونیسم یک ایدئولوژی علمی است» را نادرست و التقاطی می‌داند و نگرش «ایسمی» به علم کمونیسم را مشکل‌آفرین می‌داند.

بر پایه این تجزیه و تحلیل‌ها، آواکیان سیاست‌ها و وظایف جدیدی را برای دولت‌های سوسیالیستی تعیین می‌کند. اما می‌گوید از این‌ها نباید نتیجه‌گیری‌های لیبرالی کرد که گویا پرولتاریا و حزب کمونیست پس از کسب قدرت سیاسی و استقرار سوسیالیسم، باید هر لحظه آماده واگذاردن قدرت سیاسی باشند. به هیچ وجه! اگر پرولتاریا و حزب کمونیست قدرت دولتی را از دست بدهند، طبقه بورژوازی آن را گرفته و با استفاده از اهرم قدرت دولتی، روابط اقتصادی و اجتماعی استثمار و ستم سرمایه‌داری و افکار و سنن مربوط به آن را احیا می‌کند. بنابراین، وظیفه اصلی از کف ندادن این قدرت است. اما کشف تضادها و پویش‌های جامعه سوسیالیستی و عمل کردن بر طبق آن‌ها، به بادوام‌تر و پویاتر کردن قدرت سیاسی پرولتاریا (دیکتاتوری پرولتاریا) منجر می‌شود و عمل نکردن بر طبق این واقعیات آن را شکننده‌تر می‌کند.

در رده همین نوع مباحث، وی به یکی از اشکالات جنبش

کمونیستی در مورد «جسمیت بخشیدن»[38] به پرولتاریا انتقاد می‌کند. این مفهوم، در اینجا، به معنای تقلیل دادن منافع گسترده و تاریخی طبقهٔ پرولتاریا به منافع این قشر و آن قشر این طبقه است.

در همین راستا، تأکید می‌کند که باید درک از انقلاب پرولتری را از گرد وخاک‌های اکونومیستی و سطحی‌اش پاک کرد. او می‌گوید، پرولتاریا فقط درصورتی که جهت‌گیری «نجات‌دهنده نوع بشر» را داشته باشد می‌تواند رسالت انقلابی تاریخی-جهانی خود را عملّی کند. طبقه پرولتر باید درک استراتژیک از انقلاب پرولتری داشته باشد. این انقلاب نه ربطی به انتقام محکوم از حاکم دارد و نه به تغییر جایگاه یک طبقه در چارچوب تنگ‌نظرانه تبدیل شدن «آخری»ها به «اولی»ها. این انقلاب برای دگرگون کردن کل دنیاست، به نحوی که دیگر هیچ‌کس نه اول باشد و نه آخر. قطب‌نمای انقلاب پرولتری و دولت سوسیالیستی همیشه عبارت است از الغای همه تمایزات ستمگرانه و روابط استثماری میان انسان‌ها و پیشروی به طرف یک عصر کاملا نوین در تاریخ بشر.

آواکیان در طول مبارزات خود به عنوان یک رهبر کمونیست، هیچ‌وقت از تأکید بر اهمیت اثر *چه باید کرد؟* خسته نشده است و خودش هم مفاهیم آن را غنی‌تر و وسیع‌تر کرده است. این اثر بی‌نظیر لنین گرایش اکونومیستی در جنبش کمونیستی را افشا می‌کند. این گرایشی است که توجه طبقه کارگر را بر شرایط و مبارزه روزمره خودش متمرکز می‌کند و این را به عنوان بهترین و عملّی‌ترین روش برای جذب طبقه کارگر به سوی سوسیالیسم و کمونیسم قلمداد می‌کند. در *چه باید کرد؟*، لنین به شدت این گرایش را به عنوان یک انحراف بورژوایی در جنبش کمونیستی مورد انتقاد قرار می‌دهد و نشان می‌دهد که این روش هیچ‌وقت به یک جنبش انقلابی که هدفش انقلاب سوسیالیستی و کمونیسم است، منتهی نمی‌شود. بلکه برعکس، جنبش و توده‌های درگیر در آن را در چارچوب سرمایه‌داری محدود می‌کند. این به معنای عدم شرکت کمونیست‌ها در مبارزات جاری کارگران و دیگر توده‌ها نیست. لنین تأکید کرد که کمونیست‌ها باید در این مبارزات شرکت کنند و حتی سعی کنند بسیاری از آن‌ها را رهبری

38. reification.

کنند، ولی باید این کار را نه به عنوان سندیکالیست و نماینده اتحادیه کارگری بلکه به عنوان کمونیست بکنند و از طریق تبلیغ و ترویج به موقع و موثر اعتقادات و اهداف کمونیستی، ماهیت نظام سرمایه‌داری و دولت را افشا کنند و مبارزات و جنبش‌های روز را با هدف انقلاب سوسیالیستی و کمونیسم پیوند بدهند و مدام مانع از آن شوند که جنبش‌های خودبخودی کارگران و توده‌ها به سوی گرایش‌های بورژوایی منحرف شود. اکونومیست‌ها همواره تمرکز اصلی کار کمونیست‌ها را به شرکت و کمک به سازماندهی مبارزات اقتصادی کارگران و به طور کلی مبارزات اقشار گوناگون مردم تقلیل می‌دهند. آواکیان می‌گوید علت اصلی غلبه چنین گرایشی در میان جنبش‌های چپ امروز آن است که حتی احزابی که خود را کمونیست می‌دانند، در عمل، امکان انقلاب و کمونیسم را چیزی مجرد که متعلق به آینده دور و نامعلوم است و ربطی به مسائل زنده امروز ندارد، می‌بینند. برای همین، یا کار انقلابی و کمونیستی را کنار گذاشته و یا اینکه حداکثر آن را به یک چیز خالی از محتوی و بی‌ربط به فعالیت جاری حزب کرده و به طور رقت‌انگیزی به فعالیت‌های رفرمیستی‌شان وصله می‌کنند. این به معنی دفن انقلاب و کمونیسم است.

یکی از هشدارهای آواکیان که هر کمونیستی را عمیقا به فکر وادار می‌کند این است که آیا می‌خواهیم پیشاهنگ آینده باشیم یا زائده‌های گذشته؟ او می‌گوید پایه‌های مادی انقلاب کمونیستی در جهان قوی‌تر شده و ضرورت آن هرگز تا به این حد نبوده است، اما وضعیت جنبش کمونیستی بین‌المللی بسیار بد است. او برای رساندن منظور خود حتی از عبارت «جنبش کمونیستی به نخی بند است» استفاده می‌کند، زیرا پس از احیای سرمایه‌داری در دو تجربۀ مهم شوروی و چین و به خصوص در مقابل حمله‌های شدید بورژوازی به تجربه سوسیالیسم در قرن بیستم، بخش بزرگی از کمونیست‌ها کاملا از آن رویگردان شده و دستاوردهای عظیم آن کشورها را در ساختن جوامع نو و رهایی‌بخش و تأثیرات شگرف آن کشورها بر فضای سیاسی جهان را کاملا فراموش کردند و بسیاری از آنان که به دفاع از آن تجارب و سوسیالیسم ادامه می‌دهند، دچار دو گرایش انحرافی هستند: یک عده بدون جمع‌بندی علمی از دست‌آوردها و خطاهای گذشته،

از آن دفاع می‌کنند و یک عده، محتوای لیبرال و سوسیال دموکراتیک به سوسیالیسم داده‌اند. اولی‌ها در واقع از سوسیالیسم یک دگم مذهبی درست کرده‌اند و دفاع از کشورهای سوسیالیستی قرن بیستم برای آن‌ها یک آئین مذهبی است. دسته دوم، برای اینکه سوسیالیسم را مقبول بورژوازی و خرده بورژوازی کند آن را از محتوای واقعی‌اش خالی کرده و تبدیل به ایده‌آل‌های بورژوایی قرن ۱۸ کرده است. این در واقع «سوسیالیسمی» است که می‌خواهد با نظم موجود هم‌زیستی کند. اولی‌ها زائده‌های گذشته‌اند و دومی‌ها به انحطاط بورژوایی درغلتیده‌اند.

آواکیان می‌گوید با هیچ‌کدام از این‌ها نمی‌توان جنبش کمونیستی را بازسازی و تقویت کرد. در واقع هر دوی این گرایشات تاکنون جنبش کمونیستی را ضعیف و تا مرز نابودی برده‌اند. کمونیست‌ها فقط با گسست از این گرایشات و درگیر شدن عمیق در دیدگاه و روش‌ها و اصول کمونیسم تا آنجا که تاکنون تکامل یافته و بیشتر باید تکامل پیدا کند، می‌توانند به چالش‌های امروز جواب داده و پیش‌آهنگ آینده باشند. به خاطر مبارزه برای جهانی نوین و به پیروزی رساندن انقلاب کمونیستی باید تجارب مثبت و دستاوردهای تاریخی جنبش بین‌المللی کمونیستی و کشورهای سوسیالیستی را زنده کرد و هم‌زمان خطاهای آن‌ها را شناسایی و از آن‌ها گسست کرد و پیکره تئوری‌های کمونیستی را صحیح‌تر و تکامل یافته‌تر کرد.

جنبش دانشجویی و جنبش زنان

چشم‌انداز رهایی زنان با نگاهی به تجربه کوبانی[1]

۱. مقاومت توده‌ای و مبارزهٔ مسلحانهٔ کوبانی به ویژه حضور فعال زنان در همهٔ جبهه‌ها باعث تحسین مردم آزادی‌خواه جهان شده اما در ضمن این همه همدردی و پشتیبانی، درک‌های متفاوتی از این مبارزه وجود دارد که بحث کردن حول آن‌ها ضروری است. به ویژه آنکه با روشن شدن افق و برنامه و سیاست حزبی که این مبارزات را رهبری می‌کند، یعنی پ.ی.د، نگرانی و دغدغه در مورد مسیر و آیندهٔ این مبارزات بر شور و شوق و تحسین اولیه اضافه شده است. بگذار از این‌جا شروع کنیم که مبارزهٔ مسلحانهٔ زنان در روژئاوا را چگونه می‌بینید و چرا عده‌ای آن را به عنوان گسستی در جنبش ملّی و خاورمیانه تلقی می‌کنند؟

امیر حسن‌پور: در جنبش ملّی کردستان به خصوص بعد از شروع جنبش خودمختاری کردستان عراق در ۱۹۶۱ همیشه این سؤال مطرح می‌شد که چرا در کردستان سوریه (روژئاوا، غرب کردستان) حرکت یا مبارزه‌ای صورت نمی‌گیرد اما هیچ‌وقت بحثی در مورد جنبش زنان یا شرکت آن‌ها در مبارزه نمی‌شد. آنچه روژئاوا را به عرصه‌ی مبارزه کشاند و در سطح بین‌المللی مطرح کرد یکی مبارزهٔ مردم سوریه علیه رژیم اسد که بخشی از «بهار عربی» بود و دیگری حضور فعالِ پ.ک.ک و پ.ی.د و کادرها و فعالان‌شان در روژئاوا بود. پ.ی.د خط سیاسی و ایدئولوژیک پ.ک.ک را دنبال می‌کند که هم در ترکیه و هم در سوریه شرکت زنان را در مبارزهٔ سیاسی و مسلحانه تشویق کرده است و در سال‌های اخیر رهبری ارگان‌های مختلف را به رهبری مشترک یعنی یک زن و یک مرد تبدیل کرده است. به عبارت دیگر پ.ک.ک مانع شرکت زنان در مبارزه نشده است و گاهی زنان با ابتکار و خواست خود از رهبری هم جلوتر رفته‌اند و مبارزه را گامی به جلوتر برده‌اند. برعکس در کردستان ایران و عراق حزب‌هایی که جنبش ملّی را رهبری کرده‌اند مانعی در مقابل شکوفایی مبارزات زنان بوده‌اند. این احتیاج به کمی توضیح دارد.

درجنبش ملّی کردستان ایران، «حزب دموکرات کردستان» مانع اصلی شکوفایی جنبش زنان بوده است. در این‌جا خوب است نمونه‌ای از درک سیاسی این حزب را مثال بزنم. سعید کوهستانی یکی از اعضای کمیتهٔ

---

۱. حقیقت، دوره سوم، شماره ۷۰، دی ۱۳۹۳، ص ۱۳-۱۷.

مرکزی حزب دموکرات در خاطراتش (ئاوریک له بەسەرهاتی خوم...، چاپ ۱۳۷۵، ص ۲۲۵) می‌نویسد که در کنگرهٔ پنجم حزب (۱۳۶۰) در جریان انتخابات اعضای کمیتهٔ مرکزی طبق مقررات حزب یک نفر به طرفداری از شخصِ کاندید شده و یک نفر دیگر علیه او صحبت می‌کرد. یکی از رهبرانِ حزب، دکتر صادق شرفکندی، در مخالفت با یکی از کاندیداها، علی حسنیانی، گفته بود: «به نظر من کاری از دست او بر نمی‌آید زیرا در مقابل همسرش صاحب اختیار نیست» (ترجمه از کردی). واضح است با این درک مرد-محورانه، سیاست و برنامه‌ای برایِ مقابله با سلطهٔ مردسالاری (پاتریارکی) چه در درون حزب و جنبش ملی و چه در سطح جامعه نمی‌تواند وجود داشته باشد و اگر هم زنی در سطح رهبری انتخاب شود بیشتر جنبهٔ تشریفاتی و نمایشی دارد.

در کردستان عراق نیز، رهبری یعنی «پارت دموکرات کردستان» و «اتحادیهٔ میهنی کردستان» و حتی «کومه‌له‌ی مارکسی-لنینی» (بعدها «کومه‌له‌ی رنجده‌ران») که بخشی از اتحادیهٔ میهنی بود با شرکت زنان در مبارزهٔ مسلحانه و مبارزهٔ سیاسی مخالفت می‌کردند. نوشیروان مصطفی دبیر «کومه‌له‌ی مارکسی-لنینی» در خاطراتش (پەنجەکان یەکتری ئەشکێنن...، ۱۹۹۷، ص ۳۰۷-۳۰۹) می‌نویسد که در دورانی که در کوهستان مشغول جنگ پارتیزانی بودند، دو زن در سال ۱۹۸۳ از سلیمانیه و کرکوک به دیدار او می‌روند و اعتراض می‌کنند که «چرا اجازه نداده‌اید که زنان مثل مردها در انقلاب شرکت کنند و زنانی هم که به کوه آمده‌اند به خاطر این‌که آن‌ها را راه نداده‌اند، مبارزه را رها کرده‌اند»؟ دبیر کل در پاسخ می‌گوید: «ما به خاطر جنگ پارتیزانی در این منطقهٔ کوهستانی و سخت چپیده‌ایم، این منطقه نیز به علت دور ماندنش از پیشرفت شهر، جزء عقب‌مانده‌ترین مناطق دنیا است، نمی‌توانیم با عجله و به زور افکار و آمال خودمان را به جای قوانین آن‌ها بگذاریم. مجبوریم به سنت‌های مرسوم آن‌ها احترام بگذاریم وگرنه از آن‌ها می‌بُریم و ما را بیرون می‌کنند.» [ترجمه از کردی] در این‌جا رهبری این جریان، سیاستِ محافظه‌کارانهٔ خود را به حساب محافظه‌کاری مردم روستا می‌گذارد.

اما تجربهٔ سازمان‌های چپ و کمونیست در کردستان نشان می‌دهد که مسئلهٔ اصلی خط سیاسی حاکم بر احزاب است نه محافظه‌کاری توده‌های شهری و روستایی. برای مثال، در ایران بعد از به قدرت رسیدن رژیم اسلامی و یورش آن به کردستان، زنان هوادار یا عضو سازمان‌های

چپ و کمونیستی در مبارزاتی از قبیلِ راهپیمایی سنندج-مریوان و جنگِ سه ماههٔ ۱۳۵۸ و جنگِ ۲۴ روزهٔ سَنندج (۱۳۵۹) شرکت داشتند اما نه در سطح رهبری. در ایران، «کومه‌له‌ی شورشگیری زه‌حمه‌تکیشانی کوردستان» (سازمان انقلابی زحمت‌کشان کردستان)، در ابتدا سیاست محافظه‌کارانه‌ای در مورد شرکت زنان در مبارزات سیاسی و مسلحانه داشت اما حملهٔ رژیم به کردستان در مرداد ۱۳۵۸ و انتقال رهبری و بسیاری از کادرها و اعضا به روستاها و گسترش همه اشکال مبارزه در آن جا شرایطی پیش آورد که کومه له را تشویق کرد مانع شرکت زنان در مبارزه نشود. در این جبهه مبارزه، زنان نقش پشت جبهه را داشتند و وظایفی چون نگهبانی را بر عهده داشتند و به رهبری فشار آوردند که مسلح‌شان کنند. حتی هنگامی که مسلح شدند اولین گروه مسلح زنانه بود و جداگانه، یعنی جدا از مردان مسلح، به جوله می‌رفتند. فعالیت این گروه زنان مسلح با استقبال مردم روستا روبه‌رو شد و عقب‌ماندگی رهبری را از توده مردم به نمایش گذاشت. اما این پایان محافظه‌کاری نبود و کومه‌له نگران این بود که زنان باید رعایت حجاب را کنند آن‌هم در روستاهایی که زنان دهقان هیچ‌وقت حجاب و چادر و چاقچور نداشته‌اند. زنان مسلح برای مدتی مجبور بودند جامانه بر سر کنند. بعد از تبدیل کومه له به «سازمانِ کردستانی حزب کمونیست ایران» راه برای شرکت آنان در مبارزهٔ سیاسی و نظامی بازتر شد، به طوری که هنگامی که در سال ۱۹۸۳ در کردستان جنوبی، «کومه‌له‌ی مارکسی-لنینی» زنانی را که برای مبارزهٔ مسلحانه به کوه آمده بودند روانهٔ خانه می‌کرد، کومه لهٔ ایران، زنان را مسلح کرده بود و حضور زنان مسلح در دهات مناطق آزادشده باعث شد بسیاری از آن‌ها به مبارزه بپیوندند. یک سال بعد، در ۱۹۸۴، پ.ک.ک در ترکیه مبارزهٔ مسلحانه را آغاز کرد و زنان به طور روزافزونی به آن ملحق می‌شدند. در همهٔ مواردی که اشاره کردم زنان آمادهٔ برداشتن اسلحه بودند و خط سیاسی و ایدئولوژیک احزاب و رهبری آن‌ها مانع اصلی شکوفایی مبارزهٔ زنان بوده است.

شاید پاسخ این سؤال که آیا مبارزهٔ زنان کوبانی گسستی در جنبش ملّی کردستان به شمار می‌رود با توجه به تجربیاتی که مختصر اشاره‌ای به آن‌ها کردم تا حدی روشن شده باشد. مبارزهٔ مسلحانهٔ زنان بخشی از کل مبارزهٔ مردم کوبانی و روژئاوا در شرایطی است که ارتش‌های امپریالیستی و بنیادگرا جنگ وحشیانه‌ای به مردم منطقه تحمیل کرده‌اند. کوبانی مقاومتی است علیه تیره‌ترین و مرتجع‌ترین دارو دسته بنیادگرا و

پتانسیل آن را دارد که برخلاف نیروهای سنتی ملّی-عشیره‌ای کرد رهایی ملّی را به منافع قدرت‌های امپریالیستی گره نزند. آیا مسیری که پ.ی.د در پیش گرفته است متفاوت از مسیر «پارت دمکرات کردستان» و «اتحادیۀ میهنی کردستان» است؟ این دو حزب با اتکا به دو جنگ آمریکا علیه عراق بخش بزرگی از کردستان عراق را از سلطۀ حزب بعث خارج کردند و آن را به سکوی اقتصادی، نظامی و سیاسی آمریکا، قدرت‌های اروپایی، اسرائیل، ترکیه و ایران تبدیل کردند. این راه و رسم بسیاری از جنبش‌های ملّی از قرن بیست تا حالا بوده است. من چند سؤال مطرح می‌کنم: آیا پ.ی.د خواست گسست از این گذشته را دارد؟ آیا پ.ی.د بدیل نوینی است که می‌تواند راهی این منجلاب نشود؟ رهبران کرد در کردستان جنوبی بعد از بیست و پنج سال حکومت نشان دادند که کوردایه‌تی تفاوتی با جنبش ناسیونالیستی سایر ملّت‌ها ندارد، آیا رهبری پ.ی.د می‌تواند نشان بدهد که از این راه و رسم گسسته است؟

۲. درک پیوند ستم ملّی، ستم جنسیتی و استثمار و یا رابطۀ «رهایی زنان» با «رهایی ملّی» و مبارزۀ طبقاتی از اهمیت بالایی برخوردار است. جنبش‌های ملّی مثل هر جنبش بورژوایی دیگر اعتقاد خود را به رهایی زنان و برابری زن و مرد بیان می‌کنند اما تحقق آن را به بعد از رهایی ملّی حواله می‌کنند و بعد از به قدرت رسیدن هم ناتوان از حل تضاد جنسیتی هستند. علاوه بر تفاوت طبقات در برخوردشان به نظام مردسالاری، در میان جنبش‌های ناسیونالیستی هم می‌بینیم که درجۀ درگیرشدن زنان در مبارزۀ ملّی متفاوت است. مثلاً، زنان روژئاوا را با زنان باشور (کردستان عراق) مقایسه کنیم، در عراق زنان نیروی پشت جبهه در مبارزات ملّی بودند، در حالی که در روژئاوا در صف مقدم جبهه هستند. تفاوت‌ها بسیار چشم‌گیر هستند.

امیر حسن‌پور: درست است، این تفاوت‌ها واقعیت دارند و به تنهایی یا در مقایسه با سایر تجارب مهم هستند زیرا جنبش‌های اجتماعی و جنبش‌های رهایی‌بخش ملّی به دلایل مختلف سمت و سوی متفاوت می‌گیرند، با وجود این در برهۀ تاریخی یعنی در پروسۀ مبارزۀ طبقاتی بر سر مردسالاری این تفاوت‌ها رنگ می‌بازند و به شباهت تبدیل می‌شوند. ستم جنسیتی یا ستم بر زنان پدیده‌ای فراطبقاتی است به این معنی که در همۀ طبقات به زنان ستم می‌شود و مردان هر طبقه به زنان هم‌طبقه‌ای

خود ستم می‌کنند، اما تجربهٔ کردستان و سایر جاها نشان می‌دهد که مبارزه با نظام مردسالاری و تلاش برای حل تضاد تاریخی دو جنسیت زن و مرد، مبارزه‌ای سیاسی است که در طی آن طبقات مختلف در برخورد به مردسالاری سیاست‌های متضادی در پیش می‌گیرند. دو قرن و نیم بعد از انقلابات بورژوایی آمریکا، فرانسه و هلند و بعد از دو قرن مبارزات زنان برای برابری و عدالت، نظام مردسالاری هنوز پابرجا است و بورژوازی با وجود ادعایش مبنی بر آزادی و برابری همه‌ی شهروندان، نه توانسته و نه خواسته این نظام را برچیند و فقط آن را «اصلاح» کرده یعنی آن را با نظام سرمایه‌داری همگون کرده است. در کردستان، ناسیونالیست‌ها، ستم جنسیتی را که مرد کرد بر زن کرد روا می‌دارد نادیده می‌گیرند یا بی‌رنگ می‌کنند و به بهانهٔ عمده بودن ستم ملّی در مقابل آن سکوت می‌کنند. از نظر آن‌ها ستمی که «بیگانه» اعمال می‌کند بدتر از ستم «خودی» است. تعجب‌آور نیست که در کردستان و سایر جاها نیروهای کمونیست در مبارزه علیه ستم جنسیتی قاطع‌تر از ناسیونالیست‌ها بوده‌اند. همان‌طور که در مورد ریشه‌کن کردن خودِ ستم ملّی نیز از ناسیونالیست‌ها قاطع‌تر بوده‌اند.

کمونیسم خواهان تغییر رادیکال در روابط تولیدی و اجتماعی و نظام فکری جامعهٔ طبقاتی و ایجاد بدیلی نو است و از جمله برهم زدنِ نظام مردسالاری و همهٔ روابط آن از قبیل بنیاد خانواده است. اما کمونیست‌ها هم همیشه سیاست درستی در مبارزه با مردسالاری نداشته‌اند. بعضی کمونیست‌ها مانند ناسیونالیست‌ها حل ستم جنسیت را به فردای انقلاب محول می‌کنند و از نظر تئوری هم دیدشان از چهارچوبِ روابط بورژوایی فراتر نمی‌رود. در واقع هر فرد و هر سازمانی که آمال و آرزوی کمونیسم را داشته باشد الزاماً کمونیست نیست. کمونیست بودن بیش از هر چیز داشتن خط سیاسی و ایدئولوژیک و افق و برنامهٔ تغییر رادیکال جامعه است. با این معیار، «کومه‌له‌ی مارکسی-لنینی» را نمی‌توان یک سازمان کمونیستی به حساب آورد و تعجب‌آور نیست که در شرایط دشوار اما مناسبِ بعد از شکست بارزانی در ۱۹۷۵، به جای بنا نهادن رهبری کمونیستی، زیر بالِ خط سانتریستی جلال طالبانی رفت و بعدها در آن تحلیل رفت. کومه‌له‌ی ایران برعکس در جهت جدا شدن از جریان ناسیونالیستی و رادیکالیزه شدن بیشتر حرکت می‌کرد. این تفاوت را، که نیاز به توضیح و تحلیل بیشتر دارد، می‌توان در تفاوت سیاست‌های جنسیتی این جریان‌ها مشاهده کرد. زنان

کومه‌له‌ی همان‌طور که اشاره کردم بعد از سه سال مبارزهٔ پشت‌جبهه‌ای بر موانع سیاسی درون تشکیلات فائق آمدند و مانند زنان روژئاوا و مدت‌ها قبل از آن‌ها در مبارزهٔ مسلحانه شرکت داشته‌اند. پ.ک.ک هم به عنوان یک تشکیلات متمایل به مارکسیسم پا به عرصهٔ مبارزه گذاشت و در طول سی سال مبارزهٔ سیاسی و نظامی دشوار هزاران زن به صفوفش پیوسته‌اند. البته پ.ک.ک را مانند «کومه له‌ی مارکسی-لنینی» باید یک سازمان ملّی‌گرای رادیکال به حساب آورد.

اما بحث سیاست جنسیتی این جنبش‌ها و سازمان‌ها را نباید به میزان شرکت زنان در مبارزهٔ مسلحانه محدود کرد. صرف شرکت در مبارزهٔ مسلحانه نمی‌تواند روابط مردسالاری را از بین ببرد یا حتی به سراشیب سقوط براند. سیاستِ جنسیتی و پراتیک هر یک از این سازمان‌ها پر از پیچ و خم و گره‌گاه‌هایی است که بیشتر از هر چیز ناشی از خط سیاسی و ایدئولوژیک آن‌ها است. شرکت زنان در مبارزهٔ مسلحانه عرصه‌های جدیدی برای مبارزه بر سر مردسالاری باز می‌کند اما سرانجام این مبارزه بستگی به آگاهی (تئوری، دانش، تشکیلات) و دخالت آگاهانه دارد. بگذار مثالی بزنم. هنگامی که به دنبال جنگ ۱۹۹۱ آمریکا علیه صدام مناطق شمالی کردستان عراق به دست احزاب کرد افتاد و پ.ک.ک. بخشی از نیروهای مسلح خود را به کوه‌های آنجا منتقل کرد، پایگاه زنان و مردان جدا بود. یک بار در پاسخ به این سؤال که چرا گریلاهای زن و مرد جدا هستند یکی از مسئولان پ.ک.ک. گفته بود که «پدران و مادران دختران گریلا انتظار دارند که چنین باشد.» این رویکرد که معمولاً «کرنش به خودرویی» نامیده می‌شود، همان است که سیاست «کومه لهٔ مارکسی-لنینی» و چند سال اول مبارزات کومه‌له ایران را رقم می‌زد. سه سازمان متفاوت و یک سیاست مشابه. پ.ک.ک. بر روال سیاست کرنش به عقاید و افکار توده‌ها یعنی کرنش به خودرویی، هر نوع رابطهٔ عاطفی یا عشقی بین مبارزین زن و مرد را ممنوع کرده بود. در حالی که در همین سال‌ها یعنی اواخر دههٔ ۱۹۸۰ تا کنون در پایگاه‌های «حزب کمونیست ایران-کومه‌له» زن و مرد با هم بوده‌اند و رابطه عاطفی بین آن‌ها ممنوع نبوده است. مادرانی که به دیدار دختران یا پسران‌شان می‌رفتند به شدت تحت تأثیر مناسبات تساوی‌طلبانه و لغو تقسیم کار جنسیتی قرار می‌گرفتند و بارها مادری به دخترش و به سایرین می‌گفت: «اگر زندگی دیگری داشتم مثل شما زندگی می‌کردم» یا «کاش من هم مثل شما خوشبخت می‌شدم.» البته در

اینجا هم با وجود این پیشرفت‌ها، روابط مردسالاری از بین نرفته است و مبارزهٔ بیشتر بر پایهٔ درک خط سیاسی و ایدئولوژیک کمونیستی لازم است. روابط مردسالارانه مانند ستم ملّی و شاید بیشتر از آن در تاروپود روابط اجتماعی تنیده است و به آسانی و در کوتاه مدت ریشه‌کن نمی‌شود. آنچه من در تجربهٔ خودم و همین طور در ضمنِ تحقیق دریافته‌ام این است که جنبش کمونیستی و کمونیست‌ها در کردستان در هیچ زمینه‌ای مخصوصا در آن‌چه «مسالهٔ زنان» نامیده شده یا درست‌تر بگوییم سیاستِ جنسیتی نتوانسته‌اند از جهان‌بینی و فرهنگ و سیاستِ ناسیونالیستی گسست کنند و خط سیاسی و ایدئولوژیک و پراتیک کمونیستی انقلابی را ارائه دهند.

۳. بعضی از جریانات چپِ آنارشیستی و سوسیالیستی، تحت تأثیر مبارزات زنان در کوبانی و تحولاتی که در کانتون‌های خودمختار صورت گرفته است، ادعا می‌کنند که کوبانی «الگوی انقلاب»، «انقلاب سوسیالیستی»، «انقلاب زنان» یا راه رهایی زنان است. اگر به ورای تصاویر شعف‌انگیز مبارزان کوبانی نگاه کنیم و به نوشته‌ها، مانیفست، قرارها و دیگر اسناد پ.ک.ک و پ.ی.د مراجعه کنیم مثلاً «قانون کانتون جزیره ویژهٔ حقوق زنان» چه تصویری ارائه می‌دهند؟

امیر حسن‌پور: قبل از هر چیز باید بگوییم که پ.ک.ک امروز و پ.ی.د خود را سازمان کمونیستی یا سوسیالیستی به حساب نمی‌آورند اگرچه کسانی که خود را هواداران کمونیسم و سوسیالیسم می‌دانند در درون این تشکیلات وجود دارند. از وقتی که اوجلان در زندان ایمرالی به تجدید نظر در خط مشی پ.ک.ک پرداخته بیشتر به آنارشیسم گرایش پیدا کرده است آن هم جریانی راست در آنارشیسم. اگر متنِ «قانون کانتون جزیره ویژهٔ حقوق زنان» را بررسی کنیم، هیچ‌گونه محتوای سوسیالیستی‌ای در آن نمی‌بینیم. البته این قانون در تضاد آشکار با زن‌ستیزی جریاناتِ اسلامی چه معتدل و چه بنیادگرا قرار دارد و باید آن را گام مهمی در مبارزه علیه مردسالاری اسلامی به حساب آورد و در عین حال در تضاد با سیاست ناسیونالیستی مردسالارانهٔ «حکومت اقلیمی کردستان» است و عقب‌ماندگی این حکومت و جنبش ملّی کردستان جنوبی را عریان می‌کند. اصول و حقوقی که در این سند ارائه شده بر مبنای مطالبات دموکراتیک که هنوز در چارچوب نظام بورژوایی است تنظیم شده‌اند که زنان در کشورهای

مختلف طی دو قرن گذشته برای دستیابی به آن مبارزه کرده‌اند و باید هم کنند. این قانون برابری زن و مرد در حوزه‌های عمومی، حقوقی، کار و دستمزد و ادای شهادت را تأمین می‌کند و برای قتل ناموسی مجازات تعیین می‌کند. علاوه بر این‌ها، این قانون ازدواج اجباری، چندهمسری، شیربها، مهریه، زن به زن، خرید و فروش زن، خشونت و تبعیض، ازدواج دختران کمتر از ۱۸ سال را ممنوع می‌کند و حضور نمایندگان زن در جریان قانون‌گذاری و ریاست مشترک زن و مرد در همهٔ ادارات و ارگان‌ها را تأمین می‌کند. این اصول و حقوق اگر عملی شود به سلطهٔ مردسالاری فئودالی و دینی ضربه می‌زند اما در بهترین حالت مردسالاری مدرن را به جای آن برپا می‌کند یعنی گذاری خواهد بود از مردسالاری فئودالی و دینی، به مردسالاری بورژوائی و سکولار. یعنی در شرایط بقای جامعهٔ طبقاتی، روابط مردسالاری به شکلی دیگر بازسازی می‌شود. مردسالاری مجموعه‌ای از روابط اجتماعی است، یعنی یک نظام یا سیستم است که سلطه‌ی جنسیت مرد را تولید و بازتولید می‌کند و آن هم در پیوند گسترده با سایر نظام‌های اجتماعی مانند نظام طبقاتی، دینی، حقوقی، سیاسی، قضایی، قانونی، و ایدئولوژیک و هنری. اگر نظام مردسالاری به رابطه قانونی تقلیل داده شود به این نتیجه خواهیم رسید که با تغییر قانون می‌توان به آن خاتمه داد در حالی که چنین چیزی نه در سرمایه‌داری میسر است نه در سوسیالیسم. البته مردسالاری در سوسیالیسم ضربه‌های جدی می‌خورد، اما سوسیالیسم فقط شرایط زوال آن را به وجود می‌آورد و تنها در کمونیسم است که محو می‌شود.

در انقلاب سوسیالیستی، حقوق دموکراتیک یعنی برابری زن و مرد، به شیوه‌ای گسترده‌تر از قانونِ روژئاوا، بلافاصله تأمین می‌شود و گام‌های بیشتری در جهت نفی نظام مردسالاری برداشته می‌شود. اما به این اکتفا نمی‌شود و نباید کرد. زیرا تأمین کردن حقوق برابر از طریق قانون، به خودی خود در چهارچوب روابط سرمایه‌داری درجا می‌زند. «برابری قانونی زن و مرد» در شرایطی که نابرابری خارج از عرصهٔ قانون حاکم است (یعنی در روابط جنسیتی، طبقاتی، ملیتی...) به بازتولید نابرابری کمک می‌کند. بورژوازی توانایی این را دارد که به دلیل منافع خودش و همچنین تحت فشار زنان، کارگران و دیگر جنبش‌های اجتماعی برابری صوری یا قانونی را تأمین کند اما در تأمین برابری اجتماعی و اقتصادی ناتوان است، و به همین دلیل مارکسیسم حق برابری را «حق بورژوایی» می‌نامد. اینکه

برابری قانونی در شرایط نابرابری فراقانونی به بازتولید نابرابری کمک می‌کند چیزی است که دموکرات‌ها و بسیاری آنارشیست‌ها مایل به درک آن و حتی شنیدن آن نیستند. نظام مردسالاری مانند قانون، دولت، دین و دادگاه یکی از مؤلفه‌های جامعهٔ طبقاتی است. گذار از سرمایه‌داری به کمونیسم هنگامی صورت می‌گیرد که مجموعه‌ی این روابط نفی شود و شرایط نفی این روابط در سوسیالیسم فراهم می‌شود آن‌هم از طریق مبارزهٔ طبقاتی گسترده در همهٔ زمینه‌ها از جمله در عرصه‌ی قانون و از این رو سوسیالیسم جامعهٔ گذار به شمار می‌رود نه پایان تاریخ. گذار یعنی دورانی نسبتا طولانی که از طریق مبارزهٔ طبقاتی، نظام طبقاتیِ و جنسیتی برچیده می‌شود و نظم نوین غیرطبقاتی و غیرجنسیتی و غیرملّی برپا می‌شود. باید تأکید کرد که حتی در سوسیالیسم، ستم جنسیتی و ستم ملّی به کلی از بین نمی‌رود بلکه امکانِ از بین رفتن آن‌ها فراهم می‌شود: این امکان در جامعهٔ کمونیستی متحقَق می‌شود. مهمترین کانونِ تولید و بازتولید نظام مردسالاری خانواده است که با سایر نهادهای جامعهٔ طبقاتی به ویژه دین، دولت، قانون، فرهنگ، تعلیم و تربیت، ایدئولوژی و رسانه‌ها پیوندهای محکمی دارد. قانون روژئاوا در تلاش است برای دموکراتیزه‌کردنِ خانواده و نه برچیدن آن و حتی در این حد هم دچار محدودیت است. همیَن طور که گفتم انقلاب سوسیالیستی نیز با دموکراتیزه کردنِ این روابط از جمله برابری در قانون شروع می‌شود و از قانون روژئاوا نمی‌توان انتظار داشت که امکانات نفی آن را فراهم کند اما آن‌چه روشن است، پ.ک.ک و پ.ی.د چنین افق و چشم‌اندازی را ندارند، زیرا نه معتقد به سوسیالیسم هستند و نه اینکه برنامه‌های امروز را در چارچوب تحقق آن پیش می‌برند. هنگامی که آگاهی (تئوری، دانش، تشکیلات) کمونیستی راهنمای انقلاب نباشد، هیچ نوع سازمان‌دهی جامعه از «پایین به بالا» یا مدیریت شورایی یا مدیریت مشترک زن و مرد، توانایی ریشه‌کن کردنِ «واقعیت مادی» یعنی روابط جنسیتی و طبقاتی و ملّی را ندارد.

قانون روژئاوا در بعضی موارد از دست‌آوردهای جوامع سوسیالیستی قرن بیستم و حتی از رژیم «حقوق زنان» در دمکراسی بورژوایی امروز عقب مانده‌تر است. برای مثال طبق مادهٔ ۱۴، طلاق تنها با رضایت طرفین میسر است. یعنی این‌که اگر زن به هر دلیلی خواهان جدایی باشد، بدون رضایت شوهر امکان این کار را ندارد. مادهٔ ۱۸، «مجازات شدید» برای «خیانت» یعنی رابطهٔ خارج از ازدواج در نظر گرفته است. آن‌چه در این‌جا «خیانت»

نامیده شده در شریعت «زنا» نام دارد. «زنای محصنه» مجازاتش سنگسار کردن است. در قرآن «زنا» چهار بار ذکر شده اما مجازات مرگ برای آن تعیین نشده است. اگر نظام جنسیتی قرار است دموکراتیزه شود، رابطهٔ خارج از ازدواج نباید با توسل به قهرِ قانون و دولت ممنوع شود بلکه زن و مرد باید آزاد باشند به رابطهٔ ازدواج خاتمه دهند و به زور قانون و مجازات و تنبیه در این رابطه باقی نمانند. مادهٔ ۵ حق زنان را برای ایجاد سازمان‌های سیاسی، مدنی، اقتصادی و فرهنگی و غیره به رسمیت می‌شناسد اما به شرطی که با «تعهدات اجتماعی» زنان منافات نداشته باشد. اگرچه «تعهدات اجتماعی» توضیح داده نشده، معمولا این تعهدات در مورد زنان چیزی جز مسئولیت‌های خانوادگی و حفظ این کانون اصلی مردسالاری نیست.

درست است که بعضی‌ها از جمله آنارشیست‌ها مبارزات کوبانی را «انقلاب زنان» نامیده‌اند. این عنوان یا مفهوم‌های مشابه از جمله «انقلاب فمنیستی» قبلا در مورد مبارزات زنان در سایر جاها به کار رفته است. این نیز روشن است که انقلابات بورژوایی چه در غرب چه در شرق مردانه بود هم در سیاست هم در حذف زنان یا پشت جبهه گذاشتن آن‌ها و حتی انقلابات سوسیالیستی هم بیشتر با رهبری مردان بوده است. با وجود این، اگر انقلاب را به معنای مارکسیستی به کار ببریم، «انقلاب زنان» مفهوم درستی نیست. انقلاب به قدرت رسیدن طبقهٔ مترقی و تبدیل یک فورماسیون کهنه و ارتجاعی به یک فورماسیون نو و مترقی را در بر می‌گیرد و چنین گسست تاریخی بدون رهبری کمونیستی دارای درک درست و البته بدون شرکت آگاهانه و وسیع زنان میسر نیست. دید آنارشیستی به خصوص نوعی که توجه اوجلان را جلب کرده است، اگر از مفهوم انقلاب استفاده کند آن را با «تعمیق» یا «رادیکالزه کردن» دمکراسی بورژوایی یکی می‌داند. اگرچه آنارشیسم طیف بسیار متنوع و وسیعی از نظرات را در بر می‌گیرد از جمله جریان چپ آنارکو-کمونیسم، اما برنامهٔ «پایین به بالا» و راه چپاپاس چیزی جز راه رفرم روابط سرمایه‌داری نیست، هم در این تجربهٔ مشخص هم در تئوری. انقلابی بودن در عصر سرمایه‌داری قبل از هر چیز مستلزم خواست و آگاهی و برنامهٔ برچیدن سرمایه‌داری و گذار به سوسیالیسم و عبور از آن به کمونیسم است. چنین گسستی از طریق سازماندهی «از پایین به بالا» و شبکهٔ شوراهای ده و محله و شهر و استان و خودمختاری دمکراتیک و کنفدرالیسم دمکراتیک و تجدید سازماندهی شهرداری‌ها به موازات موسسات سرمایه‌داری یا در تقابل با آن‌ها صورت

نخواهد گرفت. آنچه این مکتب آنارشیسم مایل به درکش نیست این است که سلطهٔ طبقهٔ (بورژوازی) را، که ضامن سلطه‌ی یک فورماسیون اجتماعی-اقتصادی (سرمایه‌داری) است، نمی‌توان با بالا و پایین کردن حاملان قدرت تغییر داد. واضح است که سلطهٔ بورژوازی به شکل «هرم قدرت» و از بالا به پایین است اما این فقط شکل سازماندهی این سلطه است و با تغییر یا رفرم شکل نمی‌توان محتوای آن را به زیر کشید. اگر همهٔ ارگان‌های حکومت و حاکمیت را با شورا جانشین کنیم و تمام اعضای شوراها از بین ستمدیده‌ترین، مبارزترین و فقیرترین زنان و مردان انتخاب شوند، نظام سرمایه‌داری هنوز پا بر جا می‌ماند زیرا اعضای شوراها ایده‌ها و ایدئولوژی‌های متفاوتی دارند و در نبود حزب و رهبری کمونیستی خواست یا توانایی برچیدن فورماسیون سرمایه‌داری را نخواهند داشت امری که، طبق نظر مارکس، مستلزم گسستن از کلیهٔ روابط کهنهٔ مالکیت و از کلیهٔ افکار کهنه است و در همان حال از بین بردن کلیهٔ تمایزات طبقاتی، کلیهٔ روابط تولیدی که این تمایزات طبقاتی از آن بر می‌خیزند، کلیهٔ روابط اجتماعی ستم‌گرانه و کلیهٔ افکار ستم‌گرانه و تبعیض‌گرانه و توجیه‌کنندهٔ استثمار و ستم. حتی اگر همهٔ اعضای شوراها خواست برچیدن روابط سرمایه‌داری را داشته باشند، بدون درک تئوریک درست از سرمایه نمی‌توانند چنین خواستی را عملّی کنند. در عرصهٔ فلسفی، مسالهٔ رابطهٔ دیالکتیکی آگاهی و ماده است. واقعیت مادی را می‌توان تغییر داد اما نه بدون آگاهی. این گسست‌ها تنها با انتقال محرومین از حاشیه به مرکز یا از پایین به بالا صورت نمی‌گیرد.

۴. سیاست‌های جنسیتی پ.ک.ک و پ.ی.د بر مبنای دیدگاه اوجلان تدوین شده و از دید او جامعهٔ دموکراتیک و «تمدن دموکراتیک» بدون بنیاد خانواده میسر نیست، البته خانواده‌ای که باید بازسازی شَود و مبنای بازسازی ملّت کرد باشد. پ.ک.ک از یک طرف به مقاومت زنان و شرکت فعال آن‌ها در جنبش ملّی دامن زده است و از طرف دیگر رهایی زنان را در چارچوب بنیاد خانواده و مطالبات ملّی محدود می‌کند. در این شرایط شبکه‌ای از تضادهای سیاسی و ایدئولوژیک برجسته شده‌اند: تضاد بین ناسیونالیسم و جنبش رهایی زنان، انترناسیونالیسم و ناسیونالیسم، ناسیونالیسم و کمونیسم، و تضاد بین شکوفایی مبارزات زنان و عقب‌ماندگی رهبری.

امیر حسن‌پور: در شرایط درخشش مبارزات مسلحانهٔ زنان کوبانی، و فوریت پشتیبانی از آن به این تضادها توجهی نمی‌شود اما برای تداومِ و تکامل مبارزه بحث و جدل بر سر سیاست انقلابی ضروری است. قبلا اشاره کردم که تجربهٔ جنبش‌های ملّی نشان می‌دهد که ناسیونالیسم، سیاست و ایدئولوژی بورژوازی، در بهترین حالت نظم طبقاتی و جنسیتی را دموکراتیزه یعنی بورژوایی می‌کند. برای مثال، سلطهٔ دین و افکار دینی و سنتی تا حدی از زندگی اجتماعی کنار گذاشته می‌شود، جایگاه اقتصادی و سیاسی افراد به جای اینکه توسط روابط عشیره‌ای و طایفه‌ای تعیین شود، توسط اصل شهروندی یعنی «برابری در قبال قانون» تعیین می‌شود، یا شهروند تا حدی آزادی بیان دارد بدون ترس از حبس و شکنجه و غیره. یعنی کارهایی که انقلاب بورژوایی قرن هیجدهم در اروپا کرد آن هم بعد از دو قرن مبارزه‌ی مداوم شهروندان.

در کردستان عراق حکومت اقلیم حتی همین را هم نتوانسته است عملّی کند. خشونت و تبعیض علیه زنان امروز در کردستان عراق بیداد می‌کند. طناب «ناموس» جامعهٔ فئودالی-عشیره‌ای هنوز بر گردن زنان است. پ.ک.ک و پ.ی.د مسیر دیگری را در پیش گرفته‌اند اما نمی‌توانند از محدودهٔ دمکراسی بورژوایی خارج شوند. در شرایط امروز خاورمیانه که نیروهای اسلام‌گرا وزنهٔ مهمی در سرمایه‌داری کشورهای مختلف هستند، نیروهای ملّی‌گرای کرد که واقعا خواهان تجدد و دموکراتیزه کردن هستند به علت اینکه خودشان در چهارچوب وضع موجود عمل می‌کنند به عشیره‌گری و بنیاد دین امتیاز می‌دهند. واضح است که امتیاز دادن به افکار و سنن کهنه بیش از همه زنان را هدف قرار می‌دهد. تردیدی نیست که پ.ک.ک و پ.ی.د در مقایسه با احزاب کرد در کردستان عراق بسیار مترقی‌تر هستند اما سیاست «رئال پلتیک» پ.ک.ک و پ.ی.د تفاوت‌ها را کم‌رنگ‌تر می‌کند. در واقع اوجلان، که در اوایل فعالیت پ.ک.ک با فئودالیسم و عشیره‌گری مبارزه می‌کرد حالا وجود عشیره و طایفه را یک عامل مثبت ارزیابی می‌کند. اگر ساده مطرح کنم، سؤال در نهایت این است: روابط جنسیتی موجود را باید ریشه‌کن کرد یا دموکراتیزه کرد؟ ریشه‌کن کردن مردسالاری یا دموکراتیزه کردن آن؟ واضح است که هیچ نیرویی، ناسیونالیست یا کمونیست، قادر نیست این روابط را به راحتی و فوری از میان بردارد. این بحث در سطح تحلیل و آگاهی (تئوری) و سیاست صورت می‌گیرد و بدون چنین بحث و جدلی پیشرفت یا جهش

در عمل میسر نیست. زنان در کوبانی با نهایت جسارت به مبارزۀ مسلحانه دست زده‌اند و می‌توان سوال کرد که زن و مرد در مبارزۀ فکری و تئوری و سیاسی نیز چنین جسارتی از خود نشان می‌دهند؟ یعنی جرات کنند چشم‌اندازشان دمکراسی بورژوایی نباشد، از آن گسست کنند و افق‌شان دمکراسی پرولتری و انترناسیونالیسم پرولتری باشد. این گسست کار آسانی نیست زیرا سیاست جنسیتی پ.ک.ک و پ.ی.د را اوجلان فرموله می‌کند و بقیه پیروی می‌کنند، و حالا هم که کنفرانس و بحث و مشاوره وجود دارد، آن چه خط مشی سازمان را تعیین می‌کند اتوریتۀ رهبر است حتی در شرایطی که اوجلان در اسارت زندان است. در مورد سیاست جنسیتی، زنان درون این تشکل‌ها و بیرون آن‌ها مهم‌ترین نیرویی هستند که می‌توانند به مبارزه بر سر خط مشی دامن بزنند. اوجلان هنگامی که از تاریخ باستان و اسطوره‌سازی به دنیای امروز می‌پردازد و افق مبارزه را ترسیم می‌کند به این نتیجه می‌رسد که دولت-ملت و «مدرنیتۀ کاپیتالیستی» و نه کاپیتالیسم مانع تاریخی و دشمن اصلی هستند. و راه حل را در این می‌یابد که دولت- ملت (یعنی دولت ترکیه) را نادیده بگیرد و کردها خودشان هم دنبال دولت‌سازی نروند و در کنار دولت ترکیه به شیوه‌ای دموکراتیک، «از پایین به بالا» و از طریق برپا کردن شوراها، ارگان‌های خودمختاری دموکراتیک و کنفدرالیسم دموکراتیک را بسازند. این پروژه، اگر امکان تحقق آن وجود داشته باشد، از چهارچوب روابط سرمایه‌داری خارج نمی‌شود زیرا به جای ریشه‌کن کردن استثمار سرمایه‌داری به تعدیل آن و در واقع به بازتوزیع آن امید می‌بندد.

زنان کوبانی با شلیک هر گلوله به هیولای مردسالاری دینی ضربه می‌زنند. آن‌ها علیه یکی از زن‌ستیزترین و درنده‌ترین جریانات دینی قیام کرده‌اند و مبارزۀ آن‌ها حرکتی است در جهت زندگی و سیاست سکولار و برابری زن و مرد. اما در نهایت، رهبری جنبش است که سمت و سو و سرنوشت مبارزه را تعیین می‌کند. سیاست وارد شدن در ائتلاف امپریالیستی امکان گسست از وضع موجود را نفی می‌کند. رهبری امروز در جهت ائتلاف با آمریکا حرکت می‌کند. این یعنی میان دو قطب اسلام‌گرایی و امپریالیسم طرف امپریالیسم را گرفتن. اما هر جنبشی وارد این باطلاق شود با این خیال که از تضادهای میان این نیروهای مرتجع و امپریالیستی «استفاده» کند خودش مورد استفاده واقع خواهد شد و به تقویت این دو طرف کمک خواهد کرد. روژئاوا برای آزادی‌خواهان دنیا نفس تازه‌ای در مبارزات رهایی‌بخش

است و بسیاری به دیدار کانتون‌ها و مردم مبارز آن می‌روند. در عین حال مهم است که تجارب تاریخی را در نظر داشته باشیم. جنبش‌های موسوم به «بهار عربی» نتوانستند از تضاد بین امپریالیسم و اسلام‌گرایی دوری کنند، در آن تحلیل رفتند و به «بن‌بست عربی» رسیدند. در روژئاوا سنگرهای پ.ی.د، رو در رو از سوی داعش و از پشت سر از سوی ترکیه آماج حمله هستند و حتی نیروی نظامی «حکومت منطقه‌ای کردستان» با برنامهٔ تضعیف پ.ی.د به «کمک» رفته است. در عین حال، افرادی از سربازان بازنشستهٔ آمریکایی و اروپایی که در جنگ افغانستان و عراق شرکت داشته‌اند برای «کمک» به جنگ ضدداعش روانهٔ روژئاوا می‌شوند. از جملهٔ این «حامیان» یک زن سرباز بازنشستهٔ اسرائیلی است، سرباز ارتشی که علیه مردم فلسطین مرتکب جنایات جنگی می‌شود. در سال ۱۹۳۶، در جریان جنگ ضدفاشیستی مردم اسپانیا علیه فاشیسم، آزادی‌خواهان دنیا با تشکیل بریگادهای انقلابی به کمک اسپانیایی‌ها شتافتند. در میدان‌های این نبرد صف فاشیسم و ضدفاشیسم کاملا جدا بود. اما امروز در روژئاوا مرز بین آزادی‌خواهان و دشمنان آزادی در خطر فروریختن است و این فقط یکی از زنگ خطرهایی است که محدودیت‌های رهبری مبارزه را نشان می‌دهد.

درباره جنبش دانشجویی در خارج از کشور و تجربه‌ی کنفدراسیون[1]

۱. چطور با جنبش دانشجویی در خارج آشنا شدید؟

امیر حسن‌پور: من بار دوم که به خارج آمدم، همان روز اول که به شهر شمپین اوربانا رسیدم در ساختمان بزرگ دانشگاه ایلینوی که بخش هتل مانندی داشت اقامت کردم. در تهران شنیده بودم که دانشجویان ایرانی در این دانشگاه فعال هستند و روز بعد که هنوز ثبت‌نام و کلاس‌ها شروع نشده بودند سراغ آن‌ها را گرفتم و به دیدن کتاب‌خانه عظیم دانشگاه رفتم.

۲. این در سال ۱۳۵۱ است؟

امیر حسن‌پور: بله! مرداد ماه آن سال. اسم یکی از دانشجویان ایرانی فعال این دانشگاه را هم شنیده بودم. در این ساختمان دفاتر سازمان‌های دانشجویی، رستوران، کتاب‌فروشی، سالن سخنرانی و امکانات دیگر هم بود. اطاقی که هم اسم انجمن دانشجویان ایرانی و هم اسم فدراسیون سازمان‌های دانشجویان بین‌المللی (خارجی) روی آن نوشته شده بود پیدا کردم. هنوز چند روزی به شروع سال تحصیلی مانده بود. دو سه نفر در دفتر بودند و بعد هم چند نفر دیگر آمدند. آن‌ها از دیدن یک تازه‌وارد خوشحال بودند و یکی پیشنهاد کرد که تا پیدا کردن مسکن منزل او بمانم. همان روز اول بحث سیاسی در گرفت و من یکی از کتاب‌هایی که در دفتر داشتند برای خواندن به امانت گرفتم و همان روز خواندم. کتاب چاپ پکن بود و توضیح نامهٔ سرگشادهٔ حزب کمونیست چین به حزب کمونیست شوروی بود دربارهٔ انشعاب در جنبش کمونیستی بین‌المللی. همان‌طور که قبلا

۱. نشریه دانشجویی بذر، شماره ۵۳، دی ۱۳۸۹، صص ۹-۱۷.

گفتم، من با وجود اینکه خودم از همان آغاز تحصیلم در دانشگاه تهران در ۱۳۴۹، در فعالیت دانشجویی شرکت داشتم، از وقتی که با مارکسیسم آشنا شده بودم، ارزش زیادی برای جنبش دانشجویی قائل نبودم. ولی خیلی خوشحال شدم که فعالین انجمن افراد چپ هستند و از همان روزهای اول در فعالیت‌های انجمن شرکت کردم. با وجود این مدتی طول کشید تا نظرم در مورد جنبش دانشجویی تغییر کند و جایگاه آن را در پروسهٔ انقلاب بهتر درک کنم.

۳. چه چیزی در فعالیت انجمن برای شما جالب بود که با نوع فعالیت‌هایی که در ایران می‌کردید تفاوت داشت؟

امیر حسن‌پور: «انجمن دانشجویان ایرانی در دانشگاه ایلینوی» یکی از شعبه‌های «سازمان دانشجویان ایرانی در آمریکا» بود که آن هم عضو «کنفدراسیون جهانی محصلین و دانشجویان ایرانی» بود و فعالیت هر یک از شعبه‌ها بخشی از برنامهٔ سراسری بود و در عین حال هر شعبه در منطقهٔ خود به ابتکارات مبارزاتی دست می‌زد. از جمله اولین فعالیتی که من در رابطه با ایران دیدم مبارزه علیه جشن‌های دوهزار و پانصد سالهٔ تاسیس نظام سلطنتی بود. اگرچه این جشن‌ها در ایران در پاییز سال قبل برگزار شده بود، در انجمن سرود «همهٔ خلق‌های جهان زنده‌باد! بساط شهان جمله برکنده باد!» هنوز خوانده می‌شد. خیلی زود فهمیدم که کنفدراسیون مبارزات بسیار مهم و موفقیت‌آمیزی علیه این جشن‌ها انجام داده بود. برنامه‌های دیگر دفاع از زندانیان سیاسی، دفاع از مبارزات مردم ایران و آمریکا و سایر کشورهای دنیا به ویژه ویتنام، فلسطین و ظفار بود. من در ایران از جنبش انقلابی ظفار اطلاعی نداشتم، اهمیت مبارزهٔ مردم فلسطین برایم روشن نبود، اما ویتنام همیشه در فکر و ذهنم بود. انجمن و کلِ «سازمان دانشجویان ایرانی در آمریکا» در مبارزه علیه تجاوز آمریکا نقش بسیار فعال و رادیکالی داشت و من از شرکت در تظاهرات و دیگر مبارزات ضدجنگ بسیار خوشحال بودم. به جز این‌ها همهٔ فدراسیون‌های دانشجویی عضو کنفدراسیون هر سال کنگره و کنفرانس

داشتند و بحث‌های زیادی انجام می‌شد. خود نشریات کنفدراسیون مانند شانزده آذر یا پیمان یا نامهٔ پارسی خیلی برایم جالب نبودند.علاوه بر اینها، نشریات سازمان‌های سیاسی ایران نظیر «سازمان انقلابی حزب توده» و «توفان» و «سازمان انقلابیون کمونیست» و «جبههٔ ملّی» و «حزب توده» به آدرس انجمن ارسال می‌شد و همه می‌خواندند و بحث می‌کردند و کمی بعد هم نشریات سازمان «چریک‌های فدایی خلق» و «سازمان مجاهدین خلق» و «جبههٔ رهایی‌بخش عمان و خلیج عربی» نیز دریافت می‌شد. محور سیاسی همهٔ فعالیت‌ها و بحث‌ها سرنگونی رژیم شاهی و مبارزه با امپریالیسم آمریکا و دفاع از مبارزات انقلابی در همه جای دنیا بود. من دو بار در دانشگاه تهران دانشجو بودم، سال‌های ۱۳۴۰ تا ۱۳۴۳ و یک‌سال دانش‌سرای عالی ۱۳۴۳_ ۱۳۴۴ و سال‌های ۱۳۴۷_۱۳۵۱. دوران فعالیت سازمان یافته که من در آن شرکت داشتم سال‌های ۱۳۴۰ تا ۱۳۴۳ بود که هم‌زمان بود با سال‌های بحران اقتصادی و سیاسی، و در دانشگاه فعالیت مخفی و نیمه‌علنی زیاد بود. بیشتر فعالیت‌من در جمع دانشجویان کرد بود و اگر آن را با فعالیت‌های کنفدراسیون مقایسه کنم، که همیشه کرده‌ام، تفاوت بسیار واضح است.

من در تظاهرات اول بهمن ۱۳۴۰ هنگامی که نیروهای مسلح رژیم به دانشگاه تهران حمله کردند شرکت داشتم اما از شعارهایی که داده می‌شد بسیار بدم می‌آمد. اینها شعارهای جبههٔ ملّی بودند مانند «اصلاحات آری! دیکتاتوری نه!» و «شاه باید سلطنت کند نه حکومت.» بی‌زاریم از این شعارها به خاطر این نبود که من آگاهی انقلابی داشتم و انقلاب می‌خواستم و آن‌ها رفرم. در این زمان من هنوز مارکسیست نبودم و فقط به عنوان یک جوانِ کردِ مخالفِ رژیم چیزی جز سرنگونی بساط سلطنت را نمی‌توانستم تصور کنم و سرنگونی هم بیشتر به این معنی بود که بساط این رژیم از کردستان برچیده شود. اینکه می‌گویم این خواست من یا این تضادم با خط سیاسی جنبش دانشجویی دانشگاه تهران از آگاهی انقلابی سرچشمه نمی‌گرفت به این دلیل است که آرزوی همه ما در جنبش دانشجویی کرد استقلال کردستان بود و با وجود اینکه چشم به مبارزه مسلحانه داشتیم و سرنگونی شاه را آرزو می‌کردیم، خط سیاسی ما اجازه نمی‌داد که به دنبال

یک حرکت دانشجویی انقلابی و متحد سراسری برویم که هدفش سرنگونی رژیم و برچیدن روابط اقتصادی-اجتماعی حاکم باشد و آلترناتیوی را در مقابل آن ارائه بدهد مثلا نظامی دموکراتیک یا سوسیالیسم. گاهی بحث همکاری با دانشجویان آذربایجانی می‌شد اما این هم انقلابی نبود و بیشتر براساس دید ناسیونالیستی بود، یعنی اینکه می‌توان با آذربایجانی‌ها متحد شد چون آن‌ها هم مشکل ملّی دارند. به این ترتیب رفرمیسم دانشجویان جبهه ملّی و رفرمیسم جنبش دانشجویی کرد، یکی بدون اسلحه و دیگری در آرزوی اسلحه، به یک نتیجه می‌رسیدند. رفرمیسم حرکت دانشجویی کرد در فعالیت‌هایش بسیار برجسته بود. من این را وقتی متوجه شدم که در کنفدراسیون به فعالیت پرداختم و از تاریخچهٔ مبارزات آن و نیز از تاریخ مبارزات «جامعه‌ی دانشجویان کرد در اروپا» اطلاع بیشتری پیدا کردم. ما در دانشگاه تهران سیاسی‌ترین کاری که می‌کردیم این بود که اخبار مبارزهٔ مسلحانهٔ کردهای عراق را که در شهریور ۱۳۴۰ شروع شده بود به اطلاع کردهای ایران برسانیم، کمک مالی برای ارسال به کردستان عراق جمع کنیم، وسایل بسیاری ضروری را برایشان تهیه کنیم و بفرستیم، به خبرنگاران خارجی کمک کنیم که از طریق ایران به مناطق آزاد شده بروند، و گزارش‌های مطبوعات خارجی را ترجمه کنیم و در کردستان پخش کنیم و این قبیل کارها. یعنی جنبش دانشجویی به زایده یا پشت جبههٔ حرکت خودمختاری طلب کردستان عراق تبدیل شده بود و از محدوده‌ی این جریان محافظه کار خارج نمی‌شد. یک فعالیت دیگر سر زدن به زندانیان سیاسی کرد در زندان قزل قلعه بود. کار دیگری که بسیار ناسیونالیستی بود دیدار از بیماران کرد بود که در بیمارستان امراض ریوی تحت مداوای طولانی مدت بودند و دور از خانواده‌های خود بودند و برای آن‌ها شیرینی و میوه می‌بردیم. از جمله فعالیت‌های دیگر در بین خود دانشجویان، انجام مسابقه بر سر میزان اطلاع از زبان و ادبیات کردی بود. مثلا یادم می‌آید که یک بار مسابقه بر سر این بود که چه کسی بیشترین تعداد افعالی که با پیشوند ههل شروع می‌شوند می‌تواند جمع کند. جایزهٔ یکی از این مسابقه‌ها کتابی بود تحت عنوان گهشتیک له کوردستاندا (سفری در کردستان) که در کردستان عراق چاپ شده بود. باید بگویم که سه چهار نفر

از دانشجویان در این فعالیت‌ها شرکت نمی‌کردند، آن‌ها تحت تاثیر انقلاب در کوبا بودند اما آلترناتیوی هم در مقابل این نوع فعالیت‌ها ارائه نمی‌دادند. دستگیری فعالین کرد در اسفند ۱۳۴۲ و بهار ۱۳۴۳ باعث متلاشی شدن این حرکت دانشجویی شد که تحت رهبری «حزب دموکرات کردستان ایران» بود. در اواخر دهۀ ۱۳۴۰ وضع تغییر کرد، هم در سطح کل ایران و هم در کردستان. «سازمان چریک‌های فدایی خلق» و «سازمان مجاهدین خلق» در مرزبندی با رفرمیسم حاکم بر جنبش به وجود آمدند؛ در بین دانشجویان کرد هم با رفرمیسم «حزب دمکرات کردستان ایران» مرزبندی شد و نسل جدید دانشجویان و روشنفکران «سازمان انقلابی زحمتکشان کردستان» را پایه‌ریزی کردند.

‏۴. آیا شما خودتان بخشی از این حرکت ضد رفرمیستی بودید؟

امیر حسن‌پور: نه! من در حالی‌که از آشنایی با مارکسیسم در شعف بودم و فکر می‌کردم از قید و بندهای جهان‌بینی ناسیونالیستی رها شده‌ام و مثلا به این نتیجه رسیده بودم که مسالۀ ملّی بخشی از مسالۀ انقلاب است و در حدی که می‌توانستم به تبلیغ مارکسیسم هم می‌پرداختم، تلاشی برای سازمان دادن به این گسست از رفرمیسم نمی‌کردم. یعنی اقدام به کار تشکیلاتی نکردم. به این ترتیب می‌توانم بگویم که درک نادرستی از تئوری مارکسیستی مخصوصا دید دترمینیستی و اعتقاد به حتمیت انقلاب و اینکه جنبش دانشجویی و جنبش ملّی ول معطل‌اند باعث انفعال سیاسی من شد. یعنی شاید بتوانم بگویم یک قدم به جلو و چند قدم به عقب برداشته بودم و یا از چاله به چاه افتاده بودم، از یک نوع رفرمیسم به نوع دیگر. منظورم این است که تنها با آشنا شدن به مبانی تئوریک مارکسیسم نمی‌توان مارکسیست یا کمونیست شد. من در اولین سخنرانی آریان‌پور که دربارۀ تفکر و تکلم بود متوجه شدم که درکم از مسائل دنیا بسیار سطحی است و هر چه بیشتر با ماتریالیسم تاریخی و دیالکتیک آشنا می‌شدم بیشتر متوجه محدودیت‌های فکری خودم می‌شدم. تازه داشتم یاد می‌گرفتم که چطور مسالۀ ملّی نیاز به حل انقلابی دارد و جنبش ملّی کردستان در

چنگال فئودالیسم و عشیره‌گری اسیر بوده و اگر هم می‌توانست جریانی کاملا بورژوایی باشد و به هدف خودش یعنی استقلال دست یابد، استثمار اکثریت مردم که دهقان و کارگر و فقیران شهری بودند ادامه می‌یافت. اینجا لازم است بگویم که رسیدن به این درک تدریجی بود و در این مورد همین حالا چیزهای جالبی یادم آمد. ولی بهتر است این را اضافه کنم که مساله فقط آگاهی نیست، بلکه گذار از آگاهی به پراتیک است که این به مراتب مشکل‌تر است. به قول مارکس مساله فقط تفسیر جهان نیست، بلکه توضیح آن به منظور تغییر است.

۵. از آنچه تا حالا گفته‌اید به نظر می‌رسد که شما در کنفدراسیون توانستید نه تنها متوجه محدودیت‌های خط سیاسی خود بشوی بلکه تضادی را که مطرح کردید حل کنید، لااقل در این برهه از فعالیت‌تان. اگر چنین است توضیح بدهید که کنفدراسیون چگونه درک شما از جنبش دانشجویی را تغییر داد؟

امیر حسن‌پور: در سال‌های اخیر این سوال و سوالات مشابه برای من مطرح بوده است و نه تنها در مورد کنفدراسیون بلکه قبل و بعد از آن. اما فعلا بگذار به این سوال جواب بدهم. به طور خیلی مختصر، فعالیت در کنفدراسیون این امکان را برای من فراهم کرد که از مارکسیسم آکادمیکی که در دانشگاه تهران یاد گرفته بودم ببرم و با مارکسیسم جنبش کمونیستی آشنا شوم و روابط این دو روند مارکسیسم را بهتر درک کنم.

۶. شما که هنوز در محیط دانشگاه و در جنبش دانشجویی بودید چگونه توانستید از مارکسیسم آکادمیک ببرید؟

امیر حسن‌پور: تفاوت دو نوع مارکسیسم در محل پیدایش یا گسترش آن نیست و این را توضیح خواهم داد. من در اسفند ۱۳۴۲ که اول بار با تئوری مارکسیستی آشنا شدم از طریق دکتر آریان‌پور بود که سال بعد در دانش‌سرای عالی دانشجوی او شدم. مارکسیسمی که از او یاد گرفتم و با مطالعهٔ آثار مارکسیستی در هنر و فلسفه و تاریخ و باستان‌شناسی گسترش

دادم مارکسیسمی آکادمیک بود و با وجود اینکه خیلی خود را مدیون دکتر آریان‌پور می‌دانم و احترام من به او هیچ حد و حصری نمی‌شناسد، اما در طول مبارزات فکری سال‌های کنفدراسیون فهمیدم که آنچه از مارکسیسم او و از مطالعهٔ کتاب‌های چاپ شوروی درک کرده‌بودم درکی دترمینیستی و اکونومیستی بوده است. دکتر آریان‌پور همیشه رشد تکنولوژی یا صنعت را به عنوان عاملی تعیین‌کننده در گذار ایران به سرمایه‌داری و سپس سوسیالیسم می‌دید و در بیان دلنشینش که هنوز در گوشم طنین دارد به ستایش «لوله‌های زیبای کارخانه» می‌پرداخت و درکی که می‌داد چیزی بود که بعدا در جریان این مبارزات فهمیدم همیشه پای‌گیر جنبش کمونیستی همه جای دنیا بوده است و آن دترمینیسم تکنولوژیک و «تئوری‌نیروهای مولده» است. بی‌خود نبود که می‌گفت: «جامعه گرایی (سوسیالیسم) نظام سرمایه‌داری را بر می‌افکند و به زباله‌دان تاریخ تحویل خواهد داد.» این را حتی در یکی از کتاب‌هایش نوشت. گویی که این جبر تاریخ است و چه بخواهیم چه نخواهیم اتفاق خواهد افتاد. اگر رشد نیروهای مولده خودش گورکنان سرمایه‌داری یعنی طبقهٔ کارگر را به عرصهٔ تاریخ می‌کشاند، دانشجو دیگر چه کاره است. فکر می‌کنم درک نادرست من در مورد جنبش دانشجویی عمدتا ناشی از دید دترمینیستی بود.

۷. اگر درک شما از جنبش دانشجویی تا این حد تئوریزه بوده چگونه در جنبش دانشجویی توانستی از آن دست بکشی؟

امیر حسن‌پور: باید بگویم که آن زمان خودم متوجه نبودم که کم بها دادنم به جنبش دانشجویی ناشی از این دید دترمینیسمی بوده است. من نمی‌خواهم بگویم که کنفدراسیون جایی بود که در آنجا خط سیاسی نادرست درست می‌شد. اما چیزی که از همان آغاز برایم روشن شد این بود که آن تئوری مارکسیستی که من در ایران یاد گرفته بودم یعنی ماتریالیسم تاریخی از جمله تئوری فرماسیون اقتصادی-اجتماعی، طبقه و مبارزهٔ طبقاتی و ماتریالیسم دیالکتیک بیشتر برای توضیح واقعیت بود، نه تغییر آن. برای مثال من برای اینکه مارکسیسم را بهتر بفهمم در سال ۱۳۴۳

دست به تحقیق وسیعی زدم در مورد نظام فئودالی در کردستان مکری، تحقیقی که هنوز به پایان نرسیده است. با وجود اینکه یکی از هدف‌هایم نقد دید ناسیونالیستی بود، این تحقیق ناظر بر این نبود که برای انقلاب راه‌یابی کند. هدفم این بود که خودم مارکسیسم را با به کار بردن آن در مورد یک جامعهٔ مشخص بهتر بفهمم. منظورم از مارکسیسم آکادمیک این است، نه اینکه آن را بی‌ارزش به حساب بیاورم. اینجا یادم آمد که آریان‌پور در یکی از کتاب‌هایش که فکر می‌کنم در آستانهٔ رستاخیز بود نوشته بود که خودش بعد از آشنایی با مارکسیسم برای دریافت صحت و سقم آن شروع کرده بود به مطالعهٔ وسیع تاریخ تا مستقلا قوانین تکامل تاریخ را دریابد و صحت و سقم ماتریالیسم تاریخی را ارزیابی کند، اما «هیلده بلومنتال» در سفرش به ایران به او گفته بود که این کاری است که انجام شده و لزومی ندارد که او تکرارش کند. آنچه من می‌کردم محک تجربه زدن به مارکسیسم نبود و بیشتر برای درک ماتریالیسم تاریخی بود از طریق به کار بردن آن در تحلیل تاریخ اجتماعی-اقتصادی کردستان مکری. این جالب است که من درست در همان اوانی با مارکسیسم آشنا شدم که مهم‌ترین تحول در جنبش کمونیستی دنیا بعد از انقلاب اکتبر در جریان بود، یعنی مبارزهٔ حزب کمونیست چین با رویزیونیسم خروشچفی و نه آریان‌پور، نه من و گروهی از رفقایی که مثل من با مارکسیسم آشنا می‌شدند اهمیت آن را درک نمی‌کردیم. انشعاب بزرگ در جنبش کمونیستی دنیا صورت گرفته بود، اما سال‌ها بعد تا هنگامی که به خارج از کشور رفتم نمی‌دانستم که این انشعاب بر سر چیست. من نمی‌دانستم که بحث حزب کمونیست چین بر سر این است که در شوروی سرمایه‌داری رجعت کرده است؛ نمی‌دانستم که سوسیالیسم از آغاز تا آخرش جامعه‌ای طبقاتی است و هیچ تضمینی نیست که یک حزب کمونیست بدون درک درست و بدون تئوری پیشرفته تنها با در دست گرفتن قدرت دولتی بتواند دوران گذار از سرمایه‌داری به کمونیسم را به پیش ببرد؛ نمی‌دانستم که در شوروی بورژوازی نوین به قدرت رسیده و با این مفهوم آشنا نبودم؛ و یا نمی‌دانستم که مبارزهٔ طبقاتی در سوسیالیسم به شکل انتاگونیستی هم ظهور می‌کند و بسیاری مسائل تئوریک مهمی از این قبیل. در واقع در منابعی که از شوروی به تهران

می‌رسید و من در کتاب‌فروشی ساکو می‌خریدم و با ولع می‌خواندم تحلیلی می‌کردند که طبقات در شوروی از بین رفته‌اند و حزب کمونیست به حزبی همه‌خلقی و دولت شوروی به دولت‌همه‌خلقی تبدیل شده و خروشچف نوید داده بود که در عرض بیست سال، یعنی تا ۱۹۸۰، شوروی وارد مرحلهٔ کمونیسم می‌شود. بگذار یک مثال دیگر از عدم درک این انشعاب را نقل کنم: دکتر آریان‌پور را با چند نفر دیگر از طریق انجمن فرهنگی ایران و شوروی برای بازدید این کشور و موسسات علمی آن دعوت کرده بودند و بعد از برگشتن یکی از نکاتی که در یک دیدار خصوصی گفت این بود که «به رفقای شوروی در مورد برخوردشان به چین انتقاد کردم» گویی که اختلاف دو حزب بر سر رفتار یا برخورد بد بوده است. آنچه حزب کمونیست چین انجام داد اقدامی تاریخی برای نجات دادن جنبش کمونیستی از چنگال بورژوازی نوینی بود که با استفاده از اعتبار لنین روابط سرمایه‌داری را رشد می‌داد. این بحث‌ها اهمیت تاریخی و تئوریک فوق‌العاده‌داشت. مارکسیسم، چه نوع آکادمیکش و چه نوع کمونیستی‌اش، اگر با این مبارزهٔ تئوریک و ایدئولوژیک در مورد طبقه و مبارزهٔ طبقاتی و گذار از سرمایه‌داری به کمونیسم به طور جدی دست به گریبان نشود دچار فسیل شدن خواهد شد. در اینجا لازم است تاکید کنم که در مورد من مشکل تنها کمبود منبع در ایران در مورد آنچه در جنبش کمونیستی بین‌المللی می‌گذشت نبود. اگر کسی می‌خواست مساله را درک کند می‌توانست لااقل با گوش کردن به رادیو پکن گوشه‌ای از آنچه می‌گذشت را دریابد. حتی این هم کافی نبود. برای مثال عده‌ای دانشجویان کرد که در همین سال‌ها، یعنی اواخر ۱۳۴۰، کارشان را به عرصهٔ عمل محدود کردند و کومه‌له را به وجود آوردند با وجود اینکه از مائوئیسم الهام می‌گرفتند و به رادیو پکن هم گوش می‌کردند و امیدی به شوروی و حزب توده نداشتند درک‌شان از مائوئیسم فوق‌العاده سطحی بود، مثلا مائوئیسم را با اهمیت دادن به مسالهٔ دهقانی اشتباه می‌کردند، کاری که در تحلیل‌های ژورنالیستی و آکادمیک متداول است، برای تئوری ارزشی قائل نبودند و گرفتار امپیریسیسم و اکونومیسم افراطی و ناسیونالیسم می‌شدند. کمونیست‌های کشورهایی که مسالهٔ دهقانی نداشتند مانند فرانسه و آلمان، اگرچه مائوئیسم را با مسالهٔ دهقانی

قاطی نمی‌کردند، اما اینجا هم یا دچار اکونومیسم می‌شدند یا آوانتوریسم انقلابی. خلاصه کنم، اگر مارکسیسم آکادمیک محدودیت‌های بسیار زیادی داشت مارکسیسم کمونیستی هم دچار محدودیت‌های خودش بود.

۸. این بحث‌ها مسالهٔ رابطهٔ بین تئوری و پراتیک و جنبش دانشجویی و جنبش کمونیستی را مطرح می‌کنند. از آنچه تا حالا گفته‌ای معلوم می‌شود که شما در دانشگاه تهران جایی که حتی نام بردن از مارکس و انگلس و لنین و مائو ممنون بود با مارکسیسم آشنا شدی و سپس به دانشگاهی رفتی که این نوع سانسور دانش را نداشت اما هنوز کنفدراسیون بود که امکان تحول فکری را به شما داد. این کنفدراسیون چه بود که چنین توانی داشت؟

امیر حسن‌پور: پاسخ دادن به این سوال ساعت‌ها وقت می‌خواهد چون مساله فقط تجربهٔ من نیست اگرچه تجربهٔ یک فرد هم می‌تواند بسیاری از سوال‌ها را پاسخ بگوید. از اینجا شروع می‌شود که یکی از جاذبه‌های این دانشگاه برای من کتاب‌خانهٔ بزرگش بود که سومین کتاب‌خانهٔ دانشگاهی آمریکا بود، و من یک پایم در تظاهرات و مبارزات عملّی بود و پای دیگر در کتاب‌خانه که قریب شش میلیون کتاب و حدود نود هزار مجلهٔ قدیمی و جدید داشت. علاوه بر ده‌ها هزار کتاب ضد مارکسیستی و ده‌ها مجله و روزنامهٔ ضد کمونیستی، بخش مهمی از نشریات جنبش کمونیستی دنیا از قرن نوزده به بعد و همه نوع منابع مارکسیستی به زبان انگلیسی و زبان‌های دیگر در دسترس بود، چیزهایی که در ایران فقط می‌شد در عالم خیال آن‌ها را تصور کرد. برای مثال کتاب‌خانه از قدیم یک دهم هر آنچه در شوروی چاپ می‌شد دریافت می‌کرد و چندین قفسهٔ کتاب‌خانه «نشریات ترجمه‌ای» بودند که منتخبی از محتوای مجلات خبری و سیاسی و تئوریک چین را به انگلیسی در دسترس قرار می‌داد. من اگر انجمنی وجود نداشت یا کنفدراسیونی در میان نبود با دسترسی به این همه منابع می‌توانستم درکم را از مارکسیسم بهتر و عمیق‌تر کنم، اما مطمئنم تمام آن دانش که خواندن همهٔ آن‌ها چند عمر وقت می‌خواست نمی‌توانست جای آن چیزی را بگیرد که شرکت در مبارزات این سال‌ها به من داد.

همان‌طور که اشاره کردم من در سال ۱۳۴۳ شروع به تحقیق میدانی در مورد نظام اجتماعی-اقتصادی کردستان مکری کردم و در ایران مدام در جست و جوی منابع تئوریک در مورد فئودالیسم و بحث‌های مختلف مربوط به آن بودم که آن هم منابع شوروی و بعضی منابع مارکسیستی غربی بود که البته بسیار محدود بود. در انجمن یکی از بحث‌هایی که در جریان بود ساخت اجتماعی-اقتصادی ایران بود، اینکه ایران سرمایه‌داری است یا فئودالی یا «وجه تولید آسیایی». من در ایران اطلاع نداشتم که این بحث علاوه بر اهمیت تاریخی و تئوریک، اهمیت اساسی برای برنامهٔ جنبش کمونیستی برای انقلاب دارد، یعنی تشخیص اینکه چه نوع انقلابی در پیش است بستگی به این دارد که فرماسیون غالب در ایران کدام است. همچنین اطلاع نداشتم که این بحث در سال‌های ۱۹۶۰ در سایر کشورها مثل هند و ترکیه و مصر نیز در گرفته بود. خیلی زود در کتابخانهٔ دانشگاه به جست و جوی این‌بحث‌ها که بخشی از آن در مجلهٔ **مطالعات دهقانی**[2] منتشر می‌شد و نیز نشریات مارکسیستی مراجعه کردم. این بحث به برنامهٔ کنفدراسیون یعنی مبارزه برای سرنگونی رژیم شاه و استقلال ایران از سلطهٔ آمریکا ربط مستقیمی نداشت، اما نشریات سازمان‌های کمونیستی ایران درگیر این بحث بودند و عده‌ای از اعضای انجمن هم که چپ بودند این ادبیات را می‌خواندند، صاحب نظر بودند، و برای درک اختلافاتی که بر سر آن بود می‌بایستی تئوری هم مطالعه کنند. می‌بایستی بدانند که سرمایه‌داری چیست، فئودالیسم چیست، فرماسیون اقتصادی چیست، طبقه چیست وغیره. همان سوال‌هایی که در تحقیق من مطرح بود اینجا مطرح می‌شد، اما این بار در رابطه با انقلاب و انقلاب کردن. در انجمن نشریات سازمان‌های کمونیستی که این موضوع را بررسی می‌کردند خوانده می‌شد و از همه مهم‌تر این بود که بحث و جدل صورت می‌گرفت.

میزان یادگیری و سرعت این یادگیری در بین دانشجویانی که قبلا این بحث‌ها را نشنیده بودند خیره‌کننده بود. برای مثال تقریبا هم‌زمان با من سه دانشجو که مدت یک‌سالی بود در یکی از دانشگاه‌های میشیگان

---

2. *Journal of Peasant Studies.*

درس‌شان را شروع کرده بودند و در دانشگاه ایلینوی پذیرش گرفته بودند به انجمن آمدند. دانشگاه ایلینوی خیلی مورد توجه دانشجویانی بود که به رشته‌های علمی و کامپیوتر علاقه داشتند. این سه نفر بعدها تعریف می‌کردند که در ایران شنیده بودند که بعد از جریان ملّی کردن صنعتی نفت مجلهٔ تایم مصدق را به عنوان «مرد سال» انتخاب کرده بود و تصویرش را روی جلد مجله چاپ کرده بود. می‌گفتند به کتاب‌خانهٔ دانشگاه میشیگان رفتیم، جای مجله را پیدا کردیم، و بعد از پاییدن دور و بر وقتی مطمئن شدیم کسی نگاه نمی‌کند مجله را پیدا کردیم و از خوشحالی دیدن تصویر مصدق سر از پا نمی‌شناختیم. دو نفر از این سه نفر در مدت قریب یک‌سال از نظر سیاسی فوق‌العاده رشد کردند. روزی به دفتر انجمن رفتم و یکی از آن‌ها در آنجا بود و مشغول خواندن روزنامه‌ای بود که از شکلش و قواره‌اش متوجه شدم توفان است. پرسیدم: چه خبرها؟ گفت: توفان تازه اومده. پرسیدم: چیز تازه‌ای دارد؟ گفت: یک مقاله در مورد ساخت اجتماعی دارد، مساله را حل کرده. پرسیدم: چطور؟ گفت: به جای بحث تئوریک و تحلیل پیشنهاد می‌کند که مخرج مشترک همهٔ نظرات را بگیریم و به نتیجهٔ درست برسیم. چندی بعد که مقاله را خواندم متوجه شدم که بسیار خوب متوجه اشکال آن شده بود و بحث مقاله همین بود. هر سه این دانشجویان در رشته‌های علوم بودند و برخلاف من علوم اجتماعی و علوم انسانی نخوانده بودند، اما یادگیری‌شان جهشی بود. آنچه جالب بود این بود که یادگیری فقط اطلاع پیدا کردن و دریافت سادهٔ تحلیل سایرین نبود، بلکه به کار بردن آن و نقد هر موضعی که به نظر نادرست می‌آمد. در انجمن هیچ محدودیتی برای مطالعه و بحث هیچ‌نظری نبود. تنها یک نفر از شوروی و حزب توده دفاع می‌کرد و بقیه شوروی را یک جامعهٔ سرمایه‌داری و حزب توده را سازش‌کار به حساب می‌آوردند اما منتظر بودند که شمارهٔ جدید مردم یا دنیا برسد، آن را بخوانند و به نقد بکشند. در مورد مسائل جنبش کمونیستی و کارگری آمریکا و دیگر مبارزات آمریکا و سایر کشورها هم همین‌طور. من می‌توانم در مورد این محیط آموزشی و مبارزهٔ فکری داستان‌های زیادی نقل کنم.

۹. قبل از اینکه به این داستان‌ها بپردازیم، سوال دیگری هم برای من مطرح است.

آیا سایر واحدهای کنفدراسیون هم وضعیت مشابه انجمن شما را داشتند؟

امیر حسن‌پور: رشد کنفدراسیون ناموزون و پر از تضاد بود، اما آنچه من در انجمن می‌دیدم و بعد در بسیاری از انجمن‌های آمریکا دیدم در سطح آمریکا یک روند بود و در بعضی مناطق اروپا هم همین‌طور. یعنی هم در آمریکا و هم در اروپا نظرات گوناگونی وجود داشت حتی در مورد مسالۀ اصلی مبارزه با رژیم. این تنوع فکری و سیاسی تعجب‌آور نیست چون که نمی‌تواند غیر از این باشد. واضح است که در درون یک قشر مثل دانشجویان یا زنان یا جوانان یا حتی در یک طبقه نیز اختلاف خطی هست. مساله این است که با این تضادها چگونه برخورد می‌شود.

هنگامی که بعد از کودتای ۲۸ مرداد تحصیل در خارج گسترش یافت، انجمن‌های دانشجویی که در دانشگاه‌های مختلف اروپا و آمریکا به وجود آمدند و بعد در سطح هر کشور و بعد در سطح اروپا و بالاخره در سطح آمریکا متحد شدند و نهایتا به تشکیل کنفدراسیون انجامید، در آغاز از نظر خط سیاسی ناسیونالیست و محافظه‌کار بودند و از نظر نوع فعالیت‌ها صنفی‌گری می‌کردند. قبل از تشکیل کنفدراسیون سیاسی‌ترین هدفشان شناساندن فرهنگ و تاریخ به اصطلاح با عظمت ایران به مردم کشوری بود که در آن تحصیل می‌کردند. این کار، که پشیزی ارزش نداشت، وظیفۀ رایزن فرهنگی سفارت ایران بود، نه کار سازمان‌های دانشجویی. هدف دیگر این انجمن‌ها یادگیری علم و دانش و انتقال آن به ایران بود برای پیشرفت وطن. هدف دیگر تامین رفاه دانشجویان از قبیل دریافت ارز، تمدید پاسپورت و ویزا و این قبیل نیازهای صنفی بود. فعالیت‌های‌شان برگزاری سنتی جشن نوروز و شب یلدا و مسابقات ورزشی بود. بی‌خود نبود این تشکلات با این خط سیاسی با سفارت‌خانه‌ها و کنسول‌گری‌های رژیم رابطۀ نزدیک داشتند و همدیگر را تغذیه می‌کردند.

می‌بینید که این خط سیاسی همان بود که در دانشگاه تهران در نیمۀ اول دهۀ ۱۳۴۰ بر جنبش دانشجویی غالب بود و مختصری از آن را براساس تجربۀ خودم بازگو کردم. در کنفدراسیون در نیمۀ دوم دهۀ ۴۰ مبارزه با این خط رفرمیستی شروع شده بود و در اسفند ۱۳۴۹ با

حملهٔ دولت به کنفدراسیون و غیرقانونی اعلام کردن آن شدت یافت. این حمله تضادهای سیاسی درون کنفدراسیون را علنی‌تر کرد و جریان چپ در کنگرهٔ ۱۲ که بلافاصله بعد از این حمله تشکیل شد با هر نوع تسلیم یا سازش‌کاری مخالفت کرد و استدلال کرد که کنفدراسیون باید برای سرنگونی رژیم مبارزه کند. اما جریانات رفرمیستی با اتخاذ صریح موضع سرنگونی مخالفت کردند. با وجود این در اثر مبارزهٔ جریان چپ، کنگره خط تسلیم‌طلبی را هم نپذیرفت و این مبارزه تا انشعاب کنفدراسیون در دی‌ماه ۱۳۵۳ (کنگره ۱۶) ادامه یافت. رفرمیست‌ها از هیچ‌گونه تلاشی برای مهار کردن جنبش دانشجویی کوتاهی نمی‌کردند.

جریانات رفرمیستی درون کنفدراسیون در شرایطی جنبش دانشجویی را به فعالیت در چهارچوب قانون اساسی سلطنتی محدود می‌کردند که در ایران و بقیهٔ دنیا، هم در آسیا و آفریقا و آمریکای لاتین و هم در اروپا و آمریکای شمالی، جنبش‌های اجتماعی برای تغییر انقلابی وضع موجود مبارزه می‌کردند، پروژهٔ ساختن جامعهٔ سوسیالیستی در شوروی و اردوگاهش شکست خورده بود، در جنبش کمونیستی بین‌المللی انشعاب شده بود، در چین انقلاب فرهنگی پرولتاریایی در جریان بود و جنبش‌های نوین کمونیستی در حال شکل‌گرفتن بودند. در حالی که جنبش دانشجویی و جوانان در غرب با شعار «واقع بین باش! آنچه را ممکن نیست طلب کن!» دنیای سرمایه‌داری را به چالش می‌کشیدند، رفرمیست‌های کنفدراسیون شعار کهنهٔ «دانشجویان از شعار سرنگونی می‌رمند» را هر بار با رنگ و لعاب تازه‌ای مطرح می‌کردند. در فاصلهٔ کنگرهٔ ۱۲ و انشعاب که چهار سال بعد صورت گرفت مبارزات بسیار مهمی در گرفت و در دوران بعد از انشعاب تا سال ۱۳۵۶ که مبارزات در ایران گسترش یافت و به سرنگونی رژیم منجر شد مبارزهٔ سیاسی و فکری عمیق‌تر شد. در این سال‌ها برخی از رفرمیست‌ها با شعار «مبارزهٔ مسلحانه محور همهٔ مبارزه‌ها است» به بستن دست و پای جنبش دانشجویی می‌پرداختند. مبارزه با این رفرمیسم مسلح از جمله مبارزات تئوریک مهم این سال‌ها بود.

به این ترتیب در جواب سوال‌تان باید بگویم که انجمن‌های دانشجویی با هم تفاوت داشتند اما در عین حال در یک سطح از مبارزه

هم‌سنگر بودند و آن هم مبارزهٔ ضد رژیم و ضد امپریالیسم بود اما همان‌طور که اشاره کردم حتی در مورد این مبارزه هم وحدت نظر نبود و مدام مبارزهٔ درونی می‌شد...

۱۰. دیدی که معمولا از کنفدراسیون ارائه می‌شود، برخلاف نظر شما، اهمیت کنفدراسیون را در وحدت دانشجویان و ماهیت دموکراتیک آن می‌بیند در حالی که شما تاکید بر تضادهای درون آن دارید؟

امیر حسن‌پور: درست است که چنین دیدی در سال‌های اخیر رایج شده. این سوال نیز احتیاج به توضیح مفصل دارد. چند سال پیش که مراسمی به مناسبت چهلمین سالگرد کنفدراسیون در بعضی جاها از جمله در تورنتو برگزار شد و من در آن شرکت کردم، برداشت گردانندگان این یادبودها همین بود. این برداشت که در خود کنفدراسیون هم وجود داشت کنفدراسیون را مخرج مشترک نظرات، آن هم کم‌ترینش، می‌داند و تصور می‌کند که دانشجویان اگر هم اختلافی داشته‌اند زیر یک چتر گرد آمده‌بودند و به شیوه‌ای دموکراتیک با هم می‌ساختند و فعالیت می‌کردند و رمز موفقیتش همین دموکراتیک بودنش بود و منظور از «دمکراسی» هم تحمل همدیگر است. من معتقدم که این تصویر درستی از کنفدراسیون نیست. این درست است که سنت سازماندهی دموکراتیک در کنفدراسیون جا افتاده بود، برای مثال به کار بردن شیوه‌هایی از قبیل انتخابات آزاد گروه رهبری کننده (هیات دبیران)، رابطهٔ انجمن‌ها با مرکز، رابطهٔ مرکز هر کشوری با رهبری جهانی و یا ادارهٔ جلسات تصمیم‌گیری، ارائهٔ کنفرانس و کنگره و بحث و جدل کردن وغیره. بدون شک این تجربهٔ مهمی بود اما خصلت کنفدراسیون را تعیین نمی‌کند زیرا در بعضی سازمان‌های دانشجویی دیگر به خصوص در کشورهای غربی این شیوه‌های سازماندهی و فعالیت از مدت‌ها پیش جزو فرهنگ سیاسی بوده و این به خودی خود عامل موفقیت نیست. علاوه بر این، درک غالب کنونی در مورد کنفدراسیون متکی بر داده‌های این تجربه نیست و بیشتر ایده‌آلیزه کردن چیزی است که امروز کمبودش را احساس می‌کنند و در عین حال براساس درکی از

جنبش دانشجویی است که در تجربهٔ کنفدراسیون و دیگر جنبش‌های دانشجویی خلافش به ثبوت رسیده است.

جنبش دانشجویی مانند هر جنبش دیگر و مانند هر پدیدهٔ اجتماعی دیگر از شبکه‌ای از تضادها به وجود آمده که در آن‌ها می‌توان «وحدت و مبارزهٔ ضدین» را ببینیم. برای مثال، کنفدراسیون، این بزرگ‌ترین سازمان جنبش دانشجویی خارج از کشور، در تضاد با رژیم شاهی و امپریالیسم بود و علاوه بر بسیاری تضادهای روزمره، در درون خودش نیز بین گرایشات متفاوت مدام مبارزه در می‌گرفت. همان‌طور که قبلا اشاره کردم ابتدا بعضی از انجمن‌های دانشجویی خارج از کشور با رژیم شاهی و سلطهٔ امپریالیسم همگونی داشتند که بعد به ضدیت تبدیل شد و مبارزه‌ای بین دو طرف در گرفت که تاریخ آن را رقم زد. در آغاز خط سازمان‌های دانشجویی این بود که شاره را مجبور کنند که به قانون اساسی وفادار باشد و با احترام گذاشتن به آن مانند شاهان اروپای سرمایه‌داری سلطنت کند، نه حکومت. اما بیش از سه دهه سلطهٔ این خط بر جنبش سیاسی ایران یعنی از بعد از روی کار آمدن پهلوی دوم این خط سیاسی نتوانست تضاد را حل کند. در نیمهٔ دوم دههٔ ۱۳۴۰ خطی انقلابی رشد کرد و مبارزهٔ بین سیاست رفرمیستی و انقلابی در گرفت. در کنفدراسیون، رفرمیست‌ها به انواع و اقسام استدلالات متوسل می‌شدند تا جنبش دانشجویی را مهار کنند، از جمله اصرار می‌کردند که کنفدراسیون تنها می‌تواند برای خواست‌هایی مبارزه کند که توانایی به دست آوردن آن‌ها را داشته باشد و سرنگونی یکی از این خواسته‌ها نیست و یا کنفدراسیون نباید به بحث‌های ایدئولوژیک بپردازد به بهانهٔ اینکه دانشجویان دارای یک ایدئولوژی نیستند و بحث ایدئولوژی آن‌ها را متفرق می‌کند و در «چپ»ترین حالت هشدار می‌دادند که شعار سرنگونی، هژمونی پرولتاریا را در جنبش دانشجویی تامین نمی‌کند و بنابراین خواستی بورژوایی است و یا اگر شعار سرنگونی پذیرفته شود بلافاصله این سوال مطرح می‌شود که چه چیزی جای رژیم استبدادی را بگیرد و جنبش دانشجویی نمی‌تواند به نظر واحدی برسد. این تنها چند نمونه از استدلالات جریان راست بود.

یکی از عرصه‌های مبارزه‌ای که بر سر سرنگونی در گرفت درک

ماهیت جنبش دانشجویی بود. مهم‌ترین سوال این بود: جنبش دانشجویی چیست؟ این سوالی بود که جوابش به مبارزه در عرصهٔ تئوری و سیاست و ایدئولوژی کشیده شد. در واقع مبارزهٔ عملی کنفدراسیون و تعمیق آن و بسیاری عوامل دیگر از جمله رشد جنبش نوین کمونیستی ایران و بقیهٔ دنیا، و مبارزه با رویزیونیسم شوروی کمک کرد که چنین سوالی مطرح شود. نه تنها خود سوال مهم است، بلکه همان اندازه مهم است که ببینیم چرا چنین سوالی مطرح شد، بر سر آن مبارزه در گرفت و چه پاسخ‌هایی داده شد؟ چرا سایر سازمان‌های دانشجویی آن زمان از قبیل «سازمان دانشجویان عرب» یا «جامعهٔ دانشجویان کرد در اروپا» چنین سوالی را مطرح نکردند؟

خط انقلابی این بحث را مطرح کرد که یکی از مولفه‌های خط رفرمیستی درک آن از ماهیت جنبش دانشجویی است. این خط جنبش دانشجویی را نه یک جنبش سیاسی بلکه حرکتی صنفی به حساب می‌آورد، یعنی جنبش دانشجویی نمی‌تواند از حدود و ثغور مصالح و منافع روزمرهٔ قشر دانشجو خارج شود و به این ترتیب با وجود اینکه دانشجویان امکان و فراغ و توانایی کار فکری و سیاسی دارند، خواست‌ها و مطالبات‌شان نمی‌تواند از چهارچوب یک اتحادیهٔ کارگری خارج شود. یعنی اگر اتحادیهٔ کارگری، کارش فروش نیروی کار کارگران با نرخ مناسب‌تر و تامین رفاه اقتصادی آن‌ها است، جنبش دانشجویی نیز وظیفهٔ اصلی‌اش تامین شرایط مناسب برای تامین منافع دانشجویان است. برعکس، خط انقلابی جنبش دانشجویی را جنبشی سیاسی، آگاهانه و غیرصنفی می‌دید که می‌تواند مرزهای قشرش را پشت سر بگذارد، به آگاهی سیاسی انقلابی از جمله کمونیستی دست یابد و به جای کرنش در مقابل وضع موجود در جهت زیر و رو کردن آن گام بردارد. دانشجویان که یک قشر را تشکیل می‌دهند و از طبقات مختلف می‌آیند، خط مشی‌های گوناگونی در پیش می‌گیرند و این ربط زیادی به جایگاه‌شان در این یا آن طبقه ندارد. دانشجویی که از یک خانوادهٔ کارگری فقیر است می‌تواند محافظه‌کار باشد و دانشجویی که از یک خانوادهٔ بورژوازی مرفه است می‌تواند علیه طبقهٔ خودش قیام کند. دانشجویان می‌توانند خط مشی انقلابی‌ترین طبقهٔ تاریخ را در پیش

بگیرند و باید مبارزه کنند که به جای جهان‌بینی بورژوازی که شب و روز در خانواده و مدرسه و رسانه‌ها تبلیغ می‌شود به جهان‌بینی کمونیستی روی آورند و آن را راهنمای مبارزات‌شان کنند. این چیزی است که همیشه اتفاق افتاده است و در واقع بخش زیادی از رهبران جنبش کمونیستی دنیا، چه در غرب چه در شرق، در جنبش دانشجویی با کمونیسم آشنا شده‌اند. این یکی از دلایل اهمیت جنبش دانشجویی است، چیزی که من قبلا متوجه آن نبودم.

خلاصه کنم کنفدراسیون در جریان این مبارزات درونی و مبارزات بی‌وقفه علیه رژیم و امپریالیسم و دفاع از جنبش‌های انقلابی ساخته و پرداخته شد. مبارزات درونی به جای تضعیف جنبش دانشجویی آن را برّاتر و پیگیرتر و پرداخته‌تر می‌کرد. اگر مبارزات درونی، یعنی مبارزه بر سر خط مشی و ماهیت جنبش دانشجویی انجام نمی‌شد، اگر جریان چپ به جنبش دانشجویی کم‌بها می‌داد، کنفدراسیون در بهترین حالت در چهارچوب قانون اساسی دوران مشروطه درجا می‌زد و در آرزوی روزی که شاه سلطنت کند نه حکومت ناکام می‌ماند.

۱۱. بحث‌های سوال برانگیزی است. ابتدا اگر ممکن است توضیح بدهید که بحث بر سر ماهیت جنبش دانشجویی چگونه مطرح شد و به پیش برده می‌شد و چگونه مبارزات عملّی علیه رژیم با این مبارزات درونی تلفیق می‌شد؟

امیر حسن‌پور: این بحث‌ها، در ابتدایی‌ترین شکلش به این صورت مطرح شده بود که جریانات رفرمیست در مقابله با رادیکالیزه شدن جنبش در ابتدا استدلال می‌کردند که دانشجو توان دست برداشتن از منافع صنفی خود را ندارد و از آنجا که به کار علم و روشنفکری می‌پردازد باید از سیاست بپرهیزد، دانشجو کارش سیاست نیست و نفعی در مبارزهٔ انقلابی نمی‌بیند. بعدها البته این ادعا به اشکال پخته‌تر و پیچیده‌تر مطرح می‌شد. جریان انقلابی برای مقابله با این خط سیاسی به بحث تئوریک در مورد جنبش دانشجویی و تاریخ جنبش‌های دانشجویی می‌پرداخت. مثلا یادم هست که «سازمان دانشجویان ایرانی در آمریکا» فصلی از مجلهٔ مطالعات ویتنامی را

که در هانوی منتشر می‌شد و راجع به جنبش دانشجویی ویتنام جنوبی بود به فارسی ترجمه و منتشر کرد،[۳] و «سازمان انقلابیون کمونیست (م- ل)» منتخبی از آثار مارکسیستی را در مورد جنبش دانشجویی منتشر کرد.[۴] همچنین جنبش دانشجویی در چین قبل از انقلاب (جنبش ۴ مه) و سایر جنبش‌ها مطالعه می‌شد و منابع به انگلیسی و سایر زبان‌های اروپایی فراوان بود. دانشجویان هوادار «سازمان انقلابیون کمونیست» این بحث‌ها را قبل از انشعاب سپتامبر ۱۹۷۵ مطرح می‌کردند و بر سر آن در کنگره‌ها، کنفرانس‌ها و سایر تجمعات بحث راه می‌انداختند. بعد از انشعاب، «کنفدراسیون محصلین و دانشجویان ایرانی (برای احیای سازمان واحد جنبش دانشجویی)» که به اختصار «کنفدراسیون احیا» نامیده می‌شد و من در آن عضو بودم این تحلیل را پیش می‌برد.

مبانی تئوریک این تحلیل را می‌توان در نوشته‌های لنین در مورد موج جنبش‌های دانشجویی روسیه که در اواخر قرن ۱۹ رژیم تزاری را تکان داد پیدا کرد. مطرح کردن این مبحث تئوریک کار «سازمان انقلابیون کمونیست» بود و این هم به این ترتیب بود که این سازمان اکونومیسم را یکی از موانع مهم رشد جنبش کمونیستی تشخیص می‌داد و رفرمیسم درون کنفدراسیون، چه در شکل صنفی‌گری و چه در فرم کارگریسم یا در قالب مشی چریکی، را به اکونومیسم مربوط می‌کرد. مبارزه علیه اکونومیسم به نظر من مهم‌ترین دستاورد تئوریک جنبش کمونیستی روسیه قبل از انقلاب اکتبر بود، مبارزه‌ای که اهمیت آن تا به امروز ادامه دارد. بسیاری از سازمان‌های انقلابی از جمله تشکلات مائوئیستی اروپا متوجه اهمیت این مبارزات نبودند و در فرانسه مثلا گرفتار کارگریسم شدند و با وجود اینکه در اواخر دهۀ ۱۹۶۰ مهم‌ترین جریان جنبش کمونیستی نوین بودند بعد از مدتی از بین رفتند. برعکس در آمریکا، مهم‌ترین جریان مائوئیستی یعنی «اتحادیۀ انقلابی» که بعدها به «حزب کمونیست انقلابی آمریکا» تبدیل

---

۳. مبارزات دانشجویان و محصلین ویتنام جنوبی، نوشته نومین ترانگ، ترجمۀ بخش انتشارات سازمان آمریکا، [نشریه] دانشجو، شهریور ۱۳۵۲ ـ سپتامبر ۱۹۷۳.

۴. سازمان انقلابیون کمونیست (م-ل). دربارۀ جنبش جوانان و دانشجویان. بدون تاریخ. ۸۴ ص.

شد در جریان مبارزه با آوانتوریسم انقلابی (مشی چریکی)، اکونومیسم و ناسیونالیسم (ناسیونالیسم آفریقایی-آسیایی) رشد کرد. می‌توان گفت که رشد این دو سازمان با هم بوده و از مبارزات همدیگر آموخته‌اند.

۱۲. معمولا به دخالت احزاب در جنبش دانشجویی یا سایر جنبش‌های اجتماعی اعتراض می‌شود و استدلال می‌شود که این جنبش‌ها باید مستقل باشند اما از آنچه می‌گویی معلوم می‌شد که احزاب سیاسی ایرانی و غیرایرانی با کنفدراسیون رابطهٔ نزدیک داشته‌اند. آیا این بحث مطرح بود؟

امیر حسن‌پور: قبلا گفتم زمانی که من به انجمن پیوستم بیشتر فعالین چپ بودند و یکی دو سال بعد خیلی‌ها هوادار خط «سازمان انقلابیون کمونیست» شدند و بعد از انشعاب نیز اکثریت هوادار «کنفدراسیون احیا» بودند. در اوایل تشکیل سازمان‌های دانشجویی بعد از کودتا، حزب توده و جبههٔ ملّی و احزاب دیگر به جنبش دانشجویی توجه داشتند و سمت و سو و فعالیت آن برای‌شان مهم بود و سعی می‌کردند این انجمن‌ها خط آن‌ها را دنبال کنند. به این ترتیب می‌توانم بگویم که جنبش دانشجویی خارج از کشور یکی از عرصه‌های فعالیت این احزاب بود. به نظر من این اشکالی ندارد و اگر بحث استقلال جنبش دانشجویی را مطرح کنیم این سوال پیش می‌آید که استقلال از کی و برای چی؟ مبارزه بر سر اینکه حال و آینده را چگونه شکل دهیم مبارزه‌ای سیاسی است و این سیاست الزاما طبقاتی است و جنبش دانشجویی مانند سایر نیروهای اجتماعی در این مبارزه حضور دارد و سوال این است که به چه طبقه‌ای هم‌سو می‌شود؟ اگر می‌خواهد از همه طبقات درگیر در مبارزه مستقل باشد، سیاست خودش چیست؟ اگر سیاست رفرمیستی بازسازی و ترمیم وضع موجود را دنبال نمی‌کند و می‌خواهد آلترناتیوی در برابر نظام سرمایه‌داری جهانی بسازد چگونه این کار را خواهد کرد و اصولا چرا باید از طبقهٔ کارگر مستقل بشود؟ چگونه در جامعه که همهٔ طبقات در روابط پیچیده‌ی وحدت ضدین قرار گرفته‌اند می‌توان مستقل شد؟ اینکه جنبش دانشجویی آگاهانه تلاش کند که از طبقهٔ بورژوازی و لایه‌های آن مستقل شود ضرورتی تاریخی است

زیرا قشر دانشجو از نظر عینی با هزاران بند به خرده‌بورژوازی و بورژوازی وابسته است و به این معنی از طبقهٔ کارگر مستقل است. اما چالش اصلی این است که جنبش دانشجویی به این طبقه بپیوندند و به تحقق پروژهٔ تاریخی آن بپردازد. جنبش دانشجویی جنبش سیاسی و آگاهانه است و در گذشته بعضی از جنبش‌ها این کار، یعنی بریدن از بورژوازی و پیوستن به طبقهٔ‌کارگر را، انجام داده‌اند. کسی نمی‌تواند انکار کند که بیشتر کادرهای جنبش کمونیستی از این قشر می‌آیند. بورژوازی هم بیشتر تکنوکرات‌ها و بوروکرات‌ها و سیاست‌مداران و بقیهٔ کادرهایش را از همین قشر تامین می‌کند.

۱۳. مسالهٔ رابطه با حزب هنوز روشن نیست!

امیر حسن‌پور: حزب، به ویژه حزب کمونیست، با سازمان‌دانشجویی در بسیاری از زمینه‌ها به خصوص تشکیلات و سازماندهی متفاوت است. اگر انقلاب مسالهٔ اصلی است، جنبش دانشجویی باید در رابطهٔ نزدیک با حزبی که انقلابی است حرکت کند. بدون حزب به هیچ وجه نمی‌توان انقلاب کرد آن هم حزبی که تئوری و برنامهٔ انقلابی داشته باشد و بتواند در شرایط بحران انقلابی لحظه‌ها را دریابد. رابطهٔ سازمان دانشجویی با حزب را هم نمی‌توان از پیش تعیین کرد، اما من می‌توانم به تجربهٔ کنفدراسیون اشاره کنم.

هنگامی که من به انجمن دانشجویی پیوستم، دانشجویان بیشتر چپ بودند و مواضع «سازمان انقلابی حزب توده» و «توفان» و «سازمان انقلابیون کمونیست» بیشتر طرفدار داشت و بعضی‌ها هم طرفدار هیچ کدام نبودند و یک نفر طرفدار شوروی و «حزب توده» بود و یادم نمی‌آید که کسی طرفدار «جبههٔ ملّی» بوده. من البته اطلاع نداشتم که چه کسی عضو کدامیک از این سازمان‌ها است و به احتمال زیاد خیلی کم عضو بوده‌اند و اگر هم بوده‌اند به نظر من اشکالی نداشته است. من خودم در این سال‌ها عضو هیچ حزبی یا هیچ سازمانی غیر از انجمن و کنفدراسیون نبودم. دانشجو می‌تواند عضو حزبی باشد و در سازمان دانشجویی هم فعالیت کند.

هنگامی که خط «سازمان انقلابیون کمونیست» در انجمن هوادار بیشتر پیدا کرد و این تقریبا هم‌زمان با انشعاب در کنفدراسیون بود یعنی سال ۱۹۷۵، خط مشی انجمن در فعالیت‌های دفاعی و فرهنگی و تشکیلاتی تغییراتی کرد که به نظر من در جهت رزمنده‌تر شدن و انقلابی‌تر شدن بود. «کنفدراسیون احیا» مانند گذشته یک سازمان دموکراتیک بود و فعالیت در آن مشروط به پذیرفتن خط مشی هیچ حزب و سازمانی نبود اما خط مشی آن «دمکراسی انقلابی» بود نه دمکراسی لیبرال.

در انجمن، مانند دورهٔ قبل از انشعاب، نشریات تمام احزاب و همهٔ بخش‌های منشعب شدهٔ کنفدراسیون مطالعه می‌شد و بر سر آن‌ها بحث در می‌گرفت. در واقع همه تشویق می‌شدند که تمام نشریات انشعابیون را بخوانند و نقد کنند. همه منتظر بودند چیز تازه‌ای، موضع جدیدی، بحث جدیدی مطرح شود تا فورا به نقد بکشند. در دوران بعد از انشعاب، که شرایط ایران بحرانی‌تر می‌شد و تحولاتی در احزاب سیاسی روی می‌داد از جمله در مواضع «چریک‌های فدایی خلق» و مجاهدین همه گوش به زنگ بودند و تغییر مواضع را از لابه‌لای کلمات در می‌کشیدند. هنگامی که «چریک‌های فدایی» پیامی به جنبش دانشجویی دادند و به مناسب ۱۶ آذر بیانیه‌ای صادر کردند (سال ۱۳۵۶)، همه بلافاصله کلمه به کلمه آن را تجزیه و تحلیل کردند و رهنمودهای این سازمان را برای جنبش دانشجویی رفرمیستی و اکونومیستی ارزیابی کردند. هیچ‌کس منتظر نشد از مرکز، یعنی از کنفدراسیون احیا، تحلیل صادر شود اگر چه بعدا در «رزم دانشجو» و سایر ارگان‌ها این نوع تحلیل‌ها منتشر شد. سازمان مجاهدین و بقیه هم به جنبش دانشجویی پیام می‌دادند و به مناسبت‌هایی چون سالگرد ۱۶ آذر تحلیل می‌کردند و به همهٔ این‌ها اعضای انجمن با دید انتقادی برخورد می‌کردند. به این ترتیب در رابطه با سوال شما می‌توانم بگویم که جنبش دانشجویی و کنفدراسیون اگر هم می‌خواستند از احزاب دوری بگیرند کار درستی نبود. این رابطه‌ای که مختصر توضیح دادم به نظر من شیوهٔ درست بود. اما در مورد انجمن باید مثال‌های دیگری ذکر کنم.

البته آنچه اینجا می‌گویم در مورد همهٔ کنفدراسیون احیا صحت دارد و قبل از انشعاب هم همین‌طور بود چون خط مسلط بر سازمان

تقریبا همان بود. کنفدراسیون مبارزۀ خود را محدود به ایران نمی‌کرد و در مبارزات مردم آمریکا از مبارزۀ ضد جنگ ویتنام گرفته تا مبارزات کارگری و کمونیستی و مبارزات آفریقایی-آمریکایی‌ها، مردم بومی، مبارزات زنان و غیره شرکت می‌کرد یا از آن‌ها پشتیبانی می‌کرد. انجمن‌های دانشجویی ما از اعتبار بی‌نظیری در بین سازمان‌های متعدد چپ آمریکایی برخوردار بودند. در دانشگاه ما هر گاه گروه‌های دیگر می‌خواستند مبارزه‌ای راه بیندازند اول با ما مشورت می‌کردند و پشتیبانی ما را می‌خواستند. بیشتر مبارزات دفاع از جنبش فلسطین را ما شروع می‌کردیم و «سازمان دانشجویان عرب» را که در این دانشگاه ضعیف بود به برنامه‌ریزی و شرکت در این مبارزه دعوت می‌کردیم و تمام مبارزاتی که در دفاع از جنبش ظفار می‌شد ما شروع می‌کردیم.

البته ما که در آمریکا بودیم با جنبش‌های انقلابی آمریکا نیز تماس نزدیک داشتیم. اینکه ما شعارمان سرنگونی شاه و مبارزه با امپریالیسم آمریکا بود و اینکه آمریکا پشتیبان درجه اول رژیم شاه بود اهمیت این روابط را بیشتر می‌کرد. اما مسالهٔی پیوند نیز مساله‌ای کاملا سیاسی و ایدئولوژیک است. انجمن‌ها فقط انتظار همبستگی و همدردی از جنبش‌های اجتماعی آمریکا را نداشتند. سیاست کنفدراسیون بده و بستان سیاسی نبود، اینکه ما از شما پشتیبانی می‌کنیم و شما هم از ما. اگر چه چنین سیاست و پراتیکی ظاهر انترناسیونالیستی دارد اما در واقع عمیقا ناسیونالیستی است. دید غالب بر کنفدراسیون احیا انترناسیونالیستی بود: انجمن‌ها مسالهٔ پیوند با جنبش‌های آمریکا را در رابطه با انقلاب می‌دیدند یعنی نقش بسیار فعال در کمک به سازماندهی انقلاب چه در آمریکا چه در هر کشور دیگر که فعالیت می‌کردند. برای مثال هنگامی که «اتحادیهٔ انقلابی» برنامه‌ی سازماندهی جنبش دانشجویی آمریکا را راه انداخت و برای این منظور در دانشگاه‌های مختلف «بریگاد انقلابی دانشجویان» را تاسیس می‌کرد، انجمن ما تسهیلات لازم از قبیل کار تبلیغاتی، تهیهٔ اطاق سخنرانی، پخش اعلامیه، برقراری ارتباط با دانشجویان فعال، تهیهٔ جا و امکانات برای دانشجویی که جهت این کار آمده بود فراهم کرد و شعبه‌ای از بریگاد به این ترتیب تاسیس شد. اندکی بعد، هنگامی که «سازمان انقلابی»

به «حزب کمونیست انقلابی آمریکا» تبدیل می‌شد و کنگرهٔ بنیادگذاری این حزب در شهر شمپین‌اوربانا برگزار شد، «بریگاد انقلابی دانشجویان» و انجمن ما مقدمات برگزاری این رویداد مهم را فراهم کردند.

انجمن در دفاع از مبارزات گوناگون در آمریکا بسیار فعال بود. برای مثال اعتصاب «کارگران متحد معادن» را که در دوران کارتر اتفاق افتاد به خوبی به یاد دارم. سال ۱۹۷۸ بود. طولانی‌ترین اعتصاب کارگران معدن ذغال‌سنگ آمریکا بود. کنفدراسیون خیلی قاطعانه از این دفاع کرد. این اعتصاب غرب آمریکا را داشت تعطیل می‌کرد. شب‌ها تاریکی پیش آمده بود چون کارخانه‌های برق نمی‌توانستند بدون ذغال‌سنگ کار کنند. وضعی پیش آمده بود که دولت آمریکا حتی از قانون اعتصاب‌شکن تافت-هارتلی استفاده کرد و می‌خواست «گارد ملّی» را به صحنه بیاورد. مبارزهٔ خیلی مهمی بود. کنفدراسیون در سراسر دنیا از این مبارزه دفاع کرد. شعبه‌های کنفدراسیون صدها تلگراف پشتیبانی به اعتصابیون می‌فرستادند و خود این کارگران تعجب کرده بودند که این همه پشتیبانی دانشجویان ایرانی از کجا می‌آید.

یکی از کارهایی که هر سال به مناسبت اول ماه مه در ایلینوی می‌کردیم این بود که دانشجویان نیمهٔ غرب آمریکا صبح در شهر گِری[5] ایندیانا، که مرکز صنایع عظیم این منطقه بود، گرد می‌آمدیم، جلو کارخانه‌ها و دفتر اتحادیه‌ها اعلامیه پخش می‌کردیم و بعد از تعطیل کارخانه‌ها به سوی شهر شیکاگو راه می‌افتادیم و تمام شب را راهپیمایی می‌کردیم و صبح روز بعد راهپیمایی را با تظاهرات جلو در کنسولگری ایران در شیکاگو به پایان می‌رساندیم. در طول این راهپیمایی از مناطق و محلات کارگری و فقیرنشین عبور می‌کردیم، با آن‌ها بحث می‌کردیم، اعلامیه پخش می‌کردیم، سرود می‌خواندیم، از آن‌ها یاد می‌گرفتیم و به آن‌ها یاد می‌دادیم. فعالین «حزب کمونیست انقلابی آمریکا» در تعیین مسیر و بعضی موارد کمک می‌کردند. بدون تردید نقش «اتحادیه کمونیست‌های ایران» در رشد این دیدگاه و پراتیک انترناسیونالیستی بسیار هم بود. همان‌طور که قبلا گفتم، انجمن قبل و بعد

---

5. Gary

از انشعاب کنفدراسیون همین سمت و سو را داشت و این به خاطر حضور خط «اتحادیه» بود. من در طول سال‌ها، چه در دوران کنفدراسیون و چه بعد از آن، از بسیاری آمریکاییان که در جنبش‌های سال‌های ۱۹۷۰ـ۱۹۶۰ فعال بودند در مورد نقش کنفدراسیون در رادیکالیزه کردن جنبش ضد جنگ تحسین و تمجید شنیده‌ام. مثلا «رابرت شیر»[۶] که مدتی مسئول مجله رامپارتز[۷] یکی از مجلات رادیکال جنبش سال‌های ۱۹۶۰ بود برای سخنرانی در دانشگاه دعوت کرده بودیم، در سال ۱۹۷۳، بحث خودش را با این شروع کرد که جنبش ضدجنگ ویتنام در آمریکا مدیون جنبش دانشجویی ایران است، زیرا آن را تقویت و رادیکالیزه کرده است. سال‌ها بعد از کنفدراسیون، یک بار تصادفی مصاحبه‌رادیو سی.بی.سی کانادا[۸] را با «کیت میلت»[۹] فمینیست انترناسیونالیست آمریکایی شنیدم که در آن از تاثیر مبارزات «سازمان دانشجویان ایرانی در آمریکا» در رادیکالیزه کردن خودش و آگاه شدنش نسبت به نقش آمریکا در ایران صحبت می‌کرد. میلت در اوایل انقلاب به ایران آمد و در تظاهرات ۸ مارس شرکت کرد و کتابی در این مورد نوشته است. همین‌ها را از عده‌ای از وکلای کنفدراسیون شنیده‌ام که در جریان دستگیری‌های اعضای کنفدراسیون و دفاع از آن‌ها رادیکالیزه شده بودند.

۱۴. این‌ها در زمینهٔ مبارزات عملی بوده، این سوال برای من مطرح می‌شود که روابط بین کنفدراسیون و حزب در زمینهٔ سیاست و تئوری و ایدئولوژی چگونه بوده است؟

امیر حسن‌پور: این دو تا، یعنی تئوری و پراتیک، از هم جدا نبودند و در واقع چنین پراتیکی که مختصری توضیح دادم بدون تئوری امکان نداشت. در ضمن این سال‌ها مقطع تاریخی مهمی بود. این را گفتم که خط انجمن متاثر از جنبش کمونیستی بود، نه از ناسیونالیسم. اما نه هر کمونیسمی.

---

6. Robert Scheer.
7. *Ramparts*.
8. CBC.
9. Kate Millet.

دوران کمونیسم اردوگاه شوروی مدت‌ها بود سپری شده بود و بعد از انشعاب، جنبش نوین کمونیستی شکل گرفته بود ولی خود این جنبش هم نمی‌توانست به آسانی بر همهٔ مشکلات غلبه کند. انشعابی‌های حزب توده، یعنی «سازمان انقلابی حزب توده» و «توفان» به بی‌راهه رفتند، همان‌طور که در جنبش‌های کمونیستی اروپا هم شد. در آمریکا «حزب کمونیست انقلابی» توانست راه را از چاه تشخیص بدهد. «اتحادیه کمونیست‌های ایران» نیز در جریان این مبارزات تئوریک و ایدئولوژیک همراه «حزب کمونیست انقلابی» رشد کرد. «سازمان دانشجویان ایرانی در آمریکا» در این سال‌ها از نزدیک در جریان این مبارزات بود. بعضی از فعالین در این مبارزات شرکت می‌کردند. چگونگی رابطهٔ سازمان دانشجویی با حزب را در اینجا می‌توان بهتر دید. خط «کنفدراسیون احیا» کمونیستی نبود، بلکه دموکراتیسم انقلابی بود. دموکراتیسم انقلابی هم سیاستی در حد برنامهٔ حداقل یک حزب کمونیست است. دموکرات‌های انقلابی الزاما کمونیست نیستند، اگرچه یک کمونیست حداقل باید دموکراتیسم انقلابی را بپذیرد. آن دسته از اعضای کنفدراسیون که خود را کمونیست می‌دانستند چه اعضای حزب چه غیر آن علاوه بر فعالیت‌های کنفدراسیونی خود فعالیت‌های کمونیستی هم می‌کردند. مهم‌ترین بحث این سال‌ها انشعاب در جنبش کمونیستی و انقلاب فرهنگی پرولتاریایی در چین بود. هم «اتحادیه» و هم «حزب کمونیست انقلابی» درگیر این مبارزات بودند و از همدیگر یاد می‌گرفتند اگر چه «حزب کمونیست انقلابی» نقش اصلی را داشت. در کنفدراسیون هم دانشجویان کمونیست درگیر این بحث‌ها می‌شدند و اگر نمی‌شدند تعجب‌آور بود. چه توجیهی هست برای اینکه دانشجویان کمونیست یا حتی آن‌هایی که فقط رادیکال و آزادی‌خواه بودند درگیر این بحث‌ها نشوند؟ چطور می‌توان این بحث‌ها را به بهانهٔ اینکه حزبی هستند خارج از وظایف جنبش دانشجویی به حساب آورد؟ چرا مانعی ندارد که دانشجویان هر آن و هر لحظه تئوری‌ها و سیاست و ایدئولوژی بورژوازی را یاد بگیرند، اما از دسترسی به پیشرفته‌ترین افکار و ترویج آن دچار قید و بند شوند؟

آموزش تئوری و درگیری در بحث‌های ایدئولوژیک جزو برنامهٔ کنفدراسیون احیا نبود، اما دانشجویان کمونیست این بحث‌ها را برای هر

کسی که علاقه داشت راه می‌انداختند و همه را دعوت به شرکت در جلسات مطالعه می‌کردند. مطالعات تئوریک در رابطه با مسائل انقلاب در ایران و در دنیا بود. از جملهٔ این فعالیت‌ها مثلا درک اکونومیسم بود و مطالعهٔ دقیق آثاری چون «چه باید کرد؟» اثر لنین. اکونومیسم هم در جنبش دانشجویی و هم در جنبش کمونیستی نوین مانع جدی برای گسترش مبارزه و تعمیق آن بود. بحث تئوریک در مورد آوانتوریسم انقلابی و رابطهٔ آن با اکونومیسم نیز بسیار مطرح بود. هم‌چنین بحث امپریالیسم. کیفیت یادگیری بسیار بالا بود. من یادم می‌آید وقتی که شماره جدید پکن ریویو که در آن تئوری سه جهان ارائه شده بود به انجمن رسید، یکی از اعضای انجمن که بسیار جوان بود و آن را خوانده بود گفت این یک تز رویزیونیستی است. در واقع چیزی شبیه متدی که مارکس «نقد بی‌محابا» می‌نامید در عمل وجود داشت یعنی اینکه نگران عواقب نقد نباشیم و از اینکه به منابع قدرت بر بخورد ابایی نداشته باشیم. «حزب کمونیست انقلابی آمریکا» و «اتحادیهٔ کمونیست‌ها» هم بلافاصله تز سه جهان را محکوم کردند. هنگامی که در سال ۱۹۷۶، پیروان سرمایه‌داری در چین کودتا کردند، حزب و اتحادیه و انجمن آن را کودتای سرمایه‌داری و سرنگونی سوسیالیسم به حساب آوردند. این تعجب‌آور نبود چون هر سه تشکیلات، انشعاب جنبش کمونیستی بین‌المللی و انقلاب فرهنگی را در تئوری و تاریخ آن خوب درک کرده بودند. بدون شک «حزب کمونیست انقلابی آمریکا» نقش عمده‌را در این مبارزه به عهده داشت.

۱۵. کودتای پیروان سرمایه‌داری در چین اندکی بعد از مرگ مائو اتفاق افتاد. برخورد با آن چه طور بود؟

امیر حسن‌پور: این رویداد محکی بود برای همهٔ احزاب مائوئیستی و هر جریانی که معتقد به کمونیسم بود و یا هر آزادی‌خواه ضد ستم و استثمار، اما به ویژه برای سازمان‌ها و افرادی که با رویزیونیسم حزب کمونیست شوروی مبارزه کرده بودند. در انجمن ما و در حدی که من اطلاع داشتم در کنفدراسیون همه آن را کودتای سرمایه‌داری ارزیابی

کردند. اگر درک تئوریک در این سال‌ها پیشرفت نکرده بود مسلما چنین تحلیلی بلافاصله ارائه نمی‌شد. باز هم مهم است که اشاره کنم که این تحلیل‌ها در انجمن قبل از اینکه تحلیلی از طرف سازمان بیاید ارائه شد. اگر بحث‌های تئوریک این سال‌ها نبود، اعضای کنفدراسیون احیا تحلیل‌شان از تحلیل‌های ژورنالیستی نظیر آنچه لوموند و نیویورک تایمز ارائه می‌دادند فراتر نمی‌رفت، یعنی تحلیل ساده‌لوحانهٔ «مبارزه بر سر قدرت»، یعنی همان تحلیلی که در سایر کنفدراسیون‌ها انجام شد. این کودتا، مانند کودتای خروشچف، باعث آشوب فکری در بین هواداران کمونیسم هم شد. بعد از کودتای خروشچف احزاب کمونیست به جز چین و آلبانی نقد جدی به برنامهٔ کودتا نکردند و حتی این دو حزب نیز چند سال طول کشید تا به مقاومت جدی دست بزنند، اما بسیاری از مارکسیست‌های آکادمیک از مارکسیسم و کمونیسم بریدند. به همین ترتیب بسیاری از احزاب کمونیست مائوئیست بلافاصله اهمیت کودتا را درک نکردند و این نشان می‌داد درک درستی از انقلاب فرهنگی و از دستاوردهای تئوریک مائو نداشتند و به همان ترتیبی که بعد از کودتای خروشچف روی داد بخشی از روشنفکران مارکسیست که از هواداران انقلاب فرهنگی پرولتاریایی و مائوئیسم بودند دچار انفعال شدند. این نیز بی‌سابقه نبود. شکست هر انقلابی یاس و دل‌سردی به راه می‌اندازد و در دوران شکوفایی انقلابی خوش‌بینی و امید شکوفا می‌شود. این کودتا شکست بسیار بزرگی برای طبقه کارگر دنیا بود و اثراتش اگر مخرب‌تر از شکست بیست سال قبل نبود به همان اندازه ویران‌گر بود. دبیر کل حزب در یک سری سخنرانی و مقاله که ابتدا در یکی از نشریات حزب منتشر شد و بعد به صورت کتاب *خدمات فنا‌ناپذیر مائو تسه تونگ* در آمد، جمع‌بندی بسیار مهمی از تکامل مارکسیسم توسط حزب کمونیست و شکست سوسیالیسم در چین پرداخت.

مساله ملّی و جنبش ملّی

ملّت، مسئله ملّی و جنبش‌های ملّی کردستان[1]

۱. در سفر اخیرتان به سوئد در چند جلسۀ بحث مربوط به مسائل کردستان شرکت کردید. ممکن است در این باره توضیح بدهید؟

امیر حسن‌پور: هدف سفر من شرکت در دو جلسۀ بحث بود که به ابتکار «مرکز مطالعات کردستان» برگزار شد. اولی به بررسی جنبش ملّی کردستان و دگرگونی‌های سیاست رژیم اسلامی پرداخت و دومی به بحث جنبش‌های سیاسی و اجتماعی کردستان در دو دهه اخیر و نظرات حزب کمونیست کارگری ایران (ح.ک.ک) در مورد مسئله ملّی اختصاص داشت.

۲. نشست اول مشخصا چه مسائلی را به بحث گذاشت؟

امیر حسن‌پور: نشست اول (۲۸ نوامبر) با بحث کاک صلاح مهتدی در مورد پیدایش فضای سیاسی باز در رژیم اسلامی و لزوم تغییر سیاست جنبش ملّی کرد شروع شد و به دنبال آن کاک احمد اسکندری، کاک فاتح شیخ‌الاسلامی و من به بررسی و نقد نظرات ارائه شده پرداختیم و دیگر شرکت‌کنندگان نشست نیز در فرصت کوتاهی که داشتند اظهار نظر کردند.

۳. ممکن است خطوط اصلی بحث را بازگو کنید؟

امیر حسن‌پور: بحث کاک صلاح، اگر بتوان آن را در چند جمله خلاصه کرد، این بود که به قدرت رسیدن خاتمی را باید به عنوان دگرگونی جدی در قدرت سیاسی حاکم به حساب آورد و قبول کنیم که امکان رفرم و تحول فراهم شده و شرایط مناسبی برای حل مسالمت‌آمیز مساله کرد به وجود آمده است. در چنین شرایطی جنبش ملّی کردستان نباید دست روی دست بگذارد و بهتر است که دست به ابتکار بزند. این کار هم به این

---

۱. جهان امروز، دی ماه ۱۳۷۷، ژانویه ۱۹۹۹، شماره ۳۶، صص ۸-۹.

ترتیب ممکن است که دو سازمان مسلح جنبش کردستان – حزب دمکرات و کومه‌له – علنا و صادقانه برنامه مبارزه مسلحانه، سرنگونی رژیم و خواست حاکمیت سیاسی را کنار بگذارند، با بهره‌گیری از شرایط فعلی خواست‌های فرهنگی را مطرح کنند و نهایتا از طریق شرکت در انتخابات و فعالیت سیاسی حقوق فرهنگی ملّت کرد را تامین کنند.

۴. برخورد شما و سایرین به این بحث چگونه بود؟

امیر حسن‌پور: هر سه ما و بیشتر شرکت‌کنندگان در جلسه درست بودن و عملی بودن چنین سیاستی را رد کردند. این نظرات را کاک صلاح قبلا در کنفرانسی در واشنگتن که در ماه ژوئیه برگزار شده بود مطرح کرده بود.

۵. در نشست دوم چه بحث‌هایی مطرح شد؟

امیر حسن‌پور: در بهار گذشته در استکهلم اظهار علاقه کردم که با دوست دیرینم کاک فاتح جلسۀ بحثی داشته باشم و انتقادات خودم را از نظرات ایشان و سیاست‌های حزب کمونیست کارگری در مورد مسئله ملّی مطرح کنم. در نشست دوم این کار را انجام دادیم. بحث هر دوی ما در چهارچوب تحلیل جنبش ملّی کردستان انجام شد.

۶. تحلیل شما از جنبش ملّی چیست؟

امیر حسن‌پور: به نظر من، جنبش ملّی کردستان از نظر تاریخی و تطبیقی یک جنبش بورژوا-دمکراتیک از نوع جنبش‌های بورژوا-دموکراتیک اروپا و آسیا و آفریقا است، که در شرایط بسیار ویژه و پیچیدۀ کردستان، منطقه و نظام بین‌المللی به وجود آمده است. منظورم شرایط تبدیل کردستان به بخشی از بازار جهانی سرمایه‌داری از اواخر قرن ۱۹، فئودالی بودن فرماسیون اجتماعی-اقتصادی کردستان، تقسیم کردستان بین

دولت‌های عثمانی و ایران و سپس تقسیم مجدد آن بین دولت‌های ترکیه، ایران، عراق و سوریه، رشد ناموزون و محدود بورژوازی وغیره است. این شرایط تاریخی، مسائل مهمی را پیش پای جنبش‌های اجتماعی-سیاسی کرد و سایر جنبش‌های این کشورها گذاشته است.

مسئله اول: مسئله عمدهٔ دمکراسی در جامعه فئودالی کردستان، الغای روابط فئودالی به ویژه در کشاورزی بود. به عبارت دیگر حل مسئله دهقانی. جنبش ملّی در حل این مسئله به کلی ناتوان بوده است و به جای ارائه راه حل بورژوا-دموکراتیک یعنی تقسیم زمین بین دهقانان، تلاش وسیعی کرده است که اکثریت زحمت‌کشان را که دهقان بوده‌اند از مبارزهٔ طبقاتی بر حذر دارد و آن‌ها را با طبقهٔ فئودال آشتی دهد. اما گامی در راه رهایی دهقانان یا بهبود زندگی زحمت‌کشان شهری برنداشت.

مسئله دوم: رفع ستم ملّی از طریق اعمال حاکمیت سیاسی یعنی تشکیل حکومت مستقل. کارنامه جنبش ملّی در این زمینه بهتر از مساله دهقانی نیست. حکومت خودمختار شیخ محمود حکومتی فئودالی و استبدادی بود؛ جمهوری کردستان حکومتی بورژوا-دموکراتیک بود که با فئودالیسم و عشیره‌گری سازش کرد؛ و حکومت اقلیمی کردستان که در سال ۱۹۹۲ تاسیس شد، علی‌رغم نظام پارلمانی و چند حزبی‌اش، در بیشتر زمینه‌ها از جمهوری کردستان عقب مانده‌تر است.

مسئله سوم: در زمینه دموکراتیزه کردن روابط اجتماعی از جمله تلاش برای برانداختن نظام پدرسالاری، جنبش ملّی بسیار عقب مانده است و مانند سایر جنبش‌های ملّی کاملا مردسالارانه بوده. جنبش ملّی مبارزه برای رهایی زنان را مانند مبارزه طبقاتی یا مردود به حساب آورده و یا به آینده، یعنی بعد از کسب استقلال سیاسی یا خودمختاری، موکول کرده است. درست است که بحث «مساله زن» از سال ۱۹۱۳ در مطبوعات کردی دورهٔ عثمانی شروع شد و اولین سازمان زنان را ناسیونالیست‌های مرد در ۱۹۱۹ ایجاد کردند، اما جنبش‌ملّی کردستان زنان را ابزار ملّت‌سازی، مادر میهن، ناموس ملّت، کارخانهٔ فرزندسازی، منبع زبان «خالص» و فرهنگ «اصیل» کردی به حساب می‌آورد. کارنامهٔ حکومت اقلیمی کردستان در این مورد جای تردید باقی نمی‌گذارد که جنبش ملّی کردستان – مانند

سایر جنبش‌های ملّی - مانع رشد آگاهی فمینیستی و مبارزه قاطع علیه پدرسالاری است. در واقع حکومت اقلیمی عرف فئودالی اسلامی را به عنوان عرف ملّی در روابط دو جنس پذیرفته است و قتل و کشتار زنان را به بهانه‌های «ناموسی» روا می‌داند.

مسئله چهارم: دموکراتیزه کردن فرهنگ فئودالی-عشیره‌ای کردستان و مقاومت در مقابل سیاست و پراتیک فرهنگ‌کشی[۲] و زبان‌کشی[۳] دولت‌های حاکم.

در این زمینه‌ها جنبش ملّی دستاوردهایی داشته است. در زمینه اول، برای مثال مبارزه علیه خرافات مذهبی و بی‌سوادی و جهالت توسط حاجی قادر کویی (۱۸۱۷-۱۸۹۷) شروع شد. تعلیم و تربیت برای زنان، سوادآموزی و تحصیل و کسب علم و تکنولوژی مدرن، ترجمه دانش مدرن و غیره در ادبیات و مطبوعات ناسیونالیستی جای ویژه‌ای داشته است. همچنین خلق ادبیات مدرن با فرم‌های ادبی نوین، هنرهای نمایشی و غیره، استاندارد کردن دو لهجهٔ ادبی بخشی از تلاش برای دموکراتیزه کردن فرهنگ کرد به شمار می‌رود. برای مثال زمینهٔ اجتماعی ادبیات کردی که به مدت چهار قرن در انحصار اشرافیت فئودالی و به اصطلاح روحانیون بود، در ۷۰ـ۶۰ سال اخیر گسترده‌تر شده و سایر طبقات و قشرها از جمله زنان در خلق ادبیات و سایر هنرها شرکت دارند و حتی روند رشد ادبیات و هنر سوسیالیستی نیز تاریخی نسبتا طولانی دارد. در این ادبیات، مضامین انقلابی از جمله انترناسیونالیسم، مبارزه علیه فئودالیسم، سرمایه‌داری و امپریالیسم و استعمار جایگاه مشخصی دارد.

تردیدی نیست که بورژوازی کرد در مبارزه با جهان‌بینی و فرهنگ فئودالی و پایه‌ریزی جهان‌بینی و فرهنگ طبقاتی خود به مراتب از بورژوازی اروپای قرن ۱۷ و ۱۸ عقب‌تر است. در زمینهٔ دوم جنبش ملّی موفق‌تر بوده است.

در شرایط اعمال سیاست وحشی‌گرانه ستم ملّی، مبارزه برای استفاده از زبان ملّی در آموزش، رسانه‌های جمعی، موسیقی، ادبیات و دیگر

---

2. ethnocide.
3. linguicide.

هنرها حرکتی در جهت دموکراتیزه کردن زندگی فرهنگی است. ارزیابی من از تاریخ جنبش ملّی این است که توانایی حل وظایف بورژوا-دموکراتیک را ندارد. این ویژگی جنبش کردستان نیست، اگرچه ابعاد تراژیک این شکست در کردستان به شیوه بسیار خشنی نمایان شده است.

۷. انتقاد شما به سیاست‌ها و برنامهٔ حزب کمونیست کارگری چیست؟

امیر حسن‌پور: سیاست ح.ک.ک یا هر حزب دیگر را باید در گسترهٔ مبارزه طبقاتی در هر یک از کشورها، در سطح منطقه و در سطح بین‌المللی ارزیابی کرد. اگر جنبش ملّی کردستان در برقراری نظام دمکراسی بورژوایی ناتوان بوده است، سایر جنبش‌های سیاسی این کشورها از جمله جنبش‌های کمونیستی نیز در برخورد به مساله ملّی وضع بهتری نداشته‌اند. من تنها به کارنامه دو جریان، جنبش‌های ملّی و دموکراتیک عرب و فارس و ترک و جنبش کمونیستی هر یک از این کشورها، اشاره کردم.

در چهار کشور – ترکیه، ایران، عراق، سوریه – ناسیونالیزم ملّت‌های حاکم (عرب، ترک، فارس) قدرت دولتی را در دست داشته است، اما در شرایط سلطه استبداد در این کشورها، برخی از تشکلات ملّی – از قبیل جبهه ملّی ایران، نهضت آزادی ایران وغیره – در موضع اپوزیسیون قرار گرفته‌اند. علی‌رغم چندگونگی این جریانات و تغییر مواضع‌شان در شرایط گوناگون، سیاست آن‌ها در مورد مساله ملّی تا حد زیادی هم‌گون بوده است. آن‌ها معمولا از سیاست دولت خودشان در ادغام و سرکوب ملّت کرد پشتیبانی کرده‌اند. ملّیون در واقع به عنوان مشاورین و طراحان و اجرا کنندگان این سیاست عمل کرده‌اند. خطوط سیاست این احزاب و افراد به طور فهرست‌وار چنین است:

۱ـ انکار چندملّیتی و چندزبانی بودن جامعه ایران.

۲ـ اعتقاد به وجود تنها یک ملّت – «ملّت ایران» – که چیزی جز ملّت فارس نیست.

۳ـ اعتقاد به ابدی بودن و مقدس بودن ملّت و دولت ایران، تمامیت ارضی و مرزهای آن.

۴ـ قبیله‌ای، عشیره‌ای و ارتجاعی دانستن جنبش ملّی کرد.

۵ـ منتسب کردن مبارزات ملّی به بیگانگان و «دشمنان استقلال ایران».

۶ـ تجزیه طلبانه دانستن هر خواست ملّی حتی خواست آموزش به زبان کردی یا ترکی.

این‌ها بخشی از خرافات ناسیونالیسم فارس است.

اما برخورد جنبش کمونیستی: این جنبش نیز یک‌دست و همگون نبوده است. بیشتر سازمان‌های کمونیستی، به پیروی از سنت مارکسیستی-لنینیستی، حق تعیین سرنوشت خلق کرد را معمولا در حرف قبول کرده‌اند.

اما اگر جریانات ناسیونالیست به بهانه تقدس «تمامیت ارضی» در راه حفظ مرزهای دولت ملّی خود جانبازی می‌کنند، احزاب «کمونیست» تحت شعار «وحدت طبقه کارگر» به حفظ مرزهای ملّی همت می‌گمارند. در ترکیه مشکل بود بتوان مواضع حزب کمونیست را از مواضع ناسیونال شوینیسم حاکم (کمالیسم) جدا کرد و احزاب شیوعی عراق و سوریه مدت‌ها وجود ملّت کرد را با قاطعیت انکار می‌کردند. به این ترتیب «کمونیست»ها با پاسداری از مرزهای ملّت‌دولت، مرزهای بین خودشان و ناسیونالیست‌های عرب و فارس و ترک را به کلی از میان برداشتند.

ح.ک.ک ادعا می‌کند که برنامه و سیاست و پراتیک‌اش با تمام جریانات کمونیستی گذشته و حال تفاوت اساسی دارد. من در نقد خودم سعی کردم نشان دهم که در برخورد به مساله ملّی، ح.ک.ک هیچ سیاست نوینی ارائه نداده است و مواضع و پراتیک‌اش آمیخته‌ای از قانون‌گرایی لیبرالی، تروتسکیسم و ناسیونالیسم فارس است.

۹. این مواضع را چگونه توضیح دادی؟

امیر حسن‌پور: من تنها به رئوس بحثم اشاره می‌کنم:

۱ـ ح.ک.ک، ماهیت چند ملّیتی جامعه ایران را انکار می‌کند و به این ترتیب از لحاظ سیاسی در کنار ملّیون فارس قرار می‌گیرد. انکار

چند ملّیتی بودن کشوری مثل ایران زیر پا گذاشتن کامل تئوری و متدولوژی مارکسیستی و پناه بردن به «تحلیل»های سیاسی، زبان‌شناختی و جامعه‌شناختی کمالیستی یا افاضات ناسیونال شوینیست‌های فارس از قبیل محمود افشار و صادق کیا است. البته ح.ک.ک، برخلاف کمالیست‌ها یا ملّیون‌فارس، وجود مساله ملّی کرد را قبول می‌کند و اجرای رفراندوم را برای «تعیین تکلیف» کردستان توصیه می‌کند. اما قبول «مساله کرد» نه به خاطر موضع انترناسیونالیستی ح.ک.ک، بلکه به خاطر این است که کردها مزاحمت مسلحانه ایجاد کرده‌اند، دولت ایران قادر به ریشه‌کن کردن جنبش ملّی کرد نیست، و هر جریانی که بر مسند قدرت بنشیند با همین مزاحمت درگیر خواهد بود. این موضعی پراگماتیستی و اکونومیستی است. اذعان ح.ک.ک به وجود مساله ملّی کرد به هیچ وجه از موضع آزادی‌خواهی، برابری‌خواهی و عدالت‌جویی و دموکراتیزه کردن جامعه ایران نیست. این سازمان وجود ملّت و تنوع ملّی را یک مصیبت تاریخی برای طبقه کارگر به حساب می‌آورد و آرزو می‌کند که همه بشریت زبان و فرهنگ واحد داشته باشند و برای رسیدن به این مقصود تلاش می‌کند.

۲ـ انکار چند ملّیتی بودن ایران موضع ناسیونالیسم فارس است و از ناسیونالیست‌ها انتظار نمی‌رود که موضع دیگری داشته باشند، اگر چه حتی در این مورد نیز می‌توان به ناسیونالیست‌های مدعی دمکراسی یادآوری کرد که دموکرات‌های انقلابی از قبیل تامس پین[۴] انترناسیونالیست واقعی بوده‌اند، اما هنگامی که انکار چندملّیتی بودن ایران موضع یک سازمان مدعی کمونیسم باشد انتظارات دیگری مطرح می‌شود. از نقطه نظر تئوری مارکسیستی می‌توان استدلال کرد که تنوع ملّی چالشی است برای دمکراسی – هم دمکراسی بورژوائی، هم دمکراسی سوسیالیستی. به عبارت دیگر یک حزب کمونیستی به جای اینکه مانند ناسیونالیست‌های فارس یا عرب یا ترک تنوع ملّی را یک فاجعه تاریخی و سیاسی به حساب آورد، باید آن را فرصتی تاریخی و سیاسی برای دموکراتیزه کردن عمیق جامعه بیابد.

برخلاف تصور ح.ک.ک، دمکراسی بورژوائی در بسیاری موارد نتوانسته است مساله ملّی را حل کند. دمکراسی سوسیالیستی – اگر واقعا

---

4. Thomas Paine.

تواناتر، عمیق‌تر و پیگیرتر از دمکراسی بورژوائی است - به جای وحشت از این چالش باید به استقبال آن برود و به جای برابری صوری ملّت‌ها و زبان‌ها که بورژوازی ارائه داده است برابری عملی به وجود آورد.

۳ـ ح.ک.ک ناسیونالیسم، مساله ملّی و مطالبات ملّی را پدیده‌های بورژوائی می‌داند. درست است که از نظر تئوری مارکسیستی، ملّت و سیاست و ایدئولوژی ملّی پدیده‌های بورژوائی و نظام سرمایه‌داری هستند اما ح.ک.ک از این تحلیل مارکسیستی نتایج ضد مارکسیستی استنباط می‌کند و پیچیدگی مبارزه طبقاتی در جامعه کثیرالمله را به ساده‌انگاری سنتی ملّیون ایران تقلیل داده است و در واقع برای توجیه مواضع خود به تبلیغ خرافات ناسیونالیسم فارس متوسل شده است. در نظر این حزب، ملّت و ناسیونالیسم پدیده‌های زشت، ارتجاعی، خرافی، خیالی، موهوم، قومی و عشیره‌ای هستند و طبقه کارگر کاری به آن‌ها ندارد. تردیدی نیست که همه ناسیونالیسم‌ها، قدیم و جدید، کرد و غیر کرد، در به هم بافتن تاریخ ومنشا ملّت خود به افسانه‌سازی و خرافات متوسل شده‌اند اما ح.ک.ک این واقعیت‌ها را به بهانه‌ای برای انکار عینی بودن ملّت و حقانیت خواست برابری و آزادی‌خواهی و عدالت‌جویی تبدیل کرده است. از اینجا است که در ادبیات حزبی، هرگز نوشته‌ای در افشای ستم ملّی رژیم اسلامی یا اعتراض به آن دیده نمی‌شود. در واقع لبه تیز حمله حزب متوجه جنبش ملّی کرد است نه ناسیونال-شوینیسم فارس که قدرت دولتی را در دست دارد.

به این ترتیب جای تعجب نیست که ح.ک.ک در موارد معدودی که به ناسیونال شوینیسم ملّت غالب اشاره می‌کند، به آرایش آن می‌پردازد و مانند جبهه ملّی ایران و حزب پان ایرانیست، فرم و محتوای ملّی آن را می‌زداید، و تعلق آن را به ملّت حاکم - ملّت فارس - انکار می‌کند و آن را ناسیونالیسم «ایرانی» می‌نامد.

۴ـ اکونومیستی بودن موضع حزب جوانب گوناگون دارد. اگر طبقه کارگر تنها به دنبال شرایط بهتر برای فروش نیروی کارش و بهبود وضع اقتصادی خود نیست و اگر هدفش کسب قدرت سیاسی است، نمی‌تواند تنها به طبقه خودش بپردازد و برای سایر طبقات برنامه نداشته باشد.

درست است که ملّت و ناسیونالیسم پدیده‌های بورژوائی هستند، اما ستم ملّی برای طبقه کارگر به مراتب جدی‌تر و خطرناک‌تر است تا برای بورژوازی ملّت تحت ستم.

بورژوازی ملّت تحت ستم در هر حال به استثمار خود ادامه می‌دهد، حتی در شرایط سرکوبی زبان و فرهنگ ملّت‌اش، اما طبقه کارگر دچار تجزیه و تفرقه و شکست می‌شود. علاوه بر این، ستم ملّی مانند ستم براساس جنسیت، نژاد، مذهب، زبان و غیره غیر قابل تحمل است و طبقه کارگر باید قاطعانه‌تر از هر طبقه‌ای علیه آن‌ها مبارزه کند.

در این برخوردهای حزب، ناسیونال شووینیسم و اکونومیسم و تروتسکیسم در مصاف با مارکسیسم به مسابقه دست زده‌اند. برخلاف تصور حزب، نه تنها مطالبات ملّی خواست‌هایی بورژوائی هستند، بلکه مطالبات اقتصادی طبقه کارگر (دستمزد بیشتر، ساعات کار کم‌تر، شرایط بهتر کار، آزادی فعالیت اتحادیه‌ای وغیره) نیز خواست‌هایی بورژوائی هستند. ح.ک.ک تصویر بسیار ابتدایی و غیرمارکسیستی از مبارزه طبقاتی دارد، پیچیدگی‌های آن را نمی‌بیند، مبارزه سیاسی، اقتصادی، ایدئولوژی را قاطی می‌کند و مبارزه ملّی را از مبارزه طبقاتی جدا می‌کند.

۵ـ ح.ک.ک جنبش ملّی کرد را به طور مطلق ارتجاعی به حساب می‌آورد. اما جنبش ملّی کردستان مجموعه‌ای از جنبش‌های گوناگون است که در چهار کشور منطقه در جریان بوده و از نظر سیاسی و اجتماعی چندگانگی داشته است: از یک طرف جریان فئودالی-عشیره‌ای (شیخ محمود، شیخ سعید، سمایل آغا وغیره) و از طرف دیگر جریان بورژوا-دموکراتیک (کومه‌له‌ی ژ.ک) و نهایتا دموکراتیسم انقلابی (سازمان انقلابی زحمت‌کشان کردستان – کومه‌له). قائل شدن یک ذات یا ماهیت تغییرناپذیر (ارتجاعی بودن) برای جنبش ملّی کردستان از لحاظ فلسفی ایده‌آلیستی است و از لحاظ سیاسی موضع تروتسکیستی است. ح.ک.ک در اینجا مبارزهٔ ایدئولوژیک و سیاسی را قاطی می‌کند. تردیدی نیست که از دید مارکسیسم، ناسیونالیسم (جدا کردن بشریت براساس تعلق ملّی) به عنوان ایدئولوژی هیچ عنصری از ترقی‌خواهی در بر ندارد و به این معنی به گذشته تعلق دارد، مانع رشد جامعه است و ارتجاعی است. اما ناسیونالیسم،

به عنوان یک جنبش سیاسی علیه ستم ملّی را نمی‌توان تنها با معیار ایدئولوژی ارزیابی کرد. مبارزهٔ ملّی در چهارچوب روابط مبارزه طبقاتی و تقسیم نابرابر و غیرعادلانهٔ قدرت سیاسی و اقتصادی نقش‌های پیچیده و متغیر پیدا می‌کند که الزاما از مواضع ایدئولوژیک ناشی نمی‌شوند. «حق تعیین سرنوشت» یک حق یا خواست بورژوائی است (ایجاد مرز ملّی و حاکمیت ملّی) اما حق کارگران برای دستمزد یا شرایط کار بهتر به همان اندازه بورژوائی است (مبادله یا فروش نیروی کار). این‌ها هر دو خواست‌هایی بورژوا-دموکراتیک هستند که در رابطه تنگاتنگی با اهداف سوسیالیستی قرار می‌گیرند.

البته مواضع تروتسکیستی به ح.ک.ک اجازه نمی‌دهد که لزوم انقلاب دموکراتیک را ببیند و رابطه پیچیده آن‌را با انقلاب سوسیالیستی درک کند. چنین سیاستی طبقه کارگر را در جامعه پیچیده ایران از متحدین سیاسی محروم می‌کند. اگر سازمان‌های کمونیستی ایران مبارزه ایدئولوژیک علیه ناسیونالیسم را هرگز در برنامه کارشان نگذاشته‌اند، ح.ک.ک آن را به تنها مبارزه تبدیل کرده است. در اینجا اشکال تنها این نیست که مبارزه علیه ایدئولوژی ناسیونالیستی را به مبارزه علیه خواست‌های حق‌طلبانه جنبش ملّی تبدیل کرده است، از این بدتر این است که مبارزه را فقط متوجه ناسیونالیسم کرد کرده است و با ناسیونال شووینیسم ملّت غالب کاری ندارد. نقد ح.ک.ک از جنبش ملّی کردستان نه از دیدگان انترناسیونالیسم بلکه از دیدگاه ناسیونال شووینیسم فارس است.

۶ـ ح.ک.ک به ندرت از ستم ملّی نام می‌برد و در موارد مشخصی که به آن اشاره می‌کند آن را مخلوق سرکوب‌گری دولت مرکزی می‌داند، به طوری که اگر دولت مرکزی از بین برود و یا تصمیم به حل مساله ملّی بگیرد، ستم ملّی نیز به طور اتوماتیک و بلافاصله ریشه‌کن می‌شود.

با وجود اینکه در کردستان ستم ملّی به اشکال درندانه ژنوسید، زبان‌کشی و فرهنگ کشی اعمال شده است، تقلیل جنبش بورژوا-دموکراتیک کرد به عکس‌العملی در مقابل ستم ملّی چیزی جز یک برداشت لیبرالی از یک پدیده پیچیده سیاسی، اقتصادی و اجتماعی نیست. این برداشت در تضاد با موضع مارکسیستی است که ستم دولت‌های مرکزی را در رابطه با عامل

درونی - تحول اجتماعی اقتصادی جامعه کرد، پیدایش روابط سرمایه‌داری، رشد طبقه بورژوازی، رشد شهرنشینی و تضعیف روابط عشیره‌ای و فئودالی وغیره - تحلیل می‌کند. ح.ک.ک، با تغذیه از تئوری‌های غیرمارکسیستی، ملّت و ناسیونالیسم را پدیده‌های موهوم و خیالی معرفی می‌کند اما از دید تئوری مارکسیستی تقسیم بشر به ملّت‌های گوناگون پروسه‌ای عینی بوده و مستقل از اراده کمونیست‌ها و غیرکمونیست‌ها صورت گرفته است. ح.ک.ک، مانند ناسیونالیست‌های فارس، ملّت کرد را با قوم و عشیره و قبیله هم ردیف قرار می‌دهد، در حالی‌که تئوری مارکسیستی ملّت را در تقابل با قوم و عشیره و قبیله قرار می‌دهد.

۷ـ ح.ک.ک ادعا می‌کند که برنامه رفراندم‌اش برای «تعیین تکلیف» کردستان در تقابل با پلاتفرم خودمختاری و فدرالیسم ناسیونالیست‌های کرد و «ایرانی» است اما اگر این حزب قدرت دولتی را در دست داشته باشد و مردم کردستان تصمیم بگیرند جدا شوند، تصمیم آن‌ها به آسانی قبول نمی‌شود. این در برنامه ح.ک.ک تاکید شده است: «حزب کمونیست کارگری ایران در هر مقطع تنها در صورتی به جدایی کردستان رای موافق می‌دهد که قویا محتمل باشد چنین مسیری کارگران و زحمت‌کشان در کردستان را از حقوق مدنی پیشروتر و موقعیت اقتصادی و مناسبات اجتماعی برابرتر و ایمن‌تری برخوارد خواهد ساخت.» می‌توان از این مجمل حدیث مفصلی را شنید: ح.ک.ک به مردم کردستان می‌گوید می‌توانید از ایران جدا شوید به شرطی که رهبری ح.ک.ک جدایی را تصویب کند. اگر ح.ک.ک تصمیم به جدایی را قبول نکند و یا اگر مردم کردستان تصمیم بگیرند در چارچوب دولت ایران باقی بمانند، حقوق برابر آن‌ها را با سایر «شهروندان» تضمین می‌کند. برنامهٔ حزب در اینجا مبتنی بر توهمات قانون‌گرایانهٔ لیبرالی (لگالیسم)[5] است. اما از دید تئوری مارکسیستی نابرابری‌های ملّی یا نابرابری‌های بین زن و مرد نه اساسا ناشی از قانون است و نه با رفرم قانونی از بین می‌روند.

برنامهٔ ح.ک.ک «برای برقراری یک نظام سیاسی و اداری سکولار غیرقومی و غیر مذهبی و ... که در آن برابری حقوقی کلیه اهالی و ساکنین

5. legalism.

کشور، مستقل از قومیت، جنسیت، نژاد، مذهب، اعتقادات وغیره تضمین شده باشد» برنامه‌ای به جاست. اما تصور اینکه چنین نظامی نابرابری و ستم مبتنی بر ملّیت و قومیت و جنسیت و زبان و غیره را از بین می‌برد چیزی جز یک توهم لیبرالی نیست. تئوری مارکسیستی و تجربه جنبش کمونیستی در این مورد بسیار غنی است. حتی فمینیسم و «تئوری دموکراسی» نیز محدودیت‌های قانون‌گرایی لیبرالی را به دقت شکافته‌اند. این برنامهٔ ح.ک.ک (برقراری یک نظم سیاسی و اداری سکولار) مدت‌هاست در قانون اساسی بسیاری کشورها به ویژه کشورهایی چون فرانسه، کانادا، انگلیس و آمریکا نوشته شده اما مارکسیسم، برخلاف ح.ک.ک، محدودیت‌های قانون‌گرایی را آشکار می‌کند.

نه تنها در جامعه سرمایه‌داری بلکه در جامعه سوسیالیستی نیز (که جامعه‌ای طبقاتی است و تنها تناسب قوای طبقات به هم ریخته است)، «حق بورژوائی» یا برابری صوری و قانونی خود از عوامل زاینده و استمرار دهندهٔ نابرابری است.

۸ـ در سرمایه‌داری دو گرایش ظاهرا متضاد از آغاز وجود داشته است – یکی برقراری مرزهای ملّی (تشکیل بازار و دولت ملّی) و دیگری فروریختن این مرزها و جهانی‌کردن اقتصاد، فرهنگ و همه عرصه‌های زندگی اجتماعی و سیاسی. پروسه‌جهانی کردن از آغاز با نهایت خشونت از جمله با اجرای برنامه‌های ژنوسید، زبان‌کشی و استعمار آغاز شد و امروز با سرعت بیشتری و در شرایط نوینی ادامه دارد. ادبیات مارکسیستی پروسه جهانی‌کردن را زمینه‌ای برای پروسه پیدایش یک طبقه کارگر جهانی ارزیابی می‌کند. اما هم در تئوری مارکسیستی و هم در جنبش کمونیستی دو برداشت متفاوت و متضاد در مورد برخورد به این پروسه وجود دارد. برخورد لنینی تفاوت اساسی بین انترناسیونالیسم پرولتری و جهانی کردن سرمایه قائل است. برخورد دیگر (خط اکونومیستی، دترمینیسم اقتصادی و تکنولوژیک یا تئوری «رشد نیروهای مولده» تروتسکی) انقلاب سوسیالیستی و امکان ساختن اقتصاد و جامعه سوسیالیستی را موکول به رشد وسیع سرمایه‌داری می‌کند. خط سیاسی ح.ک.ک خط دوم است. این خط در همهٔ تحلیل‌های حزب به ویژه در تحلیل از اشغال کویت توسط عراق و برخوردش به مساله ملّی دیده می‌شود.

برنامه ح.ک.ک در جهت تایید، تشدید و تعمیق جهانی کردن سرمایه‌داری است. پیدایش یک زبان بین‌المللی (انگلیسی) و هژمونی تقویم مسیحی بدون تردید به مراودهٔ بین ملّت‌ها و زبان‌های مختلف کمک می‌کند اما تبلیغ استفاده از زبان انگلیسی، اتخاذ تقویم مسیحی یا لاتینی کردن خط فارسی که بخشی از برنامهٔ ح.ک.ک است و نیز برخورد این سازمان به مساله ملّی در ایران در جهت تشدید پروسه جهانی کردن سرمایه است، نه در جهت تحقق انترناسیونالیسم پرولتری.

۹ـ ح.ک.ک در سال‌های اخیر، طرح خودمختاری و فدرالیسم را رد کرده است، اما به جای توضیح آلترناتیو خودش («برابری حقوقی کلیه اهالی و ساکنین کشور») که تفاوتی با نظام‌های بورژوا-دموکراتیک ندارد، پیکار وسیعی را برای ارعاب مردم ایران در مورد عواقب فدرالیسم به راه انداخته است. برای مثال اخطار می‌کند که «از نظر عملی، شعار فدرالیسم، زمینه‌سازی یک کشمکش خون‌بار و طولانی در سطح کل کشور است» و «ابعاد فاجعه‌ای که تحقق این افق ارتجاعی قوم‌پرستانه می‌تواند در ایران ایجاد کند، چنان عظیم خواهد بود که رویدادهای سال‌های اخیر یوگسلاوی در قیاس با آن رنگ می‌بازد و بیروت و کابل و سارایوو با تهران پس از فاجعه «فدرالیسم» کانون‌های امنیت و ثبات جلوه خواهند کرد.» می‌توان پرسید که چه تفاوتی بین این ارعاب‌ها و تهدیدات ملّیون فارس و رژیم پهلوی و اسلامی هست؟

از دید مارکسیست‌ها جنگ‌های ملّی و غیرملّی را طبقات حاکم و استثمارگر و دولت‌هایشان راه می‌اندازند اما سنت مردم زحمت‌کش ملّت‌های مختلف همزیستی و همدردی و همبستگی است. در ژنوسید ۱۹۱۵ ملّت ارمنی که دولت ترکیه عثمانی به راه انداخت و برخی از زحمت‌کشان کرد تحت رهبری روسای عشایر و فئودال مجبور به شرکت در آن شدند، دهقانان کرد به نجات همسایگان ارمنی خود شتافتند و در جنگ نقده، همشهریان ترک به نجات همسایگان کرد خود همت گماشتند. اما ح.ک.ک جنگ را نه از دیدگاه طبقاتی بلکه از دیدگاه ناسیونالیسم فارس تحلیل می‌کند و به جای تبلیغ تجربهٔ همبستگی مردم زحمت‌کش، طبقات استثمارگر و طبقات استثمار شده را به طور یکسان عاملان و

شرکت‌کنندگان در جنگ معرفی می‌کند. علم کردن پاک‌سازی‌های قومی در یوگسلاوی و سارایوو بسیار گویا است. از یک طرف، گویی که در فقدان فدرالیسم در ایران (در دوران رژیم پهلوی و اسلامی) و ترکیه و عراق، ژنوسید و قتل عام و پاک‌سازی قومی صورت نگرفته است و از طرف دیگر گویی جنگ و کشتار تنها آلترناتیو است.

ح.ک.ک به راحتی فراموش می‌کند که حتی در چهارچوب نظام بورژوائی نیز جنگ تنها راه‌حل تضادهای ملّی نیست. برای مثال در همسایگی یوگسلاوی، ناسیونالیست‌های چک و سلوواک بدون توسل به جنگ «ملّت» خود را از هم جدا کردند و در آن سوی دریاها، ناسیونالیست‌های کبک بدون توسل به جنگ در تلاش جدا شدن از کانادا هستند. بحث من تایید این جدایی‌ها و ایجاد مرزهای جدید نیست بلکه تاکید بر ماهیت ناسیونالیستی خط سیاسی ح.ک.ک است.

بشریت، یا درست‌تر بگویم بخشی از آن، مدت‌ها است به این حد از رشد فکری و سیاسی و اقتصادی رسیده است که مرزهای طبقاتی، نژادی، ملّی، جنسی، قومی و... را که زمینه‌هایی برای استثمار و تبعیض و ستم هستند از میان بردارد. ح.ک.ک از چنین آرمانی سخن می‌گوید اما در برخورد به مساله ملّی (که مورد بحث ما است) هم در حرف و هم در عمل با اسلحه ناسیونال شووینیسم فارس به جنگ ناسیونالیسم کرد می‌رود. این خط سیاسی و برنامه آن اگر روزی به برنامه دولتی تبدیل شود راهی جز توسل به اعمال خشونت و قهر در زدودن ملّت و تفاوت‌های ملّی ندارد. ح.ک.ک مخالف «ابدی کردن و قانونیت بخشیدن به جدایی‌های ملّی» است، اما از درک دیالکتیکی تضاد بین ناسیونایسم و انترناسیونالیسم عاجز است.

این نظر شایع بین «کمونیست‌ها» که گویا جامعهٔ جهانی و واحد کمونیستی معادل یک جامعه تک‌زبانی و تک‌فرهنگی است از همان آغازش مورد نقد قرار گرفت. امروز کمونیستی که ادعای انترناسیونالیست بودن می‌کند اگر قاطعانه و پیگیرانه علیه تمام اشکال ستم ملّی مبارزه نکند چیزی جز یک ناسیونال شووینیست نیست.

در جنبش کمونیستی دنیا، علی‌رغم گرایشات ناسیونالیستی که

گاه و بی‌گاه بر آن حاکم بوده است، درک درستی از دیالکتیک تضاد بین انترناسیونالیسم و ناسیونالیسم وجود داشته است. جامعه‌شناس ترک، اسماعل بشکچی، قاطعانه به مبارزه با کمالیسم برخاسته است و در کردستان شاعر کرد، عبداله گوران، مبارزه برای آزادی خلق کرد را هرگز از تبلیغ انترناسیونالیسم و وحدت با خلق عرب جدا نکرد. تامس پین، دموکرات انقلابی انگلیس در قرن ۱۸، به مستعمرات انگلیس در آمریکای شمالی رفت و مردم آنجا را به شورش علیه دولت خود (انگلستان) و کسب استقلال دعوت کرد و فعالانه در جنبش استقلال آمریکا شرکت کرد. هنگامی که پین به انگلستان برگشت و به اتهام خیانت به وطن و ملّت محاکمه شد به انقلاب فرانسه پیوست و بعد از پیروزی انقلاب نماینده مجلس ملّی فرانسه شد. به نظر من سیاست ح.ک.ک، در مورد مساله ملّی در ایران نه تنها با سنت جنبش کمونیستی بیگانه است بلکه به پای سنت دموکرات‌های انقلابی قرن ۱۸ هم نمی‌رسد.

فکر می‌کنم بیشتر بحث‌های خود را در نقد برنامهٔ ح.ک.ک (در نشست دوم) بازگو کردم. البته نقد من تنها به این موارد محدود نمی‌شود و بسیاری مسائل دیگر مطرح است که در فرصت ۴۰ دقیقه‌ای که داشتم امکان مطرح کردن آن‌ها نبود. قرار است هر دوی ما این بحث را به صورت نوشته در نشریهٔ «مرکز مطالعات کردستان» ادامه بدهیم.

۱۰. پاسخ به نقدهای شما و بحث در اطراف آن چه بود؟

امیر حسن‌پور: اگر درست یادم باشد، کاک فاتح دو نکته را مطرح کرد. یکی این بود که ناسیونالیسم ایده‌ای است که از غرب آمده است و جنبش ملّی کرد یک جنبش بورژوا-دموکراتیک نیست و ناسیونالیسم و دمکراسی بورژوائی یکی نیستند. نکته دیگر این بود که مفهوم خیالی بودن ملّت و هویت ملّی در ادبیات مربوط به ملّت و ناسیونالیسم از جمله در کتاب بندیکت اندرسن به کار رفته است.

۱۱. پاسخ شما چیست؟

امیر حسن‌پور: تردیدی نیست که ناسیونالیسم کرد و فارس و ترک و سایر ملّت‌های آسیا و آفریقا و آمریکای لاتین مدت‌ها بعد از سلطه ناسیونالیسم در غرب و ایجاد ملّت-دولت (در اواخر قرن ۱۸ و قرن ۱۹) رشد کرد و این ناسیونالیسم‌های جدید از مفاهیم، سیاست، قانون، حکومت و دانش بورژوائی غرب الهام گرفتند. اما مارکسیسم یک تئوری ماتریالیستی و دیالکتیکی است و رشد ملّت و ناسیونالیسم در سه قاره را مخلوق انتقال ایده یا پیدایش ایده به حساب نمی‌آورد. جامعه کرد جامعه‌ای طبقاتی است و بورژوازی در حال رشد کرد بدون کسب این ایده‌ها از اروپا با بسیاری از مسائل یاد شده روبه رو می‌شد. به علاوه مارکسیسم هم از غرب به سایر جوامع رفته است.

در مورد خیالی بودن ملّت و هویت ملّی: اندرسن مفهوم «خیالی بودن ملّت»[۶] را به مفهومی که ح.ک.ک استنباط می‌کند به کار نبرده است. علاوه بر این، یکی از تفاوت‌های اساسی تئوری مارکسیستی ملّت با تئوری‌های غیر مارکسیستی عینی بودن یا ذهنی بودن ملّت است. مارکسیسم ملّت‌ها را پدیده‌های عینی می‌داند بدون اینکه به تاثیر عوامل ذهنی در رشد ملّت، آگاهی ملّی و ناسیونالیسم کم‌بها بدهد. در ضمن من در بحث‌های خودم هرگز از کلمه «هویت ملّی» استفاده نکرده‌ام. تئوری مارکسیستی ملّت و برخورد آن به حق تعیین سرنوشت متکی بر ملاحظات «هویت» نیست.

در دو سه دهه اخیر، مفهوم «هویت» ملّی، زبانی، جنسی، نژادی وغیره در کشورهای غرب به یک مفهوم عمده تبدیل شده است اما در ادبیات مارکسیستی (مارکس، انگلس، لنین، وغیره) مشکل است بتوان این مفهوم را پیدا کرد. ح.ک.ک این مفهوم را فعالانه به کار می‌برد زیرا با استفاده از آن فرصت مناسبی پیدا می‌کند که عینی بودن ملّت و سیاسی بودن خواست برابری و عدالت را با «هویت» و «سیاست هویت» و موهومات و خیالات و خرافات مترادف کند و همه را یک‌جا زیر سوال بکشد.

---

6. imagined community.

۱۲. جو نشست و بحث شرکت کنندگان چگونه بود؟

امیر حسن‌پور: عده زیادی قبل از نشست و بعد از آن به من اعتراض کردند که چرا با ح.ک.ک مباحثه می‌کند. عده‌ای از شرکت‌کنندگان جلسه که در بحث شرکت کردند به مواضع حزب حمله کردند و نیز حملهٔ شخصی به کاک فاتح. اما کاک فاتح با نهایت متانت از درگیر شدن در حملات شخصی خودداری کرد. در نشست اول نیز حملات شخصی به کاک صلاح وسیع بود. متاسفانه این سنت حمله شخصی، به جای تحلیل و نقد نظرات، هم‌چنان ادامه دارد. من در صداقت کاک فاتح و اعضا و طرفداران ح.ک.ک و در اعتقاد آن‌ها به آزادی و برابری و عدالت تردیدی ندارم. بنابراین منشا سیاست و برنامه‌های حزب در بد بودن یا «خائن بودن» یا «توطئه‌گری» رهبران این حزب نیست. چنین نظری درباره حزب را نمی‌توان نقد نامید. باید برنامهٔ ح.ک.ک یا هر سازمان سیاسی دیگر را با معیارهای سیاسی، ایدئولوژی و حتی تئوری، فلسفی و معرفتی بررسی کرد. این برخوردهای شخصی البته یک جانب مساله است که در برخورد با سایر سازمان‌ها نیز مشاهده می‌شود. جنبه دیگر، برخورد خود ح.ک.ک به مساله ملّی است.

اعتراض شدید به مواضع حزب در مورد جنبش ملّی (نشست اول) و مخالفت وسیع با هرگونه بحث و جدل با این سازمان را نمی‌توان به حساب «ناسیونالیست» بودن، یا «عقب مانده» یا «ارتجاعی» بودن معترضین و مخالفین گذاشت. حزب اگر مواضعش انترناسیونالیستی بود به این همه مخالفت رو به رو نمی‌شد.

حق تعیین سرنوشت و مقوله جدایی طلبی در ایران و کانادا[1]

در بحث‌های جاری میان طرفداران حقوق ملّیت‌ها و اقوام ایرانی و مخالفان آن‌ها، هر از گاهی به وضعیت استان فرانسوی زبان کبک در کانادا اشاره می‌شود. از سویی موافقان، برگزاری چندین‌باره رفراندوم جدایی کبک از کانادا را دلیلی بر به رسمیت شناخته شدن حق تعیین سرنوشت ملل در نظام‌های دمکراتیک می‌دانند و از سوی دیگر مخالفان، رأی دادگاه عالی کانادا درباره عدم امکان جدایی کبک از کانادا را مؤید دیدگاه خود مبنی بر عدم امکان حقوقی جدایی بخشی از یک کشور در دنیای امروزی می‌خوانند.

در گفت‌وگو با امیر حسن‌پور به بررسی این موضوع نشسته‌ایم و ضمن مقایسه وضعیت حقوق اقلیت‌های ملّی در ایران و کانادا گریزی نیز به چگونگی انطباق حق تعیین سرنوشت بر وضعیت اقوام/ملّیت‌های ایرانی زده‌ایم. دکتر امیر حسن‌پور استاد دپارتمان مطالعات خاورمیانه و نزدیک در دانشگاه تورنتو در کانادا است. از وی تألیفات متعددی در حوزه خاورمیانه‌شناسی، ناسیونالیسم و جنبش‌های سیاسی و اجتماعی در خاورمیانه به زبان‌های انگلیسی، فارسی و کردی در دست است.

۱. اجازه بدهید گفت‌وگو را با این پرسش آغاز کنم که وضعیت کلی استان کبک به لحاظ حقوق ملّی و سیاسی در حال حاضر در چارچوب کشور کانادا به چه صورت است؟

امیر حسن‌پور: ابتدا باید به این نکته اشاره کنم که کانادا پس از روسیه وسیع‌ترین کشور دنیاست، با این حال جمعیت به نسبت کوچکی در حدود ۳۵ میلیون نفر (۲۰۱۳) دارد. زمانی که اروپایی‌ها منطقه‌ای را که امروز کانادا نامیده می‌شود اشغال کردند، در این سرزمین نزدیک به ۱۱۰ خلق[2] با زبان‌ها و فرهنگ‌های متفاوت زندگی می‌کردند که در حال حاضر فقط ۵۷ تای آن‌ها باقی مانده‌اند، یعنی در حدود نصف این ملّیت‌ها از بین رفته‌اند. کانادا به ده استان و سه منطقه[3] تقسیم شده است. کبک وسیع‌ترین استان است و نزدیک به ۱۶٫۵ درصد خاک کانادا را فرا گرفته

---

۱. مصاحبه‌گر بهنام امینی، منتشر شده در سایت رادیو زمانه، ۸ دی ۱۳۹۲

2. people.

3. territory.

است. طبق سرشماری ۲۰۱۱، جمعیت کانادا ۳۳/۴ میلیون و جمعیت کبک ۷.۹ میلیون است یعنی ۲۳.۶ در صد جمعیت کشور. در سراسر کانادا، فرانسه زبانِ مادری ۷.۳ میلیون نفر (۲۱.۳ در صد جمعیت کشور) و در کبک، زبانِ ۶.۲ میلیون (یعنی ۷۹.۷ در صد جمعیت کبک) است. خارج از کبک، یک میلیون نفر زبان مادری‌شان فرانسه است. در خود کبک هم ده ملّت بومی[۴] وجود دارند که در حدود یک درصد جمعیت آن را تشکیل می‌دهند. علاوه بر این‌ها، ۷.۷ درصد جمعیت زبانِ مادری‌شان انگلیسی و ۱۲.۳ درصد زبان‌شان نه انگلیسی و نه فرانسه است.

پس از این مقدمات باید به تفاوت‌های بارز موقعیت سیاسی کبک به عنوان یک استان با استان‌های ایران اشاره کنم. کبک یکی از استان‌های رژیم سلطنتی فدرال کانادا است که، طبق توضیح حکومت فعلی کبک،[۵] مانند سایر دولت‌ها در سه زمینهٔ اصلی اعمال قدرت می‌کند: اول، دارای قوهٔ مجریه است یعنی «حکومت» که شامل فرماندار (نمایندهٔ ملکه الیزابتِ دوم)، نخست‌وزیر، و وزرا است؛ دوم، قوهٔ مقننه یا «پارلمان» یا «قانونگذاری» است که شامل مجلس ملّی و فرماندار (نمایندهٔ ملکه الیزابت) است؛ و سوم، قوهٔ قضائیه است که دادگاه‌ها را در برمی‌گیرد. علاوه بر این، استان کبک در دولت فدرال هم مشارکت معناداری دارد. در ضمن، ایالت کبک در سفارت‌خانه‌های کانادا در کشورهای فرانسوی زبان دفتر خاص خود را برای جذب مهاجر به کبک دارد. کانادا یکی از کشورهایی است که نیاز به مهاجر دارند و سالانه به طور متوسط ۲۵۰۰۰۰ مهاجر وارد این کشور می‌شوند. یعنی استان کبک حتی در سیاست خارجی هم نقش ایفا می‌کند. در کبک زبان فرانسه تنها زبان رسمی است در حالی که کانادا رسماً کشوری دو زبانه است. با وجود اینکه تک‌زبانی بودن و افراط در گسترش زبان فرانسه محدودیت‌ها و تبعیض‌هایی برای غیرفرانسوی زبان‌ها از جمله انگلیسی زبان‌ها ایجاد می‌کند، دولت فدرال هم این وضعیت زبانی کبک را تأیید کرده است. تمامی این‌ها را از این نظر مطرح می‌کنم که وقتی وضعیت

---

4. aboriginal nations.

۵. نگاه کنید به این منبع به زبان انگلیسی:

http://www.assnat. qc.ca/e

و به این منبع به زبان فرانسه:

http://www.assnat.qc.ca/fr/abc-assemblee/ assemblee-nationale/ coeur-etat-quebecois.html

استان کبک در کانادا را با استان‌های آذربایجان، کردستان یا بلوچستان مقایسه می‌کنیم. اگر این تفاوت‌های سیاسی-حقوقی چشمگیر را در نظر نگیریم بحث در مورد رأی دادگاه عالی کانادا و معنای آن برای درک مساله ملّی در ایران را به بی‌راهه می‌کشد.

۲. اگر موافق باشید همین جا به جریان رفراندوم و رأی دادگاه عالی کانادا درباره جدایی کبک از کانادا بپردازیم. لطفا توضیح دهید که چه فرایندی طی شده است و رای که صادر شده است روایت موافقان ایرانی حق تعیین سرنوشت برای ملّت‌ها را تأیید می‌کند یا مخالفان آن را؟

امیر حسن‌پور: در جریان نهضت سیاسی-اجتماعی مشهور به «انقلاب آرام» در دهه ۶۰ و ۷۰، جنبش ناسیونالیستی در کبک بسیار اوج گرفته بود و هنگامی که «حزب کبکی»[6] حکومت استان را به دست گرفت، اولین رفراندوم را در سال ۱۹۸۰ برگزار کرد. در این رفراندوم ۵۹,۵ درصد از رأی‌دهندگان به استقلال کبک رأی منفی دادند. در سال ۱۹۹۵ دوباره رفراندوم برگزار شد و این بار رأی موافق و مخالف بسیار به هم نزدیک بود. رأی مثبت به جدایی ۴۹,۴ درصد و رأی منفی ۵۰,۶ بود. پس از این رفراندوم حزب لیبرال به رهبری ژاک کرتین که در آن زمان نخست وزیر حکومت فدرال بود، سه پرسش از دادگاه عالی کانادا مطرح کرد تا مشخص شود که مساله جدایی یک‌جانبهٔ کبک از کانادا به لحاظ حقوقی و از نظر قانون اساسی کانادا و نیز حقوق بین‌الملل تا چه اندازه مشروعیت دارد. دادگاه سه سال بعد در سال ۱۹۹۸ پاسخ این سوالات را اعلام کرد که همان رأی معروفی است که در سوال شما بدان اشاره شد.

پرسش‌های ژان کرتین از دادگاه عالی کانادا از این قرارند: «۱ـ آیا مطابق قانون اساسی کانادا، مجلس ملّی [کبک]، قانون‌گذاری[7] [کبک]، یا حکومتِ کبک می‌توانند تجزیهٔ کبک از کانادا را یک‌جانبه عملی سازند؟ ۲ـ آیا حقوق بین الملل به مجلس ملّی [کبک]، قانون‌گذاری [کبک] و حکومت کبک این حق را می‌دهد که جدایی یک‌جانبه کبک از کانادا را عملی

6. Parti Québécois.
7. legislature.

بسازد؟ در این رابطه، آیا در حقوق بین‌الملل حق تعیین سرنوشتی وجود دارد که به مجلس ملّی، قانون‌گذاری یا حکومت کبک این حق را بدهد که جدایی یک‌جانبه کبک از کانادا را عملی سازند؟ ۳ـ در صورت تعارض بین حقوق بین‌الملل و حقوق کشوری (داخلی کانادا) بر سر حق مجلس ملّی، قانون‌گذاری، یا حکومت کبک برای جدایی یک‌جانبهٔ کبک از کانادا، کدامیک اولویت خواهد داشت؟»

قبل از پرداختن به پاسخ دادگاه به این سوالات، لازم است در رابطه با نظر ملّی‌گرایان ایران که معتقدند دادگاه عالی کانادا استقلال کبک را رد کرده است به دو نکته اشاره کنم.

اول، پرسش‌هایی که از دادگاه شده در بارهٔ حق جدا شدن کبک نیستند (چون این حق با سیستم‌های فدرال مانند کانادا هم‌خوانی دارد) بلکه دربارهٔ حق جدا شدن یک‌جانبه (یعنی بدون مشورت با دولت فدرال و دیگر استان‌های کانادا) است. جدایی یک‌جانبه یعنی آن طور که حکومت کبک می‌خواست از طریق رفراندوم در کبک عملی کند. به این ترتیب، اگر کسی استدلال کند که دادگاه عالی کانادا حق جداشدن کبک را رد کرده است یا به متن سند استناد نمی‌کند و یا می‌خواهد حرف دلش را بزند.

دوم، حکومت کبک و به طور کلی استقلال‌طلبان ارجاع موضوعِ جدایی کبک به دادگاه عالی کانادا را تقبیح کردند زیرا به نظر آن‌هَا جدایی مسئله‌ای سیاسی است نه حقوقی، بنابراین دادگاه صلاحیت رسیدگی به آن را ندارد و همچنین دادگاه صلاحیت اظهار نظر در مورد حقوق بین‌الملل را ندارد. با این حال زمانی که رای دادگاه اعلام شد حکومت کبک و استقلال‌طلبان از آن استقبال کردند. از طرف دیگر، فدرالیست‌ها نیز از رای صادره خرسند بودند. کسانی که ادعا می‌کنند دادگاه عالی حق جداشدن کبک را رد کرده است باید به این سوال جواب بدهند که چرا هر دو طرف (دولت فدرال ودولت کبک) از رای صادره راضی بودند؟ البته در هر دو سوی این مجادله کسانی هم بودند که نارضایی خود را پنهان نمی‌کردند. برای مثال، بعضی فدرالیست‌ها معتقد بودند که با این رایِ دادگاه، حکومت ژان کرتین کبک را به استقلال‌طلبان فروخت. بعضی استقلال‌طلبان نیز معتقد بودند که کانادا باز هم به شیوه‌ای دمکراتیک کاری ضددمکراتیک کرد و کبک را در درون کانادا نگه داشت.

پاسخ دادگاه به سوال‌های اول و دوم مفصل بود و جوانب مختلف

جدایی‌طلبی را بررسی کرد، و در حالی که اعلام کرد که مطابق قانون‌اساسی کانادا کبک حق ندارد به طور یک‌جانبه از کانادا جدا شود، در توضیح این استدلال اظهار کرد که کبک می‌تواند هم به شیوهٔ قانونی مذاکره و هم به شیوهٔ غیرقانونیِ یک‌جانبه از کانادا جدا شود و همین موضعِ دادگاه باعث شد که هم استقلال‌طلبان و هم حکومت فدرال از تصمیم دادگاه استقبال کنند. این نه به خاطر دوپهلو بودن موضع دادگاه بلکه نتیجهٔ دقت و صراحت آن بود. در رژیم‌های فدرال که بر اساس توافق استان‌ها، یا ایالت‌ها، یا جمهوری‌هایِ عضو تشکیل شده‌اند، شرایط خروج از نظام فدرالی هم معمولا پیش‌بینی می‌شوند.

پاسخ سوال اول: دادگاه در پاسخ خود اعلام کرد که جدایی یک‌جانبه با قانون‌اساسی سازگار نیست، و این مغایرت را به تفصیل توضیح داد: به طور خلاصه، قانون‌اساسی کانادا نه جدایی را مجاز می‌داند و نه ممنوع می‌کند، اما «عمل جدایی، حکومت[8] بر سرزمین کانادا را به شیوه‌ای تغییر می‌دهد که بدون شک با ترتیبات جاری قانون‌اساسی مغایرت دارد» (ص ۲۶۳).[9] در جای دیگر، سند می‌گوید «در عرض ۱۳۱ سالی که از کنفدراسیون [حکومت فدرال کانادا] می‌گذرد، مردم استان‌ها و مناطق پیوندهای نزدیکِ وابستگی به همدیگر (از نظر اقتصادی، اجتماعی، سیاسی و فرهنگی) بر اساس ارزش‌های مشترک به وجود آورده‌اند که شامل فدرالیسم، دمکراسی، محوریت قانون اساسی[10] و حکومت قانون، و احترام به اقلیت‌ها می‌شود. تصمیم دمکراتیک کبکی‌ها به نفع جدایی این روابط را به خطر می‌اندازد. قانون‌اساسی نظم و ثبات می‌بخشد، و از این رو جدایی یک استان «تحت لوای قانون‌اساسی» نمی‌تواند به شیوهٔ یک‌جانبه صورت گیرد، یعنی، بدون مذاکرهٔ اصولی با سایر شرکت‌کنندگان در کنفدراسیون در چهارچوب قانون‌اساسی فعلی.»[11] در عین حال دادگاه استدلال کرد که کبک می‌تواند براساس موازین قانون‌اساسی جدا شود. طبق نظر دادگاه، از آنجا که قانون‌اساسی بیان حاکمیت مردم کانادا است، می‌توان به اصلاح آن

---

8. governance.

۹. اشارات به صفحات متن رسمی سند است که به فرانسوی و انگلیسی در دو ستونِ هر صفحه چاپ شده است. ترجمهٔ فارسی نقل قول‌ها از روی متن انگلیسی انجام شده است:
"Reference Re Secession of Quebec/Renoi relatif à la secession de Québéc."

10. constitutionalism.

۱۱. ص ۲۹۲.

دست زد از جمله برای عملی کردن جدایی کبک، به این شرط که چنین اصلاحیه‌ای بر طبق موازینی صورت گیرد که در قانون‌اساسی پیش‌بینی شده است.[۱۲] دادگاه روال جدا شدن کبک را براساس قانون‌اساسی ترسیم کرد. قدم اول «بیان صریح ارادهٔ مردم کبک به جدا شدن از کانادا» است (ص ۲۶۵) که از جمله به طریق رفراندوم صورت می‌گیرد. اگر چه رفراندوم خودش نمی‌تواند جدایی یک‌جانبه را عملی کند، مشروعیت سیاسی به اقدامات حکومت کبک خواهد بخشید تا بتواند پروسهٔ اصلاح قانون‌اساسی را شروع کند به منظور اینکه به شیوهٔ قانونی جدا بشود (ص ۲۶۵). این مشروعیت سیاسی، استان‌ها و حکومت فدرال را متعهد می‌سازد که برای اصلاح قانون‌اساسی با کبک وارد مذاکره شوند، مذاکره‌ای که در همخوانی با اصول فدرالیسم، دمکراسی، قانون‌اساسی و حکومت قانون، و احترام به حقوق اقلیت‌ها باشد. همچنین رفراندوم باید «فارغ از ابهام» باشد چه از نظر سوالی که مطرح می‌کند و چه از نظر میزان پشتیبانی که از آن می‌شود (ص ۲۶۵). یعنی سوال باید روشن باشد و اکثریتی بیش تر از نصف+۱ رأی مثبت به آن بدهند. در ضمن دادگاه استدلال کرد که قانون‌اساسی مدام در حال تحول بوده و اگر تلاش‌های قبلی کبک در چهارچوب آن به جایی نرسیده است این قانون هنوز می‌تواند تحقق جدایی را میسر می‌کند: «... رأی اکثریت روشن در کبک دربارهٔ یک سوال روشن به نفع جدایی، مشروعیت دمکراتیک به عمل جدایی خواهد بخشید که همهٔ دیگر شرکت‌کنندگان در کنفدراسیون باید آن را به رسمیت بشناسند.» (ص ۲۹۳). دادگاه همین موضع را بارها بیان کرده است: «وجود مداوم و عملکرد نظام قانون‌اساسی کانادا نمی‌تواند تحت تاثیر بیان روشن اکثریت کبکی‌ها که دیگر نمی‌خواهند جز کانادا باشند قرارنگیرد. سایر استان‌ها و حکومت فدرال هیچ مبنایی نخواهند داشت که حق حکومت کبک را در دنبال کردن جدایی انکار کنند در صورتی که اکثریتِ روشنِ مردم کبک این هدف را انتخاب کنند، مگر اینکه رسیدن به این هدف بَه حقوق دیگران احترام نگذارد.» (صص ۲۹۳-۲۹۴) دادگاه بارها تاکید کرد که در صورتی که اکثریت مردم کبک خواهان جدایی باشند دولت فدرال و سایر استان‌ها نمی‌توانند مانع آن شوند: «حقوق سایر استان‌ها و حکومت فدرال نمی‌تواند حق حکومت کبک را برای دنبال کردن جدایی انکار کند.» (ص ۲۶۷)

---

۱۲. صص ۲۶۳-۲۶۴.

پاسخ سوال دوم: پاسخ دادگاه به هر دو بخش سوال منفی بود: کبک براساس حقوق بین‌الملل از حق جدایی یک‌جانبه برخوردار نیست. دادگاه توضیح داد که در حقوق بین‌الملل، حق تعیین سرنوشت به خلق‌ها[۱۳] تعلق دارد و «با وجود اینکه بیشتر جمعیت کبک مسلما بسیاری از مشخصات یک خلق را دارد، لازم نیست مسئله «خلق» حل و فصل شود، زیرا... حق جدایی فقط تحت عنوان اصل تعیین سرنوشت خلق در سطح بین‌المللی در شرایطی مطرح می‌شود که «یک خلق» تحت حکومت یک امپراطوری کولونیالیستی باشد، [یا] «یک خلق» تحت انقیاد، سلطه یا استثمار بیگانه باشد و [یا] شاید «یک خلق» از هر نوع اعمال حق تعیین سرنوشت به شکل معنی‌داری[۱۴] در درون دولتی که بخش از آن را تشکیل می‌دهد محروم شود». (ص ۲۲۲)

دادگاه این سه وضعیت (خلق‌های مستعمراتی،[۱۵] خلق‌های تحت انقیاد بیگانه[۱۶] و خلق‌های تحت ستم)[۱۷] را که جدایی یک‌جانبه را مجاز می‌شمارد به تفصیل توضیح داد تا نشان دهد که هیچ کدام به کبک مربوط نمی‌شود. «در هر سه وضعیت، خلق مورد بحث از حق تعیین سرنوشت خارجی [جداشدن] برخوردار است زیرا این توانایی از آن‌ها سلب شده است که سرنوشت خود را به شیوهٔ داخلی تعیین کنند. این شرایطِ استثنائی به طور وضوح به شرایطِ کنونی کبک قابل انطباق نیست.» (ص ۲۸۷) اما اگر وضعیت سوم، یعنی «خلق ستمدیده»، به شرایط کبک قابل انطباق نیست به این دلیل که کبک تحت ستم نیست و به شیوهٔ «داخلی»، یعنی در چهارچوب کانادا، حق تعیین سرنوشت خود را اعمال می‌کند، در مورد ایران، خلق‌های آذربایجانی، کرد، بلوچ، عرب و ترکمن تحت ستم هستند و این امکان را ندارند که به شیوهٔ داخلی (در چهارچوب مرزهای ایران) سرنوشت خود را تعیین کنند و تنها راهی که در پیش دارند اعمال این حق به شیوهٔ «خارجی» یعنی جدایی است. از جمله توضیحات دادگاه: «وضع سوم [خلق تحت ستم] اگر چه به شیوه‌های مختلف توصیف شده است، نظر اصلی این است که وقتی خلقی از اعمال معنی‌دار حق تعیین سرنوشت

---

13. peoples.
14. meaningful.
15. colonial peoples.
16. people under alien subjugation.
17. oppressed peoples.

در درون کشور بازداشته می‌شود، مجاز است به عنوان آخرین راه حل این حق را از طریق جدایی اعمال کند...» (ص ۲۸۵)

پاسخ سوال سوم: دادگاه لازم ندانست که به تفصیل به سوال سوم پاسخ دهد و اظهار داشت که «با توجه به پاسخ‌هایی که به سوال‌های اول و دوم ارائه داده‌ایم، تعارضی بین حقوق داخلی [کانادا] و بین‌المللی [بر سر حق جدایی یکجانبه‌ی کبک] وجود ندارد.» (ص ۲۹۲)

نقل قول‌های فوق الذکر از متن سند روشن می‌کنند که دادگاه حق تعیین سرنوشت کبک یا سایر ملت‌ها و خلق‌ها را انکار نمی‌کند زیرا این حق هم در حقوق بین‌الملل با تاکید و به کرات به رسمیت شناخته شده و هم یکی از موازین دمکراسی بورژوایی است و حتی در قانون‌اساسی چند کشور تصریح شده است. آنچه دادگاه روشن کرده است این است که کبک شرایط لازم برای جدایی یک‌جانبه از کانادا را دارا نیست. دادگاه با تاکید بر اینکه اولویت دولت-ملت‌ها حفظ تمامیت ارضی است، اعلام می‌کند که «حقوق بین‌الملل نه شامل حق جدایی یک‌جانبه است نه به صراحت چنین حقی را رد می‌کند...» (صص ۲۷۷-۲۷۸) زمانی که می‌گوید به صراحت انکار نشده است یعنی اینکه در شرایط مشخصی چنین حقی می‌تواند مطرح شود. این تعجب‌آور نیست زیرا به لحاظ تاریخی مسئله جدایی یک‌جانبه هم در پراتیک کشورها هست، هم در تئوری. در پراتیک مثلا کشور آمریکا مستعمرهٔ امپراتوری انگلستان بود و بدون مراجعه به کشور متروپل یعنی انگلستان و به طور یک‌جانبه از این کشور جدا شد و حتی برای این هدف به جنگ پرداخت. یا نروژ و بعدها دانمارک به صورت مسالمت‌آمیز از سوئد جدا شدند. این‌ها همه یک کشور و یک ملّت بودند و یک زبان هم داشتند و یا چکسلواکی که در سال ۱۹۹۲ به دو کشور چک و اسلواک تجزیه شد. بنابراین دادگاه عالی کانادا با اصل جدایی یک‌جانبه مخالفت نورزید، بلکه چون کبک شرایط لازم برای چنین امری را نداشت این شیوهٔ جدایی را در این مورد خاص رد کرد و جدایی قانونی را مجاز شمرد. اگر دادگاه تاکید کرد که هیچ یک از سه مورد حق تعیین سرنوشت قابل اطلاق به کبک نیست، مورد سوم دقیقا در مورد اقلیت‌های ملّی در ایران مصداق پیدا می‌کند. کبک مستعمره و یا تحت سلطه و استثمار بیگانه و یا تحت ستم دولت کانادا نیست، بلکه حق تعیین سرنوشت را به شیوهٔ داخلی اعمال می‌کند: کبک پارلمان و حکومت و دادگاه‌های خودش را دارد و نیز زبان رسمی خود (زبان فرانسه) را داراست که در سطح کشور

هم رسمی است. برعکس، مردم ترک آذربایجان، کردها، بلوچ‌ها، عرب‌ها و ترکمن‌ها همگی به طور مشخص از اعمال حق تعیین سرنوشت داخلی (در درون مرزهای ایران) محروم‌اند، به زبان دادگاه امکان رشد سیاسی، اقتصادی، فرهنگی و اجتماعی را ندارند. برخلاف کبک، نه پارلمانی دارند، نه حکومتی و نه دادگاهی. آن‌ها حتی از حق استفاده از زبان مادری‌شان در تعلیم و تربیت محروم هستند و جمهوری اسلامی مادهٔ ۱۵ قانون اساسی که فقط تدریس ادبیات زبان‌های غیرفارسی را مجاز می‌شمارد زیر پا گذاشته است. حتی بخش‌نامه‌ای صادر شده است که در آذربایجان، کردستان و دیگر مناطق غیرفارسی‌زبان باید در آموزشگاه‌های رانندگی از فارسی استفاده شود. در مورد فرانسوی‌زبانان کبک، دولت کانادا نه تنها ستم زبانی نمی‌کند، بلکه برنامه‌های متعددی برای پیش‌برد زبان فرانسوی به اجرا گذاشته است. در کانادا که تعلیم و تربیت از وظایف حکومت استان است، تا به حال نزدیک به دویست هزار نفر دانش‌آموز غیر فرانسوی زبان به هزینه دولت فدرال در مدارس مخصوص[18] تحصیل کرده‌اند تا بتوانند این زبان را با مهارت یاد بگیرند (یعنی ابتدا فرانسه یاد می‌گیرند و سپس انگلیسی). سیاست رژیم اسلامی مانند رژیم پهلوی زبان‌کشی[19] است، یعنی از بین بردن زبان‌های غیرفارسی برای ساختن ملت واحد و متحد ایران. ستم زبانی تنها شکلی از ستم ملّی است که جوانب سیاسی، اقتصادی، فرهنگی و اجتماعی و حتی جنسیتی و نژادی دارد.

۳. شما به مقوله ستم ملّی اشاره می‌کنید. این در حالی است که بعضی از صاحب‌نظران ایرانی وجود چنین پدیده‌ای را در تاریخ ایران انکار می‌کنند و بعضی‌ها آن را ایده‌ای لنینیستی و مرتبط با روسیه تزاری می‌دانند که قابل انطباق با شرایط ایران نیست. عده‌ای هم تنوع قومی، فرهنگی را جز ثابتی از واقعیت ایران می‌دانند و حتی تا بدانجا پیش می‌روند که قائل به وجود مقوله‌ای تحت نام "اقلیت" در ایران نیستند. نظر شما چیست؟

امیر حسن‌پور: ستم پدیده‌ای جهانی و تاریخی است و لااقل ده دوازده هزار سال سابقه دارد. در بیشتر جامعه‌ها، قدرت (اجتماعی، اقتصادی، سیاسی و حتی فردی) نابرابر تقسیم شده است و این نابرابری

18. French Immersion schools.
19. linguicide.

به شیوهٔ تِبعیض و ستم بر اساس جنسیت، طبقه، زبان، دین، نژاد، سن، قومیت، ملیت، شغل و دیگر عوامل تولید و بازتولید می‌شود. به این ترتیب این ستم‌ها نه اتفاقی و تصادفی و حاشیه‌ای، بلکه تشکیل دهندهٔ تاروپود جامعه هستند و به همین دلیل است که این نظام ستمگری از قدیم در قانون، عرف، دین، ادبیات، ایدئولوژی، آداب و رسوم، هنر، زبان، و فولکلور حک شده است و هرگونه مقاومت علیه آن را با کلماتی چون «فتنه»، «فساد»، «بغی»، «گردن‌کشی»، «طغیان»، «غائله»، «سرکشی» و عبارات مشابه تقبیح می‌کنند. اما حفظ این نظام تنها با توجیه ایدئولوژیکِ ستم میسر نیست و ستمگران این نظام را با توسل به خشونت تولید و بازتولید می‌کنند. فقط به چند کلمه و عبارت در زبان فارسی توجه کنید: «کله منار درست کردن»، «به توپ بستن»، «سنگسارکردن»، «زبان از قفا به در کشیدن»، «گوش بریدن»، «گردن زدن»، «سربریدن»، «دار زدن»، «شقه کردن»، «زنده به گور کردن»، یا «چشم از حدقه در آوردن». این خشونت‌ها همه در تاریخ قدیم و جدید ایران ثبت شده‌اند و بعضی از آن‌ها به شیوهٔ قانونی در رژیم اسلامی انجام می‌شوند. با همهٔ این‌ها تعجب‌آور نیست اگر کسی انکار کند که در ایران ستم ملّی وجود دارد. من بارها شنیده‌ام که می‌گویند: «ما ایرانی‌ها» برده‌داری نداشته‌ایم، فئودالیسم نداشته‌ایم، قتل ناموسی نداشته‌ایم، نژادپرستی نداشته‌ایم، ستم ملّی نداشته‌ایم، ستم زبانی و این جور چیزها را نداشته‌ایم، ما ایرانی‌ها از نژاد پاک آریایی هستیم، استثنا هستیم، اگر هم چیزی بوده «بیگانه»، عرب‌ها و ترک‌ها، تورانیان و تازی‌ها به ما تحمیل کرده‌اند. «ما ایرانی‌ها» نه تنها ستم ملّی نکرده‌ایم، بلکه اولین منشور حقوق بشر را دو هزار و پانصد سال پیش صادر کردیم.

درست است که همهٔ ناسیونالیست‌ها ملّت خود را استثنائی بر تاریخ بشر به حساب می‌آورند و تاریخ خودشان را پاک‌سازی می‌کنند، اما انکار وجود ستم ملّی در ایران فقط بی‌توجهی به متون تاریخی نیست و بیشتر تاریخ‌سازی بر مبنای افسانه است و در خدمت مخالفت با یکی از مواضع دمکراسی بورژوائی، یعنی حق تعیین سرنوشت، است. در عین حال این انکارها بیانی از سیاست و ایدئولوژی شووینیسم ملّی است که ماهیت چندملّیتی و چندزبانی ایران و حتی وجود اقلیت‌ها را انکار می‌کند و عرب‌ستیزی، ترک‌ستیزی، یهودی‌ستیزی، و در شکل مذهبی آن، بهایی‌ستیزی از مولفه‌های آن است. با این شووینیسم عظمت طلبانهٔ ملت حاکم، اگر ملّیت‌های ایران جرات کنند خواست خودمَختاری را مطرح

کنند، چیزی به مراتب محدودتر از استان‌های کانادا، راه هموار است برای جنگ راه انداختن علیه ملّیت‌ها و ارتکاب کشتار، ژنوسید، جنایت جنگی، و جنایت علیه بشریت؛ همان‌طور که شاه و خمینی و بنی‌صدر و بازرگان کردند و کسانی مثل دکتر مصدق و طالقانی تایید کردند.

به آن‌هایی که معتقدند ما در ایران ستم ملّی و زبانی نداشته‌ایم و نداریم و این حرف‌ها متعلق به لنین است باید بگویم که پیش از آنکه لنین متولد شود ستم زبانی وجود داشته است. زبان‌های دنیا به هیچ‌وجه برابر نیستند. ما در سطح بین‌المللی یک نظام زبانی داریم و در ایران هم نظام زبانی داریم و در هردو مورد این نظام ناعادلانه، نابرابر، ستمگرانه و غیردمکراتیک است. مثلا در ایران فقط زبان فارسی رسمی است و دیگر زبان‌ها غیررسمی و، طبق قانون‌اساسی، به کاربردن آن‌ها در آموزش و پرورش و در ارگان‌های دولتی و گاهی حتی خارج از آن‌ها غیرقانونی است و متخلفین مجازات می‌شوند. در پروژهٔ «زبان‌کشی» رژیم‌های پهلوی و اسلامی، گسترش زبان فارسی جایگاه مهمی داشته است. این ادعا درست است که لنین به شدت مخالف ستم ملّی بود اما بسیاری در روسیه، مانند ملّی‌گرایان ایران، وجود ستم ملّی را انکار می‌کردند. لنین خودش از نظر قومی روس بود، اما علیه شووینیسم ملّت بزرگ یعنی ناسیونال شووینیسم روس قیام کرد. او حتی پس از پیروزی انقلاب اکتبر یک لحظه از مبارزه با شووینیسم ملّی از جمله در سطح حزب کوتاهی نکرد. او معتقد بود که کمونیست‌های روسی زبان باید مدافع حق تعیین سرنوشت ملّیت‌های تحت ستم باشند و این حق را تبلیغ کنند.

۴. از آنجایی که گفت‌وگو را با جدایی‌طلبی در کانادا آغاز کردیم اجازه دهید با پرسشی در همین‌باره و در ارتباط با اوضاع ایران خاتمه دهیم. همان‌طور که مطلع هستید در بسیاری از دمکراسی‌های دنیا احزاب سیاسی ملّی‌گرایی وجود دارند که به طور قانونی فعالیت می‌کنند و برنامه اصلی‌شان هم استقلال‌طلبی است. درحالی که تعداد دمکراسی‌خواهان ایرانی که حتی صحبت کردن از مقوله جدایی‌طلبی را در ایران برنمی‌تابند کم نیست. به نظر شما آیا فعالین ملّی/قومی ایران می‌بایست حق خود مبنی بر تأکید کردن بر جدایی از ایران را کنار بگذارند و تمایت ارضی ایران را اصلی خدشه ناپذیر قلمداد کنند یا اینکه کماکان می‌بایست بر این حق اصرار ورزند؟

امیر حسن‌پور: برخورد دادگاه عالی کانادا به جدایی یک‌جانبهٔ کبک از دید دمکراسی بورژوایی بود که حق جدایی کبک از کانادا را در چهارچوب قانون اساسیِ کانادا تایید می‌کند. من در چهارچوب تئوری مارکسیستی و مشخصاً نظرات لنین و جنبش کمونیستی به این سوال پاسخ می‌دهم. از این دیدگاه، پدیده‌های «ملّت»، «دولت ملّی»، «مرز»، یا «پرچم» متعلق به گذشته هستند، و از نظر تاریخی منسوخ‌اند، نه به این معنی که وجود ندارند یا به راحتی از بین خواهند رفت بلکه به این معنی که انسان مدت‌ها است در تئوری و پراتیک آن‌ها را پشت سر گذاشته است و به ورای آن‌ها رفته است، و امروز این پدیده‌ها و سیاست‌ها به مانع تاریخی بر راه رهاییِ انسان از قید و بندهای روابط پوسیدهٔ طبقاتی و جنسیتی و نژادی و ملّیتی تبدیل شده است و اگر قرار است از این ضرورت آزاد شویم باید از باتلاق تاریخی ناسیونالیسم خارج شویم و با سیاست انترناسیونالیستی به مصاف دنیای کهنه برویم. مارکسیسم با تقسیم بشریت بر اساس ملّیت و نژاد و قومیت و دین به شدت مخالف است و علاقه‌ای به ساختن دولت-ملّت‌های جدید ندارد اما اگر برای رفع ستم ملّی لازم باشد از جدایی ملّت تحت ستم و تشکیل دولت ملّی پشتیبانی می‌کند.

در مقابله با سیاست ناسیونالیستی، کمونیست‌ها و آزادی‌خواهان ملّت حاکم باید حق تعیین سرنوشت ملّیت‌ها (ترک‌های آذربایجانی، کردها، بلوچ‌ها...) از جمله جدایی آن‌ها از ایران را تبلیغ کنند، زیرا این تنها راه صریح و واقعی فاصله گرفتنشان از ناسیونال شووینیسم ملّت «خودشان» یعنی ملّت فارس است. در همان حال کمونیست‌ها و آزادی‌خواهان ملّیت‌ها باید، در حالی که معتقد به حق تعیین سرنوشت هستند، وحدت با طبقهٔ کارگر و زحمت‌کشان و آزادی‌خواهان ملّت حاکم را تبلیغ کنند، زیر این تنها راه واقعی است برای اینکه به زیر پرچم طبقهٔ حاکم ملّت «خود» نروند. تضادی بین این دو وظیفه نیست بلکه برخوردی دیالکتیکی به مسئلهٔ ملّی است که باعث وحدت همهٔ ستمدیدگان و استثمارشوندگان می‌شود، به تجزیه جبههٔ ستمگران می‌انجامد، و اجازه می‌دهد که جبههٔ وسیع استثمارشدگان و ستم‌دیدگان ایران از جمله ترکمن، کرد، عرب، فارس، ترک و سایرین در مقابل استثمارگران قرار بگیرند و در مبارزه موفق شوند. هنگامی که ملّی‌گرایان ایران ستم ملّی را انکار می‌کنند و حق تعیین سرنوشت و تجزیه‌طلبی را جرم به حساب می‌آورند می‌خواهند زحمت‌کشان فارس را علیه زحمت‌کشان ملّیت‌ها بسیج کنند و ملّت فارس را به زیر پرچم خود بکشند و

به مجریان برنامه‌های کشتار و ژنوسید و جنایات جنگی تبدیل کنند.

درست است که تعداد دمکراسی‌خواهان ایران که تحمل بحث جدایی‌طلبی را داشته باشند ناچیز است. این نشان می‌دهد که افقِ دمکراسی‌خواهی آنان تا چه حد پایین است و نه تنها تمایلی به رفع ستم ملی ندارند، بلکه علاقه‌ای به برچیدن ستم جنسیتی و نژادی و استثمار نشان نمی‌دهند. آن‌ها از اینکه «خلیج فارس» را «خلیج عربی» بنامند بیشتر در عذاب‌اند تا اینکه زنان را به شیوه‌ای قانونی «ناقص‌العقل» به حساب بیاورند.

در رابطه با تحمل، مقایسه‌ای با کانادا بی‌مورد نیست. در سی و پنجمین اجلاسیهٔ پارلمان فدرال از ۱۹۹۴ تا ۱۹۹۷، بلوک کبکی[۲۰] که علنا جدایی کبک از کانادا را تبلیغ می‌کرد مقام «اپوزیسیون رسمی» دولت فدرال را داشت، یعنی بعد از حزب لیبرال که حکومت را در دست داشت دارای بیشترین کرسی‌های مجلس بود. چنین چیزی در مخیلهٔ دمکراسی خواهان ایران نمی‌گنجد و اگر نمایندگان کرد و بلوچ و ترکمن و عرب در مجلس اسلامی خواست جدایی را مطرح کنند به احتمال زیاد اعدام می‌شوند. حتی هنگامی که خارج از محافل دولتی، ملّی‌گرایان اعلام می‌کنند «در ایران ستم ملّی نداریم» پیام‌شان این است که «تسلیم شوید، اگر نه با اعدام و کشتار و لشکرکشی و فانتوم و هلیکوپتر و تانک ملّت روبه‌رو خواهید شد.»

بدون شک بعضی ملّی‌گرایان ایران می‌دانند که سیاست کولونیالیسم فرانسه و انگلستان و بعدها دولت کانادا در مورد ملّت‌های بومی سیاست اشغال و پاک‌سازی قومی و ژنوسید بود. به قول مایکل مان «پاک‌سازی قومی، سویه تاریک دمکراسی است.»[۲۱] به عبارت دیگر می‌توان هم ملّی‌گرا و دمکراسی‌خواه بود و هم پاک‌سازی قومی را پیشه کرد.

---

20. Bloc Québécois.

21. Michael Mann, *The Dark Side of Democracy: Explaining Ethnic Cleansing*. Cambridge University Press. 2005.

پیرامون تحولات اخیر در کردستان شمالی و پروژه سازش پ.ک.ک و دولت ترکیه[1]

۱. پروژه صلح و سازش میان دولت و ارتش ترکیه با پ.ک.ک را تا چه اندازه جزئی از یک پروژه بزرگ‌تر منطقه‌ای و بین‌المللی می‌بینید؟ به نظر می‌رسد دامنه این طرح و آینده آن فقط محدود به فضای داخلی ترکیه نمی‌شود و به نوعی در مسیر یک پروژه وسیع‌تر امپریالیستی در کل منطقه است؟

امیر حسن‌پور: دربارهٔ این پروژه بحث‌های زیادی صورت گرفته است و ارزیابی‌های ارائه شده طیفی را تشکیل می‌دهد که در یک سو آن را «اقدام تاریخی» تلقی می‌کنند و در سوی دیگر «خیانت». اما با این مفاهیم و در چهارچوب تئوری‌های دولت-محور و ناسیونالیستی نمی‌توان به توضیح کافی آن پرداخت. در این تردیدی نیست که این تحول تنها مسئله‌ای داخلی مربوط به ترکیه نیست و بُعد منطقه‌ای و بین‌المللی دارد، اما بحث اصلی بر سر چگونگی تعامل تضادهای داخلی و خارجی است که شروع این پروژه را میسر کرده است.

در سطح کشور، تضاد بین دولت ترکیه و خلق کرد که از سال ۱۹۸۴ به صورت جنگ بین حکومت و «حزب کارگران کردستان» (پ.ک.ک) به اوج خود رسید، به نظر اوجلان از طریق نظامی قابل حل نیست. بعد از سی سال جنگ، ترکیه که دومین قدرت نظامی ناتو است، با تمام کمک‌های آمریکا و اسرائیل و بعضی دولت‌های اروپایی، نتوانست پ.ک.ک را از عرصهٔ سیاسی ترکیه و منطقه حذف کند. حتی ربودن رهبر حزب، عبدالله اوجالان، که ضربهٔ سختی به پ.ک.ک به شمار می‌رفت (۱۹۹۹)، نتوانست تضاد را به نفع آنکارا حل کند. پ.ک.ک توانست، در

---

۱. این مصاحبه در دو بخش منتشر شده است: بخش اول: **حقیقت**. دوره سوم، شماره ۶۵، سه‌شنبه ۱۲ فروردین ۱۳۹۳ و بخش دوم در **حقیقت** دوره سوم. شماره ۶۶، سه‌شنبه ۱۲ فروردین ۱۳۹۳.

سایهٔ تحولاتی که به دنبال جنگ‌های ۱۹۹۱ و ۲۰۰۳ آمریکا علیه عراق به وجود آمد، نیروی نظامی‌اش را حفظ کند، به دور جدیدی از سازماندهی سیاسی و تشکیلاتی بپردازد، رهبری اوجلان را که در زندان بود همچنان تداوم دهد و در همهٔ عرصه‌های سیاسی، حقوقی، تبلیغاتی و دیپلماسی در ترکیه و منطقه حضور داشته باشد و اعمال قدرت کند. اما اگر ترکیه امکان نفی پ.ک.ک و جنبش ملّی کردهای ترکیه را ندارد، پ.ک.ک هم توانایی تغییر نظام حاکم بر ترکیه یا جدا کردن کردستان از ترکیه یا حتی کسب خودمختاری را ندارد و این فقط مسئله‌ای نظامی نیست. از نقطه نظر نظامی، جنگ پ.ک.ک جنگی چریکی بود نه «جنگ خلق» نوع ویتنام که در عرض چهار دهه سه قدرت بزرگ امپریالیستی ژاپن، فرانسه و آمریکا را شکست داد.

در ترکیه، در حالی که پیروزی هیچ یک از طرفین بر دیگری میسر نیست، تحولات منطقه، از جمله از هم پاشیدن دولت بعث و تشکیل «حکومت اقلیمی کردستان» در ۱۹۹۱، سقوط بعث در ۲۰۰۳ و آشوب سیاسی در عراق و به ویژه جنگی که بیش از دو سال است در سوریه در جریان است و حکومت اردوغان فعالانه در آن درگیر شده است شرایطی را به وجود آورده‌اند که پ.ک.ک با استفاده از آن‌ها توانسته است هژمونی خودش را در بین کردهای سوریه تامین کند و به وزنه سیاسی و نظامی مهمی تبدیل بشود که ترکیه و ایران و دیگر کشورهای منطقه نمی‌توانند آن را نادیده بگیرند.

باید در نظر داشت تضادهایی که بافت اجتماعی-اقتصادی مردم ترکیه از جمله کردهای این کشور را تعیین می‌کند تضاد کار و سرمایه، تضاد زن و مرد، و تضاد شهر و ده هستند، اما تضاد بین آنکارا و پ.ک.ک (یا بین دولت ترکیه و جنبش ملّی کردستان) در سی سال اخیر همهٔ مناسبات طبقاتی و جنسیتی، ملّیتی، و روابط منطقه‌ای و بین‌المللی ترکیه را تحت تاثیر قرار داده است. یکی از سوال‌هایی که می‌توان مطرح کرد این است: دولت ترکیه که به مدت سی سال چالش پ.ک.ک را تحمل کرده است، مانند رژیم صدام که به مدت سی سال (۱۹۶۱ تا ۱۹۹۱) بیشتر مناطق کردستان عراق را در کنترل نداشت اما همچنان بر بقیه

کشور اعمال قدرت می‌کرد و به وسیله جنبش ملّی کرد سرنگون نشد، چرا بر خلاف حکومت‌های عراقی راه مذاکره و حل سیاسی مسئله را در پیش گرفته است؟ چه عواملّی دولت مقتدرتر و باثبات‌تر ترکیه را به پای مذاکره با رهبر حزبی کشیده است که مدت پانزده سال است در زندان به سر می‌برد؟

واضح است که این دو رژیم (عراقِ صدام و ترکیه امروز) و شرایط تاریخی آن‌ها تفاوت‌های بسیاری دارند، یکَی از این‌ها جایگاه ترکیه است در نظم بین‌المللی و آشوبی که سال‌ها است بر این نظام حاکم است. نظم بین‌المللی امروز که قدرت‌های امپریالیستی قدیم، انگلستان و فرانسه و آمریکا، به دنبال تقسیم مجدد مستعمرات و مناطق نفوذ در جنگ جهانی اول و دوم ایجاد کردند امروز به شدت در بحران فرو رفته است، و مشخصهٔ مهم آن آشوب، بی‌نظمی و بی‌ثباتی اقتصادی و سیاسی است. رقبای جدید مانند چین و هند وارد گود شده‌اند و روسیه سهم خود را طلب می‌کند. بیش از ده سال جنگ در خاورمیانه نتوانست هژمونی آمریکا را بر این منطقه – که برای هژمونی بر جهان کلیدی است – تثبیت کند. مدت پنج سال است آمریکا و متحدینش انگلستان و فرانسه و آلمان ناتوانی خودشان را در حل بحران سرمایه‌داری و حفظ نظام بین‌المللی به نمایش گذاشته‌اند. آمریکا علاوه بر شیوه‌های سنتی از قبیل جنگ و اشغال، به ربودن افراد، کشتار فراقانونی، استفاده از زندان‌های مخفی، و شکنجه می‌پردازد و به قول حقوقدان بین‌المللی فیلیپ سندز آمریکا و انگلستان قوانین بین‌المللی را که خودشان تدوین کرده بودند مدام زیر پا می‌گذارند. با وجود این و علی‌رغم استفاده از پیشرفته‌ترین تکنولوژی نظامی، مهم‌ترین جنگ‌هایی که در دو دههٔ اخیر به راه انداختند، در عراق و افغانستان، با شکست مواجه شده است. امروز خاورمیانه و شمال آفریقا و بسیاری مناطق دنیا در آشوب و بی‌ثباتی به سر می‌برند. اگر آمریکا بعد از جنگ جهانی دوم به سهولت رهبری بلامنازع کمپ امپریالیستی غرب را به دست گرفت، امروز علی‌رغم ورشکستگی اقتصادی و سیاسی اتحادیه اروپا و ژاپن و تداوم وابستگی‌شان به آمریکا، ستاد فرماندهی یا رهبری دچار آشوب جدی است و توانایی جمع و جورکردن این نظام را ندارد. این آشوب آن‌طور که ادعا می‌شود به خاطر

تکنولوژی جدید ارتباطات و نقش آن در «فروریزی مرزها» یا «زوال دولت-ملّت» نیست بلکه بیشتر در اثر رشد ناموزون و بحران اقتصادی مداوم و تا کنون چاره‌ناپذیر سرمایه‌داری نئولیبرال است. چه در گذشته و چه امروز تولید و بازتولید نظام امپریالیستی نیاز به تقسیم کار بین عناصر یا مولفه‌های این نظام داشته است. ترکیه در گذشته نیز، مخصوصا بعد از جنگ جهانی دوم، یکی از پیچ و مهره‌های این نظام بوده است، نقش فعالی در حفظ آن بازی کرده است، عضو پیمان نظامی ناتو است، یکی از مهم‌ترین پایگاه‌های جاسوسی آمریکا علیه شوروی بود، در تجاوز آمریکا به کره و ویتنام فعالانه شرکت کرد و از حامیان رژیم صهیونیستی بوده است. از این رو ترکیه نقش ژاندارمی یا نگهبانی نظم امپریالیستی را مدت‌ها است به عهده داشته است و اختلاف مختصری، که در شرایط آشوب کنونی، با آمریکا بر سر نقش خود در جنگ ۲۰۰۳ علیه صدام پیدا کرد و یا اختلافی که با اسرائیل پیدا کرد و یا ماهیت اسلامی حکومت فعلی هیچ‌کدام این رابطه را خدشه‌دار نکرده است. در واقع ترکیه پتانسیل عظیمی برای ایفای نقش موثر در حفظ نظام امپریالیستی بازی می‌کند. علاوه بر موقعیت ژئواستراتژیک حساس، ترکیه دومین ارتش مهم ناتو به شمار می‌رود، نیروی انسانی و طبیعی کافی (به جز نفت) دارد و اسلام «معتدل» حزب حاکم از دید آمریکا و اتحادیهٔ اروپا «مدلِ حکومت ایده‌آل» برای کشورهای اسلامی است. اما ترکیه برای ایفای نقشِ موثر در این شرایط بحرانی نیاز به ثبات سیاسی و تحکیم بنیهٔ اقتصادی دارد.

البته نقشی که ترکیه برعهده گرفته است تنها ریشه در موقعیت ژئواستراتژیک و نظامی ندارد. در عرصهٔ ایدئولوژیک، حزب اسلامی آ.ک.پ که قدرت دولتی را در دست دارد در آرزوی احیای دوران امپراطوری عثمانی است حتی اگر به شکل «نوین» و یا در مقیاسی بسیار محدود. بعد از فروپاشی امپراطوری عثمانی در جنگ جهانی اول، ناسیونالیست‌های ترک به رهبری مصطفی کمال (آتاتورک) مناطق باقیماندهٔ امپراطوری را به جمهوری ترکیه تبدیل کردند، خلافت اسلامی سلاطین عثمانی را منحل کردند و جدایی دین و دولت یکی از ارکان ایدئولوژی رسمی دولت کمالیستی شد. حکومت آ.ک.پ در حالی که مانند کمالیست‌ها ناسیونالیست است، از نظر

ایدئولوژیک متعهد به ادغام دین و سیاست، و تلفیق ناسیونالیسم و اسلام است. این پروژهٔ «نو-عثمانی» ترکیه با پروژهٔ «خاورمیانهٔ بزرگ» جورج بوش، آرزوی بعضی سیاست‌مداران آمریکایی برای «کشیدن نقشهٔ جدید خاورمیانه»، و روی کار آوردن رژیم‌های «اسلامی معتدل» همخوانی دارد. بعضی سیاست‌مداران و ژنرال‌های بازنشستهٔ آمریکایی در جریان جنگ ۱۹۹۱ علیه عراق و بعد از آن به صراحت گفته‌اند که هنگامی که قدرت‌های اروپایی در سال ۱۹۱۸ مرز کشورهای خاورمیانه را ترسیم می‌کردند، آمریکا حضور نداشت و منافعش تامین نشد و امروز وقت آن رسیده است که آمریکا این مرزها را دوباره ترسیم کند. به زبان دیگر، نظام امپریالیستی مانند ۱۹۱۴ و ۱۹۳۹ نیاز به تقسیم مجدد شبه‌مستعمرات و مناطق نفوذ دارد.

به اجرا گذاشتن پروژهٔ نو-عثمانی حتی در شرایط پرآشوب و سیال کنونی کاری دشوار است. تا جایی که به مسئلهٔ کرد مربوط می‌شود، صلح با پ.ک.ک، اگر به نتیجه برسد، به ثبات سیاسی و اقتصادی ترکیه کمک می‌کند و دولت‌های متعارض با آنکارا نظیر ایران و روسیه و سوریه را از امکان بهره‌برداری از این تضاد محروم می‌کند. همچنین باعث می‌شود که ترکیه از نظر نظامی دستش بازتر بماند. اگر به یاد بیاوریم، بلافاصله بعد از پایان جنگ آمریکا علیه صدام و بیرون راندن نیروهایش از کویت، هنگامی که صدام سرکوب شیعیان و کردها را گسترش داد، بعضی از رهبران کرد اظهار تمایل کردند که کردستان عراق به ترکیه ملحق شود زیرا، به نظر آن‌ها، جمعیت کردهای ترکیه را افزایش می‌دهد و ترکیه تحت فشار اتحادیهٔ اروپا مجبور خواهد شد حقوق ملّی کردها را تامین کند. درحالی که این برنامه به اجرا در نیامد و به جای الحاق به ترکیه یک حکومت خودمختار شکل گرفت، تحولات بعدی به خصوص جنگ ۲۰۰۳ آمریکا و عواقب آن «حکومت منطقه‌ای کردستان» را به نیروی اقتصادی (نفتی) و منطقه‌ای حساس تبدیل کرد. امروز ترکیه بیشتر سرمایه‌گزاری‌های خرد و کلان کردستان عراق را در اختیار دارد و نفت این منطقه برای اقتصاد ترکیه و پروژهٔ ژاندارمی نقشی اساسی بازی خواهد کرد. در عین حال شرایط سیال منطقه به پ.ک.ک نیز امکان داده است که در کردستان

سوریه به نیروی عمده تبدیل شود و در رویارویی با آنکارا و اربیل از موضع قدرت حرکت کند. در تابستان ۲۰۱۲ هنگامی که پ.ی.د (یکی از احزاب کرد سوریه طرفدار پ.ک.ک) مناطق کردنشین سوریه را به تصرف خود در آورد، هم اربیل و هم آنکارا به شدت نگران شدند. عقب‌نشینی نیروهای سوریه از مناطق کردنشین و هژمونی پ.ک.ک بر این منطقه و نفوذش در کردهای سوریه از یک طرف می‌تواند آنکارا را در فشار بگذارد تا پروسهٔ صلح را کنار نگذارد و از طرف دیگر به پ.ک.ک اجازه می‌دهد که امکان وحدت بخش‌هایی از کردستان را مطرح کند. در حالی که پروژهٔ صلح در جدی‌ترین شکل خود برنامهٔ شرکت کردها، یا دقیق‌تر بگویم بورژوازی کرد، در قدرت سیاسی را مطرح می‌کند، شرایط سیال منطقه به بحث تشکیل دولت مستقل کرد (عراق) و حکومت خودمختار در سوریه و حتی ادغام آن‌ها در یک دولت واحد کرد دامن زده است. در ترکیه، باید در نظر داشت که پ.ک.ک به شیوه‌های مختلف سال‌ها است که در سطح محدودی در قدرت سیاسی شریک بوده است. برای مثال، ب.د.پ (حزب صلح و دمکراسی) در پارلمان حضور دارد و یا حضور در حکومت شهری (از طریق شهرداری‌ها) نسبتا وسیع است. یکی از هدف‌های اصلی این پروژه این است که فکر انقلاب و کسب قدرت سیاسی از طریق مبارزهٔ مسلحانه کنار گذاشته شود و در ضمن حفظ نظام موجود، پ.ک.ک و بورژوازی کرد از طریق پارلمان در قدرت سیاسی سهیم شوند.

۲. به نظر می‌رسد پشت این پروژه سازش سیاسی که دارد شکل می‌گیرد، مبانی ایدئولوژیک و تئوریکی وجود دارد که این مبانی در یک بستر مشخص سیاسی و منطقه‌ای-جهانی شکل گرفته است. منابع تاریخی رسمی پ.ک.ک می‌گویند بعد از رفتن اوجالان به زندان امرالی یعنی از سال ۲۰۰۰ این پروژهٔ دگرگونی ایدئولوژیک و سیاسی شروع می‌شود و خود اوجالان در کتاب ۵ جلدی که تحت نام مانیفست تمدن دموکراتیک منتشر کرد، آن را فرموله کرد و در آنجا می‌گوید شروع به بازبینی تجربهٔ سوسیالیسم رئال، که تجربهٔ شوروی مورد نظرش است، کردم. همچنین چند فرضیه در مورد گردش به راست پ.ک.ک وجود دارد. مثلا یکی از آن‌ها معتقد است که بعد از سقوط شوروی، این جریان هم مثل رویزیونیست‌های دیگر گردش به راست

داشت. یا یک تحلیل دیگر این است که از سال ۲۰۰۰ یعنی زمانی که زمزمهٔ حملهٔ آمریکا به عراق و تشکیل دولت کرد در عراق به گوش می‌رسید، اوجالان هم این فرصت و این امکان را دریافت و پس از آن سعی کرد تا در راستای شریک شدن در این طرح و نقشه عمل کند. آیا شما هم فکر می‌کنید که چنین فرضیه‌هایی درست است و اگر درست است، کدام بیشتر تاثیرگذار بوده است؟ شکست سوسیالیسم در قرن ۲۰ و یا این فضایی که در سطح منطقه به وجود آمده است؟

امیر حسن‌پور: پ.ک.ک در جریان مبارزات سیاسی دههٔ ۷۰ شکل گرفت و با عنوان «کارگر» و برنامهٔ ایجاد کردستان بزرگ و سوسیالیستی و مارکسیسم-لنینیسم و آرم چکش و داس وارد عرصهٔ مبارزه شد. این حزب در طول سی و پنج سال فعالیت خودش هم در وضع سیاسی کردستان و منطقه تاثیر گذاشت و هم متاثر از تحولات مهمی نظیر کودتای بورژوائی در چین در ۱۹۷۶، فروپاشی بلوک سوسیال امپریالیستی شوروی در سال‌های ۱۹۸۹ تا ۱۹۹۲، به قدرت رسیدن تئوکراسی اسلامی در ایران، و جنگ‌های آمریکا علیه عراق شد. اما به نظر من پ.ک.ک را نباید یک جریان کمونیستی به حساب آورد چه در آغاز کارش، چه در تحولات بعدی آن. سوسیالیستی بودن یا کمونیست بودن یک حزب یا فرد بیش از هر چیز بستگی به خط مشی سیاسی و ایدئولوژیک آن حزب یا فرد دارد، نه به آرزوها و اعلام مواضع و یا کارگری بودن اعضا و رهبری‌اش. پ.ک.ک به مثابهٔ یک حرکت چپ در جنبش ملّی کردستان ترکیه ظهور کرد همانطور که «کومه‌له‌ی مارکسی-لنینی» در کردستان عراق و «سازمان انقلابی زحمت‌کشان کردستان» در کردستان ایران در همین دهه پا به عرصهٔ مبارزه گذاشتند. چپ بودن‌شان به خصوص در گسست‌شان از خط مشی فئودالی-عشیره‌ای مسلط بر جنبش ملّی بود و این گسست هم ناشی از تحولات اجتماعی-اقتصادی کردستان بود و هم متاثر از جنبش کمونیستی بین‌المللی به ویژه انشعاب بزرگ تحت رهبری حزب کمونیست چین. اما در حالی که خط مشی پ.ک.ک و دو کومه له تحول مهمی در جنبش ملّی کردستان به شمار می‌رود، گردش به چپ این بخش از جنبش ملّی واقعه‌ای منحصر به فرد و استثنائی نبود. در واقع، در دههٔ ۶۰ و ۷۰ بسیاری

از جریانات ناسیونالیست و جنبش‌های رهایی‌بخش ملّی در آفریقا و آسیا و آمریکای لاتین اعلام می کردند که از مارکسیسم، لنینیسم و مائوئیسم الهام می گیرند. برای مثال در خاورمیانه، جنبش فلسطین و جنبش رهایی‌بخش ملّی عمان و حتی «پارت دمکرات کردستان» عراق که از «حزب شیوعی عراق» فاصله گرفته بود و جریانی کاملا ناسیونالیستی بود در اساس‌نامهٔ خود اعلام کرده بود که از مارکسیسم-لنینیسم الهام می گیرد. اما با وجود حضور بسیاری از مبارزینِ شیفتهٔ کمونیسم در پ.ک.ک و کومه‌له‌ها، هیچ‌یک از این سازمان‌ها نتوانستند از جهان‌بینی سرمایه‌داری و سیاست ناسیونالیستی آن ببرند.

اوجالان پیش از دستگیری هم، مثلا قبل از ربوده شدن‌اش هنگامی که برای مدت کوتاهی در ۱۹۹۸ در اروپا بود، پیشنهاد آتش‌بس و مذاکره برای حل سیاسی مسئله کرد را کرده بود. بدون تردید شرایط زندانی بودن محدودیت بسیاری برای هر مبارزی به وجود می‌آورد و این محدودیت‌ها در خط مشی و برنامه یک مبارز یا رهبر دربند تاثیر می گذارد. زندان‌بان، یعنی حکومت، تعیین می کند که زندانی چه چیزی می‌خواند یا نمی‌خواند، چه چیزی می‌شنود یا می‌بیند و کدام حرف و فکرش به خارج از زندان راه می‌یابد. اما اشتباه است اگر تحولات خطی این زندانی استثنائی را به قید و بندهای زندان نسبت دهیم. او خودش در یکی از آثارش تحت عنوان بیانیهٔ حل دموکراتیک مسئلهٔ کرد که در ۱۹۹۹ منتشر شده نوشته است که مدت‌ها قبل از زندانی شدن‌اش، در مارس ۱۹۹۳ اعلام آتش‌بس کرده بود و در مواردی دیگر نیز مذاکره برای حل دموکراتیک مسئله کرد را پیشنهاد کرده بود.[2] در همین نوشته دربارهٔ سقوط بلوک شوروی اظهار کرد که «اکنون که به پایان قرن بیستم می‌رسیم پیروزی از آن دمکراسی است که به طور روز افزون به بلوغ می‌رسد» و آمریکا و انگلستان نمونه‌های تاریخی آن هستند. او در این نوشته تجربهٔ سوسیالیسم در قرن بیستم را

---

2. Abdullah Öcalan, *Declaration on the Democratic solution of the Kurdish Problem.* Tranlation from Turkish by the Kurdistan Information Centre, London. London, Mesopotamian Publications. July 1999.

«توتالیتاریانیسم مساوات‌گرای افراطی» می‌نامد و معتقد است که مانند «توتالیتاریانیسم خفه کنندهٔ فاشیسم و ناسیونالیسم بورژوائی» شکست خورده است، زیرا از چهارچوب دمکراسی خارج شده است. از این اظهار نظرها و بسیاری نوشته‌های دیگرش واضح است که اوجلان به جای نقد مارکسیستی از رجعت سرمایه‌داری در شوروی (۱۹۵۶) و چین (۱۹۷۶) کل تجربهٔ سوسیالیسم را در قرن بیستم رد می‌کند و آینده را در ترمیم و تکمیل دمکراسی بورژوائی جستجو می‌کند.

در حالی که «گردش به راست» ممکن است در طول فعالیت هر سازمان سیاسی صورت گیرد، پروژهٔ صلح بین پ.ک.ک و آنکارا را نمی‌توان در چهارچوب چنین چرخشی تبیین کرد. هر سازمان سیاسی درگیر مبارزه می‌تواند در شرایطی به مذاکره بپردازد اما آنچه مهم است هدف مذاکره و سمت و سو و خط مشی آن است. مذاکره و مخاصمه یا جنگ و صلح دو پدیدهٔ جدا از هم یا مانع‌الجمع نیستند بلکه در رابطهٔ وحدت ضدین قرار می‌گیرند. در بعضی شرایط مصالحه خوب، ضروری و قدمی به پیش است اما اگر در خدمت تداوم مبارزه، نه پایان دادن به آن، باشد. جنبش‌های ناسیونالیستی ایده‌آل‌شان تشکیل دولت ملّی در چهارچوب نظام سرمایه‌داری است و اگر چنین هدفی را غیر قابل دسترسی بیابند به خودمختاری و کسب حقوق ملّی و شراکت در قدرت سیاسی حاکم رضایت می‌دهند. در شرایط کنونی، جنبش‌های ملّی به پیروی از ملزومات فکری و طبقاتی خود، در بهترین حالت، در فکر دسترسی به دمکراسی بورژوائی و اصلاح آن از طریق برگشت به ایده‌آل‌های عصر روشنگری، یعنی دوران مبارزهٔ بورژوازی برای رسیدن به قدرت در قرن ۱۸، هستند. این دمکراسی چیزی جز «رژیم حقوقی»، «حاکمیت قانون»، «حکومت پارلمانی»، «انتخابات آزاد»، «حقوق شهروندی» و سایر مولفه‌های نظام حقوقی-سیاسی سرمایه‌داری نیست.

۳. روشن است که رهبری پ.ک.ک و خصوصاً شخص عبدالله اوجالان یک شبه به این تحلیل‌ها و جمع‌بندی‌ها نرسید و نظرات او از یک مبنای تئوریک مشخص برخوردار است و پروسه‌ای را تا به امروز طی کرده تا به نقطهٔ کنونی رسیده است. مشخصات و محورهای اصلی این پروسهٔ دگردیسی چیست؟ آیا در تئوری و اندیشهٔ سیاسی

پ.ک.ک از آغاز نشانه‌های چنین گردش به راستی وجود داشت و یا در مقطع مشخصی به این نقطه رسیده است؟

امیر حسن‌پور: اوجلان در طول سی و پنج سال فعالیت پ.ک.ک بیش از پانزده هزار صفحه مطلب نوشته است و تحولات فکری‌اش را می‌توان با دقت دنبال کرد، اگرچه در یک مصاحبه تنها می‌توان به کلی‌ترین رئوس آن اشاره کرد. چه در مورد اوجلان و چه در موارد دیگر، کنارگذاشتن سوسیالیسم یا کمونیسم و آغوش بازکردن برای دمکراسی بورژوائی ریشه در عنصر فکری و ذهنی یعنی آگاهی دارد، و آگاهی همیشه در رابطه با ماده یا شرایط مادی معنی می‌یابد. شرایط مادیِ تغییراتِ فکری اوجلان گوناگون است که یکی از آن‌ها سقوط بلوک شوروی است که روشنفکران بورژوازی آن را به مثابه پیروزی سرمایه‌داری و حذف نهائی سوسیالیسم و کمونیسم تلقی کرده‌اند و بر عکس کمونیست‌ها به استقبال آن رفتند چون در واقعیت یک نظام سرمایه‌داری بود با نقاب سوسیالیستی. با فروپاشی بلوک شوروی، امید بسیاری از جنبش‌های ملّی که به تضاد دو قدرت امپریالیستی آمریکا و شوروی دل بسته بودند به ناامیدی تبدیل شد. در عرصهٔ آگاهی، اوجلان از همان آغاز مبارزه، درکی مارکسیستی از ماهیت سرمایه‌داری و سوسیال- امپریالیستی شوروی نداشت و تعجب‌آور نیست که فروپاشی بلوک شوروی را پایان سوسیالیسم به حساب بیاورد. اما از دید مارکسیسم، سوسیالیسم در شوروی نه در اوائل دهه ۹۰ بلکه سه دهه پیش از آن در کودتای خروشچف در سال ۱۹۵۶ سقوط کرده بود و این شکست و نیز کودتای سرمایه‌داری در چین در سال ۱۹۷۶ قوانین مبارزه طبقاتی را روشن می‌کنند، نه پیروزی سرمایه‌داری و «پایان تاریخ» را. از این رو برای کمونیست‌ها معنی فروپاشی این بلوک نه سپرانداختن در مقابل سرمایه‌داری بلکه عزمی آگاهانه‌تر برای برانداختن آن است. تجربهٔ جنبش کمونیستی در قرن بیست، هم پیروزی‌هایش و هم شکست‌هایش، آگاهی مارکسیستی را بسیار به پیش برد، اما پایانی بر تضاد آگاهی و ماده متصور نیست. سرمایه‌داری، در بستر انقلاب تکنولوژیک نستوه دهه‌های اخیر، مدتی است در بحرانی جدی فرو رفته است و نه

تنها جامعه‌های انسانی بلکه بقای طبیعت را به مخاطره انداخته است. برای جنبش کمونیستی پایان دادن به این رونِد نابودی جامعه و طبیعت (محیط زیست) در چهارچوب نظام سرمایه‌داری و یا با رجعت به نظام‌های ماقبل سرمایه‌داری میسر نیست. امروز دامنهٔ مبارزه مردم دنیا علیه وضع موجود گسترده است؛ مانع اصلی در عرصهٔ آگاهی است، یعنی در خط مشی سیاسی و ایدئولوژیک. مردم دنیا – زنان، کارگران، دهقانان، زحمت‌کشان شهر، اقلیت‌ها.. – میدان مبارزه را رها نمی‌کنند، اما رهبری آن‌ها را به درجا زدن در روابط سرمایه‌داری می‌کشاند.

درک غیرمارکسیستی از جنبش کمونیستی در آثار اوجلان همه‌جانبه است. برای مثال، مهم‌ترین عناصر تئوری مارکسیستی را نمی‌توان در آثار او یافت. من تنها تیتر بعضی از این مباحث را ردیف می‌کنم: اینکه هدف انقلاب کمونیسم است نه سوسیالیسم؛ سوسیالیسم جامعهٔ گذار است، گذار از سرمایه‌داری به کمونیسم؛ سرتاسر دوران سوسیالیسم که دورانی طولانی است طبقات وجود دارند و مبارزهٔ طبقاتی است که شکست یا موفقیت گذار را تعیین می‌کند؛ سوسیالیسم با کسب قدرت سیاسی به انجام نمی‌رسد بلکه شروع می‌شود؛ هر گامی که به سوی محدود کردن روابط سرمایه‌داری برداشته می‌شود مبارزه‌ای طبقاتی است؛ بنا نهادن سوسیالیسم و گذار به کمونیسم پروسهٔ مداخله‌ای آگاهانه است در واقعیت مادی؛ سرمایه‌داری هرگز به خودی خود به سوسیالیسم نمی‌انجامد و طبقهٔ سرمایه‌دار و دولتش متشکل‌ترین مانع پیشروی به سوی سوسیالیسم هستند؛ دولتی کردن وسائل تولید به معنی سوسیالیستی کردن نیست؛ فرد کارگر بدون آگاهی طبقاتی یک بورژوا بیش نیست و مبارزهٔ کارگران برای دستمزد و شرایط بهتر کار در چهارچوب روابط بورژوائی خرید و فروش نیروی کار قرار می‌گیرد؛ دیکتاتوری به معنی زورگویی، قلدری، قدرقدرتی و گردن کلفتی نیست (این درک لیبرالی از این مفهوم است) بلکه شکلی از اعمال قدرت یک طبقه بر طبقهٔ دیگر است؛ دیکتاتوری به این معنی با دمکراسی مانع‌الجمع نیست بلکه با هم دو وجهِ اعمالِ قدرتِ یک طبقه را تشکیل می‌دهند؛ دولت و حزب، از جمله حزب کمونیست و دولت سوسیالیستی، هر دو پدیده‌های جامعهٔ طبقاتی هستند و زوال هر دو پیش شرطِ گذار از

جامعهٔ طبقاتی سوسیالیسم به جامعهٔ بی‌طبقهٔ کمونیسم است؛ در حالی که دولت و حزب پدیده‌های طبقاتی هستند، گذار از سوسیالیسم به کمونیسم بدون رهبری حزب و وجود دولت میسر نیست و این تضادی است که از زمان مارکس در درون جنبش کمونیستی و در تقابل با آنارشیسم شناخته شده اما اهمیت آن هنوز برای بسیاری روشن نیست.

اگر در آغازِ کارِ پ.ک.ک درک غیرمارکسیستی از سوسیالیسم و کمونیسم روند عمده بود، در سال‌های بعد از امرالی کنارگذاشتن مارکسیسم روند اصلی است و این تنها ناشی از شرایط زندان نیست. جمیل بایک که تا چندی پیش فرماندهٔ نظامی پ.ک.ک بود در مقدمه‌ای که بر یکی از نوشته‌های زندان اوجلان نوشته است به این پروسهٔ تغییر فکری و نظریِ حزب و رهبری اشاره می‌کند:

> تحلیل‌های اوجلان نقطه نظرهای نوینی در بارهٔ تاثیرات متقابل دمکراسی و جامعه از یک طرف و سوسیالیسم از طرف دیگر ارائه کرد. دید او در مورد انکشاف ساختارهای جامعهٔ مدنیِ دموکراتیک، تجدیدنظر پایه‌ای در پ.ک.کَ را دامن زد... جدل شدید در مورد نوشته‌های اوجلان تجدیدِ فکرِ ایدئولوژیک ماندنی در درون پ.ک.ک. راه انداخت. حالا به ایده‌های مارکس، انگلس و لنین از نقطه نظر متفاوتی نگاه می‌شود. اصولی که گرامی شمرده می‌شدند می‌بایست زیر سئوال بروند... نوسازی به این معنی نیست که ما سوسیالیسم را به عنوان یک هدف کنار گذاشته‌ایم. برعکس، ما این پروسه را تعمیق اعتقادات‌مان می‌دانیم. زیر سوال کشیدن رادیکال دولت به عنوان ابزار قدرت پابه‌پای تردید کردن‌مان در مواضع پ.ک.ک. انجام گرفت. دولت به خاطر ماهیتش با جامعه و دمکراسی

> در تضاد است. بنابراین منطقی است که دکترینِ سوسیالیستیِ کلاسیک، دیکتاتوری پرولتاریا کنارگذاشته شود. نهایتا به درکی از سوسیالیسم می‌رسیم که دیگر استدلالات و مواضع دولت-محور را به کار نمی‌برد، یعنی ما متقاعد شده‌ایم که سوسیالیسم نمی‌تواند در چهارچوب دولت تحقق پیدا کند. در نتیجه، پ.ک.ک از هدف پیشین‌اش که دولت-ملّت برای خلق کرد بود صرف نظر کرد و تصمیم گرفت حل مسئله کُرد را به شکلی دنبال کند که مرزهای موجود را دستکاری نکند. سیاست ما دیگر با تصرف قدرت یا دولت که تاکنون نشان ضروری انقلاب موفقیت‌آمیز بود تعیین نمی‌شود...[۳]

به این ترتیب، با چنین درکی از رابطهٔ دولت و انقلاب این امکان به وجود می‌آید که در چهارچوب نظام سیاسی، اقتصادی و اجتماعی ترکیه هم مسئله ملّی حل شود و هم دمکراسی و سوسیالیسم تحقق پیدا کند.

۴. تغییر خط سیاسی وتئوری پ.ک.پ در این گفتهٔ جمیل بایک روشن است. به طور مشخص این مواضع جدید در رابطه با حل مسئلهٔ کرد چگونه ارائه شده‌اند و چگونه آن را برای اعضا و هواداران توضیح داده‌اند؟

امیر حسن‌پور: پ.ک.ک به مدت چهار دهه هزاران مبارز زن و مرد را که در آرزوی جامعه‌ای فارغ از ستم و استثمار بودند جذب تشکیلاتش

---

3. “Preliminary notes by Cemil Bayik, military commander of the PKK,” in Abdullah Ocalan, *Prison Writings: The PKK and the Kurdish Question in the 21st Century.* Translated and edited by Klaus Happel, London, Transmedia Publishing Ltd, 2011, p. xvi.

کرد و آن‌ها را در مبارزهٔ سیاسی و مسلحانه درگیر کرد. بسیاری زندگی خود را وقف تشکیلات و رهبرش کردند و این تعلق در جریان ربوده شدن اوجلان به شیوهٔ چشم‌گیری در سراسر دنیا بیان شد. از این رو رهبری باید هرگونه تغییر در خط سیاسی و ایدئولوژیک که مسیر متفاوتی را در پیش بگیرد و در تضاد با ایده‌آل‌ها و انتظارات اعضا و هوادارانش باشد توضیح دهد و توجیه کند.

اوجلان در فوریهٔ ۱۹۹۹ ربوده شد و در ژوئن همین سال به اعدام محکوم شد. فعالین حزبی و عده‌ای از هواداران جنبش ملّی کردستان از دفاعیهٔ او راضی نبودند، زیرا به جای دفاع از پروژهٔ حق تعیین سرنوشت به دنبال دموکراتیزه کردن دولت ترکیه رفت و بسیاری مواضع پ.ک.ک را کنار گذاشت. مثلا در اولین دفاعیه‌اش که قبلا به آن اشاره کردم در بخشی تحت عنوان «مشکلات تحول در درون پ.ک.ک» به سوسیالیسم می‌پردازد و می‌گوید: «سوسیالیسم که نمایندهٔ عالی‌ترین مرحلهٔ پیشرفت دموکراتیک و مساوات طلبانه‌ترین و آزادترین بیان آن درآغاز قرن بود...عملا در اثر نفس‌تنگی مرده است. این البته اتفاق افتاد زیرا سوسیالیسم، مانند بسیاری سیستم‌ها، انعطاف‌ناپذیر بود و نتوانست در درون سیستم کانال‌هایی را بر روی آزادی و برابری که جزء ذات آن است باز کند...» و بعد از اشاره به بعضی تاثیرات مثبتی که سوسیالیسم داشت از جمله «ظهور طبقات و ملّت‌هایی که از میزان مساوات بیشتری برخوردار بودند» می‌گوید: «شکی نیست که در رابطه با مسائلِ انسانی اساسی، سوسیالیسم، یعنی سوسیالیسم علمی که بیان حل واقعیت اجتماعی به وسیلهٔ علم است، دوباره گل خواهد کرد».[۴] این دفاعیهٔ ۱۹۹۹ است و در بقیهٔ دفاعیاتش یعنی متونی که به مراجع خارجی تحویل داد یعنی «کمیسیون اروپایی حقوق بشر» در ۲۰۰۱ و دادگاه آتن در ۲۰۰۳ و «دفتر عالی کمیسیون اروپایی حقوق بشر» در ۲۰۰۴ و «کمیسیون اروپایی حقوق بشر» در استراسبورگ و نیز در سایر نوشته‌هایش، سوسیالیسم را رد می‌کند و به سوی دمکراسی بورژوایی و شکلی از آنکه بعضی روشنفکران غربی «دمکراسی رادیکال» نامیده‌اند می‌رود. همهٔ این متون در کنگره‌های پ.ک.ک به عنوان خط رسمی حزب

۴. بیانیه حل دمکراتیک مسئله کرد، صص ۳۶-۳۷.

پذیرفته شده‌اند. در همهٔ این متون که در ۱۱ جلد منتشر شده اوجلان برای توجیه یا قبولاندن خط مشی جدیدش تلاش فوق‌العاده‌ای می‌کند.

از لحاظ نظری یکی از بحث‌های مهم اوجلان این است که آزادی یا رهایی از طریق دولت یا دولت‌سازی میسر نیست بلکه از طریق تعمیق دمکراسی می‌توان به آن دست یافت و بنیاد دولت مانع دمکراسی است. نتایج عملی چنین نظری این است: کسب قدرت سیاسی از برنامهٔ پ.ک.ک حذف شده است و حق تعیین سرنوشت ملّت کرد از طریق تشکیل دولت مستقل منتفی شده است زیرا به اعتقاد او هر دولت-ملّتی مانع تحقق دمکراسی می‌شود. اما از آنجا که دولت-ملّت ترکیه وجود دارد و هر تغییری در وضع موجود و روابطِ قدرتِ حاکم بر آن با دخالت یا مخالفت دولت روبرو می‌شود، اوجلان باید به این سوال جواب بدهد که اگر مساله کرد قرار است از طریق تعمیق دمکراسی حل شود، حدود و ثغور تغییراتی که باید در دولت و در برنامهٔ پ.ک.ک صورت بگیرد چیست؟ او پاسخ این سوال را به طور مفصل ارائه داده و چکیدهٔ هزاران صفحه تحلیل این است: تعمیق دمکراسی در چهارچوب نظام سرمایه‌داری ترکیه و ساخت دولتی آن میسر است و آن هم از طریق اصلاحاتی در نظام سیاسی و حقوقی و در رابطهٔ دولت و پ.ک.ک. به گفتهٔ اوجلان، «تضادِ دولت-پ.ک.ک به سنتزِ یک جمهوری دموکراتیک می‌انجامد و این یک پیروزی خواهد بود».[۵]

اما درک اوجلان از دمکراسی برای پوشیدن قبایی بر تن ساختار کنونی نظام حکومتی ترکیه مناسب است و بعدا به درک غیر طبقاتی او از دمکراسی اشاره می‌کنم. فرض کنیم که دمکراسی همان است که او می‌طلبد. در کشوری که به قول یکی از مورخینش «کیش دولت» در حد پرستش این بنیاد رایج است، او چگونه از یک طرف دولت و دمکراسی را مانع‌الجمع می‌بیند و از طرف دیگر می‌خواهد دولت فعلی را دموکراتیزه کند، آن هم با تبدیل پ.ک.ک به آنتی تزِ آن به امید اینکه به سنتز «جمهوری دمکراتیک» برسد؟ او برای به کرسی نشاندن این بحث، تاریخ ترکیه و کل تاریخ دنیا را بازکاوی کرده و به این نتیجه رسیده است که

۵. بیانیه حل دمکراتیک مسئله کرد، متن انگلیسی، ص ۴۶.

ستمی که جمهوری ترکیه در طول نود سال بر کردها روا داشته است بیش از هر چیز ناشی از تمرکزِ افراطی قدرت دولتی (سانترالیسم) بوده، نه به دلیل ماهیت سیاسی و ایدئولوژیک آن، یعنی نه به خاطر آنکه ترکیه یک نظام سرمایه‌داری با ساختِ سیاسی-حقوقی مبتنی بر ناسیونالیسم و ناسیونال شووینیسم است. برای مثال در حالی که مورخین نقش کمال آتاتورک را در بنیان‌گذاری جمهوری و ترسیم مسیر سیاسی و ایدئولوژیک آن تعیین‌کننده می‌دانند، اوجلان سیاست قدیم و جدید دولت را در رابطه با کردها از آتاتورک و خط مشی او متمایز می‌کند. حتی در مورد مهم‌ترین ارگان دولت، در دفاعیات ۱۹۹۹ در بخشی تحت عنوان «تجربه‌های راه حل دمکراتیک»، می‌نویسد: «ارتش از بسیاری احزاب به ظاهر دموکراتیک حساس‌تر است. ارتش استانداردهای دمکراسی را در نظر می‌گیرد... امروز ارتش تهدیدی برای دمکراسی نیست بلکه بالعکس نیرویی است که تضمین می‌کند که دمکراسی به شیوه‌ای سالم به مرحلهٔ بعدی پیش برود و کار خود را ادامه دهد.»[۶] اما هر آنچه در تاریخ جمهوری ترکیه روی داد این ارزیابی از نقش ارتش را رد می‌کند و در عین حال درک اوجلان از بنیاد ارتش با درک او از دمکراسی و ماهیت دولت هم‌خوانی دارد.

از جمله راه‌حل‌های عملی‌ای که اوجلان برای تبدیل ترکیه به «جمهوری دموکراتیک» پیشنهاد کرده است آن است که با اصلاح کردن قانون اساسی، شهروندی از ملّیت جدا شود یعنی شهروندی بر اساس ترک بودن (زبان، قومیت، ناسیونالیسم ترک) تعیین نشود و دیگری آن است که با برقراری «اتونومی دمکراتیک» و «کنفدرالیسم دمکراتیک»، کردها در سراسر کردستان یا هر جا که زندگی می‌کنند امور خودشان را اداره کنند، زیرا به نظر او اگر این اصلاحات عملی شوند ترکیه به دولتی متحد و مقتدر تبدیل می‌شود و راه را برای پیوستن به اتحادیهٔ اروپا هموار می‌کند. در رابطه با جدا کردن قدرت دولتی از ملّیت و قومیت، اوجلان در مقدمهٔ اولین دفاعیه‌اش که قبلا به آن اشاره کردم «راه حل دموکراتیک» را توضیح می‌دهد:

---

۶. بیانیه حل دمکراتیک مسئله کرد، متن انگلیسی، ص ۶۸.

کتاب تمدن دموکراتیک لزلی لیپسن که تصادفی به دستم رسید به درک این راه حل کمک کرد. «حق ملل در تعیین سرنوشت» که در سال‌های ۱۹۷۰ رایج بود و در عمل به معنی ایجاد یک دولت مستقل بود، در واقع، در این مورد راه کور بود. در مورد کردستان، این باعث می‌شد که به جای حل کردن مساله مانع حل آن شود... وقتی که در عمل دیدم که آلترناتیوهایی چون ساختن دولت جداگانه، فدرالیسم، اتونومی و رویکردهای مشابه در مقایسه با راه‌حل‌هایی که دمکراسی ارائه می‌دهد چقدر عقب‌مانده و گاهی حتی بازدارنده هستند، توجه به سیستم دموکراتیک برای من اهمیت بسیار پیدا کرد... (بیانیه حل دمکراتیک مسئله کرد، متن انگلیسی، ص ۱۱)

این بحث ناظر بر حفظِ ساختِ سیاسی-حقوقی دولت ترکیه به عنوان یک دولت وحدت‌گرا است و منظور این است که دولت ترکیه می‌تواند از طریق رفرم، تنوع زبانی و فرهنگی و قومی را بپذیرد و به حقوق «اقلیت‌ها» احترام بگذارد و هم‌چنان دولتی متمرکز و وحدت‌گرا باقی بماند. در واقع در دو دههٔ اخیر، بعضی سیاست‌مداران و رسانه‌های ترکیه در رابطه با شرایطِ پیوستن به اتحادیهٔ اروپا این بحث را کرده‌اند که ترکیه می‌تواند از «مدل فرانسه» پیروی کند، یعنی دولتی غیرفدرال، متمرکز و دموکراتیک باشد که حقوق «اقلیت‌ها» را مراعات کند بدون اینکه آن‌ها را به عنوان یک جمع مانند «ملّیت» یا «اقلیت ملّی» به رسمیت بشناسد. لیپسن استدلال کرده است که کشورهای چندملّیتی یا چند قومیتی مانند سوئیس اگر دموکراتیک باشند می‌توانند رفاه و صلح و عدالت برای همهٔ شهروندان را تامین کنند. چنین درکی از مسالهٔ ملّی، یعنی جدا کردن قومیت و ملّیت از قدرت سیاسی، از قدیم در فلسفهٔ سیاسی بورژوایی جای مهمی داشته و هنوز هم دارد و معمولا به صورت دوالیسم «ملّت مدنی» و «ملّت قومی» بیان می‌شود و فرانسه و آلمان را به عنوان نمونه‌های آن ذکر می‌کنند.

در این شکی نیست که جدا کردن قدرت دولتی از ملّیت و قومیت که در بعضی دمکراسی‌های بورژوایی از طریق قانونی صورت گرفته به دموکراتیزه کردن روابط کمک می‌رساند، یعنی اینکه شهروندها صرف نظر از تعلقات قومی و زبانی و دینی و نژادی و جنسیتی در قبال قانون برابر باشند، تبعیض بر مبنای این تعلقات ممنوع شود و مثلا هیچ یک از این تعلقات مانعی برای احراز مقام سیاسی و قضایی و اداری و پارلمانی نباشد. اما این جدایی در عرصهٔ قانونی صورت گرفته است در حالی که ستم ملّی و زبانی و نژادی پدیده‌های هم قانونی و سیاسی هستند و هم فراقانونی و برابری قانونی نمی‌تواند نابرابری فراقانونی را رفع کند. حتی در عرصهٔ حکومت هم برابری قانونی نتوانسته است تبعیض ملّی و زبانی و نژادی و جنسیتی را به کلی از بین ببرد. در انگلستان و فرانسه، قانون وسیله‌ای بود برای ملّت‌سازی و دولت سازی و تامین رشد سرمایه‌داری اما مسالهٔ ستم ملّی را از راه جنگ (ایرلند، اسکاتلند) و ادغام و پاک‌سازی قومی حل کردند.

ایدهٔ تعمیق دمکراسی از طریق جداکردن شهروندی و ملّیت همان طور که گفتم در «دمکراسی لیبرالی» یا دمکراسی بورژوایی سابقهٔ طولانی دارد و اگر چه در بعضی موارد تضاد ملّی را تخفیف داده است اما نتوانسته آن را برچیند. این بحثی مفصل است ولی می‌توانم اشاره کنم که ستم ملّی فقط تعصب یا تنگ‌نظری یک فرد یا یک گروه نیست بلکه یک سیستمِ اعمال قدرت است که مانند هر سیستمی پروسه‌های تولید و بازتولیدِ خودش را دارد و با سایر روابط ستمگرانه و استثمارگرانه گره خورده است و هم دیگر را بازتولید می‌کنند. در واقع تا وقتی که این نظام برقرار است و مردم دنیا به ملّت‌های بزرگ و کوچک، ثروتمند و فقیر، قوی و ضعیف، یا ستمگر و ستم دیده تقسیم شده‌اند نمی‌توان به برابری و عدالت رسید. برای مثال، یکی از خواسته‌های مهم پ.ک.ک تامین حقوق زبانی کردها است. اما حتی اگر ترکی و کردی در عرصهٔ قانون اساسی هم برابر باشند، آن طور که در عراق کردی و عربی هر دو زبان رسمی هستند، یعنی زبان رسمی جمهوری ترکیه باشند، باز هم برابر نخواهند بود، زیرا ترکی زبانِ اکثریت است؛ کردی زبان ۲۰ درصد جمعیت؛ کردی به مدت هشت دهه به شدت

سرکوب شده است، در حالی که ترکی زبان رسمی جمهوری ترکیه است و از حمایت وسیع دولت برخوردار بوده است؛ حتی اگر دولت زبان کردی را به عنوان زبان آموزشی در کودکستان، دبستان، دبیرستان و دانشگاه بپذیرد، فارغ‌التحصیلانِ کرد زبانِ این سطوح آموزش در مقایسه با ترک‌زبانان در وضعیت نابرابری قرار خواهند داشت، مثلا موسسات آموزشی نابرابر خواهند بود و کردی نمی‌تواند زبان روابط اقتصادی شود؛ علاوه بر این‌ها، بسیاری روابط دیگر باعث بازتولید نابرابری دو زبان و متکلمین آن‌ها می‌شوند. البته باید تلاش کرد که روابط زبانی دموکراتیزه بشود هم در قانون و هم در سیاست و اقتصاد و تقسیم نابرابر قدرتِ زبانی تولید و بازتولید نشود، اما قانون به تنهایی نمی‌تواند این هدف را تامین کند زیرا زبان مستقل از سایر روابط اقتصادی، اجتماعی، سیاسی، فرهنگی و غیره نیست و بدون برچیدن کلیهٔ این روابط نمی‌توان یکی از آن‌ها را از میان برداشت. منظورم از آوردن این مثال این است که بگویم حقوق شهروندی در عین حال که باید تامین شوند (برابری در قبال قانون)، نباید تصور کرد که از طریق آن ستم برطرف خواهد شد. در واقع برابری قانونی-حقوقی، با وجود اینکه مطلوب است و باید برای تامین آن مبارزه کرد، در نهایت به بازتولید روابط نابرابر کمک می‌کند به این دلیل که روابط خارج از عرصهٔ قانون یعنی روابط اجتماعی و اقتصادی، نابرابرند و نظام سرمایه‌داری نمی‌تواند این برابری را تامین کند. یکی از تفاوت‌های مهم سرمایه‌داری و سوسیالیسم در این است که سرمایه‌داری می‌تواند، در شرایطی و تحت فشار جنبش‌های اجتماعی، برابری قانونی یا صوری را تامین کند اما در هیچ شرایطی نمی‌تواند برابری اقتصادی و اجتماعی را تامین کند. امروز بعد از بیست سال حکومت نیمه‌مستقل کرد در عراق که اختیارات آن به مراتب از آنچه پ.ک.ک می‌طلبد، وسیع‌تر است و کردی و عربی دو زبان رسمی کشور هستند، زبان انگلیسی در آموزش عالی بر کردی ارجحیت دارد و ترکی و فارسی جایگاه تازه‌ای یافته‌اند.

۵. در سال‌های اخیر پ.ک.ک جامعهٔ مورد نظر خود را با واژه‌هایی مثل «کنفدرالیسم دموکراتیک»، «مدرنیتهٔ دموکراتیک»، «کمونالیسم اکولوژیک» و برخورد تمدن‌ها مشخص می‌کند. در آثار اوجلان به نظرات کسانی چون فوکو، والرستاین، بوکچین،

و ادوارد سعید اشاره می‌شود. این‌ها چه تاثیری در تغییر مسیر اوجلان داشته‌اند؟

امیر حسن‌پور: تغییرِ جهتِ اوجلان، همان طور که قبلا اشاره کردم، به قبل از اسارت برمی‌گردد ولی بعد از اسارت به چرخشی همه‌جانبه تبدیل شد. این تغییر مسیر قبل از هر چیز سیاسی بود اما بعد از ایمرالی توجیه نظری و تاریخی برای آن ارائه شد و نظرات افرادی که نام بردی در این توجیهات نقش مهمی داشته است. مسالهٔ توجیه سیاست جدید به اندازه‌ای برای اوجلان مهم است که او تاریخ انسان را از دوران ماقبل تاریخ، یعنی دوران پارینهٔ سنگی و نوسنگی، تا تمدن سومر و از آن جا تا امروز به تفصیل بررسی می‌کند برای اینکه ثابت کند که خط مشی قبلی پ.ک.ک اشتباه بوده و باید راه دیگری در پیش گرفت. این بازگویی تاریخ برای توجیه سیاستی است که در ایمرالی در پیش گرفته است. به طور خلاصه می‌گوید که تمدن سومر آغاز و مدلِ نظام دولت محور بود. در اینجا بود که، به گفتهٔ او، اول، بار کاهنان معمار قدرت سیاسی متمرکز شدند و معبدگاه شان به شهر تبدیل شد، شهر به دولت تبدیل شد و آن هم به امپراطوری و تمدن و بذر سلطه‌جویی و درگیری کاشته شد. بعد استدلال می‌کند که تاریخ تمدن همه جا چیزی جز تداوم تاریخ سومر نیست و تاریخ امروز همان تاریخ سومر است؛ اما اروپا جلو رفت، با رنسانس و رفورماسیون و روشنگری اگر چه همراه با استعمار و دولت‌محوری و امروز خاورمیانه در مقابل آن حالت دفاعی دارد؛ به نظر او چاره این است که خاورمیانه یک فدراسیون/تمدن دمکراتیکِ بدون دولت محوری به وجود بیاورد، آن هم با پذیرفتن دست‌آوردهای اروپا از قبیل آزادی فرد، پلورالیسم، سیاست و فکر سکولار و سنتزکردن آن از طریق جامعهٔ مدنی با ارزش‌های فرهنگی خودش. در یک کلام، «تمدن سومری» را باید کنار گذاشت و به «تمدن دمکراتیک» تبدیل کرد (برای مثال در کتاب پ.ک.ک و مسالهٔ کرد در قرن بیست و یکم به انگلیسی ۲۰۱۱ و نقشهٔ راه مذاکرات به انگلیسی ۲۰۱۲).[۷]

7. Abdullah Öcalan, *The Road Map to Negotiations*. Translated from Turkish by Havin Guneser. Cologne, International Initiative Edition, February 2012.

اما این تاریخ نگاری با مسیری که تاریخ دنیا طی کرده فرق اساسی دارد. آن چه در ده دوازده هزار سال اخیر اتفاق افتاده تاریخ مبارزهٔ طبقاتی بوده، تاریخی پر از خشونت و درندگی طبقات استثمارگر، و به همین دلیل مارکس کل این تاریخ را «ماقبل تاریخ» می‌نامید و آغاز تاریخ را در ریشه‌کن کردن استثمار و ستم در جامعهٔ کمونیستی آینده جستجو می‌کرد. اما تاریخ نگاری اوجلان ناظر بر برچیدن نظام طبقاتی و زوال دولت نیست بلکه در چهارچوب نظام «تمدنی» یعنی نظم طبقاتی و دولتی است و اصلاح این نظام را می طلبد. این تاریخ نگاری، که در سال‌های اخیر «گفتمان تمدنی» نامیده شده، مبتنی بر طبقات و مبارزهٔ طبقاتی نیست بلکه تاریخ را در برخورد انواع تمدن‌ها، که چیزی جز نظام‌های برده‌داری و فئودالی و سرمایه‌داری نیستند، خلاصه می‌کند و بر مبارزهٔ طبقاتی سرپوش می‌گذارد و «نقشهٔ راه» است برای تعدیل و ترمیم حفظ وضع موجود و مشکلاتی که با آن درگیر است. در سال‌های اخیر حزب آ.ک.پ نیز که مدت یک دهه است حکومت را در دست دارد به «گفتمان تمدنی» روی آورده است. به گفتهٔ کسانی که در مورد این گفتمان تحقیق کرده‌اند، عناصر اصلی آن «دمکراسی محافظه کارانه»، «ارزش های معنوی»، یعنی تلفیق ناسیونالیسم کمالیستی و اسلام ناسیونالیستی و لزوم تامین رهبری ترکیه بر خاورمیانه و دنیای اسلام است. «گفتمان تمدنی» اوجلان می‌تواند به آسانی با این گفتمان تلفیق شود. او در دفاعیهٔ اولش، «بیانیهٔ حل دمکراتیک مسئلهٔ کرد»، خطاب به دادگاه نوشت:

این [عمل کرد تاریخی] پ.ک.ک تجزیه‌طلبی نیست بلکه شاید حرکتی است برای بزرگ‌ترین وحدت با ترکیه و ترک‌ها، حرکتی به سوی مقتدرشدن و بار دیگر رهبر شدن در خاورمیانه، قفقاز و بالکان. (بیانیه حل دمکراتیک....، صص ۳۵-۳۶)

می‌توان پرسید که این وحدت که سنگ بنای آن اتحاد نژادی

(ترک بودن از بالکان تا قفقاز) و احیای خلافت عثمانی است چه تفاوتی با «گفتمان تمدنی» حزب حاکم دارد؟

اوجلان در این بحث‌ها از نظرات کسانی که اسم بردی مانند فوکو، نگری و بوکچین الهام گرفته است و بعضی‌ها مانند مارکس و انگلس را گاهی نقد و گاهی تایید می‌کند. همچنین در موارد مختلف نظرات و پروژه‌های ضد و نقیض ارائه داده است. اما یافتن چکیدهٔ مطلب در بین انبوه نوشته‌ها و نقد و تاییدی که از نظرات مختلف می‌کند کار دشواری نیست زیرا پروژهٔ سیاسی او روشن است. او می‌گوید مرزهای موجود خاورمیانه را باید به عنوان مرزهای ثابت قبول کنیم و باید مبارزه را به کسب حقوق بنیادین و دمکراسی در درون کشورها و دولت‌های موجود محدود کنیم.[8] او کسب حقوق را راه رسیدن به دمکراسی و وسیله ای برای رفرم نظام سرمایه‌داری می‌داند نه برچیدن آن و ساختن آلترناتیوی به جای آن و این تصادفی نیست که در تمام این نوشته‌ها به سرمایه‌داری کاری ندارد و به «مدرنیتهٔ سرمایه‌داری» می‌پردازد و معتقد است که این «جهنم مدرنیته» چیزی جز «سودپرستی، صنعت‌گرایی و گرایش به دولت-ملّت» نیست.[9] اما از دید مارکسیستی، سرمایه‌داری سودپرستی و طمع و صنعت‌گرایی نیست بلکه یک فورماسیون اجتماعی-اقتصادی است بر اساس مالکیت خصوصی وسایل تولید و استثمار کارمزدی و تضاد اصلی آن نه در عرصهٔ فرهنگ و خصلت و خلق و خو بلکه بین ماهیت اجتماعی کار و شکل خصوصی سرمایه‌دارانهٔ تملک است و این تضاد به اشکال مختلف و بیش از همه در شکل تضاد بین طبقات اصلی جامعهٔ سرمایه داری یعنی طبقهٔ بورژوازی و طبقهٔ کارگر نمایان می‌شود.

نظرات فوکو از دیدگاه‌های مختلف نقد شده است. یکی از فایده‌های فوکو برای بحث‌های اوجلان این است که او هم بحث مدرنیته را جای‌گزین بحث سرمایه‌داری کرد، از بحث دولت و طبقه طفره رفت و کسب

---

۸. کتاب پ.ک.ک و مسالهٔ کرد در قرن بیست و یکم، متن انگلیسی، ۲۰۱۱، ص ۹۰، و سایر نوشته‌ها.

۹. در مانیفست جامعهٔ دمکراتیک: مسائل گذار از مدرنیتهٔ کاپیتالیستی و روند دمکراسی، کتاب اول، ترجمهٔ فارسی، ۱۳۸۸.

قدرت دولتی را راه حلی برای برچیدن نظام سرمایه‌داری نمی‌دانست و در واقع، در تضادِ حساب شده با مارکس، برچیدن این نظام را بخشی از پروژهٔ تئوری‌سازی‌اش نکرده است. او همه جا به بحث قدرت می پردازد، اما به نظر او قدرت در دولت یا طبقه تمرکز نیافته بلکه همه جا هست و نباید قدرت زندان و کارخانه و خانواده را به قدرت طبقهٔ حاکمه یا دولت تقلیل داد و تصور کرد که با سقوط دولت یا طبقهٔ حاکمه استبدادِ این بنیادها هم ریشه‌کن خواهد شد. فوکو با شروع از این موضع که قدرت در انحصار یا مالکیت هیچ طبقه‌ای نیست به این نتیجه می‌رسد که به مردم هم تعلق ندارد و اصولا قدرت یک فرم است بدون محتوای اجتماعی، یعنی در نیروهای اجتماعی مخصوصا طبقه لنگر نینداخته است؛ برای او جامعه، نه جامعهٔ سرمایه‌داری بلکه «جامعهٔ انضباطی» است. همچنین معتقد است که قدرت در «جامعهٔ انضباطی» مدرن، بر خلاف جامعه‌های پیشینِ پادشاهان و امرا، «غیرشخصی» شده و از یک خصیصهٔ انسانی به یک موجودیت مستقل و خودکفا تبدیل شده است که انسان‌ها را به ارادهٔ خود شکل می‌دهد. بحث قدرت مفصل است از جمله اینکه ادعا می‌کند اعمالِ قدرت نه یک‌جانبه است، از ستم‌گر به ستم‌دیده، و نه به شکل سلسلَه مراتب است نظیرِ حاکم و محکوم، ستم‌گر و ستم‌دیده، یا استثمارگر و استثمارشده و ادعا می‌کند که همه صاحب قدرت‌اند و همه به اعمال قدرت می‌پردازند و قدرت به مقاومت می‌انجامد و یا اینکه قدرت دانش را می‌سازد و در همهٔ این بحث‌ها تلاش بر این است که مبارزهٔ طبقاتی و انقلاب و تغییر انقلابی وضع موجود منتفی شود. فوکو در بحثِ «انضباط» و «جامعهٔ انضباتی» وجود مالکیت خصوصی و دولت و درهم تنیدن آن‌ها را در سرمایه‌داری نادیده می‌گیرد. در دیدگاه فوکویی، حاکمیت دولت از بین رفته زیرا دولت به مجموعه‌ای تبدیل شده که قدرت‌شان در سراسر جامعه پراکنده است. او با علم که هدفش کشفِ حقیقت است مخالف بود زیرا به نظر او حقیقت کارکرد یا تَبَع قدرت است و ربطی به خرد ندارد. قدرت همه جا به دانش متکی است و آن را به وجود می‌آورد. منظورم این نیست بگویم که اوجلان شیفتهٔ همهٔ افکار فوکو شده است اگر چه به بحث دانش- قدرت توجه بیشتری می‌کند. اما سودمندی فوکو برای پروژهٔ او بسیار روشن

است. در حالی که فوکو همواره از قدرت و مقاومت دم می‌زند و گویی مقدمات تئوریک نقشهٔ انقلاب را تدوین می‌کند، در واقع حضور دولت، این سازمان یافته‌ترین مرکز قدرتِ طبقه، را در حضورِ فراگیرِ قدرت گم و گور می‌کند. مفهوم «حکومت‌گری»[10] فوکو، فنِ حکومت بر انسان، که بسیاری از روشنفکران «چپ» را شیفتهٔ خود کرده است، دولت و نقش حیاتی آن را در تولید و بازتولید سرمایه، استثمار، طبقه، و فرماسیون اجتماعی-اقتصادی از عرصهٔ دانش تئوریک می‌زداید. سودمندی این دیدگاه برای پروژهٔ تغییرِ جهتِ پ.ک.ک این است که بر انتاگونیسم دولت و طبقات استثمار شده و دولت و ملّیت‌های تحت ستم سرپوش می‌گذارد.

اما بوکچین و پروژهٔ آنارشیستی‌اش چگونه به چرخش فکری اوجلان کمک می‌کند؟ اگر فوکو همهٔ مشکلات را به «انضباط» و «جامعهٔ انضباطی» تقلیل می‌دهد، آنارشیسم همهٔ مشکلات را در وجود سازمان و سازمان‌یافتگی می‌یابد. این نظر که تعیین سرنوشت دیگر خواستی دمکراتیک نیست از علاقهٔ اوجلان به آنارشیسم سرچشمه نگرفته است اما برای توجیه آن از مکتب فکری آنارشیستی تغذیه می‌کند، اینکه دولت را دشمن اصلی آزادی به حساب می‌آورد. البته آنارشیست‌ها آزادی‌خواه هستند و از رهایی ملّت‌ها یا حق تعیین سرنوشت آن‌ها دفاع می‌کنند. منظورم این است که اوجلان به این نتیجه رسیده است که دولت ترکیه به هیچ وجه حق تعیین سرنوشت کردها را قبول نمی‌کند چه به صورتِ دولتِ مستقل و چه در شکل فدرالیسم و باید این وضعیت را پذیرفت و توضیح تئوریک برای پذیرش وضع موجود ارائه داد. نظرات آنارشیستی به این ادعا پا می‌دهند که با بودن دولت نمی‌توان به دمکراسی یا سوسیالیسم دست یافت و تنها با دور زدن دولت و مستقل از آن تحقق آزادی میسر است. عقاید بوکچین و ایده‌هایی نظیر «کنفدرالیسم دموکراتیک»، «مدرنیته دموکراتیک» یا «کمونالیسم اکولوژیک» این توهم را به وجود می‌آورند که می‌توان دولت را به حال خود گذاشت و قدرت را از پایین به بالا اعمال کرد.

آنارشیسم یک فلسفهٔ سیاسی و یک خط سیاسی و ایدئولوژیک است اما طیف وسیعی را تشکیل می‌دهد از آنارکو-کاپیتالیسم در نهایت

10. gouvernmentalité.

راست گرفته تا آنارکو-کمونیسم در انتهای چپ. هدفی که در بیشتر اشکال آنارشیسم به جز آنارکو-کمونیسم مشترک است تاکید بر آزادی فرد و لزوم برچیدن هر نوع اتوریتهٔ سازمان‌یافته به ویژه دولت است. در عرصهٔ تئوری‌های آنارشیستی، مسالهٔ اصلی آزادی فرد از اتوریتهٔ دولت و دیگر قید و بندهای بنیادهای اجتماعی است، نه رهایی زحمت کشان و کلیهٔ بشریت از استثمار و ستم. این به هیچ وجه به این معنی نیست که آنارشیست‌ها برای رهایی زحمت‌کشان یا بشریت مبارزه نمی‌کنند. اما در تئوری آنارشیستی رابطهٔ دیکتاتوری و دمکراسی بر اساس دید لیبرالی درک شده است و امکان برچیدن سرمایه‌داری را فراهم نمی‌کند: آنارشیسم دیکتاتوری را از دمکراسی جدا می‌کند و به این نتیجه می‌رسد که دیکتاتوری، دیکتاتوری است و دمکراسی، دمکراسی و آن‌ها را به شکل دوالیستی در تقابل با هم و به شکل مانعه الجمع قرار می‌دهد و دیکتاتوری را با زورگویی و خشونت و قلدری قاطی می‌کند. اشکال اصلی این نظر این است که در فقدان دید دیالکتیکی و ماتریالیستی، نمی‌تواند دمکراسی را فُرمی از اعمال قدرت طبقه ببیند و در نتیجه به هیچ وجه نمی‌تواند دمکراسی را فُرمی از دیکتاتوری طبقه ببیند، به عبارتی دیگر دمکراسی و دیکتاتوری را نمی‌تواند پشت و روی یک سکه ببیند، منظورم سکهٔ حاکمیت طبقه است، چه طبقهٔ بورژوازی چه طبقهٔ کارگر، البته اگر قدرت را در دست گرفته باشد و هنوز طبقات و دولت زوال نیافته باشند و تعجب‌آور نیست که آنارشیست‌ها در حمله و طعنه به «دیکتاتوری پرولتاریا» هیچ وقت از روزنامه‌های بورژوازی عقب نمی‌مانند. آنارشیست‌ها آرزو می کنند که دولت، این سازمان یافته‌ترین مرکز قدرت، از بین برود اما، بر خلاف مارکسیسم و کمونیسم، از درک تئوریک رابطهٔ دولت با طبقه، فورماسیون و انقلاب عاجزند و پروژه‌ای برای سرنگون کردن دولت بورژوایی و استقرار دولتی که هدفش «زوال دولت» باشد ندارند و معتقدند که چنین چیزی میسر نیست و از آن جا که در عمل هم توانایی برچیدن دولت را ندارند، در محدودهٔ مبارزه با «اتوریته» و تلاش برای آزادی فرد باقی می‌مانند. اما اوجلان، بر خلاف آنارشیست‌ها، در راس یک تشکیلات وسیع و با تجربه و دارای سازمان‌های سیاسی و نظامی و فرهنگی و تبلیغاتی و اجتماعی گسترده قرار دارد و تغییر خط سیاسی و

ایدئولوژیک را باید به زمینهٔ تشکیلاتی بکشاند و تجدید سازماندهی کند. در واقع، پ.ک.ک این کار را از سال ۲۰۰۵ انجام داده است. خط سیاسی و ایدئولوژیک در ایمرالی، در شرایط اسارت، تدوین شده و سایر رهبرانِ تشکیلات در خارج از زندان آن را در زمینه‌های مختلف پیاده می‌کنند. در عرض هشت سال اخیر، پ.ک.ک مدام مشغول تجدید سازماندهی بوده و مفاهیمی مانند «کنفدرالیسم دموکراتیک»، «مدرنیته دموکراتیک»، «کمونالیسم اکولوژیک»، و «اتونومی دمکراتیک» رهنمون این بازسازی‌ها بوده‌اند و بعضی از این مفاهیم از افکار و مفاهیم بوکچین متاثرند. پ.ک.ک ادعا می‌کند که این ابتکارات یعنی کنفدرالیسم و کمونالیسم و غیره تلاشی است برای به تحقق رساندن دمکراسی از پایین به بالا، و بدون حضور دولت. مثلا کنفدرالیسم دمکراتیک طبق نظر اوجلان، «حکومت بر خودِ دمکراتیک» را از کمونیتی‌های محلی شروع می‌کند و به شکل شوراهای علنی، شوراهای شهر، پارلمان‌های محلی و کنگره‌های بزرگ‌تر سازماندهی می‌کند. نمونهٔ آن «کوما جڤاکین کوردستان»[11] است. تشکل دیگر «کنگرهٔ جامعهٔ دمکراتیک»[12] است که دربرگیرندهٔ مجلس‌هایی در سطوح مختلف مانند ده، ناحیهٔ روستایی، محلات شهر و منطقه است با هدف خودگردانی در این سطوح و بدون اینکه بخواهد قدرت را از دولت بگیرد می‌خواهد فرم‌های غیر دولتی قدرت را سازماندهی کند.

ایدهٔ کمونالیسمِ بوکچین با این خط سیاسی هم‌خوانی دارد. هواداران این ایده می‌گویند کمونالیسم آلترناتیو سیاسی و تشکیلاتی است در مقابل سرمایه‌داری و دولت-ملّت آن و هدفش این است که از طریق برقراری «دمکراسی بلدیه‌ای»[13] قدرت دولتی را به زیر بکشد یعنی از سطح ملّت-دولت به سطح محلی شهرداری بکشاند زیرا معتقد است که شهرداری یک بنیاد انسانی اساسی است که قدرتش را به ملّت-دولت باخته و باید دوباره آن را به دست بیاورد. از این رو به عقیدهٔ بوکچینی‌ها شهرداری‌های

11. KCK: Koma Civakên Kurdistan.
12. DTK: Demkratik Toplum Kongresi (Kongreya Civaka Demokratîk).
13. municipal democracy.

فعلی باید دمکراتیزه بشوند به این ترتیب که شهروندان را در حوزهٔ خود در قدرت سهیم کنند. این بازسازی را از طریق انواع شوراها، کمیته‌ها و مجالس باید انجام داد که در آن‌ها مشاوره و تصمیم‌گیری به شیوهٔ شفاف صورت می‌گیرد. از آنجا که مجموعه‌ای از شهرداری های پراکنده و خودمحور نمی‌تواند جای ملّت-دولت را بگیرد، معتقدند که برای رسیدن به این هدف شهرداری‌ها باید در شبکه‌های منطقه‌ای و کنفدراسیون‌های وسیع‌تر از سطح منطقه متحد شوند. بوکچینی‌ها می‌دانند که شرایط اقتصادی و مادی سرمایه‌داری مانع برابری و آزادی و عدالت می‌شود اما معتقدند کنفدرالیسم دمکراتیک متشکل از شهرداری‌های دمکراتیک می‌تواند آلترناتیو ملّت-دولت باشد.

۶. جنبش‌های ملّی در کردستان و دیگر جاها نه از آنارشیسم متاثر بوده‌اند نه با آن‌ها پیوندی داشته‌اند. بوکچین کیست و این رابطهٔ پ.ک.ک و آنارشیسم بوکچین چگونه برقرار شده؟

امیر حسن‌پور: این درست است که چنین رابطه‌ای وجود نداشته است. من همهٔ رابطه‌های پ.ک.ک و بوکچین را دنبال نکرده‌ام و بیشتر به تحولات فکری و ایدئولوژی توجه داشته‌ام. اما پروسهٔ آشنایی بوکچین و هم فکرانش با اوجلان توسط یکی از نزدیکان و هم فکران بوگچین به نام جانت بییل[۱۴] و عده‌ای دیگر بازگویی شده است.

موری بوکچین، طبق یکی از سخنرانی/نوشته‌های جانت بییل، در سال‌های ۱۹۳۰ عضو تشکیلات جوانان حزب کمونیست آمریکا بود و در اواخر این دهه به تروتسکیست‌ها ملحق شد زیرا آن‌ها می‌گفتند که جنگ جهانی دوم به انقلاب پرولتری در اروپا و آمریکا می‌انجامد همان‌طور که جنگ جهانی اول به انقلاب در روسیه منجر شده بود. از آنجا که این انقلاب‌ها صورت نگرفت بوکچین از تروتسکیست‌ها هم جداشد، اما با دوستانش سعی کرد به آلترناتیوی در مقابل مارکسیسم و کمونیسم برسند. قبل از ادامهٔ این داستان باید بگویم که مارکسیست‌ها و کمونیست‌ها هیچ وقت معتقد نبوده‌اند که شرایط جنگ به خودی خود

14. Biehl.

به انقلاب پرولتری می‌انجامد. درست بر عکس، معتقدند اگر طبقهٔ کارگر آگاهی طبقاتی و حزب کمونیستی با خط سیاسی صحیح نداشته باشد نه تنها انقلاب نخواهد کرد بلکه زیر پرچم بورژوازی «خودش» به دفاع از میهن سرمایه‌داری‌اش می‌پردازد. قبل از جنگ جهانی اول همهٔ احزاب سوسیال دمکرات اروپا به جز روسیه (تحت رهبری لنین) به «جنگ میهنی» پیوستند و تنها در روسیه به خاطر وجود حزب بلشویک' جنگ امپریالیستی به طور نقشه‌مند و با برنامه به انقلاب تبدیل شد. انقلاب هم هیچ وقت بدون «وضعیت انقلابی»، بدون تئوری انقلابی، بدون تشکل انقلابی و بدون خط سیاسی و ایدئولوژیک درست صورت نمی‌گیرد.

بوکچین که از قیام پرولتاریا مایوس شده بود، در دههٔ ۵۰ خطر سرمایه‌داری را در تضاد آن با محیط‌زیست و نابودکردن طبیعت و انسان یافت، مثلا با صنعتی کردن کشاورزی، آلوده کردن محصولات آن، کلان کردن شهرها به حد غیر قابل تحمل و جداکردن انسان‌ها از طبیعت و تبدیل آن‌ها به ماشین. او به این نتیجه رسید که آلترناتیو سرمایه‌داری جامعهٔ اکولوژیک است، جامعه‌ای که غیرمتمرکز شده و اجازه می‌دهد مردم در مقیاس‌های کوچک‌تر از شهر زندگی کنند، بر خود حکومت کنند و خوراک خود را در محل تولید کنند. چنین جامعه‌ای و بنیادهایش فقط از طریق انجمن‌های دمکراتیک تحقق می‌یابند آن هم به این شرط که ملّت-دولت‌های فعلی از بین بروند و قدرت‌شان به شهروندان در این مجالس داده شود. از آن جا که مجلس‌ها در سطح محل کار می‌کنند باید به صورت کنفدرال با هم متحد شوند تا بتوانند در منطقهٔ وسیع‌تری عمل کنند. او در دههٔ ۸۰ اعلام کرد که کنفدراسیون مجالس شهروندان قدرت مقابل یا قدرت دوگانه در مقابل ملّت-دولت خواهند بود، برنامه‌ای که آن را «بلدیه‌گری لیبرتاری (آزادی‌خواهانه)»[15] نام نهاد و بعدها کمونالیسم نامید.

بعضی آنارشیت‌ها با ایدهٔ حکومت محلی مانند هر نوع حکومتی مخالف بودند زیرا به عقیدهٔ آن‌ها این حکومت ها می‌بایست متکی به رای اکثریت باشند و اقلیت را به حساب نیاورند و این را مخالف اصول

---

15. libertarian municipalism.

آنارشیسم می‌دانستند و به جای این، موافق ایجاد گروه‌های کمونیتار غیرسیاسی، تعاونی‌ها و کمون‌ها بودند. بوکچین معتقد بود که با چنین برنامه‌ای نمی‌توان انقلاب کرد و تنها «بلدیه‌گری لیبرتاری» می‌تواند علیه ملّت-دولت قد علم کند. او با وجود تلاشی که برای اقناع مخالفین کرد به نتیجه نرسید و در ۱۹۹۹، سال دستگیری اوجلان، اعلام کرد که از آنارشیسم بریده است.

بییل می‌گوید که در این زمان خبر ربودن اوجلان را شنیده بودند اما او را نمی‌شناختند و نمی‌دانستند او هم مانند بوکچینِ نیم قرن پیش دچار تحول شده و «مارکسیسم-لنینیسم را به طرف‌داری از دمکراسی» رد کرده است. اوجلان در ۲۰۰۲ شروع به خواندن مفصل آثار بوکچین مخصوصا *اکولوژی آزادی*[16] و *شهری گری بدون شهر*[17] کرد. بعد، از طریق وکلایش به همهٔ شهردارها در کردستان ترکیه پیشنهاد کرد که شهری‌گری بدون شهر را بخوانند و به همهٔ مبارزین توصیه کرد *اکولوژی آزادی* را مطالعه کنند. بییل می‌گوید که اوجلان در ۲۰۰۴- ۲۰۰۵ از ایدهٔ دمکراتیزه کردن دولت دل سرد شده بود اما در همان حال این پروژه را تعقیب می‌کرد و می‌گفت «این خیال‌بافی است که از طریق درهم کوبیدن دولت به دمکراسی دست یافت.» به نظر بییل، این تضاد اوجلان را آشفته کرده بود اما بوکچین هرگز در زمینهٔ عملی به پای اوجلان نرسید و اگر می‌رسید با همان مساله روبه رو می‌شد و برای حل آن به «پروگرام گذار تروتسکی» متوسل می‌شد. اوجلان در بهار ۲۰۰۴ از طریق وکلایش به بوکچین پیام داد که او خود را شاگرد بوکچین می‌داند، درک خوبی از آثار او دارد و مشتاق است که این ایده‌ها را در جامعه‌های خاورمیانه پیاده کند. اما این تماس برقرار نشد و بوکچین در سال ۲۰۰۶ درگذشت. بوکچین در ماه مه ۲۰۰۴ به اوجلان پیام داده بود که رهایی خلق کرد را آرزو می‌کند و کردها خوش شانس‌اند که رهبری چون او دارند. این پیام در دومین مجمع عمومی کنگرهٔ خلق کردستان در تابستان ۲۰۰۴ خوانده شد. بعد از مرگ بوکچین، مجلسِ پ.ک.ک از او به عنوان «بزرگ‌ترین

16. *Ecology of Freedom.*
17. *Urbanization without Cities.*

عالم اجتماعی قرن ۲۰» نام برد و اعلام کرد که «تز بوکچین در بارهٔ دولت، قدرت و سلسله مراتب از طریق مبارزهٔ ما به اجرا گذاشته می‌شود و تحقق پیدا خواهد کرد. ما این قول را عملی خواهیم کرد به صورت اولین جامعه‌ای که کنفدرالیسم دمکراتیک ملموس را برقرار می‌کند».

در آخرین نوشته‌های اوجلان که تحت عنوان نقشهٔ راه مذاکرات با مقدمهٔ ایمانوئل والرستاین منتشر شده است و مبانی مذاکرات محرمانهٔ او با دولت ترکیه را از ۲۰۰۹ تا تابستان ۲۰۱۱ توضیح می‌دهد، مواضع جدید پ.ک.ک. که به طور خلاصه اشاره کردم (کنار گذاشتن پروژهٔ دولت کرد یا خودمختاری و پایه نهادن وحدت کرد و غیرکرد در میهن مشترک) بار دیگر فورموله شده است.

۷. پرسش بعدی این است که به طور کلی این طرح و برنامه‌ای که پ.ک.ک. جلو گذاشته است چه افق طبقاتی را نمایندگی می‌کند و مبنا و جهت‌گیری طبقاتی‌اش چیست؟

امیر حسن‌پور: جامعهٔ کردستان در چند دههٔ اخیر تغییرات چشم‌گیری کرده و مثلا باید به رشد بورژوازی کرد و طبقهٔ کارگر، حضور فعال زنان در دنیای خارج از خانواده و به خصوص در جنبش‌های اجتماعی از جمله در جنبش کمونیستی، ظهور قشر روشنفکر زنان، گسترش وسیع رسانه‌های سنتی و اجتماعی، توسعهٔ دیاسپورا، ظهور جریانات اسلام سیاسی از جمله بنیادگرا، پیدایش حکومت نیمه‌مستقل کرد در کردستان عراق و بسیاری تحولات دیگر. همهٔ این‌ها نظم طبقاتی و سیاسی و ایدئولوژیک کردستان را بسیار پیچیده‌تر کرده است. به نظرم درست است که بگوییم یکی از مشخصات وضع فعلی در کردستان و همه جای دیگر عقب بودن عامل ذهنی از شرایط عینی است، منظورم از شرایط ذهنی بیش از هر چیز وجود حزبی است که مبارزه را در جهت رهایی سیاسی و اجتماعی، رهبری کند. اما احزاب ناسیونالیست اکثریت مردم را که دهقان و کارگر و دیگر زحمت‌کشان هستند به ذخیرهٔ جنگی و ابزار ملّت‌سازی و کسب امتیاز و شرکت در قدرت سیاسی حاکم

تبدیل کرده‌اند. این وضع غیرمنتظره نیست و شکل صریحی از روابط طبقاتی و آشتی ناپذیری منافع آن‌ها است. در حالی که جنبش‌های ملّی با ستم ملّی مبارزه می‌کنند، هیچ جای دنیا و در هیچ دورانی نخواسته‌اند که به رفع استثمار طبقاتی و ستم جنسیتی بپردازند اگرچه در بعضی جنبش‌ها حرفش را زده‌اند. به جنبش‌های ملّی آفریقا و آسیای بعد از جنگ جهانی دوم نگاه کنیم که درگیر مبارزهٔ سهمگینی بودند مثلا الجزایر، فلسطین، اندونزی، یا آفریقای جنوبی. مشکل این‌ها فقط این نیست که رهبران به قدرت رسیده غرق فساد مالی و اداری هستند و مردم و سامان ملّت را غارت می‌کنند. مسالهٔ اصلی این است که در هر یک از این ملّت‌ها یا کشورها ناسیونالیست‌های به قدرت رسیده به مثابهٔ بخشی از طبقهٔ بورژوازی عمل می‌کنند و مایلند مانند مهره‌ای در نظم بینِ دولتی امپریالیستی عمل کنند. با وجود اینکه بورژوازی در هر کشوریِ تضادهای درون خود را دارد مثلا تضاد بورژوازی ترک و کرد، عرب و کرد، یا تضادهای درون بورژوازی‌های عرب و در سطح بین‌المللی نیز بورژوازی کشورهای مختلف با هم در تضادند و گاهی در جنگ، اما در مجموع یک طبقهٔ جهانی را تشکیل می‌دهند و رهبران به قدرت رسیده، مثلا در کردستان عراق، افتخار می‌کنند که بخشی از این طبقه به حساب بیایند و فعالانه درگیر آن هستند. یکی از نشانه‌های تغییر و تحول منظر سیاسی کردستان را می‌توان در عراق مشاهده کرد. بعد از بیست و دو سال «حکومت اقلیم کردستان» و به خصوص بعد از سقوط صدام، تضاد ملّی بین ملّت کرد و دولت عراق تخفیف یافته و تضاد طبقاتی یعنی تضادهای درون جامعهٔ کرد، بین مردم زحمت‌کش و آزادی‌خواهان و زنان از یک طرف و حکومت کرد از طرف دیگر شدت یافته است، علی‌رغم اینکه هم بغداد و هم هه‌ولیر می‌خواهند آتش تضاد ملّی خاموش نشود.

در مورد خط مشی و برنامهٔ جدید پ.ک.ک می‌توان گفت که در بهترین شرایط، اگر حکومت فعلی و حکومت‌های بعدی حداکثر مطالباتش را بپذیرند و دولت از طریق رفرم قانون اساسی دمکراتیزه شود و بنیادهای «کنفدرالیسم دموکراتیک» و «اتونومی دمکراتیک» برپا شوند، ترکیه و کردستان حتی یک قدم از روابط سرمایه‌داری دور نمی‌شوند و در واقع راه

برای گسترش این روابط هموارتر می‌شود. در ترکیه روابط سرمایه‌داری پیشرفته است و رفع ستم ملّی به نحوی که در برنامهٔ پ.ک.ک مطرح شده است راه را برای گسترش آن هموارتر خواهد کرد. رفع ستم ملّی ضروری و عاجل است اما هر طبقه‌ای هدف و جهت آن را طبق منافع خودش تنظیم می کند. این خوب است که مجالس و شوراهای محله و ده و شهر و منطقه به وجود بیایند و مردم عادی، زحمت‌کشان، زنان و اقلیت‌های ستم دیده و نه فقط سیاست‌مداران حرفه‌ای به بحث مسائل خود بپردازند، به مشورت بپردازند و به قول پ.ک.ک «دمکراسی از پایین به بالا» اعمال شود، اما چنین پروژه‌ای هنوز در چهارچوب روابط موجود، یعنی نظم طبقاتی سرمایه‌داری، صورت می‌گیرد و به تحکیم این چهارچوب خدمت خواهد کرد نه سرنگون کردن آن. مشکل اصلی، بر خلاف نظر آنارشیست‌ها و مدافعین «دمکراسی» خالص، سمت و سوی بالا به پایین یا پایین به بالای اعمال قدرت نیست بلکه این است که در جهت بازتولید روابط سرمایه‌داری است یا در جهت برچیدن این روابط و برپاکردن روابط کمونیستی. انجمن‌ها و شوراها چه در سطح ده و چه در سطح کشور اگر از مبارزترین و فداکارترین کارگران و زحمت‌کشان هم تشکیل شوند توانایی برچیدن سرمایه‌داری را ندارند، زیرا نظرات افراد راجع به هر مساله‌ای متفاوت است و هیچ تضمینی نیست که یک شورا بتواند یا بخواهد چنین هدفی را دنبال کند یا اگر هم دنبال کند بتواند به عملی کردن آن بپردازد. آن چه برای تغییر رادیکال جهان تعیین‌کننده است وجود حزب است و نه فقط شورا و انجمن و اتحادیه و رای دادن و دمکراسی «از پایین به بالا». منظورم حزب کمونیست با تئوری مارکسیستی پیشرفته است. برهم زدن روابط سرمایه‌داری کار سترگی است که بدون تحول انقلابی و تئوری و دانش مارکسیستی میسر نیست. حتی در تجربه‌های مهمی مانند شوروی و چین که انقلاب و رهبری و تئوری و اراده هم وجود داشت، با وجود پیشرفت‌های مهمی که در دو سه دهه صورت گرفت، سرمایه‌داری رجعت کرد. دلایلی که اوجلان و آنارشیست‌ها برای توضیح شکست تجربهٔ سوسیالیستی قرن گذشته ذکر کرده‌اند بازتاب واقعیتی که روی داد نیست و کاملا به تئوری مبارزهٔ

طبقاتی و تئوری‌های مارکسیستی در مورد فورماسیون سرمایه‌داری و گذار به سوسیالیسم و امکان احیای سرمایه‌داری در کشور سوسیالیستی، همان طور که در قرن بیستم اتفاق افتاد[۴] بی‌اعتنا است. امروز هر جریان سیاسی که تمایلی به برچیدن نظام سرمایه‌داری داشته باشد بدون درک درستی از علل موفقیت‌ها و شکست تجربهٔ سوسیالیسم در قرن بیستم به جایی نخواهد رسید.

۸. در همهٔ بخش‌های کردستان مبارزهٔ ملّی ادامه دارد، نارضایی از وضع موجود وسیع است، مردم عرصهٔ مبارزه را رها نمی‌کنند و در مواردی مرزهای بین نیروهای آزادی‌خواه و ارتجاعی به هم‌ریخته‌اند. در حالی که مبارزات عملی گسترده است، به نظر می‌رسد که در زمینهٔ سیاسی و ایدئولوژی پیشرفتی حاصل نشده است. تغییر مشی پ.ک.ک چه مبارزات فکری و ایدئولوژیک را به دنبال داشته است و چه تاثیری در ناسیونالیسم کرد داشته است و برای آیندهٔ این جنبش چه عواقبی در بردارد و وضع جنبش کمونیستی چگونه است؟

امیر حسن‌پور: تغییر مشی پ.ک.ک هم در ناسیونالیسم کرد در سراسر منطقه و هم در جنبش‌های چپ ترکیه تاثیر می‌گذارد. ابتدا باید بگویم که پروژهٔ ناسیونالیسم کرد مانند سایر ناسیونالیسم‌ها و شاید هم بیشتر از بسیاری از آن‌ها در بهترین حالت رفع ستم ملّی است یعنی رهایی از ستم بیگانه نه رهایی از ستم خودی. جنبش‌های ناسیونالیستی برای حل این تضاد بین ملّت کرد و دولت‌های منطقه خواست استقلال، خودمختاری، یا حقوق زبانی و فرهنگی کرده‌اند. ناسیونالیسم کرد تضادهای درونی جامعهٔ کرد از جمله تضاد دهقانان و فئودالیسم، تضاد کارگران و بورژوازی، تضاد جنسیت زن و مرد، و تضاد مردم با بنیاد دین را نادیده می‌گیرد یا انکار می‌کند مثلا: انکار وجود فئودالیسم، انکار وجود جنبش‌های دهقانی، یا انکار خودی بودن قتل ناموسی و رهبران فئودال-دینی مانند شیخ عبیدالله، شیخ محمود و شیخ سعید را قهرمانان ملّی به حساب می‌آورند. در این سیاست و تاریخ‌نگاری ناسیونالیستی نقد روابط اجتماعی و کارنامه و برنامهٔ

جنبش ملّی جایی ندارد. همان طور که قبلا اشاره کردم، پ.ک.ک فعالیت خود را با نقد روابط طبقاتی استثمارگرانه و ارتجاعی از قبیل فئودالیسم، عشیره‌گری و بنیاد دین در کردستان شروع کرد اما به تدریج بعد از شروع مبارزهٔ مسلحانه در ۱۹۸۴ و به ویژه از اوایل دههٔ ۹۰ با همهٔ این‌ها کنار آمد. وضع سایر احزاب ملّی هم در کردستان عراق و ایران بر همین منوال بوده است.

اگر برنامهٔ پ.ک.ک در کردستان شمالی به نتیجه برسد و به عنوان یک حزب کرد در قدرت سیاسی شریک شود، تضاد درونی عمده می‌شود. می‌توان انتظار داشت اگر بهبودی در زندگی ستم‌دیده‌ها و استثمارشوندگان صورت نگیرد این حزب را مسئول موقعیت خود خواهند شمرد، همان طور که در کردستان عراق دو حزب «پارت دمکرات کردستان» و «اتحادیهٔ میهنی کردستان» را مسئول می‌دانند. یکی از تغییراتی که در جنبش ملّی، بعد از روی کار آمدن تئوکراسی در ایران صورت گرفت، ظهور تشکلات اسلامی بود که با احزاب سنتی به رقابت برخاستند. مطمئنا این جریانات اسلام‌گرا که برنامهٔ برقراری رژیم تئوکراتیک در کردستان را دنبال می‌کنند از عقب گرد پ.ک.ک استفاده خواهند برد. در واقع احزاب ناسیونالیست کردستان هیچ وقت در این حد دمکرات یا آزادی‌خواه نبوده‌اند که مانند پیشینیان اروپایی خود یعنی بورژوازی قرن ۱۸ به جدایی دین و دولت در همان چهارچوب بسیار محدود جهان بینی و سیاست این طبقه متعهد بشوند. نارضایی احزاب و روشنفکران ناسیونالیست از دین و روابط دینی فقط متوجه شیخ‌ها، ملاها و طلبه‌هایی بوده است که به زبان و ادبیات کردی بی‌اعتنا بوده‌اند و در جنبش ملّی شرکت نکرده‌اند. این نارضایی اول بار در دههٔ آخر قرن ۱۹ توسط اولین شاعر ناسیونالیست حاجی قادر کویی بیان شد اما بسیاری از ناسیونالیست‌های امروز به گرد پای حاج قادر هم نمی‌رسند و جسارت نقدی در حد او را ندارند. در واقع پ.ک.ک هم در سال ۱۹۹۱ در جزوه‌ای تحت عنوان رویکردی انقلابی به مسئلهٔ دین نقد خود را از دین پس گرفت. امروز بسیاری از رهبران احزاب غیر دینی و روشنفکرها به دین‌داری روی آورده‌اند. دو حزب حاکم در کردستان عراق راه «سازمان رهایی‌بخش فلسطین» و «سلطهٔ فلسطینی» را در پیش گرفته‌اند. امروز

می‌بینیم در کردستان شمالی یک حزب چپ کرد و در کردستان عراق دو حزب راست کرد، هر کدام به نحوی و به درجاتی، در قدرت سیاسی شرکت می‌کنند. بعید است که تجربهٔ آن‌ها از تجربهٔ ناسیونالیست‌های هند و آفریقا و سایر جاها بهتر باشد. اما در بارهٔ مبارزات فکری و ایدئولوژیک، این‌ها دینامیسم خود را دارند، اگر چه شباهت آن‌ها با سایر جنبش‌های ناسیونالیستی بسیار گویا است.

دنیا در آتش ناسیونال شووینیسم، دین، فاشیسم، بیگانه‌ستیزی، ملّیت‌گرایی و قومیت‌پرستی می‌سوزد و جنگ و کشتار دینی، مذهبی، ملّی و قومی وحدت اکثریت مردم زحمت‌کش دنیا را علیه اقلیتی استثمارگر غیرممکن کرده است. نظم جهانی گرفتار بحران جدی است و تلاش برای تقسیم مجدد قدرت و مناطق نفوذ بین بلوک‌های امپریالیستی در جریان است و در این وضعیت سیال و بی‌ثبات انواع و اقسام نیروهای ارتجاعی به ویژه اسلام‌گرایان سربلند می‌کنند و مدعی می‌شوند که می‌توانند مردم را از دهشت‌های گلوبالیزاسیون سرمایه‌داری و حکومت‌های فاسد نجات دهند.

سوال پیش پای فرد، حزب یا جنبش‌های اجتماعی این است: باید به بخشی از این جنگ‌های ارتجاعی تبدیل شد یا به مصاف آن‌ها رفت و راه انقلاب را در پیش گرفت؟ در احزاب ناسیونالیستی اگر چنین سوالی مطرح شود پاسخ آن روشن است و کاری هم به تئوری و ایدئولوژی ندارند زیرا درعمل تلاش کرده‌اند که در لای پیچ و مهره‌های نظم امپریالیستی جایی برای خودشان پیدا کنند. در کردستان، معمولا مبارزات عملی به ویژه مبارزهٔ مسلحانه بر مبارزهٔ تئوریک و ایدئولوژیک چربیده است اما حتی مبارزهٔ مسلحانه هم از تئوری بی‌بهره بوده و در عرصهٔ عمل نیز در سطح مبارزات چریکی به عنوان اهرم فشار درجا زده است در حالی که جنگی که انقلابی باشد هدفش رسیدن به جامعه‌ای کیفیتا متفاوت از جامعه فعلی است. در این زمینه، جنبش ملّی مسلح در طول چند دهه، از سال ۱۹۶۱ تا کنون، حتی یک کار تحلیلی و تئوریک در مورد جنگ خلق، ارتش خلق، رابطهٔ مبارزهٔ سیاسی و نظامی، خط مشی نظامی یا جمع بندی از کار نظامی ارائه نداده است. در رابطه با ماهیت جنبش ملّی، مسالهٔ ملّی، مسالهٔ طبقات، انقلاب، مطالبات جنبش ملّی و غیره نیز همین طور بوده است. در واقع

پ.ک.ک بیشتر از همهٔ احزاب کرد به این مسائل توجه کرده و این بیشتر در آثار اوجلان بوده که در شبکهٔ انتشارتی بسیار وسیعی منتشر شده و به زبان‌های مختلف تبلیغ شده است. در حالی که جنبش ملّی برای دانش و جدل و برخورد آرا ارزشی قائل نبوده است، برخورد مسلحانه بین احزاب کُرد وسیع بوده است، مثلا بین حزب دمکرات و کومله، پارت دمکرات و اتحادیهٔ میهنی کردستان، و جنگ این دو تا علیه پ.ک.ک، و جنگ احزاب ملّی علیه احزاب کمونیست. بعد از بیست و یک سال حکومت کرد در کردستان عراق نارضایی و انتقاد از سلطهٔ دو حزب و عمل کرد «حکومت اقلیم کردستان» شروع شده اما همهٔ این‌ها در چهارچوب وضع موجود است یعنی انتقاد به منظور آراستن آن. ناسیونالیست‌های کرد در جنگ برای رهایی سیاسی جسور و جان برکف بوده‌اند، اما در مصاف با دنیای کهن و نظام طبقاتی و جنسیتی آن و جنگ برای رهایی اجتماعی و رهایی انسان جسارتی از خود نشان نداده‌اند. امروز بیش از هر زمان، بعد از شکست تلاش های عظیم طبقهٔ کارگر برای خلق دنیایی دیگر، سپرانداختن یا سپر برگرفتن در مقابل دنیای پوسیدهٔ طبقاتی سنگ محک آزادی‌خواهی و رهایی‌طلبی است.

دریافت حقیقت و تدوین خط سیاسی و ایدئولوژیکِ درست محصولِ فعالیتِ یک مغز بزرگ نیست بلکه نتیجهٔ مبارزهٔ سیاسی و ایدئولوژیک و تئوریک بین افکار متفاوت و متعارض در درون یک سازمان و بین آن سازمان و سایر جریانات است. معلوم نیست که تغییر جهت پ.ک.ک به چه مبارزاتی می‌انجامد اما این روشن است که بیشتر رهبران این حزب در خارج از زندان خط رهبر حزب را پذیرفته‌اند. در این وضعیت رهبر تشکیلات هر مسیری را انتخاب کند بقیه هم دنبال آن می‌روند و امکان برخورد نظرات و بحث و جدل محدود می‌شود. چنین وضعی ناشی از خط سیاسی و تشکیلاتی و نهایتا ایدئولوژیک است.

مشکل امروز چه در کردستان و چه در جاهای دیگر کمبود مبارزه و مبارز نیست. سرمایه‌داری و بحران‌های مداومش هر لحظه همهٔ مردم دنیا به ویژه زنان، کارگران، زحمت‌کشان، دهقانان، برده‌های جدید و خلق های ستم دیده را به میدان‌های مبارزه می‌کشاند، اما این مبارزات علی‌رغم

از خودگذشتگی‌های بی‌پایان به نتیجه نمی‌رسند، زیرا مشکل اصلی نه در عرصهٔ عمل، بلکه در عرصهٔ آگاهی است، یعنی در ضعفِ تئوری و دانش تئوریکِ درست وسازمان‌دهی بر اساس آن، اگر چه تجربهٔ مبارزات گذشته و امروز به حدی وسیع است که جمع‌بندی انقلابی از آن‌ها چه در سطح کشور و چه در سطح بین‌المللی به چالش عظیمی تبدیل شده است. از «جنبش اشغال» در غرب گرفته تا «بهار عربی» و مقاومت دهقانان چین و هند و آمریکای لاتین، زنان، مردم بومی، جوانان بی‌کار یونان و اسپانیا و انواع مقاومت‌هایی که هر لحظه در گوشه‌ای از دنیا قد علم می‌کنند. علت اصلی شکست[1] نبودن حزبی انقلابی است که بتواند با درک درست انقلاب را رهبری کند. بسیاری از فعالین و روشنفکران «چپ» تضاد اصلی در هر کشور و در سطح دنیا را تضاد بین دمکراسی و دیکتاتوری به حساب می‌آورند، گویی که با کنار رفتن سیاست‌مداران و دولت‌مداران قلدر و خودکامه، «حکومت قانون»، انتخابات آزاد، آزادی‌بیان، آزادی تشکل و آزادی مطبوعات و ایجاد «فضای دمکراتیک» برقرار می‌شود و استثمار، ستم بر زنان و ملّیت‌ها، فقر و بی‌کاری، نابودی محیط زیست، جنگ و شکنجه و کشتار رخت بر می‌بندند و یا لااقل به حاشیه رانده می‌شوند. در این اوضاع عامل ذهنی به مانعی در تحول شرایط عینی تبدیل شده است. تئوری از پراتیک عقب مانده است، از جمله تئوری مارکسیستی، که به شدت احتیاج به نوسازی و تکامل دارد. اگر نظام سرمایه‌داری امپریالیستی، دنیا را در آستانهٔ انقلاب سیاسی و اجتماعی قرار داده است، انقلابیون باید انقلاب در تئوری را در دستور کار قرار دهند. در سال‌های اخیر بعضی از فعالان سیاسی و روشنفکران که از یورش بی‌وقفهٔ سرمایه داری بر مردم دنیا و بر طبیعت در عذاب‌اند و امیدی به رهایی در چهارچوب وضع موجود ندارند، به «ایدهٔ کمونیسم» روی آورده‌اند. برای مثال کنفرانس «ایدهٔ کمونیسم» که به دنبال دور جدیدی از بحران سرمایه‌داری، در سال ۲۰۰۹ در لندن برگزار شد به بحث آلترناتیو کمونیستی پرداخت اما نتوانست راه خروج از بحران جنبش کمونیستی را ترسیم کند. بعضی ها هنوز دل به این بسته‌اند که با برگشت به «مارکس جوان»، هنگامی که هنوز کمونیست نبود، و پل زدن از او به دمکراسی بورژوایی عصر روشنگری به کمونیسم برسند، در

حالی که کسانی مانند تونی نِگری، این خیال را تئوریزه می‌کنند که بدون مبارزۀ انقلابی و بدون کسب قدرت سیاسی دنیا خودش به طرف کمونیسم می‌رود. هیچ یک از این ایده‌ها متکی به جمع‌بندی درستی از انقلاب‌های سوسیالیستی قرن بیستم، یعنی جمع‌بندی از دست‌آوردها و شکست آن‌ها نیست. در این میان، تلاش حزب کمونیست انقلابی آمریکا به رهبری باب آواکیان در سه دهۀ اخیر برای جمع‌بندی از جنبش کمونیستی بعد از کودتای سرمایه‌داری در چین سوسیالیستی در ۱۹۷۶ اهمیتی به سزا دارد. این جمع‌بندی در واقع تنها و مهم‌ترین سنتزی است از پیشرفت‌ها و عقب‌رفت‌ها، موفقیت‌ها و شکست‌ها و زیگزاگ‌های انقلاب سوسیالیستی از دوران کمون پاریس تا احیای سرمایه‌داری در چین. اهمیت این سنتز در این است که در شرایط بعد از احیای سرمایه داری در چین و شکست جنبش‌های کمونیستی در پرو و نپال، در محیطی که بدبینی و ناامیدی به تئوریزه کردن تسلیم‌طلبی پا می دهد، با خوش‌بینی انقلابی از نوع اوژن پوتیه نقشۀ انقلاب را ترسیم می کند. پوتیه در فردای «هفتۀ خونین» که بورژوازی هنوز مشغول قتل عام کموناردها بود شعر انترناسیونال را سرود و اعلام کرد که «باید از ریشه بر اندازیم کهنه جهان جور و بند، وانگه نوین جهانی سازیم هیچ بودگان هر چیز گردند».

مصاحبه درباره رفراندوم
«استقلال رسمی کردستان عراق»[1]

۱. رفیق امیر، مسعود بارزانی رئیس حکومت اقلیم کردستان عراق در مصاحبه‌ای با «صدای آمریکا» این استدلال را جلو گذاشت که نظم حکومتی عراق عملاً فروپاشیده و کردها باعث این فروپاشی نبوده‌اند. او گفت حتی زمانی که بعثی‌ها بر سر کردها بمب شیمیایی می‌ریختند ما حرف از جدایی نزدیم. ولی حالا دیگران شرایطی ساخته‌اند که کشور رسماً فروپاشیده است. در این شرایط کردها حق دارند برای اینکه سرزمین پدری خود را امن نگاه دارند و کردستان مکانی شود برای کمک به بقیه برادران عراقی‌شان برای استقلال اقلیم کردستان عراق را به همه‌پرسی بگذارند. می‌خواستیم دیدگاه‌ها و مواضع شما را در مورد این اوضاع و سیاست‌ها بدانیم.

امیر حسن‌پور: اینکه کردها یک ملّت تحت ستم بوده‌اند در عراق و سایر کشورهای منطقه خیلی واضح است. بیشتر مردم کرد در آرزوی این بوده‌اند که یک دولت مستقل داشته باشند. در این نیز تردیدی نیست که کردها به‌عنوان یک ملّت تحت ستم از حق تعیین سرنوشت برخوردارند. قبل از تحولات اخیر (تصرف بخشی از عراق توسط داعش) مسعود بارزانی چند بار بحث استقلال را مطرح کرده بود بدون اینکه بتواند یا بخواهد قدمی در جهت عملی کردن آن بردارد، اما حالا شرایطی پیش آمده که عراق توسط داعش، نیروهای عشایری و ارتش اسلامی مقتدی صدر، و در اثر سیاست‌های حکومت مالکی عملاً تجزیه شده است. «حکومت اقلیم کردستان» از سال ۱۹۹۱ در نتیجه جنگ اول آمریکا علیه عراق به تدریج شکل گرفت و در جنگ دوم آمریکا در ۲۰۰۳ به شکل امروزی در آمد و اکنون در ادامه این جنگ‌ها توسط داعش شرایط عملی کردن استقلال فراهم شده است. در واقع «حکومت اقلیم کردستان» تا کنون عملا شبه‌مستقل بوده و برگزاری رفراندوم و اقدامات بعدی این شکل از اعمال

---

۱. نشریه آتش، شماره ۳۳، مرداد ۱۳۹۳.

حق تعیین سرنوشت را به استقلال صوری یا رسمی تبدیل می‌کند. باید بگویم در بیست سال اخیر تعدادی از کشورهای جدیدٍ بر اساس موازین حقوق بین‌الملل از راه‌های مشابه ایجاد شده‌اند، مثلاً سودان جنوبی یا تیمور شرقی یا اندکی قبل از آن‌ها کشورهایی که با تجزیه یوگوسلاوی و شوروی به وجود آمدند. اما استقلال کردستان، اگر عملی شود، در شرایط ویژه بین‌المللی منطقه‌ای صورت می‌گیرد. شرایطی که در کردستان عراق، ناسیونالیسم کرد از قبل در قدرت بوده است. این دولت خودمختار نمایندهٔ ناسیونالیسم به قدرت رسیدهٔ کرد است که دارای قوه مقننه (پارلمان)، قوه اجرائیه (کابینه، دستگاه اداری، ارتش یا نیروی پیش‌مرگه، پلیس، دستگاه امنیتی، زندان) و قوة قضائیه است، اگرچه میزان اختیاراتش به پای استان‌های کانادا یا ایالت‌های آمریکا نمی‌رسد. اما از آنجا که دولت مرکزی عراق قدرت زیادی نداشته، «حکومت اقلیم کردستان» حالت نزدیک به استقلال داشته است و مخالفت آمریکا و ایران و ترکیه با استقلال یکی از علل عملی نشدن این پروژه بوده و این وضع ممکن است تغییر کند. این درست است که در حال حاضر آمریکا با «استقلال کردستان» مخالفت می‌کند اما مسئله اصلی آمریکا این نیست که دولت کرد تشکیل نشود. مسئلة آمریکا تأمین نفوذ سیاسی و اقتصادی و نظامی در کل منطقه است، اینکه مثلاً منطقه چه وضعی پیدا کند که منافع آمریکا و متحدانش از جمله اسرائیل تأمین شود. این نیز روشن است که اگر آمریکا با استقلال مخالفت کند رهبران کرد اطاعت می‌کنند.

۲. شما می‌گویید که کردستان عراق «دو فاکتو» مستقل بوده است. اما بعضی نیروهای سیاسی می‌گویند اگر کردستان مستقل شود، در منطقه‌ای که اسلام‌گرایی و نیروهای ارتجاعی از هر طرف دارند سر بلند می‌کنند، می‌تواند پایگاهی باشد برای حکومت سکولار غیردینی. یعنی حکومتی که طبعا در آن پدرسالاری فئودالی و غیره بر خواهد افتاد و از جنگ‌های دینی و قومی که در بقیهٔ نقاط عراق هست هم خبری نخواهد بود. این تصویر چقدر واقعیت دارد؟

امیر حسن‌پور: این بیشتر به خواب و خیال نزدیک است تا واقعیت.

تجربهٔ بیست و سه سال «حکومت اقلیم کردستان» واقعیت دیگری را نشان داده است. درست است که کردها با سقوط رژیم صدام برای مدتی در منطقه اقلیم از ستم ملّی رهایی پیدا کردند و خیلی‌ها از تجربهٔ دستگاه اداری و نظامی و قضایی به زبان کردی خوشحال بودند اما این شادی چندان طول نکشید و فهمیدند که طبقه سرمایه‌دار تازه به دولت رسیدهٔ کرد، به زبان کردی به قهر متوسل می‌شود. اما اگر ستم ملّی تا حد زیادی در اقلیم از بین رفته، ستم مستعمراتی آمریکا جای ستم ملّی رژیم صدام را پر‌کرده است، این بار از طریق وابستگی کامل حکومت کرد و اقتصاد و سیاست آن به آمریکا. از نظر منافع مردم کرد به ویژه اکثریتی که استثمار می‌شوند و نیمی از جمعیت یعنی زنان، «حکومت اقلیم کردستان» و استقلال رسمی نمی‌تواند تغییری در این روابط به بار بیاورد. این ادعا که کردستان مستقل پایگاهی برای سکولاریسم شود و در مقابل جریان تئوکراسی از نوع ایران و افغانستان و عراق قرار بگیرد نیز بسیار نادرست است. دو حزبی که در رأس حکومت کردی قرار داشته‌اند یعنی «اتحادیه میهنی کردستان» و «پارت دمکرات کردستان» با به قدرت رسیدن تئوکراسی در ایران مانند بیشتر رژیم‌های خاورمیانه سعی کردند خودشان را بیشتر اسلامی کنند و بیشترِ ناسیونالیست‌هایِ کردستان عراق که غیرمذهبی بوده‌اند به نماز و روزه روی آورده‌اند و اصولاً با وجود اینکه جنبش ملّی بعد از جنگ جهانی دوم دینی نبوده، روشنفکران و رهبران احزاب کرد سکولاریسم را حتی در حد بسیار محدود جدایی دین و دولت جزو برنامه سیاسی خود قرار نداده‌اند، و در واقع خیلی با نیروهای دینی سازش کرده‌اند. کردستان تحت حکومت این‌ها پر از مسجد شده و شهرها، شهر مناره‌ها شده‌اند. این حکومت با وضعی که دارد نمی‌تواند یک نیروی سکولار باشد. اینکه به بقیه مردم عراق کمک کند یا بتواند یک نیروی مترقی در منطقه باشد نیز جای تردید است چون خود مردم کردستان را در عرض بیست و سه سال اخیر بیشتر به دامان دین انداخته است. این حکومت، علی‌رغم اختلافات درون رهبریش، در منطقه با اسرائیل و ترکیه و ایران هم سویی داشته و هیچ معیار ترقی‌خواهی و آزادی‌خواهی را در حرف و عمل آن نمی‌توانم ببینم.

۳ . گفتید که حکومت کردستان عراق با اسرائیل و ترکیه همسو بوده است. اما خیلی از کردها این را اصلا چیز بدی نمی‌دانند. معتقدند که اسرائیل هم یک ملّت تحت ستم را صاحب دولت کرد و در درونش دمکراسی است. درست است که دین هم هست ولی مثل دیگر کشورهای منطقه ظالمانه و استبدادی نیست. می‌گویند همسویی با دولت ترکیه یا ایران هم طبیعی است چون کردستان عراق خود را دولت می‌داند و آن‌ها هم دولت هستند و باید همکاری داشته باشند. اگر در گذشته افرادی مثل شما به کمونیست انترناسیونالیست تبدیل می‌شدند و مسئله اسرائیل (موضع‌گیری علیه اسرائیل و نسل‌کشی علیه فلسطینی‌ها) یک شاخص ترقی خواهی بود، الان چنین نیست. خیلی‌ها همسویی با اسرائیل را عیب نمی‌دانند. حتی خیلی‌ها آرزو دارند که قدرت‌های جهانی همان‌طور که اسرائیل را درست کردند الان دولتی مثل اسرائیل را منطقهٔ کردستان درست کنند.

امیر حسن‌پور: درست است. یکی از آرزوهای بسیاری از ناسیونالیست‌های کرد در بیست سال اخیر این بوده که مثل اسرائیل بشوند، از برنامه‌هایی که قدرت‌های امپریالیستی دارند استفاده کنند و کردستان هم مثل اسرائیل شود. حتی بدتر از این، بعضی از روشنفکران ناسیونالیست کُرد، پروژه صهیونیستی را به عنوان یک جنبش آزادی‌بخش ملّی ایده الیزه کرده‌اند. عده‌ای تروریستی مانند مناخم بگین را مبارز و آزادی‌خواه به حساب می‌آورند و برای تبلیغ نظراتش نوشته او را به کردی ترجمه و منتشر کرده‌اند. در حالی که بعضی از یهودی‌های مترقی در اسرائیل و خارج از آن رژیم صهیونیستی را رژیمی آپارتاید و استعمارگر به‌حساب می‌آورند، بسیاری از ناسیونالیست‌های کرد آن را نمونهٔ دمکراسی و رهایی ملّی جا می‌زنند. من در آزادی‌خواه بودن خود این‌ها تردید جدی دارم. آن‌ها که عملکرد اسرائیل را در مورد ملّت فلسطین نمی‌بینند، از جمله پاک‌سازی نژادی و قومی، جنایت جنگی، جنایت علیه بشریت، و به آن اعتراض نمی‌کنند و با مردم فلسطین همدردی نمی‌کنند و در واقع این جنایت‌ها را انکار می‌کنند نه تنها خودشان آزادی‌خواه نیستند بلکه دانسته یا نادانسته و خواسته یا ناخواسته به تداوم این جنایات کمک می‌کنند. این بخشی از محدودیت‌های هر جنبش ناسیونالیستی مشخصا جنبش

ناسیونالیستی کرد است که منافعش را با منافع قدرت‌های امپریالیستی هم‌جهت و هم سو می‌داند و در واقع هم هست. حساب می‌کند که در چارچوب این سیستم کار کند نه علیه‌اش. حکومت کردستان عراق به پیچ و مهره‌ای از این نظام تبدیل شده و می‌خواهد بشود. آرزویش این است که چیزی مثل اسرائیل شود. ولی اگر کل روابط منطقه را در نظر بگیریم اصلا فکر اینکه این کشور مستقل خواهد بود (حتی اگر رفراندوم بشود و عضو سازمان ملل بشود) فکر نادرستی است. از هر نظر تمام ارکانش به رژیم‌های منطقه و بیش از همه به ایران و ترکیه و مسلما اسرائیل و همین‌طور آمریکا وابسته خواهد بود؛ بیشتر به آمریکا تا اتحادیه اروپا. حالا هم چنین است. در این ۲۳ سال حیات «حکومت اقلیم کردستان» چیزی غیر از این نبوده است. اقتصادش کاملا وابسته است و حتی آب آشامیدنی در بطری هم از ترکیه و ایران می‌آید. مواد خوراکی نیز از ترکیه و ایران و آمریکا وارد می‌شود و حتی رانک و چوغه (لباس مردانه) کردی ساخت چین است. اقتصاد کشاورزی کردستان توانایی تأمین خوراک مردم اقلیم را ندارد. صدام در جریان ژنوسیدِ انفال روستاهای کردستان را ویران کرده بود و حکومت نتوانسته است این روستاها را حیات تازه‌ای ببخشد که بتوانند به طور خودمصرف هم روی پای خود بایستند. یا صدور نفت را در نظر بگیرید. حکومت کردستان بدون وابستگی کامل به ترکیه امکان صدور نفت را ندارد. وضع جنوب عراق معلوم نیست چه خواهد شد ولی ناسیونالیست‌های کرد حتی اگر فکر استقلال هم بکنند در عمل نمی‌توانند اجرایش کنند. این حکومت از آغاز پیدایش تا الان از نظر اقتصادی، سیاسی و نظامی وابسته بوده است. استقلال رسمی این وابستگی را رسمیت خواهد بخشید، نه اینکه نفی‌اش کند.

۴. خیلی‌ها به واقعیات حکومت اقلیم کردستان عراق که اشاره می‌کنند، می‌گویند حاکمیتش ستمگر است؛ قتل‌های ناموسی جهش‌وار رشد کرده؛ اسلام‌گرایی رشد کرده است؛ دانشگاه‌های کردستان حتی یک کتاب‌خانه درست و حسابی هم ندارند و روشنفکران کُرد که در نقاط مختلف دنیا تحصیل کرده‌اند رغبت ندارند به کردستان برگردند؛ چون اصلا به آن‌ها اجازهٔ آزادی عمل نمی‌دهند تا بتوانند دانش و سواد

و فرهنگ را بین مردم رواج دهند؛ کردهای ایران دارند در کردستان عراق استثمار می‌شوند و سلسله مراتبی بین کردهای ایران و کردهای عراق برقرار شده است؛ علاوه بر این کارگران و خدمت‌کاران فیلیپینی و نپالی و بنگلادشی هم دارند در کردستان عراق به‌شدت استثمار می‌شوند؛ نه تنها کشاورزی احیا نشده بلکه خبری از صنایع پایه‌ای هم نیست. با همهٔ این‌ها می‌گویند در شرایطی که کل خاورمیانه در آتش می‌سوزد اینجا پناهگاهی خواهد شد برای ملّت کرد و بقیه کسانی که می‌خواهند به آنجا پناه برند. بارزانی هم در مصاحبه‌اش چنین درکی را می‌دهد که عراق آتش گرفته و ما می‌خواهیم «این اتاق» را از این حریق در امان نگاه‌داریم. یعنی بالاخره جنبهٔ مثبتی هم دارد. آیا این واقعیت ندارد؟

امیر حسن‌پور: اگر دولت یک خط مشی انقلابی داشت می‌توانست این کارها را انجام دهد ولی ندارد.

۵. مثلاً در جنگ جهانی دوم، روسیه سوسیالیستی نتوانست خود را از آتش جنگ کنار بکشد. هم خودکفا بود هم انقلابی بود هم صنعت داشت. البته کشته‌های زیادی داد. در این شرایط چه قدر امکان دارد به هر دلیل بتوانی «یک اتاق» را امن نگاه داری؟

امیر حسن‌پور: در این آتشی که بر پا شده است، حفظ یک اتاق از شعله‌های آن برای حکومت کرد میسر نیست. قبل از هر چیز به خاطر ماهیت و خط مشی «حکومت اقلیم کردستان». این‌ها تحت راهنمایی ترکیه و در سازش با آن یک بار با پ.ک.ک جنگیدند و دست به کشتار پ.ک.ک زدند. هر دو حزب حاکم در این برنامه شرکت داشتند. اخیرا که نیروهای کرد سوریه در مناطقی از آن کشور اعلام خودمختاری کردند، «حکومت اقلیم» تحت رهبری بارزانی تصمیم گرفت در مرز سوریه و عراق در منطقه کردنشینش خندق درست کند و دو قسمت کردستان را از هم جدا کند. جنگ‌های اواسط دههٔ ۹۰ بین اتحادیه میهنی و پارت دمکرات که مشهور به «جنگ خودکشی» شد نمونه دیگری است. پارت دمکرات از ارتش صدام برای سرکوبی اتحادیه کمک خواست. این ایده که کردها یک ملّت واحد هستند، همه پشت هم را می‌گیرند درون کردستان همه به هم

کمک می‌کنند تا حالا عملا بر عکس بوده است. در مورد نیروی کاری که از ترکیه یا ایران می‌آید و یا رفتار با نیروهای سیاسی کُرد و نیروی کارِ کُرد این‌ها هم نمونه‌های دیگری هستند. نمی‌خواهم بگویم که اصلا هیچ نوع رابطه دیگری وجود ندارد. بعضی کردهای ایرانی یا کردهای ترکیه در آنجا دکان یا رستوران یا فعالیت‌های اقتصادی دیگر دارند. ولی به طور کلی خط سیاسی و ایدئولوژیک حکومت کرد مثل بقیهٔ حکومت‌های ناسیونالیستی است. مثلا در هندوستان که از سال ۱۹۴۸ مستقل شد، این شبه‌قاره تحت سلطه یک نیروی ناسیونالیستی عمده قرار گرفت. این کشور قدرت نظامی دارد و تا حد زیادی قدرت صنعتی. بسیاری امکانات هم دارد اما فقر در آنجا بیداد می‌کند. بیشتر از هر جای دنیا در هند بردگی وجود دارد. وضع زنان در هند را هم که می‌دانیم. حاکمیت نیروی ناسیونالیستی در هندوستان نتیجه‌اش این شد. نیرویی که تا حدی بشود با کردستان مقایسه‌اش کرد جنبش ملّی فلسطین است. الان بخشی از آن جنبش که حکومت فلسطین (سلطه فلسطین) را در دست دارد به ژاندارم دولت اسرائیل تبدیل شده است. بخش دیگرش هم جریان تئوکراتیک حماس است. این‌ها توانایی برداشتن حتی یک قدم برای رهایی مردم فلسطین را ندارند. البته کردستان منطقه خودش را دارد و مثل فلسطین نیست که کاملاً اشغال شده و پروسه پاک‌سازی قومی در آنجا به شدت ادامه دارد. اما کارنامهٔ حکومت منطقه کردستان واقعا درخشان نبوده است.

مسئلهٔ دیگر، خط سیاسی و برنامه سیاسی و ایدئولوژیک رهبری ملّی کرد است که با آن ناسیونالیست‌هایی که در سال‌های اخیر یا قبل‌تر به قدرت رسیدند تفاوت زیادی ندارد. خلاصه اینکه رهبران ملّی کرد افتخار می‌کنند به پیچ و مهره نظام امپریالیستی تبدیل شوند. علنا این را می‌گویند. هیچ آلترناتیو دیگری در مقابل‌شان نیست و نمی‌خواهند هم باشد. افتخارشان این است که در کردستان برخلاف خیلی از کشورهای خاورمیانه رسانه‌های جمعی آزادی دارند. ولی به وضع کردستان که نگاه کنیم می‌بینیم در بیست سال اخیر کشتار روزنامه‌نویس‌ها و خفه کردن هر نوع صدای انتقادی در سطح وسیعی صورت گرفته است. به هر جایش که نگاه می‌کنم پیشرفتی نمی‌بینم. خیلی‌ها می‌گویند کردستان عراق فرودگاه

بین‌المللی دارد. جاده‌سازی شده است. پر از شاپینگ مال شده است. یا مثلا تأسیسات جذابی در مناطق کوهستانی برای توریست‌های داخلی و خارجی درست کرده‌اند. ولی وقتی به مردم کردستان نگاه کنی با این همه ثروت نفتی، می‌بینی که دست به گریبان یک اقتصاد ویران شدۀ کشاورزی‌اند و یک اقتصاد شهری و صنعتی که بتواند وضعیت اقتصادی را بهتر کند و شغل ایجاد کند و غیره هم وجود ندارد. من برای کردستان مستقل آینده درخشانی نمی‌بینم نه به خاطر محدودیت‌های خلق کرد بلکه به خاطر ماهیت طبقاتی رهبری ناسیونالیستی و ایدئولوژی ناسیونالیستی.

۶. پس مثل همه جای دنیا، راه حل مردم انقلاب کردن است. انقلاب سوسیالیستی و تشکیل دولت‌های سوسیالیستی. چیزی که در حال حاضر مثل قبل مُد نیست. به نظر شما در کل مناطق کردنشین چنین انقلابی چه قدر پایه مادی و پتانسیل دارد؟ چه قدر می‌شود این را دید که از درون ویرانی جنبش چپ در کردستان یک نیروی کمونیستی بتواند سر بلند کند؟

امیر حسن پور: فعلا در عراق عرصه در اختیار جریانات بنیادگرای اسلامی و نیروهای ناسیونالیست عرب و کرد و آسوری و ترکمن و روسای عشایر عرب است. این‌ها ابتکار عمل را در دست دارند به استثنا منطقه‌ای در کردستان سوریه، که نیروی رهبری کننده‌اش با عشایر یا با جریانات اسلامی تفاوت دارد. راهی که کل منطقه در پیش گرفته در چارچوب روابط سرمایه‌داری بحران‌زده است. البته نیروهای سرمایه‌داری خودشان هم در شرایط آشوب هستند و با هم تضاد دارند و درگیر همین تضادهای منطقه‌اند. یا بهتر بگویم خودشان بخشی از این تضادها هستند. من در این میان، چیزی به‌عنوان انقلاب یعنی انقلابی که نیروهای کمونیستی در رهبری‌اش باشند نمی‌بینم و درست است که انقلاب تنها راهی است که بتوان کردستان و منطقه را از این منجلاب بیرون آورد. از نظر تاریخی بیش از هر زمان مشخص است که واقعا غیر از این انقلاب هیچ راهی نیست. اما در مورد وضعیت جنبش کمونیستی، در منطقه یک جنبش کمونیستی که بتواند از عهدۀ این وظایف سنگین برآید وجود ندارد. بیشتر به خاطر

اینکه بعد از رجعت سرمایه‌داری در شوروی و نهایتا در چین و تجربهٔ این شکست‌ها، جنبش کمونیستی منطقه در حالت یک نوع بیهوشی و فقدان ابتکار عمل به سر می‌برد. درس گیری از این گذشته وجود ندارد و نمی‌تواند خودش را بازسازی و نوسازی کند.

این را در مورد جنبش کمونیستی در کل منطقه می‌گویم و نه فقط در کردستان. طی این مدت در همه جا نیروهای جنبش کمونیستی منطقه در حال عقب‌رفت و عقب‌نشینی بوده‌اند. اما شرایطی که می‌بینیم در عین حال بهترین شرایط هم هست. ما در شرایط آشوب جدی در نظام امپریالیستی و نظم دولتی که این‌ها بعد از جنگ جهانی اول درست کردند به سر می‌بریم. حالا شرایطی هست که می‌شود این نظم را به هم زد. اما این کار بدون وجود جنبش کمونیستی و یک خط مشی سیاسی و ایدئولوژیک و تشکیلاتی صحیح هرگز صورت نخواهد گرفت.

۷. بنابراین هیچ امیدی نیست! یعنی هیچ کاری هم نباید کرد!

امیر حسن‌پور: چرا که نه، مسئله خط مشی همیشه جدی بوده اما در شرایط تاریخی سی چهل سال اخیر تعیین‌کننده است. روشن است که بدون تئوری انقلابی نمی‌توان انقلاب کرد و اگرچه مارکسیسم چنین تئوری هست اما آن هم بدون نوسازی و سنتز انقلابی از پیروزی‌ها و شکست‌های گذشته کافی نیست. امروز عنصر ذهنی از عنصر عینی عقب‌مانده است.

۸. در این وضع خراب، پایه مادی یا پتانسیل انقلاب کجاست؟

امیر حسن‌پور: همین وضع خراب خودش بخشی از پایه مادی است. یعنی وضع خراب فریاد می‌زند که می‌توانم یک جور دیگر بشوم. می‌شود اوضاع را تبدیل کرد به یک چیزی ضد شرایطی که فعلا در آن بنیادگران اسلامی و قدرت‌های امپریالیستی ابتکار عمل را در دست دارند. شرایط جوری است که جنبش کمونیستی می‌تواند آن را به هم بزند، خوب هم می‌تواند به هم بزند. البته یک جنبش کمونیستی که خط مشی درستی

داشته باشد، بتواند این وضعیت را درک کند و به ضد خودش تبدیل کند.

۹.آیا پیام دیگری برای کسانی که می‌خواهند دنیا را عوض کنند ولی از وقایع جاری و شرایط موجود و میدان‌داری نیروهای رنگارنگ ارتجاعی و امپریالیستی بهت‌زده شده‌اند دارید؟

امیر حسن‌پور: چیزی که می‌توانم بگویم این است که وضع فعلی «یا این یا آن» است. یک طرف بنیادگرایی اسلامی و امپریالیست‌ها و طرف دیگر مردم و نیروهای کمونیستی و هر نیروی آزادی‌خواهی که علیه آن دو قطب ضد مردمی است. وسط نمی‌شود ماند. اگر نیروهای کمونیستی و انقلابی باشند که فکر کنند می‌شود وسط ایستاد باید از آن‌ها پرسید که کدام تجربه تاریخ چنین وضعی را به خود دیده است. افراد و نیروهای آگاه باید به طور جدی تصمیم بگیرند که آیا به بخشی از این وضع اسفناک تبدیل می‌شوند و در آن دست و پا خواهند زد یا به خلق دنیای دیگری می‌پردازند و زنجیرهای اسارت را پاره می‌کنند. کمونیست‌ها و جنبش کمونیستی می‌توانند در ضمن بازسازی و نوسازی خود روند تاریخ را عوض کنند همان‌طور که در گذشته بارها توانستند بکنند.

در آستانه صدمین سالگرد ژنوسید ملّت‌های ارمنی و آشوری:«علائم اخطار اولیه» پاک‌سازی قومی در ایران[1]

نود و نه سال پیش دولت ترکیهٔ عثمانی در جریان جنگ جهانی اول (۱۹۱۴-۱۹۱۸) پروژهٔ از بین بردن ملّت‌های ارمنی و آشوری را که در سرزمین باستانی خود در شرق امپراطوری زندگی می‌کردند شروع کرد. این جنایت، یعنی «نابودی کلی یا جزئی یک گروه ملّی، قومی، نژادی یا دینی»، که بسیاری دولت‌های قدیم و جدید مرتکب شده‌اند، به دنبال هولوکاست (کشتار یهودی‌های اروپا در جنگ جهانی دوم ۱۹۳۹-۱۹۴۵)، در سال ۱۹۴۸ با مفهوم «ژنوسید» درحقوق بین‌الملل مشخص شد و به عنوان جنایتی دارای ابعاد بین‌المللی شناخته شد.

در چند دههٔ اخیر ارمنی‌ها، آشوری‌ها و بسیاری فعالین جنبش‌های اجتماعی مختلف در سراسر دنیا از جمله ترکیه تلاش کرده‌اند که دولت ترکیه این جنایت را به مثابهٔ ژنوسید به رسمیت بشناسد. روشن است که به رسمیت شناختن این کشتار به عنوان ژنوسید، آن هم بعد از گذشت یک قرن، تنها هدف تصحیح تاریخ را دنبال نمی‌کند و حتی به تامین عدالت هم نمی‌تواند بانجامد. در اثر این جنایت بیش از نصف ملّت ارمنی و سرزمین بومی آن‌ها در ترکیهٔ عثمانی از دست رفت و ملّت آشوری هم به سرحد نابودی رسید و از این رو اقرار ترکیه به ارتکاب ژنوسید نمی‌تواند مردم و سرزمین از دست رفته‌شان را برگرداند. با وجود این، به رسمیت شناختن این جنایت اهمیت عملی و امروزین دارد، زیرا خطر ژنوسید به هیچ وجه و هیچ جا رفع نشده است. گذشته از این، انکار هر ژنوسیدی شکلی از ادامه دادن آن به حساب می‌آید، و از این رو اکنون، در آستانهٔ صدمین سالگرد ژنوسید ارمنی‌ها و آشوری‌ها، کوشش برای به رسمیت شناساندن آن هم

---

۱. شهروند، سال ۲۳، شماره ۱۴۸۸، ۱ مه ۲۰۱۴.

اقدامی آزادی‌خواهانه است هم گامی در جهت گسترش آگاهی و پیشگیری از تکرار این جنایت.

تنها با آگاهی و هشیاری مردم یک کشور و مخالفت آن‌ها با شووینیسم ملّی، نژادپرستی و بنیادگرایی دینی می‌توان از تکرار این جنایت جلوگیری کرد. امروز «علائم اخطار اولیهٔ»[2] ژنوسید را در بعضی کشورها از جمله ایران و عراق و سوریه می‌توان دید و شنید. حکومت‌ها، گروه‌ها، افراد، و جریاناتی هستند که در شرایط مشخص به سهولت دست به این جنایت سهمگین می‌زنند. در این نوشته، برخی از جوانب جنایت ژنوسید، ژنوسید ارمنی‌ها و آشوری‌ها، اهمیت مبارزه برای به رسمیت شناختن آن، و «علائم اخطار اولیهٔ» ژنوسید در ایران بررسی می‌شوند.

ایران «کنوانسیون پیشگیری و مجازات جنایت ژنوسید» را که سازمان ملل متحد در دسامبر ۱۹۴۸ (۱۳۲۷) برای امضا و تصویب به دولت‌های عضو ارائه کرد در سال ۱۳۳۵ به تصویب رساند. اما در فرهنگ سیاسی ایران، توجه کافی به جدی‌ترین و وخیم‌ترین جنایت‌ها، «ژنوسید»، «جنایت علیه بشریت»، «جنایات جنگی» و «پاک‌سازی قومی»، نشده است، و آگاهی در مورد این جنایات و فعالیت برای پیشگیری از وقوع آن‌ها و مجازات مرتکبین بسیار محدود است. این بی‌توجهی در شرایطی صورت می‌گیرد که میلیون‌ها انسان در سه دههٔ اخیر در سراسر دنیا قربانی این جنایت شده‌اند و پایانی بر آن متصور نیست. اگر چه به رسمیت شناساندن ژنوسید ارمنی‌ها مدت‌ها است به عرصهٔ مبارزه‌ای بین‌المللی تبدیل شده است، تا چندی پیش، در اشارات مختصری که گاه و بی‌گاه در ایران به این رویداد می‌شد آن را «قتل‌عام» می‌نامیدند. به همین ترتیب، ژنوسید یهودی‌ها (هولوکاست) به دست رژیم نازی آلمان تا وقتی که سران رژیم اسلامی فعالانه به انکار آن نپرداخته بودند مورد توجه آزادی‌خواهان ایرانی قرار نگرفت.

---

2. early warning signs.

ژنوسید چیست؟

در زبان فارسی هنوز معادل درستی برای اصطلاح «ژنوسید» ارائه
نشده است. در این نوشته به جای معادل‌های نارسای «کشتارجمعی»،
«قتل‌عام»، «نسل‌کشی»، «کشتار گروهی»، «نژادکشی» یا «امحای ملّی»،
واژهٔ «ژنوسید» را به کار می‌برم. «ژنوسید» گونه‌ای از قتل‌عام است اما هر
قتل عامی ژنوسید به حساب نمی‌آید. با وجود اینکه این جنایت پدیده‌ای
باستانی است، واژهٔ «ژنوسید» نسبتا جدید است که در سال ۱۹۳۵ وضع
شد و در جریان تدوین و تصویب «کنوانسیون پیشگیری و مجازات جنایت
ژنوسید» در سازمان ملل متحد در سال‌های ۱۹۴۸-۱۹۴۶ بر سر زبان‌ها
افتاد و به اصطلاح مهمی در حقوق بین‌الملل تبدیل شد. مطالعات ژنوسید
در سال‌های اخیر پیشرفت بسیاری کرده است و دانش وسیعی در مورد
جوانب گوناگون این جنایت تولید شده است. «ژنوسید» مثل هر مفهوم
دیگری تعبیرها و تعاریف گوناگون دارد. در این نوشته، از تعریف آن در
«کنوانسیون پیشگیری و مجازات جنایت ژنوسید» استفاده می‌کنم زیرا
این سند، با وجود انتقاداتی که به آن وارد است، چهارچوب حقوقی-قضایی
این جنایت را ترسیم کرده است، به تصویب بسیاری اعضای سازمان ملل
رسیده و مبنای کار «دادگاه جنایی بین‌المللی» قرار گرفته است. طبق
مادهٔ دوم «کنوانسیون»:

> ژنوسید یعنی هر یک از اعمال زیر که به قصد نابودکردن،
> کلی یا جزئی، یک گروه ملّی، قومی،[3] نژادی یا دینی،
> به مثابهٔ چنین گروهی، ارتکاب گردد:
> الف) کشتن اعضای گروه،
> ب) وارد کردن صدمهٔ جدی جسمی و
> فکری به اعضای گروه،
> ج) تحمیل کردن تعمدی نوعی شرایط

---

3. ethnic.

زندگی به گروه به طوری که به نابودی
فیزیکی آن گروه، به طور کلی یا جزئی،
بانجامد،

د) تحمیل اقداماتی که قصد آن جلوگیری
از زادوولد در درون گروه باشد،

ه) انتقال اجباری کودکان [هر یک از این
گروه ها] به گروه دیگر.

مطابق این تعریف، تفاوت ژنوسید با قتل‌عام در این نیست که ژنوسید گسترده‌تر از قتل‌عام است. آن چه ژنوسید را از قتل عام متمایز می‌کند تعداد کشته‌شدگان نیست بلکه قصد یا نیت کسانی است که برای از بین بردن افراد «به مثابهٔ» یکی از این گروه‌ها به ارتکاب این جنایت می‌پردازند. مثلا اگر دولت عثمانی ارمنی‌ها را نه به خاطر ارمنی بودن بلکه به بهانهٔ گرایش سیاسی آن‌ها از بین می‌برد، این جنایت ژنوسید به حساب نمی‌آمد. به همین ترتیب، قتل‌عام چند صد هزار کمونیست اندونزی (۱۹۶۵-۱۹۶۶) تحت رهبری ژنرال سوهارتو معمولا ژنوسید قلمداد نمی‌شود زیرا قربانیان کشتار، گروه «ملّی، قومی، نژادی یا دینی» نبودند و یا «به مثابهٔ چنین گروهی» قتل‌عام نشدند. همچنین اگر رژیم نازی یهودی‌ها را نه به خاطر یهودی بودن بلکه به دلیل دیگری مانند تمایلات سیاسی آن‌ها کشتار می‌کرد، جنایتش ژنوسید تلقی نمی‌شد. اما اگر دولت عثمانی، به جای بیش از یک میلیون ارمنی، هزار نفر را «به مثابهٔ» یک گروه ملّی و قومی و نژادی یا دینی کشتار می‌کرد، طبق تعریف کنوانسیون ژنوسید به حساب می‌آمد. محدود کردن تعریف ژنوسید به نابود کردن گروه‌های قومی یکی از اشکالات کنوانسیون است. از نظر قربانیان این جنایت مهم نیست که با چه نیتی از بین می‌روند.

در گفتار عادی، معمولا کشتاری که به شیوه‌ای بسیار خشن صورت گیرد ژنوسید نامیده می‌شود. اما شیوهٔ کشتن معیار نیست. اگر رژیم نازی یهودی‌ها را با گاز سمی و در کوره‌های آدم‌سوزی نابود نمی‌کرد، یا اگر آن‌ها را به شیوه‌های «انسانی‌تر»، به عنوان یک گروه «قومی، نژادی یا

دینی» از بین می‌برد، این جنایت هنوز ژنوسید به حساب می‌آمد. در واقع طبق تعریف کنوانسیون، اقداماتی از قبیل منع زاد و ولد و یا جداکردن کودکان از والدین که می‌تواند به امحای جزئی یا کلی گروه منجر شود، ژنوسید به حساب می‌آیند. به این ترتیب سیاست رژیم اسلامی ایران که قصد نابودی بهایی‌ها را «به مثابۀ یک گروه دینی» آشکارا اعلام کرده است، چه از طریق اعدام (طبق بند الف) و چه به شیوه‌های کم‌تر خشونت‌آمیز (طبق بند ج)، باید ژنوسید به حساب آید. همچنین، جداکردن کودکان مردم بومی از خانواده‌هایشان، تعلیم آن‌ها در مدارس شبانه‌روزی، و تحمیل دین (مسیحیت) بر آن‌ها در کانادا می‌تواند، طبق بندهای ج و ه، ژنوسید قلمداد شود. به همین ترتیب، سیاست رژیم رضا شاه در مورد منع زبان‌های غیر فارسی و یا پروژۀ مشابهی که در سال‌های آخر حکومت محمد رضا شاه در شرف برنامه‌ریزی بود طبق بند ج سیاستی ژنوسیدی به حساب می‌آید.

تفاوت دیگر ژنوسید با قتل‌عام در این است که ژنوسید، از نظر حقوق بین‌الملل، یک «جنایت بین‌المللی» است و قتل‌عام جزو «امور داخلی» دولت به شمار می‌رود. هر دولت مدرنی در درون مرزهای خود از حق اعمال حاکمیت برخوردار است به این معنی که سایر دولت‌ها یا سازمان‌های فرادولتی از قبیل سازمان ملل مجاز نیستند در «امور داخلی» آن دخالت کنند. اما مرتکبین ژنوسید، به مثابۀ یک جنایت علیه بشریت، در هر کشوری قابل تعقیب هستند. طبق مادۀ سوم «کنوانسیون»،

اعمال زیر قابل مجازات خواهند بود:
۱. ژنوسید؛
۲. توطئه به منظور ارتکاب ژنوسید؛
۳. تحریک مستقیم یا همگانی به ارتکاب ژنوسید؛
۴. مبادرت به ارتکاب ژنوسید؛
۵. هم‌دستی در ژنوسید.

با وجود این، لیو کوپر،[۴] مورخ ژنوسید، سه دهه بعد از تصویب کنوانسیون، در سال ۱۹۸۱ اظهار کرد که دولت‌ها برای خودشان «حق ارتکاب ژنوسید» قائل هستند و سازمان ملل عملا نمی‌تواند مانع آن‌ها شود. برای مثال، ژنوسید موسوم به «انفال» رژیم بعث علیه کردها (۱۹۸۸)، پاک‌سازی قومی مردم تیمور شرقی (۱۹۷۵-۱۹۹۹)، کشتارها و پاک‌سازی قومی در بوسنی (۱۹۹۲-۱۹۹۵)، رواندا (۱۹۹۴)، و سودان نظر کوپر را تایید می‌کنند. باوجود این، سازمان ملل در اواخر سال‌های ۱۹۹۰ گامی در جهت اجرای کنوانسیون ۱۹۴۸ برداشت و آن تاسیس «دادگاه جنایی بین‌المللی» بود که قابلیت محاکمه مرتکبین ژنوسید، جنایات جنگی و جنایت علیه بشریت را دارد.

آناطولی شرقی: «حوزه ژنوسید»

مارک لوین،[5] مورخ ژنوسید، نشان داده است که در پروسهٔ دولت‌سازی و ملّت‌سازی امپراطوری عثمانی، آناطولی شرقی در سال‌های ۱۸۷۸-۱۹۲۳ به «حوزهٔ ژنوسید» تبدیل شد و بعد از فروپاشی این امپراطوری، جمهوری ترکیه و عراق این حوزه را تا امروز برقرار نگه داشته‌اند. در این حوزه، ارمنی‌ها، آشوری‌ها، کردها و یونانی‌های پونتوس (جنوب شرق دریای سیاه) قربانی ژنوسید و پاک‌سازی قومی شدند. مارک لوین نشان داده است که ژنوسید در این منطقه قاعده است نه استثنا. تداوم سیاست‌های پاک‌سازی قومی در عراق، ترکیه و سوریه صحت این بینش را تایید می‌کند.

ارمنی‌ها و آشوری‌ها، هزاران سال پیش از اشغال «آسیای صغیر» توسط قبایل ترک عثمانی، در منطقه‌ای که امروز بخشی از شرق ترکیه و شمال عراق و شمال غرب ایران است زندگی می‌کردند. به این ترتیب سرزمین بومی آن‌ها ارمنستان، که بعدها «آناطولی شرقی» نیز نامیده شده،

---

4. Leo Kuper.
5. Mark Levene.

بخش‌هایی از کردستان و بین‌النهرین را در بر می‌گرفت. دولت عثمانی در سال ۱۸۷۴ پروژهٔ پاک‌سازی قومی ارمنی‌ها را شروع کرد. کشتار یکی از شیوه‌های پاک‌سازی بود و بعضی از روسای عشایر کرد با نیروهای سوارهٔ خود که توسط دولت تعلیم می‌دیدند (حمیدیه سواری آلایلاری) به عنوان هم دست ارتش و ژاندارمری در این قتل‌عام شرکت می‌کردند. با شروع جنگ جهانی اول (۱۹۱۴-۱۹۱۸)، برنامهٔ پاک‌سازی قومی با شدت بیشتر ادامه یافت و این بار آشوری‌ها هم آماج حمله قرار گرفتند. در ۲۴ آوریل ۱۹۱۵، حکومتِ «ترک‌های جوان»، که تحت کنترل «کمیتهٔ اتحاد و ترقی» بود، رهبران و روشنفکران ارمنی استامبول را دستگیر کرد و بعد از مدت کوتاهی اعدام کرد. سپس هزاران نفر در پایتخت و دیگر شهرها به همان سرنوشت دچار شدند. کشتار و تبعید ارمنی‌ها و آشوری‌ها، که بیشترشان همراه کردها ساکن روستا بودند، در طول جنگ و بعد از پایان آن تا تاسیس جمهوری ترکیه در سال ۱۹۲۳ ادامه یافت.

پاک‌سازی قومی سیمای ترکیه را به کلی تغییر داد. امروز از قریب دو میلیون ونیم ارمنی که در سرزمین بومی خود در شرق ترکیه زندگی می‌کردند اثری نیست. در طول نود سال اخیر، این پروژهٔ ژنوسید با زدودن بیشتر آثار زندگی ارمنی‌ها و آشوری‌ها، از جمله خراب کردن بناها و آثار فرهنگ مادی آن‌ها (ساختمان ها، کلیساها، مقبره‌ها و ...) و پاک‌سازی اسامی جغرافیایی، ادامه داشته است. هم چنین ژنوسید به شیوه‌ای بسیار خشن در موزه‌های شهرهای شرق ترکیه ادامه دارد. این موزه‌ها، ترک‌ها را به عنوان قربانیان ژنوسیدی که ارمنی‌ها مرتکب شده‌اند ارائه می دهند.

دولت جمهوری ترکیه و بیشتر ناسیونالیست‌های ترک تبعید ارمنی‌ها و حتی کشتار آن‌ها را انکار نمی‌کنند اما با ژنوسید نامیدن آن به شدت مخالفت می‌ورزند. آن‌ها استدلال می‌کنند که ارمنی‌ها شورش کرده بودند، مسلح شده بودند، قصد تجزیه‌طلبی داشتند، ترک‌ها را کشتار می‌کردند و توسط روسیهٔ تزاری تسلیح و تحریک و رهبری میّ‌شدند. به این ترتیب، قصد نابود کردن ارمنی‌ها را به عنوان یک «گروه ملّی، قومی، نژادی و دینی» انکار می‌کنند و تبعید آن‌ها را به ضرورت‌ها یا مشکلات «عادی» و «اجتناب‌ناپذیر» زمان جنگ تقلیل می‌دهند و در واقع ارمنی‌ها

را مقصر به حساب می‌آورند. این دیدگاه ناسیونالیستی، کشتار جمعی و پاک‌سازی را برای حفظ «تمامیت ارضی» و تضمین «تجزیه ناپذیری ملّت» مجاز می‌شمارد. دولت ترکیه و ناسیونالیست‌های مدافع آن معتقد نیستند که اگر ملّیتی بخواهد مستقل شود، دولت حق ندارد آن را نابود کند. روشن است که ناسیونالیسم به این درجه از مدنیت نرسیده است که برای حفظ «تمامیت ارضی» به «جنایت علیه بشریت» متوسل نشود.

پاسخ این سوال که نابودی ارمنی‌ها ژنوسید است یا یک واقعهٔ «عادی» زمان جنگ در تحلیل نهائی در پاسخ به این سئوال نهفته است که سرانِ دولت عثمانی قصد نابودی ارمنی‌ها و آشوری‌ها به مثابهٔ یک «گروه ملّی، قومی، نژادی و دینی» را داشتند یا نه؟ از جمله کسانی که پاسخ مثبت به این سوال داده‌اند جامعه‌شناس ترک تانر آکچام است که در تحقیقات خود با استناد به «مدارک عثمانی-ترکی» از جمله شواهدی که در دادگاه‌های نظامی سال‌های ۱۹۱۹-۱۹۲۲ ارائه شد به این نتیجه رسیده است که کمیتهٔ مرکزی «کمیتهٔ اتحاد و ترقی»، که حکومت عثمانی را در دست داشت، تصمیم به نابودی ارمنی‌ها گرفت و برنامه را به اجرا گذاشت.[۶] طبق رای دادگاه نظامی در ۱۹۱۹، سران «کمیته»، اسماعیل انور پاشا، محمد طلعت پاشا و احمد جمال پاشا، که وزرای کابینه بودند قصد نابودی ارمنی‌ها را داشتند و هر سه غیابا به اعدام محکوم شدند.

یکی از سوال‌های مهم این است که آیا می‌توان دولت، این قدرتمندترین شکل سازماندهی سیاسی، را از حق ارتکاب ژنوسید، جنایت جنگی و جنایت علیه بشریت محروم کرد؟ متاسفانه با وجود دستاوردهای سال‌های اخیر در مبارزه علیه این جنایت‌ها هنوز راه دوری در پیش است. ژنوسید محصول ملّت، ناسیونالیسم، پروژهٔ ملّت‌سازی و دولت مدرن سرمایه

---

۶. به کتاب تانر آکچام «از امپراطوری تا جمهوری: ناسیونالیسم ترک و ژنوسید ارمنی‌ها» مراجعه کنید:

Taner Akçam, *From Empire to Republic: Turkish Nationalism and the Armenian Genocide*. London, Zed Books, 2004.

برای اطلاع در مورد آثار آکچام به ترکی به منبع زیر مراجعه کنید:

http://tr.wikipedia.org/wiki/Taner_Ak%C3%A7am

داری‌است[7] و تا وقتی که بشریت به ملّت و قوم و قبیله‌های گوناگون تقسیم شده، تا وقتی که قومیت و ملّیت مبنای قدرت و تقسیم نابرابر این قدرت است و تا وقتی که تضادهای طبقاتی با تضادهای ملّی و قومی و نژادی گره می‌خورد پایانی بر این جنایت‌ها متصور نیست.

ژنوسید، ملّت، و ناسیونالیسم

در دو دههٔ اخیر رابطهٔ بین مدرنیته و ژنوسید به ویژه هولوکاست (ژنوسید یهودی‌ها توسط رژیم نازی) تئوریزه شده است. این رابطه پیچیده و همه‌جانبه است اما یکی از وجوه مشخصهٔ کشتار جمعی در دوران مدرنیته پیوند آن با ناسیونالیسم است. دولت-ملّت، هم در شکل «ملّت مدنی» و هم در قالب «ملّت قومی (اتنیک)»، برای تضمین وحدت ملّی و «تمامیت ارضی» و جلوگیری از تجزیهٔ آن به ژنوسید، پاک‌سازی قومی، جنایت جنگی و دیگر اشکال جنایت علیه بشریت دست می‌زند.

ناسیونالیسم تفاوت‌های زبانی و فرهنگی و فیزیکی انسان‌ها را که محصول ده‌ها هزار سال تکامل اجتماعی است به تفاوت‌های سیاسی تبدیل می‌کند و با توسل به این تفاوت‌ها بشریت را به ملّت‌های گوناگون تقسیم می‌کند و سازمان‌دهی می‌کند. ملّت مقدس و «تجزیه‌ناپذیر» است و جهان‌بینی ناسیونالیستی برای تامین یکپارچگی، «خاک و خون» را در هم می‌آمیزد و به ایجاد «نژاد پاک» متوسل می‌شود. لیبرالیسم این سیاست نژادپرستانه را به «ناسیونالیسم قومی» نسبت می‌دهد اما «ناسیونالیسم مدنی» همین سیاست را زیر پرچم فرهنگ و «تمدن» برتر دنبال می‌کند. در واقع پروژهٔ ساختن نژاد خالص[8] ابتدا در «ملّت‌های مدنی» آمریکا، انگلستان، سوئد و کانادا در اواخر قرن نوزده طرح‌ریزی شد و به اجرا گذاشته شد. در کانادا و آمریکا بر هزاران زن و مرد بومی و سیاه و سفید عمل جراحی انجام دادند تا نتوانند بچه‌دار شوند. استان آلبرتای

---

7. Mark Levene, *Genocide in the Age of the Nation-State*. London, I.B. Tauris, 2005 (2 volumes).
8. eugenics.

کانادا، مدت‌ها بعد از سقوط رژیم نازی، تا سال ۱۹۷۲ قانون یوجنیکس داشت. پاک‌سازی قومی، آپارتاید (که شکلی از جنایت علیه بشریت است) و نژادپرستی نه تنها با دمکراسی در تضاد نیستند بلکه، طبق تحقیق مایکل مان،[۹] «جانب تاریک دمکراسی» به شمار می‌روند.[۱۰]

اگر ژنوسید محصول ناسیونالیسم است، مبارزه با آن نیز گرفتار قید و بندهای سیاست ناسیونالیستی می‌شود. ناسیونالیست‌ها ملّت خود را پاک و منزه به حساب می‌آورند و معتقدند که به چنین جنایات زشتی دست نمی‌زند. برای مثال، دولت ترکیه و ناسیونالیست‌های ترک به هر وسیله‌ای متوسل می‌شوند (از رشوه دادن گرفته تا تهدید) تا مانع به رسمیت شناختن ژنوسید ارمنی‌ها بگردند و بعضی ناسونالیست‌های ترک آذربایجانی، با احساس «هم‌خونی» و «هم‌نژادی»، از جنایت سران ترکیۀ عثمانی دفاع می‌کنند و به انکار ژنوسید ارمنی‌ها و آشوری‌ها می‌پردازند.

ناسیونالیست‌ها وقتی که ملّت خودشان قربانی ژنوسید می شود اعلام می‌کنند که ژنوسیدشان سهمگین تر از ژنوسید سایر ملّت‌ها است و یا به دلایل دیگر «منحصر به فرد» است. برای مثال، بعضی از ناسیونالیست‌های یهودی ژنوسید ملّت خودشان را «یگانه»[۱۱] به حساب می‌آورند، حتی اسم آن را هم ژنوسید نمی‌گذارند و ادعا می‌کنند که هولوکاست یا شوعا (به زبان عبری) تنها جنایت سهمگین تاریخ یا تنها ژنوسید واقعی است و یهودی‌ها تنها قربانیان واقعی این جنایت بودند. بعضی صهیونیست‌ها حتی به انکار ژنوسید ارمنی‌ها می‌پردازند زیرا نگران این هستند که تایید تجربۀ ارمنی‌ها باعث کم ارزش شدن هولوکاست می‌گردد. دولت اسرائیل به همین دلیل و نیز به خاطر منافع سیاسی، نظامی و اقتصادی (همکاری با ترکیه) ژنوسید ارمنی‌ها را انکار می‌کند. برای مثال، سفیر اسرائیل در ترکیه در ماه مارس ۲۰۰۸ در توجیه این سیاست به روزنامۀ حریت ترکیه گفت که آن چه در جنگ جهانی اول اتفاق افتاد ژنوسید نبود زیرا حوزۀ جغرافیائی آن محدود بود و «در مورد ارمنی‌هایی که در استانبول و حلب و اورشلیم زندگی

---

9. Michael Mann.
10. Michael Mann, *The Dark Side of Democracy: Explaining Ethnic Cleansing*. London, Cambridge University Press, 2005.
11. unique.

می‌کردند هیچ اتفاقی نیفتاد.» سفیر متوجه نیست که ژنوسید ربطی به وسعت «حوزهٔ جغرافیائی» ندارد، ژنوسید امحای کلی یا جزئی یک گروه است، و جنایت ۱۹۱۵ با دستگیری و اعدام ارمنی‌های استانبول شروع شد.

جهان‌بینی ناسیونالیستی دامنهٔ مبارزه علیه ژنوسید را به شیوه‌های دیگر محدود می‌کند. برای مثال، بعضی ناسیونالیست‌های ارمنی مایل نیستند آشوری‌ها را قربانی ژنوسید دولت عثمانی به حساب بیاورند زیرا تصور می‌کنند که از اعتبار ژنوسید خودشان کاسته می‌شود. همچنین بعضی از ناسیونالیست‌ها تمام ترک‌ها یا کردها را دشمن ملّت ارمنی و شریک در جنایت قلمداد می‌کنند. این سیاست، علاوه بر اینکه تصویر نادرستی از وقایع به دست می‌دهد، جبههٔ مبارزه علیه ژنوسید را محدود می‌کند و کسانی را که مخالف این جنایت هستند با موافقین آن در کنار هم قرار می‌دهد. در واقع، بسیاری از ترک‌ها، حتی عده‌ای از کارکنان حکومت، و بسیاری از کردها با پروژهٔ کشتار مخالفت کردند و بعضی‌ها به خاطر همدردی با ارمنی‌ها و آشوری‌ها و نجات آن‌ها به قتل رسیدند. در سه دههٔ اخیر نیز، در حالی که دولت ترکیه با تمام قوا به انکار ژنوسید پرداخته است، ترک‌ها و کردها برای به رسمیت شناختن آن تلاش کرده‌اند، برای مثال اسماعیل بشکچی، اورهان پاموک، تانر آکچام، یلماز گونی، اران گوندوز و بسیاری دیگر به خاطر این فعالیت‌ها به محاکمه و زندان کشیده شده‌اند.

مبارزه علیه ژنوسید

اکنون، قریب هفتاد سال بعد از پایان جنگ جهانی دوم و شکست فاشیسم، روشن است که بلافاصله بعد از هولوکاست، ژنوسید همچنان ادامه یافت و در همان سالی که کنوانسیون سازمان ملل علیه ژنوسید تصویب شد، ملّتی که خودش در شرف نابودی قرار گرفت، با تاسیس دولت اسرائیل، به نابودی ملّت فلسطین کمر بست. همچنین پوشیده نیست تا وقتی که پدیدهٔ ناسیونالیسم و دین بر زندگی بشریت مسلط است، تضادهای ملّی و قومی و دینی و پاک‌سازی قومی، دینی، نژادی و آپارتاید ادامه خواهد

یافت. اما نمی‌توان منتظر آینده‌ای شد که این تضادها خودشان ریشه‌کن شوند. باید از هم اکنون در مبارزۀ سیاسی برای پایان دادن به این خشونت درگیر مبارزه شد.

مبارزه با ژنوسید تنها به دخالت در حال و آینده مربوط نمی‌شود. برای مثال ادامه داشتن ژنوسید ارمنی‌ها و آسوری‌ها نه تنها به این معنی است که دولت عثمانی و جانشینش جمهوری ترکیه قدمی در راه تامین عدالت بر نداشته اند، بلکه به این معنی است که آن جهان‌بینی و سیاست که این جنایت را مرتکب شد هنوز دولت ترکیه را سازماندهی می کند. انکار ژنوسید توسط دولت ترکیه به منزلۀ تایید و ادامۀ آن است. ژنوسید پروژه‌ای است که با قصد و نیت و برنامه‌ریزی (معمولا توسط دولت) شروع می‌شود و نیاز به بسیج نیرو دارد: ارگان‌های ایدئولوژیک (نظام آموزشی، رسانه‌های جمعی، دین، هنر...) باید افکار عمومی را برای تایید این جنایت و شرکت شهروندان در آن یا، حداقل، بی‌تفاوتی و نظاره‌گری آنان آماده کنند. ارگان‌های سرکوبگر دولت (ارتش، تشکیلات امنیتی، ژاندارمری، پلیس، زندان...) پروژه را به اجرا می گذارند و گاهی شهروندان و گروه‌های غیر دولتی را بسیج می کنند.

همچنین باید در نظر داشت که ژنوسید یک حادثۀ منفرد و تصادفی نیست، بلکه به بخشی از نظم بین-دولتی و بین‌المللی تبدیل شده است. برای مثال، ژنوسید ارمنی‌ها و آشوری‌ها در طول جنگ جهانی اول با مخالفت روسیه و آمریکا و سکوت یا رضایت آلمان روبرو شد. پروژۀ انفال دولت بعث و تولید اسلحۀ شیمیایی و استفاده از آن علیه کردها و ایران با کمک یا اطلاع آمریکا و بعضی کشورهای اروپایی صورت گرفت. هنگامی که جمهوری مغولستان و اتحاد شوروی در سال ۱۹۶۳ از سازمان ملل خواستند، که براساس مفاد کنوانسیون ۱۹۴۸، سرکوب کردها را توسط عراق (رژیم بعث اول) به عنوان ژنوسید تلقی کند، همۀ دولت‌های غربی و خاورمیانه با آن مخالفت کردند. امروز نیز تلاش برای به رسمیت شناختن کشتار ارمنی‌ها و آشوری‌ها به عنوان ژنوسید به یک مبارزۀ بین‌المللی تبدیل شده است. اکنون که ملّت فلسطین، هفت دهه بعد از تاسیس دولت اسرائیل، در آستانۀ نابودی قرار گرفته است، سازمان ملل اقدامی علیه پروژۀ

اسرائیلی پاک‌سازی قومی، آپارتاید، جنایات جنگی، و جنایت علیه بشریت به عمل نمی‌آورد، دولت‌های غربی آن را تایید می‌کنند، دولت‌های عربی سکوت می‌کنند و هرگونه مخالفت با آن مهر آنتی-سمیتیسم یا «یهودی-ستیزی» می‌خورد.

اگر ژنوسید یک جنایت فراملّیتی یا بین‌المللی است، مبارزه با آن نمی‌تواند در قالب کشور و ملّت و سیاست ناسیونالیستی صورت بگیرد. برای مثال نمی‌توان با سیاست‌های ژنوسیدی دولت اسرائیل مخالفت کرد، اما هولوکاست را انکار کرد یا به آن کم بها داد. هولوکاست تنها ژنوسیدی است که قصد عاملین آن بارها و به صورت‌های گوناگون (توسط مقامات دولتی، رسانه‌های جمعی، محافل آکادمیک...) بیان شد و هر لحظهٔ آن به تفصیل ثبت شده است. نابودی چند میلیون یهودی در اروپا با استفادهٔ وسیع از دانش مدرن و ابزار مدرن و با اتکا به تئوری و پراتیک یوجنیکس (اصلاح نژاد) صورت گرفت. کم بها دادن به این جنایت، و یا انکار و حتی توجیه آن، مانند احمدی نژاد، به این بهانه که هولوکاست پدیده‌ای اروپایی است و یهودی‌ها را می‌بایست در اروپا یا آمریکا مستقر کنند، هم درک نادرست از صهیونیسم است و هم بی‌خبری از ژنوسید و ناسیونالیسم و امپریالیسم. در واقع تنها با درک درست و عمیق فاجعهٔ هولوکاست است که می‌توان به عمق فاجعهٔ نابودکردن فلسطینی‌ها توسط رژیم صهیونیستی پی برد. رژیم نازی در پاک‌سازی نژادی تنها به نابودی یهودی‌ها بسنده نکرد.علاوه بر یهودی‌ها، همزمان مردم روما («کولی‌ها») نیز تحویل کوره‌های آدم‌سوزی شدند. این نیز کافی نبود و «هم‌نژادان آریایی» خودشان که «آلوده» بودند (کمونیست‌ها و همجنس گرایان) و آن‌ها را که از نظر فکری و جسمی «ناقص» می‌دانستند به همان شیوه از بین بردند. در عین حال، زنان و مردان جوان و سالم را در مراکز مخصوصی به تولید بچه‌های سالم و کامل «آریایی» ترغیب می‌کردند. این درجه از پاک‌سازی قومی و نژادی، درعصر قبل از مدرنیته میسر نبود، اما نباید آن را ویژگی ایدئولوژی فاشیسم به حساب آورد. قبل از آلمان نازی، این پروژه، بدون کوره‌های آدم‌سوزی و تحت عنوان یوجنیکس در بیمارستان‌های کشورهایی که نمونهٔ دمکراسی بورژوائی یا «دمکراسی لیبرالی» بودند از جمله آمریکا و کانادا و سوئد به

اجرا در آمده بود.

پاک‌سازی قومی یهودی‌ها توسط رژیم نازی و پاک‌سازی قومی فلسطینی‌ها توسط اسرائیل از یک ایدئولوژی، یک سیاست و یک منطق سرچشمه می‌گیرند: ناسیونالیسم و اشکال گوناگون آن از صهیونیسم گرفته تا فاشیسم و پروژهٔ ملّت‌سازی بر اساس نژاد و خاک و خون. یهودی‌ها، که ستمدیده‌ترین مردم دنیا بودند با تاسیس دولت اسرائیل، به ملّتی ستمگر تبدیل شدند.

ممکن است استدلال شود که ناسیونالیسم تنها معمار ژنوسید نیست و رژیم‌های سوسیالیستی و دین سالار نیز به این جنایت دست زده‌اند. تردیدی نیست که کارنامهٔ این دولت‌ها نیز مخدوش است. برای مثال، دولت شوروی به دنبال حملهٔ آلمان نازی در ۱۹۴۱، همهٔ شهروندان آلمانی تبار ساکن بخش اروپایی روسیه را به سیبریه و آسیای مرکزی تبعید کرد و بعد ازعقب‌نشینی ارتش آلمان در ۱۹۴۳-۱۹۴۴ بسیاری از تاتارهای کریمه، چچن‌ها، اینگوش‌ها، بالکارها و دو گروه دیگر را به آسیای مرکزی تبعید کرد. علاوه براین‌ها، بسیاری از کردها، خمشیل‌ها، یونانی‌ها، بلغاری‌ها و ارمنی‌های منطقهٔ دریای سیاه نیز به آسیای میانه تبعید شدند. دولت شوروی، مانند همه دولت‌های دیگر، این تبعیدها را به عنوان ضرورت‌های زمان جنگ و دفاع از تمامیت ارضی دولت سوسیالیستی توجیه می‌کرد. اما این توجیهات، که ریشه در بی‌اعتمادی به شهروندان غیر روس (گروه‌های ملّی و قومی و دینی) داشت، چیزی جز یک سیاست ناسیونالیستی نبود. در آمریکای شمالی نیز همهٔ شهروندان کانادایی و آمریکایی ژاپنی تبار را دستگیر کردند، در اردوگاه‌های امنیتی به اسارت کشاندند، اموال‌شان را مصادره کردند و آمادهٔ تبعید به ژاپن کردند. در مورد رژیم‌های دین سالار، می‌توان به ایران اشاره کرد. خمینی مخالفت خود را با ناسیونالیسم مدام اعلام می‌کرد و آن را توطئهٔ غرب علیه اسلام به حساب می‌آورد و معتقد بود که ناسیونالیسم باعث انحلال امپراطوری اسلامی عثمانی شد. اما خمینی و جانشینانش در برخورد به ساخت چندملّیتی و چندزبانی و چندفرهنگی ایران سیاست رژیم پهلوی را با دقت ادامه دادند. در دوران ما، دین و جنبش‌های دینی در ناسیونالیسم لنگرانداخته‌اند و برای مثال، در عراق

برای کنترل منابع طبیعی و انسانی آن به صورت پیچیده‌ای با رژیم‌های منطقه و امپریالیسم آمریکا گره خورده‌اند. در ترکیه، حکومت اسلامی فعلی و گروه‌های اسلامی رنگارنگِ ترک مانند ناسیونال شووینیست‌های سکولار (از جمله کمالیست) ژنوسید ارمنی‌ها و آشوری‌ها را به شدت انکار می‌کنند و به دلایل ایدئولوژیک مسیحی بودن ارمنی‌ها و آسوری‌ها و یونانی‌ها را نیز جرمی علیه خلافت اسلامی به حساب می‌آورند.

اکنون صد سال بعد از ژنوسید ارمنی‌ها و آشوری‌ها، دانش و آگاهی در بارهٔ این جنایت پیشرفت چشمگیری کرده است. مطالعات هولوکاست، که از مطالعهٔ همهٔ موارد دیگر پیشرفته‌تر است، به رشد این دانش کمک بسیاری کرده است. امروز در کانادا و آمریکا و بعضی کشورهای اروپایی بعضی دانشگاه‌ها برنامهٔ مطالعات ژنوسید و هولوکاست ارائه می‌کنند و گاهی این موضوع به عنوان تک درس وارد برنامهٔ آموزشی دبیرستان‌ها می‌شود. در سال‌های اخیر موزه‌های ژنوسید تاسیس شده‌اند و سه مجلهٔ آکادمیک مخصوص مطالعهٔ ژنوسید و دو دایرةالمعارف به زبان انگلیسی منتشر شده‌اند. در این شرایط مانع اصلی در مبارزه با ژنوسید نه کمبود دانش بلکه سلطهٔ دید ناسیونالیستی بر تحقیق و تحلیل است. برای مثال، ریچارد گیبسن،[۱۲] در تحقیق خود راجع به برنامه‌های آموزشی هولوکاست در آمریکا، به این نتیجه رسیده است که هدف اصلی این برنامه‌ها درک فاشیسم و غلبه کردن بر آن نیست بلکه توجیه پروسهٔ ملّت‌سازی و دولت‌سازی اسرائیل و ادامهٔ سیاست اشغال است. پژوهش‌های محقق اسرائیلی ادیث زرتال[۱۳] این نظر را تایید می‌کند؛ او نشان داده است که مرگ و قبر و خاطرهٔ آن به سنگ بنای ملّت و دولت اسرائیل تبدیل شده‌اند.[۱۴]

دستاوردها در زمینهٔ حقوقی و قانونی و قضایی نیز قابل توجه‌اند. تاسیس «دادگاه جنایی بین‌المللی» از جمله پیشرفت‌هایی است که در دو دههٔ اخیر در مبارزه با ژنوسید روی داده است. این دادگاه در سال ۲۰۰۲ رسمیت یافت و تا امروز ۱۲۲ کشور از ۱۹۳ کشور عضو سازمان ملل به آن

12. Richard Gibson.
13. Edith Zertal.
14. Edith Zertal, *Israel's Holocaust and the Politics of Nationhood*. New York, Cambridge University Press, 2005.

پیوسته‌اند. آمریکا، ایران، اسرائیل، عراق، عربستان سعودی، چین، روسیه، ترکیه و سوریه از جمله کشورهایی هستند که با آن مخالفت کرده‌اند. با وجود اینکه ۱۴۵ دولت کنوانسیون ژنوسید را تصویب کرده‌اند (از جمله کشورهای مذکور)، باید متوجه بود که بسیاری از این مصوبات مشروط هستند. برای مثال تصویب کنوانسیون توسط آمریکا سی وشش سال طول کشید، آن هم تحت فشار حقوق‌دانان مترقی و فعالین سیاسی. آمریکا تصویب کنوانسیون را با قید وشرط‌هایی مشروط کرد که به هیچ یک از قربانیان ژنوسید این امکان را نمی‌دهد که این کشور را به اتهام این جنایت تحت تعقیب قرار دهند.

با وجود این دستاوردها و علی‌رغم اهمیت مبارزه در عرصهٔ قانون، باید تاکید کنم که قانون، هرچه هم کامل و جامع باشد، نمی‌تواند مانع ارتکاب ژنوسید و جنایات مشابه شود. دولت-ملّت پدیدهٔ بسیار خطرناکی است و در صورت احساس خطر قوانین بین‌المللی و کشوری را به آسانی زیرپا می‌گذارد. آمریکا و انگلستان، طبق تحقیق حقوق دان بریتانیایی فیلیپ سندز،[۱۵] قوانین بین‌المللی را که خودشان در تدوین آن‌ها شرکت فعال داشته‌اند، به ویژه بعد از ۱۱ سپتامبر، زیر پا می‌گذارند.[۱۶] آمریکا به دستگیری، شکنجه، آدم‌ربایی و ترور مخالفان در نقاط مختلف دنیا پرداخته و در عراق مزدوران جنگی را به کار گرفته است. باید به یاد داشت که به قدرت رسیدن نازی‌ها در آلمان در سال ۱۹۳۳ از طریق کودتا انجام نشد بلکه از طریق انتخابات پارلمانی و با همکاری لیبرال‌ها و محافظه‌کاران صورت گرفت. تجربه نشان داده است که دمکراسی لیبرالی به آسانی می‌تواند به فاشیسم تبدیل شود.

ژنوسید معمولا توسط بنیاد دولت طراحی و اجرا می‌شود و از این رو شهروندان نمی‌توانند به سادگی رژیم قانونی و قضایی را که بخشی از دولت است علیه خود بنیاد دولت به کار ببرند. اعمال خشونت (از طریق ارتش، ژاندارمری، پلیس، زندان، اعدام...) جزء اختیارات دولت

15. Phillppe Sands.
16. Phillippe Sands, *Lawless World: Making and Breaking Global Rules*. London, Penguin, 2006.

مدرن و بخشی از پروسهٔ اعمال حاکمیت آن است. حتی اکنون که در زمینهٔ قانونی پیشرفت‌هایی علیه اعمال خشونت دولت صورت گرفته است، اجرای قانون به علت سطحی بودن پروژهٔ تفکیک قوا (مقننه، مجریه و قضائیه) با محدودیت جدی رو به رو می‌شود، هم در سطح کشوری و هم در سطح بین‌المللی. دولت‌مردان استقلال قانون و قضاوت را زیر پا می‌گذارند و درنتیجه شهروندان نمی‌توانند از حربهٔ قانون و قضاوت علیه مرتکبین ژنوسید استفاده کنند. برای مثال، دولت‌هایی که سابقهٔ وسیعی در ژنوسید و جنایت علیه بشریت و جنایت جنگی دارند از پیوستن به «دادگاه جنایی بین‌المللی» خودداری کرده‌اند و در همان حال این دادگاه به بازیچهٔ قدرت‌های بزرگ تبدیل شده است. مثال دیگر محاکمهٔ صدام حسین و هم‌دستانش است که می‌بایست به اتهام ژنوسید و جنایات جنگی محاکمه شوند اما محاکمه آن‌ها به معرکه‌گیری سران تازه به قدرت رسیدهٔ عراق تبدیل شد و اجازه ندادند که دادگاه آن‌ها با محاکمه‌ای درست و مستند اخطاری به همهٔ دولت‌مردان و هم‌دستان بین‌المللی آن‌ها باشد. در واقع هیچ جا دولت‌مردان مایل نیستند که حتی رقبایشان به اتهام این جنایات محاکمه شوند زیرا نمی‌خواهند بنیاد دولت تضعیف شود، در مقابل شهروندان پاسخگو باشد و شهروندان بتوانند دولت و سران آن را محاکمه و مجازات کنند.

اگر شهروندان یک کشور یا دنیا نمی‌توانند ابزار دولت را علیه خودش به کار بگیرند، می‌توانند به ابتکاراتی دست بزنند و دولت‌ها را وادار به عقب‌نشینی‌هایی کنند. مثلا امروز، بعد از دو قرن ونیم مبارزه علیه مجازات اعدام، شهروندان در یک صد کشور (۵۱٪ کشورهای عضو سامان ملل) دولت را از حق اعدام کردن محروم کرده‌اند. البته مبارزه علیه «حق ارتکاب ژنوسید» به مراتب مشکل‌تراست و هیچ دولتی مایل به الغای بنیادهای سرکوب‌گر نیست. با وجود این، در صورتی که مبارزه علیه مجازات اعدام، زندان، جنگ، جنایات جنگی، نژادپرستی، آپارتاید و ژنوسید به جنبش‌های اجتماعی و جهانی تبدیل شود می‌توان انتظار پیشرفت داشت. برای مثال روشنفکران ضد جنگ و فعالین صلح‌طلبی در سال‌های ۱۹۶۰ و ۱۹۷۰ یک سری دادگاه به منظور محاکمهٔ آمریکا و

دیکتاتوری‌های نظامی آمریکای لاتین برپاکردند. اولین جلسات این دادگاه که مشهور به دادگاه برتراند راسل (اسم فیلسوف انگلیسی مبتکر این پروژه) است در سال‌های ۱۹۶۶-۱۹۶۷ تشکیل شد و حکم صادر کرد که آمریکا در ویتنام مرتکب ژنوسید شده است. دولت‌های برزیل، شیلی، اروگوئه و بلیوی نیز به اتهام نقض حقوق بشر به محاکمه کشیده شدند. دادگاه‌های راسل که صدها روشنفکر و فعال سیاسی در آن شرکت کردند دادگاه رسمی و دولتی نبودند، قدرت اجرایی نداشتند و مورد حملهٔ رسانه‌های عمده قرارگرفتند. اما تحقیقات دادگاه و رای آن تاثیر مهمی در مبارزه علیه تجاوز آمریکا داشت، جنبش ضد جنگ را تقویت کرد و تاثیر به سزایی در پایان دادن به جنایات جنگی آمریکا در این منطقه از دنیا داشت. دادگاه راسل کار خود را تحت عنوان «دادگاه دائمی خلق‌ها» ادامه داد و در سال ۱۹۸۴ در پاریس تشکیل جلسه داد و کشتار ۱۹۱۵ را، طبق کنوانسیون ۱۹۴۸، ژنوسید به حساب آورد. دادگاه از سازمان ملل و کشورهای عضو خواست که از دولت ترکیه بخواهند که ژنوسید ارمنی‌ها را به رسمیت بشناسد. بدون تردید این تلاش‌ها چیزی جز گام‌های اولیه در مبارزه علیه ژنوسید نیست اما همین ابتکارات نشان دادند که شهروندان آگاه و مصمم می‌توانند وضع موجود را تغییر دهند.

در ایران آگاهی راجع به ژنوسید ارمنی‌ها، آشوری‌ها و هولوکاست بسیار محدود است. رشد آگاهی در مورد ژنوسید نیاز به ایجاد سنت تحقیق در مورد این جنایت‌ها و برنامه‌های آموزشی در سطح دبیرستان و دانشگاه دارد. دولت‌مردان و نمایندگان پارلمان باید در مورد ماهیت ژنوسید و جنایت علیه بشریت و جنایات جنگی آموزش ببینند. در سال‌های اخیر در ترکیه پیشرفت‌هایی در زمینهٔ به رسمیت شناختن ژنوسید ارمنی‌ها به چشم می‌خورد. عدهٔ بیشتری از روشنفکران و فعالین سیاسی با انکار ژنوسید مخالفت می‌کنند و این موضوع در بعضی رسانه‌های خبری، کتاب‌ها، فیلم سینمایی، ادبیات و رساله‌های تحصیلی مطرح می‌شود. آثار تانر آکچام منتشر شده‌اند. در مورد حقوق کردها و سایر گروهای ملّی و زبانی و فرهنگی تحمل بیشتری دیده می‌شود. برای مثال، فیلمساز جوان ترک، یسیم استاآغلو، در فیلم «سفر به آفتاب» (گونه‌شه یولجولوک) به

سرکوبی کردها و ویران کردن دهات کردنشین اعتراض کرده است. نشریات، موسیقی، و هنر به زبان‌های کردی، سریانی و ارمنی منتشر می‌شوند. اما هنوز مبارزه بر سر انکار یا تایید ژنوسید ادامه دارد. باید دولت ترکیه را وادار کرد که این جنایت را به عنوان ژنوسید بشناسد، آن را محکوم کند و عذرخواهی کند. این مبارزه بدون شرکت فعال شهروندان ترکیه به نتیجه نخواهد رسید. همچنین باید ژنوسید ملّت آشوری را به عنوان بخشی از جنایت ۱۹۱۵ به رسمیت شناخت.

«علائم اخطار اولیه» ژنوسید در ایران و منطقه

ژنوسید معمولا ناگهان اتفاق نمی‌افتد و در نتیجه می توان «علائم اخطار اولیهٔ» آن را تشخیص داد. هنگامی که یک گروه ملّی و قومی و نژادی و دینی آماج حملهٔ تبلیغاتی و تحقیر و توهین قرار می گیرد، هنگامی که چنین گروهی به «خیانت»، «ارتداد»، «شرارت»، «وابستگی به بیگانه» یا «کسب ثروت» یا حتی «زاد و ولد» متهم می‌شود؛ هنگامی که فریاد «وا مام میهن!»، «وا تمامیت ارضی!»، «وا ملّت و کشور و وطن!» بلند می‌شود می‌توان همهٔ این‌ها را «علائم اخطار اولیهٔ» ژنوسید و سایر جنایات علیه بشریت به حساب آورد.

در سیزده سال اخیر که امپریالیسم آمریکا برای زدوبند با رژیم اسلامی به بهره‌برداری از تضادهای ملّی و زبانی و فرهنگی ایران نظر داشته است و جریانات ناسیونالیست بلوچ، ترک، کرد و عرب به استقبال آن رفته‌اند، علائم اخطار را باید جدی گرفت. با وجود اینکه هر واقعهٔ تاریخی خاص است و هیچ رویدادی کپی وقایع گذشته نیست، شباهت وضع کنونی ایران با امپراطوری عثمانی را نمی‌توان از نظر دور داشت. از یک طرف، تداوم ستم ملّی، پروژهٔ امپریالیستی بهره برداری از آن، شوونیسم ملّی حکومت، عقب ماندگی و درماندگی جنبش های سیاسی ملّت حاکم و ملّیت‌های تحت ستم و فعال بودن گروه‌های دینی-سیاسی ارتجاعی و فاشیستی و از طرف دیگر فقدان جنبش انقلابی و درعرصه نبودن طبقهٔ کارگر و مردم زحمت‌کش و آزادی‌خواه از طریق سازماندهی سیاسی و

تشکیلاتی خودشان، و حاکم نبودن جو انقلابی از جمله شرایطی هستند که می‌توانند ایران را به عرصهٔ ژنوسیدهایی از نوع ترکیهٔ عثمانی و یوگوسلاوی سابق تبدیل کنند.

در سال‌های اخیر عده‌ای از ناسیونال شووینیست‌های ترک (آذربایجانی) نگران «زاد و ولد بی‌رویهٔ» کردهای آذربایجان غربی، «مهاجرت» کردها به این استان، و خرید زمین و ملک در آن جا هستند و این را خطری برای از دست رفتن «آذربایجان جنوبی» به حساب می‌آورند و برای مقابله با این «خطر» به کردها اعلام جنگ می‌کنند. در این میان، سایتی تحت عنوان «جنبش اخراج کردها از آذربایجان» و فیس بوک «جنبش مبارزه با تروریسم کردی در غرب آذربایجان» و بعضی سایت‌های مشابه کردها را «مهاجر» و «مهمان» می‌نامند و آن‌ها را تهدید به پاک‌سازی قومی و ژنوسید می‌کنند. این نمونه‌ای از مشی و پروژهٔ سیاسی آن‌ها است: «نه یک وجب کمتر نه یک وجب بیشتر! حتی یک وجب از خاک آذربایجان را به اکراد مهاجر نخواهیم داد!» و خطاب به کردها می‌گوید:

نه تنها نخواهیم گذاشت حتی یک شهر از آذربایجان غربی جدا بشود، بلکه باید شهرستان‌های تورک‌نشین و آذربایجانی بیجار، قروه، سریش آباد و سنقر نیز از چنگ استان‌های جعلی کردستان و کرمانشاه رهایی یافته و به آغوش آذربایجان بازگردند و استان آذربایجان جنوبی متشکل از این شهرستان‌ها ایجاد گردد. فراموش نکن که در این خاک مهمان موقتی بیش نیستی و روزی باید این خاک را به مقصد کوه‌های سوریه یعنی همان وطن اصلی‌ات ترک کنی. پس بیش از این گستاخی نکن و در خاک آذربایجان و وسط ۳۵ میلیون تورکی که خون‌شان از این همه گستاخی تو و امثال تو به جوش آمده، جفتک نینداز که خیلی برایت گران تمام خواهد شد!... صد ها هزار جوان تورک وفدایی آذربایجان از ماکو گرفته تا تیکان تپه و ازسولدوز و از تبریز و اردبیل و زنجان و ...

منتظر روزی برای راندن تو از خاک آذربایجان هستند![17]

در جای دیگر، «تشکیل نیروی نظامی کشورهای ترک «ارتش توران» چهار کشور ترک زبان ترکیه، آذربایجان، قرقیزستان، و مغولستان» را می‌ستاید و بعد از سجده بردن به قدرت نظامی «جمهوری آذربایجان شمالی» و «جمهوری تورکیه» می‌نویسد:

> بیش از پنجاه در صد نظامیان ایران را تورک‌ها تشکیل می‌دهند در صورت ایجاد جنگ بین کردها و تورک‌ها این نظامیان در کدام سو خواهند ایستاد؟ . جمعیت تورکی که قادر به مبارزه در مقابل انضمام طلبی کردی است بیش از جمعیت کل اکراد ایران می باشد. پس ای ملّت تورک... هرگز زمین‌های خود را به گروه‌های کردی که ادعاهای واهی و نژادپرستانه دارند نفروشید.

نوشتهٔ فوق تنها «علائم اخطار اولیه» ژنوسید نیست بلکه نقشه‌ای

---

۱۷. این نوشته‌ها از این منابع نقل شده‌اند:

http://oyannews.
com/%D8%A7%D%86%DA%A9%D8%A7%D8%B1-
85%D8%B9%DB%8C%D8%AA-%D8%%D8%AC%D9
86-%88%D8%B1%DA%A9%D8%A7%D9%%AA%D9
87%D8%A7%D8%A8%D8%A7%D8%%85%D9%%D9
88%DB%8C-%AF-%D8%A7%D8%B2-%D8%B3%D9
/87%%D8%A7%D8%AF%D8%A7%D8%B1%D9

https://www.facebook.com/
86%D8%A8%D8%B4-%pages/%D8%AC%D9
%D8%A7%D8%AE%D8%B1%D8%A7%D8%AC-%D8%AA
88%D8%B1%DB%8C%D8%B3%D8%AA%D%%D8%B1%D9
87%D8%A7%DB%8C-%DA%A9%D8%B1%D8%AF-%D8-%9
%A7%D8%B2-%D8%A2%D8%B0%D8%B1%D8%A8%D8%A7
ref=str?473890249388761/86%%DB%8C%D8%AC%D8%A7%D9
eam

برای ارتکاب آن است و عناصر این جنایت را مشخص کرده است: گروهی که آماج ژنوسید است (کردهای آذربایجان و استان‌های کردستان و کرمانشاه و حتی ترکیه)، نیروی نظامی کشتار (نظامیان ترک در ارتش ایران و ارتش‌های «توران»)، نیروهای غیرنظامی کشتار («صدها هزار جوان تورک و فدایی آذربایجان»)، و شیوه‌های ژنوسید (اخراج کردها «به مقصد کوه‌های سوریه.») این دستورالعمل همان است که در ژنوسید سایر ملّت‌ها، ارمنی و آشوری و یهودی و در یوگوسلاوی سابق، با تفاوت‌هایی در جزئیات اجرا شد. این روشن است که تعفن این فکر و سیاست همه به خصوص اکثریت شهروندان ترک را آزار می‌دهد و چنین پروژه‌ای در تضاد آشکار با سنت هم‌زیستی و هم دردی خلق‌های ترک و کرد و سایر ملّیت‌های ایران و منطقه است. اما امروز که خلق‌های ایران و منطقه بیش از هر زمانی به هم نزدیک شده‌اند و افکار ارتجاعیِ پرستش خاک و خون و نژاد و ملّت و دین را زیر سوال کشیده‌اند، این فورانِ خشم عده‌ای فاشیست چه اهمیتی دارد؟

درست است که شرایط مادی برای نزدیکی مردم ایران و دنیا و حتی فروریختن مرزها و زوال ملّت-دولت‌ها بیش از همیشه فراهم شده است، اما درست به همین دلیل پاسداران دنیای کهن با افکار زنگ زدهٔ «خاک و خون» و ناسیونالیسم به جنگ دنیای نو و سنت انترناسیونالیسم می‌روند. در ایران و بیشتر نقاط دنیا، مبارزهٔ مداومی بین اکثریت مردم گرسنه، محروم و ستمدیده و اقلیت استثمارگری که قدرت دولتی را غصب کرده است در جریان است. فاشیست‌ها می‌گویند که مسئلهٔ مردم ایران مبارزهٔ مشترک برای زندگی بهتر، آزادی و رهایی از ستم و استثمار نیست بلکه کشتار همدیگر به خاطر تعلقات واهی به این و آن عشیره و ایل و تبار و نیاکان است. به همین دلیل، این پروژه، چه به وسیلهٔ دولت ارائه شده باشد چه توسط مشتی فاشیستِ غیرحکومتی، به تداوم یک رژیم مستاصل کمک می‌کند. در مبارزات خیابانیِ ۱۳۸۸ بعد از رادیکالیزه شدن آن، رژیم با همهٔ جناح‌هایش خطر سقوط را احساس کرد و اگر بار دیگر با قیام مردم مواجه شود و برخلاف سوریه مردم ایران متحدا و با مشی انقلابی مبارزه کنند، راه نجاتی برای آن متصور نیست، و تنها از طریق تفرقه انداختن در بین ملّیت‌ها و به ویژه جنگ آذربایجان و کردستان می‌تواند ادامهٔ حیات دهد.

مرتجعین، دولتی و غیردولتی، به سهولت به تحریک احساسات ملّی، قومی، نژادی، دینی و مذهبی متوسل می‌شوند و در نبود شرایط انقلابی و جو چپ و انقلابی می‌توانند مردم را به کشتار هم دیگر وادارند. در شرایط امروزِ ایران در بعضی مناطق شلیک یک گلوله و کشتن یک نفر می‌تواند به کشتاری وسیع تبدیل شود. با وجود اینکه پروژهٔ ژنوسید کردها بیشتر در سطح فیس بوک و سایت و بلاگ تبلیغ می‌شود و اکثریت مردم آذربایجان با چنین جنایتی مخالفند، در وضع بحرانی امروز این تهدیدات را باید جدی گرفت. پیشگیری از ژنوسید تنها با وجود آگاهی و سازماندهی انقلابی مردم میسر است. از این رو مسئولیت آزادی‌خواهان ترک و کرد بسیار سنگین است. آن‌ها، از هر روند فکری و سیاسی باشند، باید به مقابله با این توطئه بپردازند. تاریخ آذربایجان و کردستان دو مسیر را ارائه داده است: راه امثال صمد بهرنگی، علیرضا نابدل، و پیشه‌وری یا مغاک پان ترکیست‌ها، «تورانیان»، ملا حسنی‌ها و حکومت آن‌ها؟[۱۸]

در عراق، جنگ حکومت‌های مختلف علیه جنبش خودمختاری کردها از ۱۹۶۱ شروع شد، اما ملّیت‌ها و پیروان مذاهب گوناگون با هم زندگی می‌کردند و در اواخر جنگ عراق-ایران، صدام ژنوسید موسوم به انفال را علیه کردها مرتکب شد و از بمب شیمیایی علیه آن‌ها استفاده کرد. این جنایت توسط ارتش و نیروهای امنیتی و مسلح انجام شد، اما بعد از تجاوز دوم آمریکا در ۲۰۰۳ و تداوم جنگ داخلی در سال‌های اخیر، پاک‌سازی قومی به شکل بی‌سابقه‌ای به راه افتاده و بیشتر به وسیلهٔ نیروهای غیردولتی صورت می‌گیرد. در شهر بغداد، که نمونهٔ تنوع ملّی و قومی و مذهبی در این کشور بود، پاک‌سازی دینی و مذهبی، محله به محله و خیابان به خیابان انجام گرفته است؛ در سراسر کشور، کلیساها و مساجد به دست مسلمانان سنی و شیعه منفجر می‌شوند؛ کردها، از مناطق عرب‌نشین فرارکرده‌اند و آشوری‌ها و یزیدی‌ها و دیگر اقلیت‌های ملّی و مذهبی مورد تهدید جدی قرارگرفته‌اند و اقلیت مندائی در شرف نابودی

---

۱۸. درباره رابطهٔ آذربایجان و کردستان، بنگرید به: «علیرضا نابدل: آذربایجان و کردستان دیروز و امروز»، صص ۳۸-۵۹.

است، بسیاری از عرب‌ها و آشوری‌ها از منطقهٔ عرب‌نشین فرار کرده و به کردستان یا کشورهای همسایه پناه برده‌اند. در دعوا بر سر کرکوک، ناسیونالیست‌های ترکمن و عرب و کرد و آشوری و دولت‌های عراق و ترکیه و «حکومت منطقه‌ای کردستان» صف‌آرایی کرده‌اند. همهٔ علائم اخطار اولیهٔ ژنوسید را می‌توان در این جبهه‌گیری مشاهده کرد. در سوریه نیز، اقلیت‌های مسیحی در خطر پاک‌سازی قومی هستند، نیروهای اپوزیسیون و رژیم اسد درگیر جنگی نابودکننده هستند و در صورت سقوط رژیم اسد علوی‌ها هم به دست بنیادگرایان اسلامی و بعضی گروه‌های اپوزیسیون پاک‌سازی می‌شوند. جنگِ بین جمهوری‌های آذربایجان و ارمنستان بر سر منطقهٔ قراباغ که فعلاً ساکت است نیز زمینهٔ دیگری برای ژنوسید و پاک‌سازی قومی است. به این ترتیب، آتش «حوزهٔ ژنوسید» که خلق‌های ارمنی و آشوری را به آستانهٔ نابودی کشاند بعد از یک قرن هم چنان روشن است و قربانیان تازه می‌طلبد. در این شرایط که امپریالیسم و بنیادگرایی منطقه را از لیبی گرفته تا افغانستان و پاکستان به میدان جنایت علیه بشریت تبدیل کرده‌اند، می‌توان بر اساس تجربه‌های قرن گذشته گفت که یا این وضع به انقلاب می‌کشد و یا انقلاب جلوی آن را خواهد گرفت. اما اگر شرایط عینی دخالت فوری و جدی آزادی‌خواهان را می‌طلبد، شرایط ذهنی به طرز اسفناکی عقب مانده است.

دیاسپورا، شناخت علمی

تبعید و تکنولوژی ارتباطات[1]

«تبعید»، «غربت»، «جلای وطن»، «مهاجرت»، و «دیاسپورا» پدیده‌ها و مفاهیم اجتماعی هستند؛ اجتماعی در گسترده‌ترین مفهومش. به این معنی که در انسان، بر خلاف موجودات دیگر، ترک زادگاه یا محل زندگی پدیده‌ای غریزی یا طبیعی نیست بلکه سیاسی، اقتصادی ، وفرهنگی است. در هر دو مورد، معمولا عنصر جبر انسان و گاهی سایر موجودات را از مسکن برمی‌کند، اگر چه پاسخ انسان‌ها به جبر پاسخی اجتماعی و آگاهانه است. در مجموعۀ این روابط پیچیده، بعد زمان و مکان بیش ازهر مولفۀ دیگری نمایان است. «تبعید» و «غربت»، در معنای مثبتشان، بر گسست از موطن و خانه دلالت می‌کنند ، به معنای منفی، در تقابل با «وطن» و«زادگاه» قرار می‌گیرند. درعین حال، مکان از زمان جدا نیست. مکان و زمان، خودشان عوامل سازمان‌دهندۀ روابط اجتماعی هستند اما خودشان به وسیلۀ روابط قدرت و تقسیم نابرابر آن در جامعه محدود می‌شوند.

وابستگی انسان به خاک، زادگاه، ده، شهر، سرزمین، و کشور از جمله دیرینه‌ترین تعلقات انسان‌ها است. این تعلق به مکان در عین حال وابستگی به مردمی است که در آن زندگی می‌کنند؛ خانواده، طایفه، عشیره، و قوم. با پیدایش پدیدۀ ملّت (در ایران از اواخر قرن نوزدهم)، تعلقات ماقبل سرمایه‌داری به زادگاه که مکان محدودی بود، به وابستگی به وطن یا میهن، که فضای به مراتب گسترده‌تر و ناآشناتر بود، تبدیل شد. علی‌رغم تحرک جامعه‌های بشری در طول تاریخ، جدایی از زادگاه در ادبیات و فرهنگ عامه معمولا به مثابۀ بدبختی و بلا تلقی شده است. با وجود این، قرن‌ها قبل از رشد روابط سرمایه‌داری و تشکیل یک نظم جهانی، سعدی در قصیده‌ای در مدح یکی از حکام زمان خود در فطری بودن و طبیعی بودن این تعلق انسان به زادگاه و مردم آن تردید کرد:

---

۱. آرش، شماره ۱۰۰، ۱۳۸۶، صفحه ۳۵۸-۳۶۱.

«به هیچ یار مده خاطر و به هیچ دیار،
که بر و بحر فراخ است و آدمی بسیار».

اگر چه در همین قصیده سعدی ورق را بر می‌گرداند و بر وابستگی خودش به ممدوح و موطن و روابط نزدیک وخصوصی و عاطفی تاکید می‌کند، او توانست لااقل در عالم ذهن به توانایی انسان در گسست از محدودهٔ مکانی برسد و آن را مغتنم بشمارد، آن هم در زمانی که اکثر انسان‌ها، در محدودهٔ روابط فئودالی و عشیره‌ای، در زادگاه خود زندگی می‌کردند و همانجا از دنیا می‌رفتند.

در گذشته جبر مکان بر زندگی در تبعید مسلط بود. اولین انقلاب مهم در تکنولوژی ارتباطات، یعنی نوشتن، توانست جبر مکان را تا حدی نفی کند. نوشتن (بر مواد قابل حمل از قبیل پاپیروس و چرم) تا اندازه‌ای تسلط انسان بر مکان را میسر کرد، اگر چه باز هم به دلایل اجتماعی، یعنی تقسیم نابرابر قدرت، این تکنولوژی انقلابی بیشتر توسط طبقات حاکم، مردان، و شهرنشینان برای تولید و باز تولید روابط حاکم-محکوم به کار گرفته شد. اما دیری نپایید که نوشتن به عرصهٔ مبارزه علیه طبقات حاکم و دیگر مراجع قدرت مسلط تبدیل شد.

با گسترش روابط سرمایه‌داری بود که جبر زمان و مکان همه جا و مشخصا در زندگی تبعیدی به شکل وسیع‌تری نفی شد. مارکس در اواسط قرن نوزدهم نوشت که «سرمایه به خاطر ماهیتش هر نوع مانع فضا را پشت سر می‌گذارد» و از طریق «وسایل ارتباطات و ترابری» به «نابودی مکان توسط زمان» دست می‌یابد.[۲] در این میان، ابتدا با مکانیزه شدن نوشتن، یعنی تکنولوژی چاپ که دومین انقلاب بزرگ ارتباطات بود، همزمان با پیدایش روابط سرمایه‌داری مهم‌ترین گام در جهت تسلط بر مکان از طریق کنترل زمان برداشته شد و در اواخر قرن نوزدهم، سایر انقلابهای تکنولوژیک، به ویژه تلگراف «نابودی مکان توسط زمان» را شتاب بیشتری بخشید. تاثیرات این انقلابات را می‌توان در زندگی در تبعید ایرانیان دیروز و امروز مشاهده کرد.

---

2. Karl Marx, *Grudrisse*, translated by Martin Nicolaus. New York, Vintage Books, 1973, p. 524.

دترمینیسم تکنولوژیک

دترمینیسم به تکنولوژی ارتباطات نقش تعیین کننده اعطا می کند. معتقد است که این تکنولوژی قدرت معجزه‌آسا دارد و کلیهٔ روابط اجتماعی را شکل می‌دهد. این دیدگاه به ویژه در قرن نوزدهم که انقلابات پی در پی چهرهٔ جامعه را دگرگون می کردند رشد کرد، دیدگاهی که هم در دنیای آکادمیک و هم در فرهنگ عامه رواج داشت. برای مثال با پیدایش تلگراف، که برای اول بار توانست کلمهٔ نوشته شده را به سرعت برق از مکانی به مکان دیگر منتقل کند، افسانه‌هایی از قبیل امکان توزیع خوراک و پوشاک و حتی انرژی از طریق این تکنولوژی را مطرح کرد. به دنبال پیدایش اینترنت دراوایل سال‌های ۱۹۸۰، بیشتر بحث‌های قرن نوزدهم دو باره به میان آمد. در بحث‌های آکادمیک ادعا شد که در اینترنت و دنیای سایبرسپیس، بر خلاف دنیای واقعی، روابط بین انسان‌ها روابط سلسله مراتبی و روابط حاکم و محکوم نیست بلکه روابطی برابر است.[۳] عده‌ای پیش‌بینی کردند که کاغذ به زودی از ادارات و دفاتر کار رخت بر می‌بندد. حتی عده‌ای از فمینیست‌های شیفتهٔ این تکنولوژی معتقد بودند که روابط مردسالاری درسایبر سپیس باد هوا شده است. بعضی ادعا کردند که این تکنولوژی نظام سرمایه‌داری را تغییر داده و«اطلاعات» (انفورماسیون) را برجای سرمایه گذاشته است. در اینجا این ادعاها را در پرتو تجربهٔ ایران و دیاسپورای آن بررسی می کنم.

در اواخر قرن نوزدهم خواندن و نوشتن، به ویژه بر روی صفحهٔ چاپ شده، به عرصهٔ مهمی از مبارزه علیه استبداد و استعمار تبدیل شده بود. روزنامه، مجله، کتاب، و جزوه در آن سوی مرزهای ایران چاپ می‌شد، از هندوستان گرفته تا قفقاز و استانبول و اروپا، و به ایران می‌رسید. استبداد قاجار از کلمهٔ چاپ شده در هراس بود. در آغاز قرن بیستم، انقلاب مشروطهٔ ایران به برکت انقلابات ارتباطی قرن نوزدهم توجه جهانیان را به ویژه در آسیا، اروپا و شمال آفریقا جلب کرد. رسانه‌های چاپی و تلگراف هم در فراهم کردن زمینه‌های انقلاب و هم در آغاز و تداوم آن نقش مهمی

3. cyberspace; real space.

بازی کردند، آن هم در شرایطی که بیشتر جمعیت ایران بی‌سواد بود. هنگامی که در جریان انقلاب، آزادی‌خواهان از امکان چیدن حرف‌های توانا و توان‌دهندهٔ ماشین چاپ محروم می‌شدند، به دست‌نویسی شب‌نامه‌ها می‌پرداختند. این تعجب‌آور نبود زیرا تکنولوژی پر شکوه چاپ، به مراتب بیش از تکنولوژی ساده‌تر دست‌نویسی قابل کنترل دشمنان آزادی بود. در طول این مبارزهٔ نابرابر، ارادهٔ انقلابیون، با توسل به تکنولوژی ساده‌تر، قدرت سانسوری رژیم را نفی کرد. این روند که در بسیاری انقلابات دنیا دیده می‌شود و به خوبی تئوریزه شده، دیدگاه دترمینیستی را زیر سوال می‌کشد.

صد سال پیش در جریان انقلاب مشروطیت، سریع‌ترین وسیلهٔ پخش اخبار انقلاب ایران، در سطح کشور و دنیا، تلگراف بود. اکنون، در آغاز قرن بیست و یکم، اخبار تظاهرات در خیابان‌های تهران به طور زنده دررسانه‌های فارسی‌زبان اروپا و آمریکا پخش می‌شود. به این ترتیب، امروز تسلط بر جبر مکان از طریق تکنولوژی جدید ارتباطی درعالی‌ترین حد خود است و این پروسه همچنان بدون وقفه ادامه دارد. این مسلما تحول بزرگی است. با وجود اینکه تکنولوژی جدید امکاناتی در اختیار طبقات استثمار شده، زنان و گروه‌های تحت ستم قرارداده‌اند، اما قدرت حاکمه به همان تکنولوژی مجهز است، آن هم در سطحی متشکل‌تر و وسیع‌تر. علاوه بر این، قدرت دولتی را در دست دارد و مجهز به قوای قهریه و شبکهٔ روابط دیپلماتیک است.

مروری بر رابطهٔ تبعید با وطن مسئله را کمی روشن‌تر می‌کند. به دنبال سرکوب وحشیانهٔ انقلاب مشروطیت، مهاجرت سیاسی به خارج ازکشور بیشتر شد و در دهه‌های بعد به ویژه در دوران استبداد پهلوی و شکست جنبش‌های اجتماعی مهاجرت و تبعید ادامه یافت. مهاجرین، با بهره گرفتن از آزادی‌های سیاسی کشورهایی که در آن زندگی می‌کردند، دست به چاپ کتاب و نشریه زدند.[۴] رضا شاه با استفاده از شبکهٔ سفارتخانه‌هایی که دائر کرده بود و با استفاده از قدرت دیپلماسی به سرکوبی فعالیت‌های فکری و سیاسی ایرانیان تبعیدی پرداخت.

---

۴. برای مثال، مراجعه کنید به: جمشید بهنام، برلنی‌ها: اندیشمندان ایرانی در برلن ۱۹۱۵-۱۹۳۰، تهران، نشرپژوهش فرزان روز، ۱۳۷۹.

رسانهٔ رادیو که در سال‌های ۱۹۲۰ در غرب ظهور کرد و کنترل مکان را با سهولت بیشتری میسر می‌کرد هنگام ورودش به خاورمیانه در انحصار دولت‌ها بود. رضا شاه تا یک سال قبل از سقوطش شهروندان ایرانی را از حق داشتن رادیو محروم کرده بود. به دلایل سیاسی و نیز محدودیت‌های این تکنولوژی دسترسی ایرانیان خارج از کشور به سخن‌پراکنی رادیویی میسر نبود مگر از طریق رضایت دولت‌های محل اقامت‌شان.

در دههٔ بعد از کودتای ۲۸ مرداد، مهاجرت ایرانیان به غرب گسترش بیشتری یافت. احزاب سیاسی سرکوب شده، در خارج از کشور تشکیلات خود را بازسازی کردند و رسانه‌های چاپی مانند گذشته یکی از عرصه‌های مبارزه به شمار می‌رفت. پیدایش شیوه‌های نوین چاپ از قبیل پلی کپی، فتوکوپی و افست و دیگر نوآوری‌ها مبارزه در عرصهٔ چاپ را وسیع‌تر کرد. در عین حال دیاسپورای ایرانی به طور چشم‌گیری تغییر کرد. افزایش مداوم تعداد دانشجویان ایرانی در خارج و متشکل شدن آن‌ها در جنبش دانشجویی رژیم را به مبارزه طلبید. ساواک با تمام قوا برای سرکوب مبارزات خارج از کشور تلاش کرد،[5] اما با وجود همکاری دولت‌های غربی موفق نشد زیرا کنفدراسیون جهانی دانشجویان و محصلین ایرانی جدی‌ترین حملهٔ رژیم را با مقاومت جدی‌تر پاسخ گفت.

انقلاب ۱۳۵۷ بیش از هر چیزمحصول تضادهای درون جامعهٔ ایران بود. اگر چه ارزیابی نقش ایرانیان خارج از کشور در این تحول کار مشکلی است، اما مشکل نیست استدلال کنیم که، علی‌رغم اهمیتی که داشت به هیچ وجه تعیین کننده نبود و نمی‌توانست باشد. انقلاب کار مردمی است که تحت سلطهٔ یک رژیم سیاسی و قوای قهریه و غیر قهریهٔ آن هستند، و تلاش می‌کنند که آن را سرنگون کنند.

دیاسپورای امروز ایران با آنچه قبل از انقلاب بود تفاوت‌های چشمگیری دارد. از نظر اندازه، به مراتب بزرگ‌تر از گذشته است، با جمعیتی بیشتر از یک میلیون. از نظر پراکندگی، از ژاپن و زلاند نو تا آمریکا و کانادا را در بر می‌گیرد. اگر در گذشته، در دیاسپورای غرب (نه درکشورهای

---

۵. برای مثال، مراجعه کنید به مرکز بررسی اسناد تاریخی، چپ در ایران به روایت اسناد ساواک. کنفدراسیون دانشجویان ایرانی در اروپا، تهران، ۱۳۸۳.

خاورمیانه) بیشتر جمعیت مهاجر از طبقات بالا و اقشار میانه بود، ترکیب امروز جمعیت از نظر طبقاتی به مراتب متنوع‌تر است. از نظر جنسیتی نیز می‌توان حضور بیشتر زنان را مشاهده کرد. از نظرترکیب ملّیتی، دینی، سنی و شغلی نیز جمعیت خارج از کشور درسال‌های اخیر متنوع‌تر از هر زمان دیگر است. علاوه بر این، بیشتر این جمعیت شهروندان کشورهای محل اقامت هستند و بعضی به پارلمان و نظام اداری و مقامات اقتصادی راه یافته‌اند. دسترسی ایرانیان خارج از کشور به تکنولوژی ارتباطی نیز بی‌سابقه است. این جمعیت پراکنده، در هر ساعت روز وشب به برنامه‌های رادیویی و تلویزیونی گوناگون ایران و خارج از کشور دسترسی دارد و این وضع به رده‌های سنی بالای مهاجرین که زبان یاد گرفتن برایشان مشکل است فرصت می‌دهد که دور از وطن هنوز در گوشه و کنار آن به سربرند.

در شرایطی که اینترنت و ماهواره تسلط بر مکان را به اوج خود رسانده است و مرزهای وطن و خارج را به طرز بی‌سابقه‌ای فروریخته است، مبارزه بر سر کنترل دیاسپورا شدت بیشتری یافته است. رژیم اسلامی از زمانی که به قدرت رسیده سیاست‌های گوناگونی در رابطه با ایرانیان خارج از کشور در پیش گرفته است، از کشتار مخالفین (درعراق، قبرس و اروپا) گرفته تا ارائهٔ خدمات آموزشی و دینی. اما آنچه در طول سه دهه تغییر نکرده است تلاش برای کنترل دیاسپورا و بی‌خطر کردن آن برای بقای خودش بوده است. شبکهٔ سفارت‌خانه‌ها که مراکزجاسوسی و پایگاه‌های مالی واقتصادی و فرهنگی و سیاسی هستند به شیوه‌های گوناگون ایرانیان را کنترل می‌کنند.

دیاسپورا، درعین حال عرصهٔ رقابت و زد و بند بین رژیم اسلامی و قدرت‌های امپریالیستی است. اکنون که دار و دستهٔ بوش برنامهٔ «تغییر رژیم» اسلامی را در دستور کار خودش قرار داده است، به بهره برداری از ایرانیان خارج از کشور متوسل شده است. ایرانیان، از نظر سیاسی، جمعیت بسیار ناهمگونی هستند و بعضی از افراد و گروه‌ها فعالانه در این پروژهٔ امپریالیسم آمریکا شرکت می‌کند. با وجود اهمیت دیاسپورا در مبارزه بر سر حال و آیندهٔ ایران، نقش تبعیدگاه در تحولات وطن تا وقتی‌که در ایران انقلابی صورت نگیرد همچنان حاشیه‌ای خواهد ماند.

آمریکا را معمولا به دیگی تشبیه کرده‌اند که در آن همه چیز در هم می‌آمیزد و ذوب می‌شود.[۶] منظور این است که ملّیت‌ها و اقوام بسیار گوناگونی که در پروسهٔ مهاجرت به این کشور شرکت کردند همه در دیگ قومیت انگلوساکسون حل شدند. کسانی که از این تز انتقاد می‌کنند معتقدند که هویت‌ها به سادگی از بین نمی‌روند و علی‌رغم تغییراتی که می‌پذیرند پایدارتر از آن هستند که تصور می‌شود. برای مثال بعضی از ارمنیان آمریکایی که هیچوقت ارمنستان را ندیده بودند و زبان ارمنی را بلد نبودند در جریان جنگ ارمنستان و آذربایجان، وطن واقعی خود، آمریکا، را ترک کردند و به جبهه جنگ رفتند. در واقع می‌توان گفت هر دو پروسه، هم ادغام-انتگراسیون و هم حفظ قومیت هم‌زمان در جریان‌اند.

در دیاسپورای ایرانی که در سی سال اخیر در غرب شکل گرفته است هر دو روند ادغام و مقاومت را می‌توان دید. وابستگی بزرگ‌سالان نسل اول به وطن و قومیت، با وجود اینکه یکدست نیست، بسیار قوی است. بر عکس، آن‌ها که در دیاسپورا متولد می‌شوند و یا در دوران کودکی به آن پا می‌گذارند، زبان والدین را به خوبی یاد نمی‌گیرند. کودکان ایرانی معمولا به زبان مملکتی که در آنجا بزرگ می‌شوند با هم مراوده می‌کنند. فرهنگ‌شان هم دیگر «فرهنگ ایرانی» نیست اگر چه امروز تمایل بر این است که چنین «فرهنگ‌هایی» را «دو رگه» یا «پیوندی» یا «بینابینی» به حساب بیاورند. از دید کودکان، زبان خانه به درد هیچ کاری نمی‌خورد؛ نه در خانه نه خارج از آن. نسل بعدی معمولا زبان را یاد نمی‌گیرد. اما نژادپرستی قومیت مسلط یکی از عواملی است که به بازتولید وابستگی به وطن و قومیت در بین گروه‌های دیاسپورا کمک می‌رساند.

از آنجا که زبان در زندگی رسانه‌ها، چه چاپی چه الکترونیک، نقش عمده‌ای بازی می‌کند، از دست رفتن آن در نسل دوم و سوم باعث مرگ این رسانه‌ها می‌شود. این پروسه در کشورهای غربی مطالعه شده است. برای

---

6. “melting pot thesis.”

مثال امروز درآمریکا اثری از مطبوعات گوناگونی که به زبان‌های اروپایی غیرانگلیسی منتشر می‌شدند باقی نمانده است. در مورد رسانه‌های ایرانی فارسی زبان این روند هم اکنون در جریان است. نسلی که زندگی کودکی و جوانی را در دیاسپورا گذرانده است به رسانه‌های ایرانی علاقه‌ای ندارد و اگر هم تمایلی یا نیازی به آن‌ها داشته باشد معمولا مهارت زبانی استفاده از آن‌ها را ندارد. وجود اینترنت و ادغام رسانه‌های سنتی (نشریات چاپی، رادیو، تلویزیون، فیلم) در آن نیز نمی‌تواند این روند را برگرداند بیشتر به این دلیل که زبان در این رسانه‌ها نقش تعیین‌کننده‌ای برعهده دارد: در واقع زبان به مراتب بیشتراز یک وسیلهٔ ارتباطی است – هم فرهنگ است هم سیاست و هم اقتصاد. بدون تردید انقلاب کنونی در تکنولوژی ارتباطات وقفه‌ناپذیر است و در تداوم خودش تغییرات مهمی در بافت اجتماعی به وجود می آورد و حتی ادغام انسان و تکنولوژی (پدیدهٔ سایبورگ) را میسر می‌کند. اما دخالت این تکنولوژی در بافت روابط قدرت، روابط بین حاکم و محکوم، استثمارگر و استثمار شده، ستمگر و ستمدیده، بی‌طرفانه نیست. مسئلهٔ اصلی مانند گذشته این است: توزیع نابرابر قدرت چگونه و به نفع کی تغییر خواهد کرد؟

تبعید و دمکراسی

نظر رایج در مورد رابطهٔ بین رسانه‌ها و نظام سیاسی در غرب این است که آزادی مطبوعات یکی از پایه‌های اصلی دمکراسی است. استدلال می‌شود که رسانه‌ها به خاطر اینکه غیر دولتی هستند نه سانسور می‌کنند نه به پروپاگاندا (تبلیغات) می‌پردازند. اما این نظر که هم در دنیای آکادمیک رایج است و هم در فرهنگ عامه، مورد انتقاد جدی قرار گرفته است. در واقع این ادعا به اواخر قرن هفدهم و قرن هجدهم بر می‌گردد، هنگامی که دولت‌های اروپایی استبدادی بودند و رسانه‌های چاپی نوپا را سانسور می‌کردند. کلیسا هم یک پای استبداد و سانسور بود. بعد از استقلال آمریکا از انگلستان، بنیانگذاران دولت آمریکا، به انقلابی‌ترین اقدام علیه سانسور دست زدند. آن‌ها در سال ۱۷۹۱، در اصلاحیهٔ اول قانون اساسی، عالی‌ترین ارگان دمکراسی یعنی کنگرهٔ آمریکا را از حق قانون‌گزاری علیه آزادی

مطبوعات محروم کردند. اما همان طور که هارولد اینیس، مورخ رسانه‌ها، در اواسط قرن بیستم خاطر نشان کرد این آزادی بی‌سابقهٔ مطبوعات بزرگ‌ترین نظام «انحصار دانش» را به وجود آورد زیرا بازار سرمایه‌داری، یعنی صاحبان قدرت اقتصادی، در موقعیتی بودند که، به خاطر دسترسی به تکنولوژی ارتباطات، بیش از سایرین از این آزادی استفاده کنند.[۷] در واقع در آغاز قرن بیست و یکم، کشوری که هنوز انقلابی‌ترین قانون را در مورد آزادی مطبوعات دارد بزرگ‌ترین سیستم سانسور و تبلیغات دنیا را به راه انداخته است و بیشترین امکانات را برای کنترل افکار عمومی به کار می‌گیرد.

امروز در دمکراسی‌های بورژوائی، سکوی عمدهٔ سانسور و پروپاگاندا بازار سرمایه‌داری است نه دولت، به این معنی که رسانه‌های خصوصی به خاطر وابستگی‌های ایدئولوژیک، اقتصادی و سیاسی به نظام سرمایه‌داری همان کاری را می‌کنند که رسانه‌های دولتی در سایر نظام‌ها انجام می‌دهند. یک تفاوت مهم این است که بیشتر خوانندگان و بینندگان و شنوندگان در غرب افسانهٔ آزادی رسانه‌ها را باور می‌کنند و در نتیجه با دید انتقادی به موضوع برخورد نمی‌کنند. در غرب، به ویژه در آمریکا، ادعا می‌شود که رسانه‌ها آینه‌ای هستند که جامعه را آن طور که هست برای مخاطبین خود منعکس می‌کنند تا آن‌ها خودشان هر گونه که می‌خواهند وقایع را تحلیل کنند. برای این منظور، رسانه‌ها خبر و تحلیل را از هم جدا می‌کنند و معمولا دو صفحهٔ وسط روزنامه را به سرمقاله (که موضع ناشر یا هیئت تحریریه است) و نامه‌های خوانندگان یا نظرات مخالف روزنامه اختصاص می‌دهند. حتی بیش از این، ادعا می‌شود که رسانه‌ها همیشه در رابطهٔ متخاصم با حکومت قرار دارند. این ادعاها به شدت مورد نقد قرارگرفته‌اند.

در سال‌های اخیر نظرات تقلیل‌گرا که بیشتر از «مطالعات فرهنگی» متاثر است در میان بعضی روشنفکران ایرانی رایج شده‌اند. از جمله در حالی

---

7. Harold Innis, The Press: *A Neglected Factor in the Economic History of the Twentieth Century*. London: Oxford University Press, 1949.

که «مطالعات فرهنگی» به درستی ادعا می‌کند که پیامی که در یک متن یا رسانه ارائه می‌شود معنای ثابت یا واحدی ندارد به این نتیجه می‌رسد که خواننده، بیننده، شنونده، خودش معنا را می‌سازد و این معناها به اندازهٔ تعداد خواننده‌ها متنوع هستند. اگر زمانی ادعا می‌شد که «المعنی فی بطن الشاعر»، این تئوری ادعا می‌کند معنی نه در متن است، نه درنزد نویسنده، بلکه در ذهن خواننده ساخته می‌شود. در فرم‌های افراطی این نظر در دنیای آکادمیک، ادعا می‌شود که ما در «دمکراسی معنایی» به سر می‌بریم، زیرا تکثر معنا و توانایی مخاطبین در ساختن معانی خلاف معنای بیان شده توسط نویسنده رابطهٔ حاکم و محکوم را بر هم می‌زند. طبق این نظرات، رسانه‌ها که سنگ بنای «حوزهٔ عمومی» به شمار می‌روند، یک نظر یا ایدئولوژی واحد را القا نمی‌کنند، بلکه عرصهٔ مبارزه هستند.

در حالی که این قبیل تئوری‌های رایج در محافل آکادمیک و خارج از آن کنترل معنا را به خواننده، شنونده، بیننده، می‌سپارد، سلطهٔ دولت و بازار سرمایه‌داری بر زندگی انسان‌ها از هر زمانی بیشتر شده است. هیچ مکاتبه‌ای از طریق اینترنت از سانسوردولت مصون نیست. در دوران بعد از ۱۱ سپتامبر، آمریکا و انگلستان در صددند، اگر بتوانند، هر انسانی را که دست‌شان به او برسد انگشت‌نگاری و چشم‌نگاری و عکس‌برداری کنند. در انگلستان، زادگاه دمکراسی بورژوائِی، خیابان‌های شهر لندن بیش از هر شهر دنیا شبانه‌روز، از طریق کامراهای نصب شده در همه جا، زیر چشم مامورین دولت هستند. فضا، از طریق تکنولوژی ماهواره‌ای، به عرصهٔ کنترل انسان‌ها در سطح کرهٔ زمین تبدیل شده است. هیچ دیکتاتوری و هیچ سلطانی حتی در عالم خیال هم نمی‌توانست به این درجه «چشم و گوش» خود را گسترش دهد.

اگر رسانه‌های ایرانی در خارج از کشور در شرایط آزادی مطبوعات به سر می‌برند، در ایران زیر تیغ سانسور هستند. اما دیکتاتوری بازار سرمایه‌داری آزادی مطبوعات را در دیاسپورا محدود می‌کند و اجازه نمی‌دهد که رسانه‌های چاپی در بین جمعیت پراکندهٔ ایرانی به شیوه‌ای تجاری و موثر توزیع بشود. بر عکس، در ایران که دیکتاتوری دولت آزادی مطبوعات را زیر پا می‌گذارد، بازار نشریات (به برکت مقاومتی که علیه

سانسور در جریان است و گسترش بی‌سابقهٔ اقتصاد انتشاراتی) در حال شکوفایی بوده است بطوری که در بسیاری زمینه‌ها رسانه‌های تبعید را بی‌رنگ و بو می‌کنند. جنبش دانشجویی، جنبش زنان، جنبش کارگری و جنبش‌های ملّیت‌ها شبکهٔ انتشاراتی وسیعی را به وجود آورده‌اند که قابل مقایسه با دیاسپورا نیست. قشرهای جدید روشنفکران، به ویژه زنان، پا به عرصهٔ فکری گذاشته‌اند و نیروهای جدیدی وارد عرصهٔ چاپ و نشر شده‌اند.

سرانجام

آنچه نوشتم اشاره‌ای بود بر گوشه‌ای از روابط پیچیدهٔ بین زندگی در تبعید و تکنولوژی ارتباطات. فروریزی مرزهای بین دیاسپورا و ایران نسبی اما روزافزون و چشمگیراست. کنترل مکان، در سطح بسیار محدود، امروزدر توان هر کسی است که از طرق اینترنت یا سایرتکنولوژی‌های ارتباطی بتواند پیامی را در یک آن به ایران برساند و یا از ایران دریافت کند. بر اساس نظرات دترمینیسم تکنولوژیک و تکنوفیل‌ها (دوست‌داران تکنولوژی) هر گروه ایرانی خارج از کشور از طریق رسانه‌های الکترونیک، به ویژه سخن پراکنی رادیویی و تلویزیونی، به نحوی هر چند ناچیز در حوزهٔ جغرافیایی ایران اعمال حاکمیت می‌کند. اگر مرزها فرومی‌ریزند آن هم بیشتر در سایبر سپیس، می‌توان ادعا کرد که انحصار حاکمیت توسط دولت-ملّت نیز متزلزل می‌شود و هر فرد یا گروهی، به قول بعضی پسا ساختگرایان، می‌تواند قانونگذار و مجری قانون باشد. برای مثال، هنگامی که گروهی از کردهای انگلستان در سال ۱۹۹۵ اولین کانال تلویزیون ماهواره‌ای کردی را در انگلستان به راه انداختند، آنچه را دولت‌های ایران و ترکیه و عراق و سوریه به کردها روا نمی‌دیدند به آن‌ها دادند: این کانال بینندگان را به مثابهٔ شهروندان ملّت کرد تلقی می کرد: برنامه هر روز با سرود ملّی کردستان، پرچم ملّی، اخبار ملّی و سایر مولفه‌های ملّیتی و ملّت‌سازی شروع می‌شد. دولت ترکیه مدت چهار سال برای خاموش کردن این کانال تلاش کرد: برای اول بار در تاریخ سخن‌پراکنی ماهواره‌ای

به پارازیت آن پرداخت، آنتن‌ها را در هم کوبید، بینندگان را تحت تعقیب قرار داد و از طریق سفارت‌خانه‌ها و سایر موسسات دولتی و غیردولتی در اروپا، به شیوه‌های قانونی و غیر قانونی و با فشار بر دولت انگلستان و سایردولت‌های اتحادیهٔ اروپا این کانال را خاموش کرد. اما این کانال توانست به صورتی دیگر و با نامی دیگر و با کسب اجازه از دولتی دیگر دوباره قد علم کند.

ناروشنی‌ها در این بحث‌ها بسیار اند اما آنچه تا حدی روشن است محدودیت‌های درک رایج از رابطهٔ بین تکنولوژی و دمکراسی است. دیدگاه دترمینیستی به تکنولوژی ارتباطات نقشی یک‌طرفه به عنوان مبشر دمکراسی اعطا می‌کند و توزیع نابرابر قدرت و مبارزه حیاتی بر سر آن را نادیده می‌گیرد. از جمله به نقش دولت-ملّت کم بها می‌دهد و دچار این توهم می‌شود که بنیاد دولت هم اکنون در سراشیب زوال قرار گرفته است. بعضی تئوری‌های جهانی‌سازی نیز در پروسهٔ گسترش سرمایه‌داری، فروریختن مرزها، رفاه اقتصادی، دمکراسی و آزادی را می‌بینند. تئوری‌های «مطالعات فرهنگی» به نحوی دیگر دمکراسی را به توانایی فرد در ساختن معنا تقلیل می‌دهند. محدودیت‌های این نظرات را می‌توان در درک رایج از دمکراسی مشاهده کرد. در این دید معمولا دمکراسی در تضاد آشکار با دیکتاتوری قرار داده می‌شود و آن را به عنوان شکلی از اعمال دیکتاتوری (طبقه، جنسیت، نژاد، دین و غیره) نمی‌بینند.

می‌توان نتیجه گرفت که نقش دیاسپورا در تحولات ایران بیشتر بستگی به عامل انسانی و ذهنی و آگاهی دارد، یعنی به جنبش‌های اجتماعی، نه به تکنولوژی. تحول انقلابی در ایران نیز زندگی دیاسپورا را دگرگون خواهد کرد. جهان‌بینی و سیاست ناسیونالیستی که بر بعضی از دیاسپوراهای معاصر مسلط است در دیاسپوراهای ایرانی نیز مانع شرکت جدی تبعیدی‌ها و مهاجرین در زندگی سیاسی وطن جدیدشان و تبدیل آن‌ها به شهروندان فعال است. پروسهٔ جهانی شدن وتراملّیتی شدن در دهه‌های اخیر بیشتر به رشد ناسیونالیسم کمک کرده است تا انترناسیونالیسم.

بحثی درباره شناخت علمی، خرافات و علم‌ستیزی[1]

...من هم مثل شما و بسیاری کسان دیگری که می‌شناسم در طول زندگی‌ام خیلی درگیر با تضاد بین علم و ضد-علم بوده‌ام. در مهاباد در خانواده‌ای طبقه متوسط به بالا متولد شده و بزرگ شدم و مدرسه رفتم. از وقتی که یادم می‌آید از مدرسه رفتنم تا به امروز درگیر تضاد علم و ضدعلم بوده‌ام. در سی سال اخیر که بیشتر در کانادا و آمریکا بوده‌ام مسائل تازه‌ای در این رابطه مطرح شده که با وجودی که با بحث‌های گذشته فرق دارند اما در واقع چیز تازه‌ای هم نیستند. منظورم تضاد بین شناخت علمی و شناخت‌های غیرعلمی و مخصوصاً شناخت‌های ضدعلمی است.

مهاباد در سال ۱۳۲۲ شهری بود با جمعیتی در حدود ۱۶ هزار نفر، با چند مدرسه‌ی ابتدائی پسرانه و یک مدرسه‌ی دخترانه و یک دبیرستان چندکلاسه. در این محیط، شناخت‌های مختلف وجود داشت: خانواده یک شناخت می‌داد، دین خانواده یک جور شناخت دیگر و کلٍ جامعه شناخت‌هایی دیگر. مدارس هم شناختی می‌دادند که معمولاً با جهان‌بینی‌های موجود در تعارض بود. مثلا من یادم است هنوز دبیرستان نرفته بودم، برادران بزرگترم دبیرستان درس می‌خواندند، یکی از بحث‌ها این بود بزرگسالان می‌گفتند مدرسه دارد بچه‌ها را کافر می‌کند، می‌گویند انسان از میمون زاده شده و از این حرف‌ها. نگرانی آن‌ها این بود که در کتاب‌های درسی، تکامل داروینی بحث شده بود. بزرگسالان معتقد بودند خدا انسان را درست کرده و انسان از آدم و حوا آفریده شده وغیره. می‌خواهم بگویم تضادهای این‌جوری از اول در زندگی من مثل همه بوده است. یا مثلا نوع دیگری از خرافات، یادم هست وقتی باران می‌آمد و رعد و برق می‌زد از بزرگترها می‌پرسیدیم این چی هستٍ، می‌گفتند از ملائکه است که دستش شلاق است و می‌زند به ابرها. یا مثلاً در زمستان‌های سرد آن زمان گرگ‌ها از فرط گرسنگی می‌آمدند به اطراف شهر و صدای زوزه‌ی

---

۱. این سخنان در تابستان ۲۰۱۶ در پاریس در گردهمایی با جمعی از دوستان ارائه شد و با ویرایش و تصحیحات و تلخیص متنِ پیاده شده منتشر می‌شود.

آن‌ها را می‌شنیدیم، و خیلی می ترسیدیم. وقتی می‌پرسیدم این گرگ‌ها که مثل ما خانه و خوراک و این‌ها ندارند چطور زنده می‌مانند؟ یکی از بزرگسالان می‌گفت یک خوراک بسیار شیرین و کوچک که مثل برف سفید است خداوند از آسمان برای این‌ها پرت می‌کند و می‌خورند و تا شش ماه سیر می‌شوند. در واقع این نوع خرافات آن زمان بر آموزش‌هایی که در مدرسه به ما می‌دادند می‌چربید.

در سی سال اخیر من در محیط دانشگاه‌های آمریکا و کانادا بوده‌ام و وقت من بیشتر در تحصیل و تدریس گذشته است. در محیط دانشگاهی و روشنفکری این دو کشور هم همین تضادها به شیوه‌های دیگر وجود دارد. من از سال ۱۹۸۷ در کانادا شروع به تدریس در دانشگاه ویندزر کردم در زمینه مطالعات ارتباطی و مطالعات فرهنگی که خیلی از زمینه‌های علوم اجتماعی را در بر می‌گیرد. بعداً در دانشگاه کنکوردیا در همین زمینه، و بعد از آن در دانشگاه تورنتو مطالعات خاورمیانه را درس می‌دادم. در مطالعات خاورمیانه دانشجوهایی از زمینه‌ها و دیسیپلین‌های مختلف به دوره‌ی فوق لیسانس یا دکترا می‌آمدند. معمولاً در دوره‌ی لیسانس دانشجویانی از رشته‌های بسیار متفاوت مانند جامعه شناسی، روان‌شناسی، تاریخ و گاهی علوم تجربی درس‌ها را می‌گرفتند، و به این ترتیب با طیفی از کسانی که با دانش‌های مختلف آشنا می‌شدند در رابطه بودم. در این زمان، سال‌های ۸۰ و ۹۰، شیفت مهمی به سمت پسامدرنیسم و پساساختگرایی و پساهای دیگر شکل می‌گرفت – چرخشی که مسعود زوارزاده آن را به انگلیسی postality نام داده و من آن را ترجمه می کنم به «پسائیت». به زودی، از اوایل سال‌های ۹۰، هر چیزی پسای چیز دیگری شد. با وجود اینکه جنبش دانشجویی این زمان بیشتر در حال افت بود، خیلی از دانشجوها علاقه داشتند دنیا را تغییر دهند، ناراضی بودند، و همیشه به نئولیبرالیسم و جنگ‌های امپریالیستی در خاورمیانه انتقاد داشتند. ولی کمتر از بورژوازی صحبت می‌کردند و بیشتر نقد متوجه نئولیبرالیسم بود. در حالی که اخبار خاورمیانه در راس اخبار بین‌المللی بود و دانشجویان خبر داشتند که چه می‌گذرد ولی دیگر کلمه «امپریالیسم» را استفاده نمی‌کردند. با وجودی که اخبار لحظه به لحظه همه را مجبور می‌کرد که در این دنیا زندگی کنند

تفکر here and now، «اینجا و اکنون» در محیط دانشگاهی و در فرهنگ عام داشت جا باز می‌کرد.

این تفکری بود که پسامدرنیست‌ها تبلیغ می‌کردند. یعنی اگر ورای محل زندگی خودت و زمان خودت را ببینی، گرفتار «روایت بِزرگ» (گراند نارتیو) شده‌ای، و اگر «روایت بزرگ» داشته باشی حتماً دچار توتالیتاریسم (تمامیت‌گرایی) می‌شوی و تفکراتت ضد دمکراتیک می‌شوند، چون می‌خواهی یک فکر جهان‌شمول را تحمیل کنی بر شرایط مشخص خودت و یا بر زمان مشخص خودت. تو نباید فکر کنی که می‌شود دنیایی را درست کرد که مثلا ستم جنسیتی در آن نباشد. بعضی از پسامدرنیست‌ها می‌گفتند، در محیط خودت، در بین اطرافیان، در یک شهر اشکال ندارد با ستم جنسیتی مبارزه کنی. ولی می‌گفتند اگر به ورای آن بروی و فکر کنی در جهان و برای همیشه می‌شود جامعهٔ بی‌طبقه درست کرد این می‌شود «روایت بزرگ».

این چرخش‌های تئوریک و سیاسی در تضاد با تجربه و شیوه‌ی تفکر و افق نسل من بودند، اگرچه ربطی به تفاوت نسل نداشت. بسیاری از همکاران من به این چرخش پیوستند. مثلاً از سال‌های هفتاد میلادی که ما مبارزه می‌کردیم و دانشجو بودیم، ایده‌هائی داشتیم که باید دنیا را تغییر بدهیم و از جمله شعارهایمان «مرگ بر امپریالیسم آمریکا» بود و در خیابان‌ها از جنبش ویتنام و همهٔ مبارزات مردم جهان حمایت می‌کردیم. به طور مثال من همراه دانشجویان آمریکائی و کشورهای دیگر علیه تجاوز آمریکا به ویتنام و در دفاع از فلسطین فعالانه شرکت می‌کردم. ما دانشجویان ایرانی در دانشگاه‌ها فعال‌ترین گروه دفاع از مبارزات مردم فلسطین و جنبش ظفار بودیم. بحث به هیچ وجه این نبود که من ایرانی هستم، تو آمریکایی هستی، و یا فلانی آفریقایی است. کلمه‌ی «هویت» (identity) در قاموس ما مطلقاً نبود. من واقعاً یادم نمی‌آید در سال‌های ۱۹۷۰ که در آمریکا بودم کلمه‌ی «هویت» را در رابطه با هیچ مبارزهٔ عادلانه و رهایی‌بخشی استفاده کرده باشیم؛ برای ما که مارکسیسم را مطالعه می‌کردیم کلمه‌ی «آیدنتیتی» در دیالکتیک معنا می‌داد، به معنی «همگونی» و آن هم در رابطه با ضدش یعنی مبارزه. یعنی همگونی و

تضاد در دیالکتیک. البته این کلمه به معنی هویت در جنبش سیاهان و مردم بومی به کار می‌رفت. امروز را نگاه می‌کنیم، هیچ‌کس در دانشگاه، رسانه‌ها، و فرهنگ عام نمی‌تواند از موضوعی سیاسی و هنری و فرهنگی صحبت کند و به واژه‌ی «آیدنتیتی» متوسل نشود. درحدود ۱۵ سال پیش، در جلسه‌ای بودم که از فعالین دانشجویی تشکیل شده بود، و بسیاری از شرکت‌کنندگان از خاورمیانه بودند. در این جلسه بحث فلسطین و مبارزه با آپارتایدِ اسرائیل بود، و عبارت «آیدنتیتی» بیش از اندازه تکرار شد. من جزو پانلیست‌ها بودم. وقتی نوبت من شد گفتم من در یک خانواده کُرد متولد شده‌ام و غیر از زبان کُردی زبان دیگری بلد نبودم و وقتی رفتم مدرسه زبان رسمی و اجباری فارسی بود. فارسی یاد گرفتم، بعد آگاهی ملی پیدا کردم. به این نتیجه رسیدم که در ایران، عراق، ترکیه و سوریه به کردها ظلم می‌شود، و حکومت سوریه و عراق، «عرب» هستند و در حق ملت من مرتکب ستم و ژنوسید شده‌اند. شروع به مبارزه کردم برای آزادی ملت کرد از یوغ ستم ملی و تا به امروز هم مبارزه می‌کنم. این‌ها را گفتم و اضافه کردم: ولی من «آیدنتیتی» ندارم. برای من رهائی ملت فلسطین مهم‌تر از رهائی ملت کرد است و اگر ملت کرد یا هر ملت دیگری رها شود ولی ملت فلسطین این‌طور در اسارت بماند هیچ‌کس آزاد نیست. گفتم، تضاد میان امپریالیسم و ملت‌های تحت ستم یکی از تضادهای مهم دنیا است. و در حال حاضر آزادی ملت فلسطین برایم مهم‌تر است. «آیدنتیتی» ما کجاست؟ از دید شما من چه «آیدنتیتی» دارم؟ چطور با آیدنتتی می‌توانید این واقعیت را که گفتم توضیح دهید، یک نفر که از نظر اتنیک (قومیتی) کرد است به مسئله ملت فلسطین این‌طور نگاه می‌کند. هیچ کس جوابی نداشت. بعد گفتم «آیدنتیتی» من انترناسیونالیسم است. اگر قرار باشد «آیدنتیتی» داشته باشم باید بگویم من انترناسیونالیست هستم و بهتر از یک ناسیونالیست می‌توانم برای رهایی ملت کُرد مبارزه کنم و بهتر هم مبارزه کرده‌ام. خلاصه کنم این وضع دنیای آکادمیک است.

در هرحال رادیکالیسم ضد امپریالیستی، جهت‌گیری مبارزهٔ طبقاتی، نفوذ چپ، نفوذ انقلاب فرهنگی پرولتری چین و اینکه یک قطب انقلابی مهمی مثل چین سوسیالیستی موجود بود تشویق می‌کرد مردم

دنیا را که به جنگ امپریالیسم و ارتجاع بروند. به طور مثال، با وجودی که بحث «آیدنتیتی» در جنبش سیاهان آمریکا مطرح شد ولی «حزب پلنگان سیاه» هم سربلند کرد که تحت تاثیر همین فرآیند انقلابی مخصوصا انقلاب فرهنگی پرولتری در چین بود و «آیدنتیتی» گرا نبودند. امروز افق غالب این است که دنیا جنگ هویت‌ها است: «من، منم»، «وِجود مقدس من»، من «آیدنتیتی» خودم را دارم، من سیاهم یا سفیدم یا کُردم یا ترکم، و این دنیا باید حول آیدنتیتی من بگردد. در واقع همان individualism «فردگرایی» قدیم سرمایه داری است که یک شکل ستمدیدگی علیه ستمگری بهش داده‌اند. در فضای آکادمیک این شیوه‌ی تفکر تبدیل به یک معیار شده است، و به عنوان تنها چارچوب تئوریک درست به شیوه‌های «دمکراتیک» به همه تحمیل می‌شود.

من در کلاس درس این بحث‌ها را تشویق می‌کردم. می‌گفتم بله روایت‌های من بزرگ هستند ولی دلم می‌خواست خیلی از این هم بزرگ‌تر بودند. مثلاً جامعه‌ای می‌خواهم که در آن هیچ مردی حق ندارد دستش را به روی زنی بلند کند و فرق نمی‌کند کجای دنیا باشد، نه فقط در این جامعهٔ کانادا، هیچ جای دنیا مخصوصاً در خاورمیانه. توضیح می‌دادم که این‌ها که می‌گویند اصطلاح «قتل ناموسی» بار فرهنگی غربی دارد و نباید بگوئیم قتل ناموسی، یک‌جور دفاع کردن از «قتل ناموسی» است. برحسب تئوری‌های پسائیت، سوسیالیسم و کمونیسم روایت‌های بزرگ‌اند. خلاصه این محیط فکری که پیش آمده از نظر شناخت علمی و علومی که به اجتماع مربوط می‌شوند، شکل جدیدی از همان خرافات است که در کودکی به من و امثال من تحویل می‌دادند. این «اکنون و این جا» خرافه است و با خرافات مذهبی فرق محتوایی ندارد. ماتریالیست‌ها از قدیم با خرافات مذهبی مبارزه کرده‌اند و تا حد زیادی بی‌اعتبار شده ولی این نوع خرافات جدید اعتبار پیدا کرده است. به سادگی هم بی‌اعتبار نمی‌شود و دست و پای ماها را گرفته. یعنی خرافاتی هستند که اگر باهاش مخالفت و مقابله نشود شناخت همه را می‌کند در حد سایر موجودات زنده. تکامل کرهٔ زمین ما را از بقیه جانداران جدا کرده است، به ما آگاهی داده است. وسیلهٔ آگاهی یعنی زبان را داده است که ما می‌توانیم از طریق آن ورای زمان و

مکان خودمان را ببینیم و در آن زندگی کنیم. سایر جانداران این امکان را نیافتند که این جوری شوند. این تصادف بود. و بشر هم نسبت به سایر موجودات، نسبت به محیط زیست و همهٔ این‌ها کارهای خیلی بدی کرده. مثالی بزنم. در دوره رنسانس در حدود پایان قرن ۱۶ عده‌ای متوجه شدند که زمین کروی است، نه مسطح. چشم‌های ما زمین را مسطح می‌بینند و چشم و حواس پنج‌گانهٔ ما مهم‌ترین وسیله کسب اطلاع از دنیای خارج از بدن ما است. ما دنیا را از طریق حواس پنج‌گانه می‌شناسیم و می‌فهمیم، حس لمس کردن، بو کردن، دیدن، شنیدن و چشیدن. یک راهی که این‌ها متوجه شدند این است که کشتی وقتی از دور می‌آمد، اول دکلش پیدا می‌شد و بعد بدنهٔ آن. دورهٔ رنسانس کشتیرانی خیلی پیشرفت کرده بود، تلسکوپ هم تازه پیدا شده بود. این چیزی بود که «مشاهده» می‌کردند. بعد آمدند و در چیزی که می‌دیدند «مداخلهٔ ذهنی» کردند و آن را تحلیل کردند، و به این نتیجه رسیدند که باید جائی که ما زندگی می‌کنیم یک سرزمین پهن بی‌پایان نباشد، پایانش یک کوه یا چیز دیگری باشد، اینجا باید یک چیز کروی شکل باشد. خوب مدت‌ها بعد از طریق مشاهده هم فهمیدیم که این‌جوری است. بعد از آنکه در سال ۱۹۵۷ ماهوارهٔ شوروی به اسم اسپوتنیک رفت آن بالا، بشر به چشم خودش دید که زمین کروی است. یعنی به مدت چهار قرن پیش انسان در اثر مداخلهٔ ذهنی به این شناخت رسیده بود. این خیلی مهم است: «ذهن (سوژه) چهار قرن جلوتر از عین (ابژه) بود». رابطهٔ بین عین و ذهن را باید این جوری دید. این چیزی است که مارکسیسم رویش تاکید می‌کند و پوزیتیویسم قبول ندارد. مارکسیسم به عنوان علم این مسئله را مطرح می‌کند و می‌گوید رابطه بین ذهن و عین دیالکتیکی است. البته این‌طور نیست که این روش همه چیز را به ما بگوید. حواس پنج‌گانه مهم‌ترین ابزار کسب اطلاع ما از واقعیت هستند اما کافی نیستند. حواس پنج‌گانهٔ ما با وجود آنکه خیلی مهم هستند و بدون این‌ها شناخت درست دنیا ممکن نیست گاهی به جائی می‌رسند که به مانع تبدیل می‌شوند، نمی‌گذارند آدم دنیا را بشناسد، نمی‌گذارند که آدم گذشته را درست درک کند، آینده را درست ببیند. نمی‌گذارند از قید و بند زمان عبور کنی و بیایی بیرون و به آینده‌ای که ممکن است و

می‌توانی بسازی و ساختنش مهم است فکر کنی و عمل کنی. «ما آینده را می‌بینیم که آن را بسازیم. این طور نیست که اول آن را می‌سازیم و بعد می‌بینیم». برای اینکه اسیر روابطی نشویم که از گذشته برای ما مانده است، باید آینده را ببینیم و بسازیم. به قول مارکس، انسان‌ها تاریخ خودشان را می‌سازند، ولی نه آن‌جوری که می‌خواهند. من اگر حالا بگویم جامعه بی‌طبقه و بی‌ستمِ جنسیتیِ کمونیستی می‌خواهم، بدون مبارزه برای ساختنش به دست نَمی‌آید. شَرایط فعلی که حاکم است نمی‌گذارد که من چنین چیزی را درست کنم. پس باید برایش مبارزه کرد. ولی قبل از مبارزه باید بدانم که چنین کاری ممکن است. چه چیزی به ما می‌گوید که ممکن است؟ علم است که این را به ما می‌گوید و بشر به جائی رسیده است که محدودیت‌های حواس پنج‌گانه را درک کرده و راه غلبه کردن بر این محدودیت را هم پیدا کرده که همان درک تئوریک است. راهش این است که علم به ما تئوری می‌دهد و بر اساس آن محدودیت‌های حواس پنج‌گانه را می‌فهمیم و از طریق همه این‌ها از زندان زمان و مکان خارج می‌شویم و اسیر «اکنون و اینجا» نمی‌شویم. ما نمی‌خواهیم اسیر زمان و مکان باشیم، می‌خواهیم مدام از آن‌ها رها شویم، ما می‌خواهیم از کرۀ زمین فراتر برویم، می‌خواهیم به دنیایی برسیم که حتی نمی‌توانی تصورش را بکنی، به دنیائی که همۀ موجودات متفکر این کهکشان با هم ارتباط پیدا کنند و این تضادهای پس‌ماندۀ دنیای قدیم را دور بیندازند. ما هیچ علاقه‌ای به حفظ ستم جنسیتی به بهانۀ «احترام به فرهنگ» این و آن نداریم. هیچ علاقه‌ای نداریم که انسانی برتر از انسان دیگری باشد. ما چنین دنیایی می‌خواهیم و چنین روابطی و چنین «روایت بزرگی» می‌خواهیم و علم این را به ما می‌دهد و بر پایۀ این حقیقت علمی باید اراده کنیم که به این افقی که بشر پیدا کرده جهش کنیم و برسیم. باید از این علوم اجتماعی امروز که ما را در بند کرده نجات پیدا کنیم. از فوکو که محصول شکست جنبش مه ۱۹۶۸ بود من چیز زیادی نمی‌توانم یاد بگیرم. از فوکو غیر از اینکه آدم را نسبت به تغییر دنیا بدبین کند چیز زیادی نمی‌شود یاد گرفت.

مارکس گفته که زنبور عسل شانه‌های بسیار دقیقی درست می‌کند، به حدی دقیق که هزاران آرشیتکت را شرم‌زده می‌کند، یعنی

هیچ آرشیتکتی نمی‌تواند مثل زنبور عسل شانه‌هایی به این دقت درست کند. بعد می‌گوید، اما بدترین آرشیتکت‌ها از بهترین زنبورها جلوترند از این نظر که آرشیتکت قبل از اینکه خانه را درست کند تمام جزئیات آن را در فکرش، در نقشه‌اش، پیش‌بینی می‌کند. این تفاوت آرشیتکت و زنبور عسل است و این در واقع چیزی است که تا حالا می‌خواستم بگویم. بشر یک موجود آگاه است. آمیب که یک موجود تک سلولی است، برای زنده ماندن مجبور است محیط خودش را بشناسند تا بتواند غذا پیدا کند و بخورد و تولید مثل کند. ولی می‌دانیم، لااقل از وقتی علم مدرن به وجود آمده، که یک آمیب هنوز مثل آمیب‌های سابق هست یعنی شناخت آن‌ها از محیط زیست خودشان، که غذائی بخورند و خود را بازتولید کنند، تفاوت نکرده است.

انسان موجودی ست که از غریزه گسسته است. شناخت ما غریزی نیست. شناخت ما صد در صد شناخت اجتماعی است. یک آنتروپولوژیست آمریکائی، لزلی وایت،[2] دانشمند ماتریالیستی بود و در سال‌های ۱۹۵۰ مقالهٔ مهمی در مورد فرهنگ[3] برای دائرةالمعارف بریتانیا نوشت. او نشان می‌دهد در رفتار انسان دیگر چیزیِ نمانده که بشود گفت غریزی یا فطری، چند تا رفتار هنوز هست. مثلاً اگر کسی چیزی بیاندازد طرف ما، ما ناآگاهانه عکس‌العمل نشان می‌دهیم زیرا مکانیزمی در بدن هست که برای حفظ خودش این کار را می‌کند. یا مردمک چشم وقتی نور زیاد می‌شود منقبض می‌شود و چشم را از آسیب نور محفوظ می‌کند، این هم ارادی نیست و هنوز یک چیز بیولوژیک است. مثال دیگر میل جنسی است که در انسان هنوز طبیعی است، ولی حتی این هم خیلی اجتماعی شده است. اما در انسان با عشق و ادبیات و هنر و فیلم پیوند پیدا می‌کند و از طریق دین و عرف و قانون تنظیم می‌شود. همچنین، لزلی وایت می‌گوید موجوداتِ دیگر نمی‌توانند تصمیم بگیرند که به زندگی بیولوژیک خودشان خاتمه بدهند و فقط انسان است که می‌تواند خودکشی کند، فقط انسان

2. Leslie White.
3. culture

است که می‌تواند مثلاً به دلایل ایدئولوژیک رابطه جنسی نداشته باشد. خلاصه و مختصرش این است که انسان یک موجود کاملا اجتماعی شده و از طبیعی بودن خارج شده است و مسئله این نیست که کار بدن ما طبیعی نیست - بدن ما بخشی از طبیعت است - اما مسئله این است که ما اجتماعی شده‌ایم و چرا اجتماعی شده‌ایم خیلی مهم است. این سوال مهم است که چنین تحولی چطور ممکن شد؟ عمدتا بر اثر این بود که انسان تنها موجودی بود که در پروسهٔ تکامل، به «کار» پرداخت، کار یا labour به معنی مارکسیستی‌اش. به این معنی که انسان نیازهای زیادی دارد ولی مهم‌ترین نیازهایش ناشی از ضرورت زنده ماندن نوع است. تامین خوراک و مسکن حیاتی است. انسان باید خوراک و مسکن را تهیه می‌کرد چون طبیعت این‌ها را به انسان نمی داد یا شرایط دسترسی به آن خیلی مشکل بود. انسان در برههٔ زمانی طولانی به تدریج آموخت که کار کند و طبیعت را تغییر بدهد و چیزهائی که طبیعت به انسان نمی‌داد به دست بیاورد، مثل تولید خوراک از طریق کشاورزی و نه گردآوری خوراک و شکار. چیزهایی مثل جمع‌آوری خوراک موجود در طبیعت یا زندگی کردن در غار کافی نبود. این پروسه خیلی طولانی بود. صدها هزار سال طول کشید که این پروسه تا به اینجا برسد. انسان، در این پروسهٔ درازمدت زبان را آفرید و از طریق زبان «تفکر انتزاعی» را به وجود آورد. تفکر انتزاعی فقط در انسان وجود دارد. روان‌شناسان و مردم‌شناسان مخصوصا در آمریکا حدود یک قرن، از اواخر قرن نوزده تاکنون، نهایت تلاش را کرده‌اند که به شمپانزه‌ها که نزدیکترین موجودات به ما هستند، زبان یاد بدهند. مثلاً در حدود جمله‌های دو کلمه‌ای. در همه موارد شکست خوردند. با وجود ادعای بعضی مردم‌شناسان که بین دو نوع انسان و شمپانزه «تداوم» هست نه «گسست»، تاکنون کسی نتوانسته است به شمپانزه‌ها زبان یاد بدهد. زبان انسان صوتی است و سایر موجودات حتی دستگاه صوتی لازم را برای این نوع زبان ندارند. اما در آمریکا، به یک شمپانزه زبانِ اشاره‌ای در حد سیصد تا علامت، مانند شکل‌هائی با رنگ‌های مختلف یاد دادند. از طریق این قبیل نشانه‌ها می‌توانند ارتباط محدودی برقرار کنند اما به هیچ‌وجه نمی‌شود یک جمله‌ی زبان انسانی یادشان داد: مثلاً «کتاب را بده» و یا

«موز را بخور»، چون این جمله‌های ظاهراً ساده بسیار پیچیده هستند. توانائی انسان در ابستراکت کردن یا انتزاع کردن را هیچ موجودی ندارد. ابستراکت کردن به این معنی که مثلاً هنگامی که می‌گویم «صندلی»، صندلی اصلاً وجود ندارد، صندلی یک چیزی است که آدم رویش می‌نشیند و می‌تواند از فلز و پارچه باشد یا حتی از یخ. ابستراکت کردن یعنی یک کلمه بسازی که جانشین پدیدهٔ صندلی بشود و در معنیِ آن تعداد پایه‌های آن، چهار تا یا یکی، و موادی که از آن ساخته شده است جائی ندارند. به این ترتیب، کلمهٔ «صندلی» به معنیِ صندلی مشخص نمی‌تواند وجود داشته باشد. مثلاً اگر از من بپرسید «درخت چیست، نشان بده؟» من نمی‌توانم جواب بدهم. می‌توانم یک درخت مشخص را نشان بدهم ولی درخت عام وجود خارجی ندارد. چیزی آن جا نیست که من نشان بدهم. یعنی هیچ یک از کلمات زبان مابه‌ازاء ندارد، حتی حرف اضافه‌هائی مانند «به» و «از» ابستراکت هستند. می‌توانم یک «ساعت» مشخص را نشان بدهم، ولی خود کلمهٔ ساعت یک مفهوم انتزاعی یا مجرد است که مهم‌ترین خصوصیت همهٔ ساعت‌ها را منعکس می‌کند و آن را تعمیم می‌دهد.

انسان تنها موجودی است که می‌تواند «جنرالایز» generalize بکند یا تعمیم بدهد. «تعمیم بدهد» یعنی اینکه وقتی می‌گویم درخت، مشخصات مشترک همه درخت‌های دنیا را می‌آورم در کلمه درخت می‌گنجانم. با استفاده از انتزاعی بودن زبان است که انسان می‌تواند تجربه انباشت کند، می‌تواند تجربه و دانش خودش را از یک نسل به نسل دیگر منتقل کند، و آینده را تصویر کند. سایر موجودات نمی‌توانند این کار را بکنند، چون زبان و توان انتزاع ندارند.

خلاصه کنم. توانائی انتزاع کردن یکی از مهمترین توانائی‌های بشر است. بدون این، بشر اصلا نمی‌تواند به مثابهٔ یک نوع زنده بماند. خب، این توانائی انتزاع را همه آحاد بشر دارند، اما این به معنای آن نیست که همهٔ انتزاع‌ها، انتزاع‌های درستی هستند. مثلاً مرتجعین هم انتزاع می‌کنند. آن‌ها هم مفاهیم خودشان را دارند. طوری انتزاع می‌کنند که در خدمت منافع جنسیتی، طبقاتی و غیرهٔ خودشان است. اما چیزی که من تا حالا گفته‌ام توانائی انتزاع است که چه اهمیت تعیین‌کننده‌ای در آزاد کردن

انسان از قیدوبندهای زمان و مکان و قیدوبندهای نظام طبقاتی دارد. بحثم دربارهٔ شرایط مشخص امروز است که سرمایه داری بر دنیا مسلط است، دارد دنیا را به طرف نابودی می‌کشد، جنگ راه می‌اندازد، فاشیسم و مذهب را گسترش می‌دهد، جلوی تفکر انتقادی را می‌گیرد و تجربه‌هایی را که به ضررش است دفن می‌کند. با همهٔ دانشی که داریم، از جنبش‌های قرن بیستم، از جنبش کمونیستی قرن بیستم که تلاش‌های خیلی مهمی کرد برای از بین بردن این روابط، دستاوردهای خیلی مهمی داشت، تفکر «اکنون و اینجا» پسائیت ما را از همهٔ این توانائیِ دانش‌سازی بی‌بهره می‌کند. می‌گوید به روایت‌های بزرگ فکر نکنید و فقط به روایت‌های کوچکی فکر بکنید که قابل دست‌یابی هستند.

نکته‌ای که می‌خواهم بگویم این است که بشر در اثر این توانایی توانست محیط دور و بر خودش را بشناسد، به عمق پدیده‌ها و روابط حاکم بر طبیعت و جامعه پی ببرد و آن‌ها را تغییر بدهد. بسیاری از انواع موجودات در طول زمان از بین رفته‌اند، اما انسان باقی مانده. هر روز خبر از این است که موجود جاندار یا نباتی از بین رفته، اما انسان توانسته تا حالا بماند. این شناختی که داشتیم کمک کرده که باقی بمانیم، اما همین شناخت دارد ما را در جهت نابودی می‌برد. مثل سلاح‌های هسته‌ای که با پیشرفت علم ساخته شدند. اگر جنگ هسته‌ای بین قدرت‌های بزرگ سرمایه‌داری بشود دیگر کرهٔ زمین قابل زیست نخواهد بود. برای همین تغییر دادن ریشه‌ای وضعیتی که ما در دنیا درگیرش هستیم مسئلهٔ مرگ و زندگی کل بشریت است. یا باید تسلیم چنین عاقبتی در آینده‌ای نه چندان دور بشویم یا باید تلاش کنیم زنجیرها را پاره کنیم و این سیستم را سرنگون کنیم.

در زمینه علوم دقیق و تجربی، این علوم خیلی پیشرفت کرده‌اند. تا اواسط قرن نوزدهم دانش بشر دربارهٔ طبیعت پیشرفته‌تر از دانشش دربارهٔ جامعه بود، زیرا شناخت طبیعت و جامعه پابه‌پای همدیگر پیشرفت نمی‌کردند ولی از اواسط قرن نوزدهم به بعد با پیدایش مارکسیسم در شناخت جامعه هم این جهش صورت گرفت. دانش ما صد و پنجاه سال است که این جهش را کرده و به درک علمی جامعه رسیده‌ایم. مارکسیسم شناخت علمی جامعه است. انسان مجبور است هم طبیعت را بشناسد

هم جامعه را. مارکسیسم این شرایط را ایجاد کرد که جامعه را بشناسیم و بفهمیم که مثلاً بشر و دنیا توسط خدا آفریده نشده‌اند. البته قبل از مارکسیسم هم روشن شده بود که زمین در هفت روز آن‌طور که انجیل و سایر متون دینی ادعا می‌کنند پیدا نشده و قصه‌های کتب دینی بی‌پایه هستند. داروین هم هم‌زمان با مارکسیسم بسیاری از این حقایق را طرح کرده بود. همین هم‌زمانی مارکسیسم و تئوری تکامل داروین به چیز مهمی اشاره می‌کند: اینکه مارکسیسم از صفر زاده نشد. مارکسیسم بخشی نتیجهٔ پیشرفتی بود که علم کرده بود. هم‌زمان با مارکس، تحولاتی که در مطالعهٔ طبیعت به خصوص بخش «جاندار» طبیعت، در زمینهٔ بیولوژی شده بود، زمینهٔ مساعدی را برای ظهور مارکسیسم ایجاد کرده بود. داروین و بسیاری از دانشمندان دیگر غیرمارکسیست بودند. اما مارکس و انگلس به استقبال این پیشرفت‌ها می‌رفتند و اهمیت فوق العادهٔ گسترش دانش بشر را در پروسهٔ شناخت می‌فهمیدند. بخشی از پیشرفت‌هایی که مارکسیسم کرده خودش مدیون این پیشرفت‌هاست. به این معنی مارکسیسم خودش در تداوم عصر روشنگری پیدا شده است. یکی از بحث‌های محیط دانشگاهی در دو سه دههٔ اخیر حمله به مدرنیسم و عصر روشنگری است. عصر روشنگری از دید مارکسیسم از اواخر قرن هفده تا اواخر قرن هیجده ادامه داشت. انقلاب فرانسه در سال ۱۷۸۹، جنگ رهائی‌بخش مستعمرات آمریکا علیه انگلستان در ۱۷۷۶، انقلاب در هلند وغیره در این دوره اتفاق افتاد و بخشی از آن بود. روشنگری دوره‌ای بود که اقتصاد سرمایه داری که از دو قرن پیش شروع شده بود در بعضی جاها مثل انگلستان، فرانسه، کمی بعدتر آلمان داشت رشد می‌کرد، بخشی هم در اسکاندیناوی. عصر روشنگری فقط تحول در شناخت و معرفت‌شناسی (گذار به خرد) نبود، بلکه دورانِ مجموعه‌ایی از جنبش‌های اجتماعی بود، از جمله جنبش فکری، جنبش فلسفی، جنبش ادبی، جنبش هنری، آموزشی، فلسفی، حرکت زنان در عرصهٔ سیاست و ادبیات و هنر و بسیاری دیگر. مثلاً در سال ۱۷۹۳ مری ولستونکرافت[۴] مسئلهٔ ستم بر زنان را به عنوان «حق» یعنی محرومیت از حق مطرح

4. Wolstonecraft.

کرد و این هم سازندهٔ روشنگری و ساختهٔ آن بود: در این عصر بود که روشنفکران فلسفهٔ سیاسی و رژیم حقوقی مناسب برای نظام سرمایه‌داری را تدوین می‌کردند. این پیشرفت بسیار مهمی بود. نظریه‌های ژان ژاک روسو در زمینه حق و برابری وغیره در اوج عصر روشنگری مطرح شدند. بورژوازی این جنبش‌ها را علیه نظام فئودالی به راه انداخت. عصر قرون وسطی داشت به پایانش می‌رسید ولی هنوز تلاش می‌کرد که باقی بماند. هنوز قدرت دولتی دست طبقهٔ فئودال بود، همهٔ دولت‌های اروپا فئودالی بودند، برای این انقلاب فرانسه انجام شد که بورژوازی قدرت سیاسی را از دست فئودال‌ها در آورد، در انگلستان هم این کار را کردند - زودتر از فرانسه ولی بعد سازش کردند - «انقلاب با شکوه» سال ۱۶۸۸ که هشت سال هم در انگلستان جمهوری برقرار بود ولی بعد سلطنت را برگرداندند و به تدریج محدودش کردند. عصر روشنگری عصرِ قدم‌های مهم در از بین بردن فئودالیسم بود. مارکسیسم خودش زمانی متولد شد که بورژوازی قدرت سیاسی را به دست گرفته بود. در بسیاری از نقاط اروپا در فرانسه، انگلستان، در ایتالیا هم در سال ۱۸۶۰ ناسیونالیست‌ها قدرت را به دست گرفتند و در کشورهای اسکاندیناوی هم این روند بود. مبارزه‌ای بود علیه یک نظام مرتجع در حال زوال که هنوز دست و پا می زد که زنده بماند. انقلاب فرانسه عمیق‌تر از جاهای دیگر بود. حل مسئله دهقانی در پیروزی بورژوازی بر فئودالیسم بسیار مهم بود. از دید مارکسیستی این پیشرفت‌ها از جمله برابری حقوقی افراد، در مقابله با فئودالیسم، مترقی بودند اما برای چیزی که رهایی طبقهٔ نوپای کارگر وابسته به آن بود یعنی برهم زدن کل روابط سرمایه داری و ایجاد کردن جامعه کمونیستی که در آن اصلا «حق» معنی ندارد، چون نابرابری طبقاتی و جنسیتی و ملی و دیگر نابرابری‌ها وجود نخواهد داشت، «حق» و برابری حقوقی به بازتولید نابرابری کمک می کنند. در جامعهٔ کمونیستی انسان‌ها برابرند بدون اینکه احتیاج به حقوق برابر باشد. به این ترتیب می‌بینیم که مارکسیسم از روشنگری هم گسست کرد. مارکس بورژوازی را نقد کرد که انسان‌ها در واقعیت، یعنی خارج از عرصهٔ قانون، برابر نیستند. در چارچوب مالکیت خصوصی و اجبار کارگر به فروش نیروی کارش، برابری واقعی نمی‌تواند وجود داشته باشد.

انسان‌ها در جامعه برابر نیستند و همین نابرابری فراقانونی باعث می‌شود که برابری قانونی به بازتولید نابرابری کمک کند. به قول آناتول فرانس، یک قرن بعد از عصر روشنگری، قانون شهرداری پاریس که مقرر کرد هیچ‌کس حق ندارد زیر پل‌ها بخوابد برخلاف ادعای قانون‌گذاران برای همه، فقیر و غنی، یکسان نیست چون ثروتمندان در کاخ‌هایشان می‌خوابند، نه زیر پل.

مارکسیسم از یک طرف دستاوردهای علمی روشنگری و ضدیت آن با فئودالیسم را قبول دارد و معتقد است در زمان خودش انقلابی بود. ولی از طرف دیگر، روشنگری متعلق به گذشته است و در مقابل آینده‌ایی که طبقه کارگر می‌خواهد بسازد عقب‌مانده، عقب‌گرا و ارتجاعی است. از جمله اگر کسی بگوید می‌خواهم کمونیسمی درست کنم براساس اصول و پایه‌هایی که روسو بنا نهاده‌است برنامه‌ای رو به گذشته است. این را باید به آلن بدیو گفت. و گفت تو اگر موفق هم بشوی هرگز به چیزی فراتر از فرانسهٔ فعلی نخواهد رفت. پس، برخورد مارکسیسم به عصر روشنگری برخورد تاریخی است. برخورد پست‌مدرنیست‌ها توتالیته‌کردن آن است. آن‌ها عصر روشنگری را، اگر از کلمات خودشان استفاده کنم، توتالایز totalize می‌کنند، کلی‌نگری می‌کنند، کلیتی که معلوم نیست در تاریخ خودش چه کار کرده، با چی در تضاد بوده، با چی مبارزه می‌کرده، تحت تاثیر چی بوده، چه چیزی را می‌خواسته بسازد. اما مارکسیسم با دید ماتریالیسم دیالکتیکی به آن نگاه می‌کند: روشنگری در تضاد با فئودالیسم پایه‌های زیربنایی و روبنایی حاکمیت بورژوازی و سرمایه‌داری را در سطح فکری (سیاسی، قانونی، اقتصادی، قضائی، هنری، ادبی...) تصویر، تئوریزه و تدوین می‌کرد. یعنی، در حالی که زیربنای اقتصادی بیشتر به شیوهٔ خودبه‌خودی رشد می‌کرد، روبنای سرمایه‌داری آگاهانه ساخته می‌شد. خود روشنگری عرصهٔ مبارزه بین طبقات مختلف و جناح‌های بورژوازی بود و تاریخ‌نویسان جریاناتی چون «روشنگری رادیکال»، «روشنگری معتدل» و «ضد-روشنگری» را تشخیص می‌دهند. در مقایسه با سرمایه‌داری که زیربنایش به طور خودبه‌خودی رشد می‌کند، در کمونیسم هم زیربنا و هم روبنا باید آگاهانه ساخته شوند.

روشنگری با دین در تضاد بود چون بنیاد دین و جهان‌بینی دینی

نظام فئودالی را توجیه می‌کرد. در مقابله با دین، روشنگران جدائی کلیسا و دولت را مطرح کردند اما نمی‌توانستند «رهائی از دین» را عملی کنند، اگر چه بعضی از روشنگران ماتریالیست به این نتیجه رسیده بودند. یعنی جدائی که روشنگران مطرح کردند و امروز هم در بسیاری کشورهای سرمایه‌داری عملی شده است فقط محدود کردن اِعمال قدرت دین در بعضی عرصه‌های سیاست و اقتصاد است. برای همین صد سال بعد کموناردها هرگونه پشتیبانی دولت از کلیسا را قطع کردند.

در هرحال منظورم این است که عصر روشنگری نقطه عطفی بسیار مهم است، چون عصر فئودالی با رژیم امتیاز پایه‌گذاری شده بود که متکی بود بر حاکمیت طبقۀ فئودال. اگر فرد در طبقۀ دهقان متولد می‌شد، دهقان بود، امکان اینکه چیز دیگری بشود بسیار ناچیز بود. بعضی دهقان‌زاده‌ها می‌توانستند در کلیساها یا صومعه‌ای به اصطلاح جزو «روحانیت» بشوند اما چاره‌ای نداشتند جز اینکه تبدیل بشوند به روشنفکران طبقۀ فئودال. امتیازات طبقاتی، جنسیتی، قومی، نژادی، دینی وغیره بود. این با نظام اقتصادی بورژوازی که براساس تولید و مبادلۀ کالایی بود جور در نمی‌آمد. ساختن روبنای نظام سرمایه‌داری کار آسانی نبود. بسیاری از روشنفکران مجبور بودند به کشور دیگری فرار کنند. بخشی از «انسکلوپیدی»، مهم‌ترین منبع دانش عصر روشنگری، به خاطر سانسور و سرکوب در فرانسه چاپ نشد و در هلند به چاپ رسید، و قاچاق می شد به فرانسه. بسیاری از روشنفکران عصر روشنگری فداکاری‌ها کردند و بعضی‌ها در این راه کشته شدند و کلیسا آن‌ها را رجم می‌کرد و انگیزیسیون در اوج وحشیگری خود بود.

مارکسیسم روشنگری را چنین می‌بیند و ارزش تاریخی آن را می‌فهمد. اما وقتی کسی مثل بدیو که می‌گوید باید جلوی سرمایه‌داری را گرفت و حتی در سال ۲۰۰۸ مقاله نوشت که کمونیسم باید جایش را بگیرد، می‌آید و کمونیسم را با رژیم حقوقی ژان ژاک روسوئی تعبیر می‌کند باید گفت: «ایست»! نمی‌توانی این کار را بکنی. روشنگری در زمان خودش محدودیت‌های فئودالیسم را شکست ولی مال گذشته است و زمانه ضرورت دیگری را جلوی بشر گذاشته. مارکس در «نقد برنامه گوتا» گفته است که

تصور برابری بدون وجود نابرابری میسر نیست. و اگر کمونیست‌ها از این طرز تفکر گسست نکنند اصلا نمی‌فهمند کمونیسم چی هست و وقتی آن را نفهمند نمی‌توانند برایش مبارزه کنند و نهایتاً آن را بسازند.

نقد جوانب مختلف کمونیسم آلن بدیو توسط کادرهای حزب کمونیست انقلابی آمریکا (آر.سی.پی) نوشته شده است.[5] این به معنای آن نیست که مارکسیست‌ها از اول جواب همه چیز را دارند. مارکس خودش از اول کمونیست نبود. خیلی از بیوگرافی‌نویسان مارکسیست یا غیرمارکسیست می‌گویند مارکس از سال ۱۸۴۳ کمونیست شد یعنی، بعد از اینکه با انگلس «ایدئولوژی آلمانی» را نوشت. «ایدئولوژی آلمانی» جمع‌بندی مارکس و انگلس از جهان‌بینی و فلسفهٔ ایده‌آلیسم غالب در فلسفه اروپا بود. از جاهای دیگر مثل چین خبر نداشتند و نمی‌دانستند در نقاط دیگر دنیا چه مبارزات فلسفی در جریان بوده. مارکس اول یک دمکرات انقلابی بود. انگلس خودش کارخانه‌دار بود، از خانوادهٔ کارخانه‌دار، ولی کسی بود که علیه طبقه خودش قیام کرد. انگلس نظر مارکس را به اهمیت طبقه جلب کرد. قبل از «ایدئولوژی آلمانی» موضوع طبقه در آثار مارکس بسیار محدود است. بعداً طبقه مرکز توجهش می‌شود.

البته در قرون وسطی هم ماتریالیسم حضور داشت. حتی قبل از قرون وسطی، در دنیای باستان هم ماتریالیسم بود. فکر می‌کنید اهرام مصر را چطوری درست کردند؟ علم ریاضیات و فیزیکی وجود داشت که توانستند درست کنند. درست است که علم مثل حالا تئوریک نبود. دیوار چین را دوران باستان ساخته‌اند و یکی از شاهکارهای بشر بود، تنها چیزی که از کره ماه با چشم می‌شود دید دیوار چین است. خلاصه معلوم است که آن زمان هم علم بوده و ماتریالیسم بوده. دیالکتیک را هم از دنیای باستان داریم. هراکلیت بود که گفت از یک رودخانه دوبار نمی‌توان عبور کرد، دنیا در حال تغییر است، امکان ندارد بتواند بایستد. خوب! این دیالکتیک دنیای باستان است. هم ماتریالیسم داشتیم، هم دیالکتیک. اما در دنیای باستان مثل امروز ترکیب این دو یعنی ماتریالیسم دیالکتیک موجود نبود.

---

۵. ریموند لوتا، نایی دونیا، ک.ج.آ، «سیاست رهایی بخش بدیو: کمونیسمی در قفس بورژوایی،» در http://cpimlm.com/bzpolomicm/badio.pdf

مارکسیسم از یک طرف به گذشته تکیه داشت و به این معنا تاریخ داشت. پیشرفت‌های عظیمی در قرن نوزده در علم شد. مارکس و انگلس اولین کسانی بودند که توانستند جهان‌بینی و فلسفه و شناخت اجتماعی را علمی کنند. تا قبل از آن واقعا علمی نبود. عناصر پراکندهٔ علمی همیشه بوده است. ولی مارکس و انگلس بودند که این کار را کردند و خودشان در مبارزه با جریاناتی از جمله ماتریالیسمی که دیالکتیکی نبود درگیر شدند، مثلاً فویرباخ. فویرباخ آدم متفکر و ماتریالیست بسیار مهمی بود. نقد او از دین مهم بود. ولی مارکس و انگلس نقدش کردند و گفتند این ماتریالیسمی که فویرباخ دارد دیالکتیکی نیست و نمی‌تواند ما را در درک جهان و جامعه خیلی جلو ببرد.

پس مارکسیسم بود که بررسی جامعه را علمی کرد و علم جامعه به ظهور رسید. اما شکل‌گیری این علم فقط تراوش فکری مارکس و انگلس نبود. متکی بود بر علم قرن و زمان خودشان و مبارزات گوناگون در جنبش سوسیالیستی، مبارزه با پوزیتویسم، و مبارزه با آنارشیسم. همهٔ این کشمکش‌ها و مبارزات فکریِ آن دوران وارد شکل‌گیری علم مارکسیسم شد. مبارزات درونی اهمیت خیلی زیادی در شکل‌گیری و تکامل یک علم دارد. جنبش کمونیستی را نگاه کنید. انقلاب اکتبر صد سال پیش تاریخ دنیا را تغییر داد. به ما نشان داد آینده‌ای دیگر کاملاً ممکن است. حتمی نیست ولی ممکن است. اینکه شکست خورد نشان می‌دهد که این آینده حتمی نیست و خودبه‌خودی به وجود نمی‌آید و حتی اگر برایش سخت مبارزه بکنیم به این سادگی نیست. در رابطه با پیروزی انقلاب سوسیالیستی در چین و بعد شکست آن در چهل سال پیش نیز همین طور است. بعد از رجعت سرمایه‌داری در شوروی، مائو و حزب کمونیست چین این بحث را مطرح کردند که در چین باید جلوی رجعت سرمایه‌داری را گرفت و راه‌هائی هم پیدا کردند که جلویش را بگیرند، ولی باز آن‌جا هم رجعت کرد. نتیجه‌اش دنیای بدتر و وحشتناک‌تری است که امروز می‌بینیم. امروز هم جنبش کمونیستی با وضعی که دچارش هست و در واقع متلاشی شده است، سوال این است که با این گذشته چکار می‌کنیم. دو انقلاب مهمی که کمونیست‌ها رهبری کردند برای اینکه آن دنیای ممکن را ایجاد کنند منجر شد به شکست. با این

وضع چکار می کنی؟ در این رابطه کمونیست‌ها در بیست سال اخیر جهش مهمی کردند. به نظر من این جهش در حزب «کمونیست انقلابی آمریکا» روی داده است. سایر احزاب موفق نشدند بفهمند که در قرن بیستم چی شد و الان مارکسیسم و جنبش کمونیستی در چه وضعی است. به نظر من وجود کسی مثل باب آواکیان برای حل این مساله خیلی مهم بود. در جنبش کمونیستی دنیا در یک جا علم جهش می کند و به جایی می‌رسد که پیشرفت بکند. الان با این پیشرفت‌ها باید بتوانیم از چیزی که من بهش می گویم خرافات پسائیت خلاص بشویم و نه اینکه صرفا از اسارت آن در بیاییم، بلکه تلاش بکنیم برای آن آینده‌ای که ممکن است. این کار فقط از راه علم بیرون می‌آید، یعنی نمی‌شود بدون دید علمی، بدون ماتریالیست بودن و بدون دیالکتیکی بودن این کار را کرد.

محیط دانشگاهی و روشنفکری در بیست سی سال اخیر در کانادا و اکنون در سایر کشورها به تفکر پسائیت مجهز شده است و از جمله ادعا می کنند مدرنیته مشکل عصر است. گویی اگر از مدرنیته نجات پیدا کنیم مساله حل است. می گویم خوب شما چطوری می‌توانید از مدرنیته نجات پیدا کنید، وقتی که بدیل شما در مقابل مدرنیته سنت است. می پرسم این چه کاری است که شما می کنید، مدرنیته را کنار می‌زنید ولی دچار ترادیسیونالیسم (سنت گرائی) می شوید، از قتل ناموسی دفاع می کنید به این بهانه که «قتل ناموسی» برچسبی غربی است که «فمنیست‌های سفید» به کار می‌برند وغیره. خیلی‌ها این دو (مدرنیته و سنت) را بایناریزم binarism می‌دانند. در حالی که این دو تا از هم جدا نیستند. بعد، بایناریزم را این جوری حل می کنند که یک طرف را که دوست ندارند حذف می کنند و طرف دیگر را جهان‌شمول می کنند. و اتهام اوروسنتریسم (اروپا-محوری) را هم می‌زنند.

این شیوهٔ درک مسائل بخشی از تفکر پسائیتی است و اجزای آن نه پراکنده بلکه یک جهان‌بینی ایده‌آلیستی را تشکیل می‌دهند. برخلاف ادعای خودشان دیدی تک‌خطی و بیناریستی یا دوآلیستی دارند. همه چیز، در گذشته و حال، براساس بیناریسم «خود و دیگری» درک می‌شود، بیناریسمی که اساساً روان‌شناختی یا روانکاوانه است و با آن همهٔ پدیده‌های

اجتماعی را تبیین می‌کنند. من گاهی در رد این درک‌های ایده‌آلیستی رابطهٔ خودم با کمون پاریس را مثال می‌زنم. کمون در فرانسه اتفاق افتاد و مردم فرانسه به طور دست اول آن را تجربه کردند. اگر چارچوب درک من «خود و دیگری» باشد باید آن را «دیگری» به حساب بیاورم زیرا این متعلق به گذشتهٔ من نیست مال «سفید»ها است. اما برای من کمون پاریس از هر چیزی در تاریخ کردستان مهم‌تر است. این سلیقهٔ شخصی نیست. این فهمیدن حقیقت است. من در تاریخ کردستان مبارزه‌ایی را نمی‌بینم که به گردِ پای کمون پاریس برسد. کاش بود. این را هم می‌دانم که در همین فرانسه، فاشیست‌ها هم هستند و مبارزهٔ ضد-فاشیستی هم همیشه بوده و حالا هم هست. من با اینها هستم، با این بخش از مردم فرانسه هستم.

خلاصه کنم. اگر به مارکسیسم که علم جامعه است آگاه نشویم، هیچ آگاهی در مورد جامعه و کارکرد آن و راه عوض کردنش را نخواهیم فهمید. اگر از من بپرسید راه چی است، چاره چی است، من می‌گویم: در شناخت از طبیعت، بشر پیشرفت‌های خیلی مهمی کرده است و در شناخت از جامعه هم این پیشرفت روی داده است. این پیشرفت مارکسیسم بوده و با خط زیگزاکی پیشرفت کرده است. پیشرفت مارکسیسم نسبت به علم بشر در شناخت از طبیعت با موانع بسیار بزرگتری روبرو بوده است، چون پیشرفت در این علم به نفع طبقات حاکم نیست. به نفع طبقات حاکم است که همین خرافه‌ها در دنیای آکادمیک و در فرهنگ عام حاکم باشد. در هر حال، با وجود همهٔ موانع بزرگ مارکسیسم امروز هم جهش تکاملی کرده است. همان‌طور که گفتم این جهش امروز سنتز نوین از جنبش کمونیستی است. به نظر من این مارکسیسمی است که می‌تواند ما را به جلو ببرد و راه دیگری نیست. سایر مارکسیسم‌هایی که وجود دارند و هنوز ادعای مارکسیستی می‌کنند و یا دیدگاه‌هائی مثل بدیو و ژیژک و غیره کارشان به درجا زدن در این گنداب سرمایه‌داری می‌رسد.

سئوال پرسیدید تفاوت مارکسیست‌هایی که نام بردم با باب آواکیان که بحث کردم چه است؟ یک منبع بسیار مهم رشد علم اجتماع احزاب کمونیست بودند. درست است که مارکس از حزب شروع نکرد، ولی به زودی شروع به فعالیت در تشکیلات طبقهٔ کارگر و جنبش سوسیالیستی

کرد و همراه با انگلس انترناسیونال اول را درست کردند. خلاصه یک پای این دو نفر همیشه در جنبش‌های اجتماعی بود و یک پایشان در کار تئوریک و خواندن و نوشتن. مارکس وقت زیادی در کتابخانهٔ موزه بریتانیا گذاشت. یک پایش آن‌جا بود و یک پایش هم در تشکیلات بین‌المللی کارگری. یکی مبارزه حزبی و تشکیلاتی و جنبشی و یکی هم کار تئوریک در کتابخانه‌ها و سنتز آمار و ارقام و شواهد و مستندات و افکار و دانش زمانه برای شناخت پیدا کردن از جامعه و معضلات آن. هدف او تنها شناختن دنیا نبود، بلکه تغییر آن را می‌خواست. در زمان لنین هم این‌طور بود و این علم مرتب پیشرفت می‌کرد و تاثیر می‌گذاشت بر سایر دانش‌ها. آواکیان هم همیشه در جریان سازمان دادن انقلاب در آمریکا و رهبری حزب کمونیست انقلابی آمریکا و خدمت به جنبش انترناسیونالیستی بوده است و هم در کار مبارزه برای درک مارکسیسم و دفاع از آن و بالاخره تکامل آن. این حزب بخشی از جنبش نوین کمونیستی بود که در اواخر سال‌های ۱۹۶۰ پیدا شد. در همه جا این تلاش بود، از جمله در فرانسه. در فرانسه در مه ۱۹۶۸، بیست و دو تشکیلات مائوئیستی وجود داشت. یکی از آن‌ها تشکیلاتی بود که آلن بدیو در آن فعالیت می‌کرد. در آلمان هم همین‌طور. یعنی دیگر روشن بود که با رجعت سرمایه‌داری به شوروی در جنبش کمونیستی جهان انشعاب شده است و یک جنبش کمونیستی نوین ظهور کرده. اینکه اروپای شرقی بغل گوش فرانسه و آلمان شرقی بغل گوش آلمان غربی دیگر سوسیالیستی نیستند و بخشی از نظام سوسیال امپریالیستی هستند که با رجعت نظام سرمایه‌داری در شوروی پیدا شدند. مثلا آمریکا را مقایسه کنیم با فرانسه. در آمریکا هم چندین گروه کمونیستی و مائوئیستی جدید بودند، از بین این‌ها تنها یکی راهش را ادامه داد و قدم‌های خیلی مهمی برداشت که اسمش «اتحادیه انقلابی» بود و باب آواکیان یکی از فعالینش بود و یکی دیگر از فعالینش مارتین نیکلاس بود. مارتین کسی است که «گروندریسه» را از آلمانی به انگلیسی ترجمه کرده است و تنها ترجمه‌ایست که تا حالا مورد استفاده است. در سال ۱۹۷۳ چاپ شد. یکی دیگر بروس فرانکلین بود که بعدها منتخبی از مهم‌ترین آثار استالین را در یک جلد چاپ کرد و به تحقیق در رمان علمی جامعه سوسیالیستی و سرمایه‌داری پرداخت.

این دو نفر از «اتحادیهٔ انقلابی» جدا شدند. «اتحادیهٔ انقلابی» مشی چریکی را که آن‌وقت‌ها خیلی در بین جوانان محبوبیت داشت و فرانکلین از آن پشتیبانی می‌کرد به نقد کشید. رد تئوریک مشی چریکیِ کاستریسم و گوارایسم و استدلال کردن که با این روش نمی‌شود سرمایه‌داری را سرنگون کرد. مشی چریکی در آلمان و ایتالیا هم قوی بود. یک مبارزهٔ تئوریک دیگر که اتحادیهٔ انقلابی با آن درگیر بود مبارزه علیه ناسیونالیسم بود، چون که در آمریکا جنبش سیاهان خیلی مهم بود و ناسیونالیسم در جنبش کمونیستی و انقلابی سیاهان قوی بود. مارتین لوتر کینگ که خط بورژوازی لیبرال داشت خیلی محبوب بود و حزب «پلنگان سیاه» هم بود که آواکیان قبل از تشکیل «اتحادیهٔ انقلابی» تنها عضو «سفید» آن بود و با این حزب رابطهٔ خیلی نزدیک داشت. او در سال‌های ۱۹۷۰ در مقابله با خط ناسیونالیستی، ماهیت مساله ملی در آمریکا را از نظر تئوریک و سیاسی به بحث و جدل کشید. من خودم آن‌وقت‌ها در آمریکا دانشجو بودم و با این ادبیات کمونیستی آشنا شدم. بحث‌هائی که «اتحادیهٔ انقلابی» درِ مورد مساله ملی و ناسیونالیسم می‌کرد برای من خیلی آموزنده بود. مثلا یکی از نقدها در رابطه با خط کمینترن در مورد جنبش سیاهان آمریکا بود. کمینترن در سال‌های ۱۹۳۰ در این مورد می‌گفت سرزمین سیاهان «کمربند سیاه» در آمریکا است (خطهٔ جنوبی که تراکم جمعیت سیاه در آن بود) و سیاهان را به عنوان یک ملت باید شناخت و در «کمربند سیاه» حق تعیین سرنوشت دارند. «اتحادیهٔ انقلابی» به جای اینکه بیاید سی سال بعد از آن تحلیل کمینترن، همان‌ها را تکرار کند با دید انتقادی به آن برخورد کرد، چون نسبت به سال ۱۹۳۰ تغییرات مهمی به وجود آمده بود: سیاهان از یک منطقه به مناطق دیگر پراکنده شده بودند، و طبقهٔ پرولتاریای سیاه درست شده بود.

یک مبارزهٔ مهم‌تر از همهٔ این‌ها مبارزه علیه اکونومیسم بود. «اکونومیسم» اسمی بود که لنین روی گرایش دنباله‌روی از جنبش خودبخودی طبقه کارگر گذاشت. یعنی این گرایش نادرست که فکر کنیم طبقه کارگر با مبارزه اقتصادی می‌تواند به سوسیالیسم برسد و خیلی مفاهیم مربوط به آن. تحقیق و تحلیل «اتحادیهٔ انقلابی» که بعداً «حزب کمونیست

انقلابی» شد از سرمایه‌داری شدن شوروی جدی بود. این حزب مثل بقیه احزاب مائوئیستی باید می‌توانست نشان بدهد که چرا این جوری شد. فکر نکنید آسان بود. مقاومت زیاد بود. شوروی هنوز اعتبار انقلاب اکتبر را یدک می‌کشید و نفوذش در جنبش رادیکال و چپ قوی بود. در عرصهٔ فکری هم خیلی قوی بود. یک نظام انتشاراتی وسیع بین‌المللی داشت. این همه مجله، کتابخانه، و دانشگاه پر از نشریات آن‌ها بود. می‌پرسیدند کو و کدام سرمایه‌داری در شوروی وجود دارد؟ همه سرمایه‌دارها از بین رفته‌اند، به کی می‌گویی سرمایه‌دار؟ یک سازمان تروتسکیستی در ۱۹۷۷ کتابچه‌ای در دفاع از سوسیالیستی بودن شوروی منتشر کرد. بحث «اتحادیهٔ انقلابی» این بود که باید نشان داد آیا قانون ارزش در فرماندهی اقتصاد شوروی هست یا نه؟ این قانون ارزش در آمریکا چطوری عمل می‌کند و در شوروی چطور؟ خلاصه، «اتحادیهٔ انقلابی» نقش خیلی مهمی در این مبارزه برای اثبات ماهیت سرمایه‌داری شوروی داشت. یکی از مناظره‌های مهم که یادم هست بحثی بود بین ریموند لوتا، از حزب کمونیست انقلابی، با ژیمانسکی که استاد دانشگاه در آمریکا بود. (این مناظره در دو جلد چاپ شده با عنوان «شوروی: سوسیالیستی یا سوسیال امپریالیستی؟»).[6] ژیمانسکی استدلال می‌کرد که شوروی سوسیالیستی است. او تحقیقات مفصلی هم کرده بود تا ثابت کند که شوروی سوسیالیستی است و الکی حرف نمی‌زد. «حزب کمونیست انقلابی» با او در عرصهٔ نظری در افتاد. حزب این مبارزات را رهبری می‌کرد.

بعد از ۱۹۷۶ به دنبال مرگ مائو در چین، رویزیونیست‌ها یعنی بورژوازی جدیداً تولید شده در جامعهٔ سوسیالیستی که در حزب کمونیست هم حضور داشتند، کودتا کردند و سرمایه‌داری برگشت. مائو گفته بود که چنین اتفاقی ممکن است بیفتد و اگر افتاد باید دوباره انقلاب کرد. وقتی کودتا شد، عدهٔ کمی از احزاب مائوئیست علیه آن موضع گرفتند. «حزب کمونیست انقلابی» یکی از آن‌ها بود. بقیه می‌گفتند بله یک مشکلی

---

6. *The Soviet Union: Socialist or Social Imperialist?* In https://www. marxists.org/history/erol/ncm-8/rcp-soviet-debate-2.pdf

آن‌جا هست، ولی آن را به عنوان کودتای سرمایه‌داری نمی‌دیدند. کار خیلی مهمی که آواکیان بعد از این واقعه کرد نوشتن یک سری مقاله بود در توضیح خدمات مائو به تکامل مارکسیسم. این سلسله مقالات اول به صورت روزنامه‌ای در نشریهٔ حزب منتشر شد در زمینهٔ فلسفه، اقتصاد سیاسی، انقلاب فرهنگی پرولتری، سوسیالیسم، روبنا و غیره. این‌ها عنوان‌های این مقالات بودند هر کدام به شکل روزنامهٔ ده صفحه‌ای که بعداً به صورت کتابی با عنوان «خدمات فناناپذیر مائو»[۷] منتشر شد که به نظرم هنوز خیلی مهم است برای درک اینکه در جنبش کمونیستی چه گذشت و چین چه بود و چه شد و چرا این‌طور شد. بعد از آن مبارزه برای بازسازی جنبش کمونیستی بود که به تشکیل «جنبش انقلابی انترناسیونالیستی» مشهور به «ریم» انجامید.[۸] احزاب مائوئیست دنیا از جمله «اتحادیهٔ کمونیست‌های ایران (سربداران)» در آن بودند و مجلهٔ «جهانی برای فتح» را منتشر می‌کرد. این تشکیلات با این دید درست شد که همیشه نیاز به یک انترناسیونال هست. سند انتقادی مهم آواکیان «فتح جهان»[۹] بود که در سال ۱۹۸۱ در حزب سخنرانی کرده بود و بعد منتشر شد. یا بعد از آن نقد مهمی در مورد گرایش‌های ناسیونالیستی در رهبران کمونیست مثل مائو و پیشینه‌ی این گرایش‌ها در جنبش کمونیستی و بسیاری موضوعات دیگر که برای کمونیسم جهت‌گیری استراتژیک هستند طرح کرد. این سند هم سال ۱۹۸۴ منتشر شد.[۱۰]

بالاخره می‌رسیم به نتیجه‌ی این تحولات تئوریک که الان «سنتز نو» می‌نامیم. بحثی که آواکیان سال‌ها دارد می‌کند این است که دوره‌ی جنبش کمونیستی قرن بیستم به پایان رسیده و با آن نمی‌شود جلو

---

۷. خدمات فناناپذیر مائوتسه دون. انتشارات حزب کمونیست ایران (م.ل.م) در وبسایت www.cpimlm.com

8. Revolutionary Internationalist Movement- RIM.

9. Avakian, "Conquer the World? The International Proletariat Must and Will," http://revcom.us/bob_avakian/conquerworld/

10. Avakian, "Advancing the World Revolutionary Movement: Questions of Strategic Orientation," http://revcom.us/bob_avakian/advancingworldrevolution/advancingworldrevolution.htm

رفت. موج اول جنبش کمونیستی از کمون پاریس شروع شد و با رجعت سرمایه‌داری به چین سوسیالیستی تمام شد. این موج دستاوردهای خیلی مهمی داشت و نشان داد که ما می‌توانیم به این دنیایی که مارکس و انگلس تصویر می‌کردند برسیم و باید به آن برسیم. قدم‌های بزرگی برداشته شد، پیشرفت‌های مهمی در رسیدن به آن شد ولی کار بسیار طولانی است و در عرض چند دهه نمی‌شود آن را ساخت. مبارزهٔ خیلی طولانی‌تر می‌خواهد و بدون درک تئوریک و علمی اصلا نمی‌شود به طرف آن حرکت کرد، چه برسد به رسیدن به آن. و باید از نو ساخت و موج دومی شروع شود و این موج نوین خود به خود راه نمی‌افتد. مسلم است که راه آن نه با اعتصابات کارگری و نه با گسترش جنبش‌های اجتماعی رادیکال باز نمی‌شود. این محال است، امکان ندارد.

یک بحث مهم دیگر «سنتز نو» مساله «جسمیت بخشیدن به طبقه کارگر» است.[11] بسیاری از کمونیست‌ها رابطهٔ بین مبارزهٔ اقتصادی، سیاسی و ایدئولوژیک را درست درک نمی‌کنند. می‌دانیم که لنین مبارزه علیه خط مشی اکونومیستی را به پیش برد و روشن کرد مبارزات اقتصادی طبقه کارگر ربطی به سوسیالیسم ندارد، کارگران خود به خود کمونیست نمی‌شوند و آگاهی کمونیستی را باید بیاموزند و این آگاهی خارج از فضای استثمار توسط سرمایه‌دار تولید و آموخته می‌شود. «سنتزنو»، در همین رابطه درک «جسمیت بخشیدن» را نقد کرده است که در جنبش کمونیستی بین‌المللی درک بسیار رایجی است، و در جنبش کمونیستی ایران هم که خودمان تجربه کرده‌ایم دیده‌ایم که چقدر رایج بوده است. در همهٔ سازمان‌های منتسب به جنبش کمونیستی. تقدیس طبقه کارگر، یک خدا از طبقه کارگر درست کردن، و گویا طبقه کارگر به خاطر اینکه استثمار می‌شود حق ویژه در مورد «حقیقت» دارد و افکاری که از کارگربودن تراوش می‌کنند خود به خود درست بوده و یا حتی کمونیستی هستند.

---

11. reification.

«سنتز نو» می‌گوید مارکسیسم «مال» طبقه کارگر نیست. مارکسیسم می‌گوید کل این وضعیتی که بشر در آن اسیر است باید از میان برود، و در بین طبقات اجتماعی می‌بینید که این طبقه به عنوان یک طبقه بین‌المللی در موقعیتی هست که با وجود آن بشود ستون فقرات انقلابی را پایه‌گذاری کرد که بشر را از عصر بورژوازی خلاص کند و ببرد به عصر کمونیسم، که در آن خود طبقه و حزب و دولت از بین می‌روند.